中国国家汉办规划教材

北大版新一代对外汉语教材·汉字教程系列

英文注释本

汉字突破

（课文）

主　编	周　健		
编　著	周　健	王汉卫	
	王收奇	朱湘燕	
英　译	苏印霞		

北京大学出版社

PEKING UNIVERSITY PRESS

图书在版编目(CIP)数据

汉字突破(英文注释本)/周健主编. —北京:北京大学出版社,2005. 7
(北大版新一代对外汉语教材·汉字教程系列)
ISBN 978-7-301-09286-6

Ⅰ.汉… Ⅱ.周… Ⅲ.汉字–对外汉语教学–教材 Ⅳ. H195.4

中国版本图书馆 CIP 数据核字(2005)第 074641 号

书　　　　名:	汉字突破(英文注释本)
著作责任者:	周　健　主编
责 任 编 辑:	吕幼筠　刘　正
插　　　图:	唐　璐
标 准 书 号:	ISBN 978–7–301–09286–6/H·1514
出 版 发 行:	北京大学出版社
地　　　址:	北京市海淀区成府路 205 号　　100871
网　　　址:	http://www.pup.cn
电　　　话:	邮购部 62752015　发行部 62750672　编辑部 62752028　出版部 62754962
电 子 邮 箱:	lvyoujun99@yahoo.com.cn
印 刷 者:	北京大学印刷厂
经 销 者:	新华书店
	787 毫米×1092 毫米　16 开本　39.25 印张　1000 千字
	2005 年 7 月第 1 版　2016 年 1 月第 4 次印刷
定　　　价:	100.00 元(全 2 册,配套发售)

前　言

　　汉字是外国人学习汉语的最大难点之一。造成汉字难学的原因,既有客观方面的,也有主观方面的。在客观方面,汉字是世界上仅存的语素文字,与世界上其他各主要文字有很大的差别。文字都是记录语言的,但不同文字记录的语言单位不一样,比如英文记录的是英语的音素(音位),日文假名语记录的是日语的音节,而汉字记录的是汉语的语素。记录一种语言的音素或音节,用几十个字母就够了;而要记录汉语的语素,没有成千上万个汉字是无法胜任的。几千个基本语素,都要在书写形式上彼此区别,势必出现笔画多样、结构复杂的现象。汉字字数众多,结构纷繁,缺少完备的表音系统,是造成汉字难学的主要客观原因。在主观方面,对汉字系统和内部规律缺乏正确认识,尤其是汉字教学的不得法,人为地加大了汉字学习的困难。实际上,学习者如果很好地掌握了汉字的规律,改变孤立、机械识记汉字的习惯,三千常用汉字并不难于习得。

　　本书编写的宗旨就是向外国学习者系统介绍汉字的内部规律和汉字知识,培养汉字学习能力。本书从汉字的笔画、笔顺规则、部件、偏旁、部首的基础知识入手,介绍了象形字、会意字和形声字这三种主要的构字方法。对于占汉字主体的形声字,更是通过大量典型的部首字、同形旁字、同声旁字的学习,来加深学习者对汉字的表音表意结构的认识,培养学生汉字的"字感"和高效率自学汉字的能力。

　　汉字的学习能力主要包括四个方面:1.辨识形声字,推测字义字音的能力;2.联系旧字,认知新字的能力;3.查字典的能力;4.正确组词造句的能力。因此,学习者要想掌握汉字,除了学习汉字的结构系统,还必须每天接触汉字、使用汉字,在汉字的组合系统即字→词→句→篇章的系统中习得汉字。

　　《汉字突破》面向汉语初学者,中英文对照。全书共61课,介绍了1063个字条,它们涵盖了《汉语水平词汇与汉字等级大纲》中全部800个甲级字,另外还有2000多个词语、800多个句子以及61条汉字知识。学习者可以通过字、词、句的交互学习,达到学汉字、会汉语的目的。除了课文外,还有配套的练习册,提供了形式多样、内容丰富、别具特色、生动有趣的汉字练习。

周　健

Preface

By Zhou Jian

One of the most striking difficulties for foreigners to learn Chinese is Chinese characters; there are both objective and subjective reasons for it. Chinese, as the only morpheme character, is far different from other characters. All characters are recording languages, but the language unit is different. English is recording phoneme; Japanese Kana is recording syllable, Chinese is recording morpheme. Dozens of letters are required for recording the phoneme or the syllable of a language; however, for recording the Chinese morpheme, thousands of characters are required. Thousands of morphemes may lead to diversity and complexity in terms of structure and strokes, as well as imperfect phonetic system. They are supposed to be main objective reasons to make learning Chinese characters difficult. From subjective perspective, the law of Chinese characters is still not discovered fully, in addition, the pedagogy of Chinese characters is not very applicable. This causes difficulty to learn Chinese characters. In fact, if the learners understand the law of Chinese characters, three thousand common Chinese characters are not difficult to learn.

The aim of this book is systematically to introduce the inherent law of Chinese characters and the Chinese character knowledge to foreign learners. We hope it can foster learners' ability to learn Chinese characters on their own.

We start our introduction from the basic strokes, the rule of stroke order, components and radicals, and focus on the structure of the pictographic characters, associative compound characters and the idea-sound characters. We try to deepen students' understanding of the phonographic and ideographic structure of Chinese characters, to develop their "Chinese character sense" and the ability of self-study by learning a large number of typical characters of radicals, idea-components and sound-components.

The learners' competency to learn characters is: 1. identification of an idea-sound character and guess the meaning and the sound of a character; 2. understanding the new characters by connecting the old ones; 3. looking up a dictionary; 4. making correct word phrases and sentences. Besides learning the character structural system, the students must use characters everyday. The system of the "character→word→sentence→text" to learn Chinese characters is recommended.

With English translation, this textbook of *Chinese Character Breakthough* is compiled for the beginners. There are 61 lessons and 1063 vocabulary entries that cover 800 level *A characters in The Syllabus of Chinese Words and Characters*. Over 2000 words, 800 sentences, and 61 items of Chinese characters knowledge are included as well in this book. The learners can achieve the goal of having a good command of Chinese characters and Mandarin. Exercise book provides diversified interesting exercises for practice Chinese characters.

目　　录

Hànzì Tūpò

索 引

Hànzì Tūpò

自	26	走	49	组	132	嘴	302	左	30	座	96
字	24	足	42	祖	132	最	302	作	154		
总	276	族	307	钻	168	昨	35	坐	55		

第一单元

dì-yī kè   yī   èr   sān   sì

第一课　一 二 三 四

yī 一　一画 【部首】一　义 one

◇ 1. 一起　yìqǐ　　　*adv.*　together
◇ 2. 一共　yígòng　　*adv.*　altogether

例句：Wǒmen yìqǐ xué Hànzì. / 我们一起学汉字。/
We learn Chinese characters together.

èr 二　二画 【部首】一　义 two

◇ 1. 第二　dì-èr　　　*a./n.*　the second
◇ 2. 二月　èryuè　　　*n.*　February
◇ 3. 星期二　xīngqī'èr　*n.*　Tuesday

例句：Tā dì-yī, wǒ dì-èr. / 他第一，我第二。/
He is number one and I am in second place.

sān 三　三画 【部首】一　义 three

◇ 1. 三月　sānyuè　　　*n.*　March
◇ 2. 星期三　xīngqīsān　*n.*　Wednesday

例句：Jīntiān shì sānyuè yī rì. / 今天是三月一日。/
Today is March the first.

sì 四　五画 【部首】囗　义 four

◇ 1. 星期四　xīngqīsì　*n.*　Thursday
◇ 2. 四季　sìjì　　　　*n.*　the four seasons
◇ 3. 四月　sìyuè　　　*n.*　April

例句：Jīntiān shì xīngqīsì ma? / 今天是星期四吗？/ Is it Thursday today?

wǔ 五 四画 【部首】一 义 five

◇ 1. 五官　　wǔguān　　　　*n.*　　the five sense organs; facial features

◇ 2. 五月　　wǔyuè　　　　　*n.*　　May

◇ 3. 星期五　xīngqīwǔ　　　　*n.*　　Friday

例句：Tā gēge wǔguān duānzhèng. / 他哥哥五官端正。/

His elder brother has regular features.

提示："五"字中间的一竖要向左倾斜。/

The middle vertical stroke is slightly tilted down to the left.

liù 六 四画 【部首】亠 义 six

◇ 1. 六月　　liùyuè　　　　　*n.*　　June

◇ 2. 星期六　xīngqīliù　　　　*n.*　　Saturday

例句：Wǒmen jiā yǒu liù kǒu rén. / 我们家有六口人。/ There are six members in my family.

qī 七 二画 【部首】一 义 seven

◇ 七月　　qīyuè　　　　　　*n.*　　July

例句：Yì xīngqī yǒu qī tiān. / 一星期有七天。/ There are seven days in a week.

提示："七"字一横要向右上倾斜。/ *The horizontal stroke is tilted up to the right.*

bā 八 二画 【部首】八 义 eight

◇ 八月　　bāyuè　　　　　　*n.*　　August

例句：Zhè jiàn shì bāzì hái méi yì piě ne. / 这件事八字还没一撇呢。/

This matter isn't even starting to take shape yet.

jiǔ 九 二画 【部首】丿 义 nine

◇ 九月　jiǔyuè　　　　　　　*n.*　　September

例句：Jiǔyuè yī hào shì kāi xué de dì-yī tiān. / 九月一号是开学的第一天。/

September 1 is the first day of new term.

shí 十 二画 【部首】十 义 ten

◇ 1. 十分　　shífēn　　　　　*adv.*　very; fully; utterly

◇ 2. 十月　　shíyuè　　　　　*n.*　　October

◇ 3. 十字路口　shízì lùkǒu　　　　　crossroads

2

例句：Bàba jīntiān shífēn gāoxìng. / 爸爸今天十分高兴。/

Father is very pleased today.

---

bǎi 百 六画 【部首】白 义 hundred

◇ 1. 百货商店　　bǎihuò shāngdiàn　　　　　　department store
◇ 2. 百姓　　　　bǎixìng　　　　　*n.*　　common people
◇ 3. 百分之百　　bǎifēnzhī bǎi　　　　　　hundred-percent

例句：Zuì dà de bǎihuò shāngdiàn zài nǎr? / 最大的百货商店在哪儿？/

Where is the largest department store?

---

qiān 千 三画 【部首】十 / ノ 义 thousand

◇ 1. 千万　　　　qiānwàn　　　*num./adv.*　　ten millions; be sure
◇ 2. 千方百计　　qiānfāng-bǎijì　　　　　by every possible means

例句：Guò mǎlù qiānwàn yào xiǎoxīn. / 过马路千万要小心。/

Do be careful when you cross the road.

---

wàn 万 （萬）三画 【部首】一 义 ten thousand

◇ 1. 万岁 wànsuì　　　　*v.*　　long live
◇ 2. 万分 wànfēn　　　　*adv.*　　extremely
◇ 3. 万一 wànyī　　　　*adv.*　　in case

例句：Yǒuyì wànsuì! / 友谊万岁！/ Long live the friendship!

---

yì 亿 （億）三画 【部首】亻 义 a hundred million

◇ 1. 十亿 shíyì　　　　　　billion
◇ 2. 亿万 yìwàn　　　　*num.*　　hundreds of millions

例句：Zhōngguó yǒu shísān yì rénkǒu. / 中国有十三亿人口。/

China has a population of 1.3 billion.

汉语中数字的读法(用汉字表达数目的方法)（The Chinese Way in Reading and Writing Numbers by Characters）

12——十二(shí'èr)

20——二十(èrshí)

25——二十五(èrshíwǔ)

105——一百零(O)五(yìbǎi líng wǔ)

316——三百一十六(sānbǎi yīshíliù)

950——九百五十(jiǔbǎi wǔshí)

1,008——一千零八(yìqiān líng bā)

3,090——三千零九十(sānqiān líng jiǔshí)

6,700——六千七百(liùqiān qībǎi)

9,999——九千九百九十九(jiǔqiān jiǔbǎi jiǔshíjiǔ)

10,001——一万零一(yíwàn líng yī)

10,010——一万零一十(yíwàn líng yīshí)

30,303——三万零三百零三(sānwàn líng sānbǎi líng sān)

548,000——五十四万八千(wǔshísì wàn bāqiān)

1,250,000——一百二十五万(yìbǎi èrshíwǔ wàn)

1,304,250,672——十三亿零四百二十五万零六百七十二

(shísān yì líng sìbǎi èrshíwǔ wàn líng liùbǎi qīshí'èr)

汉字知识（1）　Chinese Character Introduction (1)
汉字的基本笔画　Basic Strokes of Chinese Characters

　　汉字的结构很复杂,但是如果我们把复杂的汉字拆开,就能发现一些基本笔画,这些基本笔画就是构成汉字最小的零件。我们只有先把基本的笔画写好了,才能把汉字写得正确、美观。最基本的笔画有以下八种：(Chinese characters have complex structures,　but if they are disintegrated,　some basic strokes- the minimum components, will be exposed. Mastering how to write the basic strokes is a necessary step before being able to write right and beautiful characters. There are eight most basic strokes.)

	笔画 stroke	名称 name	书写方向 direction	写法要点 writing instruction	例字 examples
1	一	héng/横	→	平,右端稍微抬高 / horizontal with the right end slightly up	三
2	丨	shù/竖	↓	要垂直 /vertical	十
3	丿	piě/撇	↙	起笔用力收笔轻 / start with force, end slightly	什
4	丶	diǎn/点	↘	用力向右或左方顿笔 / dot to lower right or left, then pause	心
5	㇏	nà/捺	↘	起笔用力收笔右拖 / start with force, pull to the right in the end	人
6	㇀	tí/提	↗	向右上方,轻收笔 / to upper-right, thinner at the end	习
7	亅	gōu/勾	↙	竖画写到底,轻提 / a vertical line with a tiny rising tip at the end	小
8	乚 乛	zhé/折	⌐↓	转折笔,有多种 / turns have variant forms	马

第二课 人 入 个 介
dì-èr kè　　rén　rù　gè　jiè

rén 人 二画 【部首】人 义 human being; man; person

◇ 1. 人口 rénkǒu　　　　n.　　population
◇ 2. 男人 nánrén　　　　n.　　man; male
◇ 3. 女人 nǚrén　　　　 n.　　woman; female

例句：Xuéxiào yǒu jiǔbǎi duō rén. / 学校有九百多人。/
There are more than nine hundred persons in this school.

rù 入 二画 【部首】人 义 enter; join

◇ 1. 入门 rùmén　　　　v./n.　cross the threshold
◇ 2. 入口 rùkǒu　　　　n.　　entrance

例句：Nǐ de Hànyǔ yǐjing rùmén le. / 你的汉语已经入门了。/
You have crossed the threshold of Chinese.

gè 个 (個) 三画 【部首】人 义 *a measure word*

◇ 1. 三个 sān ge　　　　　　three
◇ 2. 个个 gègè　　　　n.　　everyone
◇ 3. 个人 gèrén　　　　n.　　personal

例句：Tā yǒu sān ge lǎoshī. / 他有三个老师。/ He has three teachers.

jiè 介 四画 【部首】人 义 introduce; intervene

◇ 1. 介绍 jièshào　　　v.　　introduce
◇ 2. 介意 jièyì　　　　 v.　　mind

例句：Zìwǒ jièshào yíxià, wǒ jiào Wáng Hànwén.
自我介绍一下，我叫王汉文。/
Let me introduce myself. My name is Wang Hanwen.

dà **大** 三画 【部首】大 义 big

◇ 1. 大家 dàjiā   *n.*   everybody
◇ 2. 大人 dàrén   *n.*   adult
◇ 3. 大学 dàxué   *n.*   university

例句：Dàjiā hǎo, hěn gāoxìng rènshi nǐmen. / 大家好，很高兴认识你们。/
Hello, everybody. Nice to meet you all.

tài **太** 四画 【部首】大 义 very; too

◇ 1. 太太 tàitai   *n.*   wife; lady
◇ 2. 太阳 tàiyáng   *n.*   the sun
◇ 3. 太平 tàipíng   *n.*   peaceful

例句：Wáng xiānsheng, Wáng tàitai, nǐmem hǎo! / 王先生，王太太，你们好！/
Hello, Mr. and Mrs Wang.

tiān **天** 四画 【部首】一 义 sky; day

◇ 1. 天气 tiānqì   *n.*   weather
◇ 2. 天空 tiānkōng   *n.*   sky
◇ 3. 今天 jīntiān   *n.*   today

例句：Jīntiān tiānqì hǎojí le. / 今天天气好极了。/ It is very fine today.

fū **夫** 四画 【部首】一 义 husband

◇ 1. 夫人 fūren   *n.*   wife
◇ 2. 丈夫 zhàngfu   *n.*   husband
◇ 3. 大夫 dàifu   *n.*   doctor

例句：Zhè wèi shì Zhāng dàifu, tā fūren yě shì dàifu. /
这位是张大夫，他夫人也是大夫。/
This is Doctor Zhang. His wife is also a doctor.

提示：丈夫比天高。/ *Husband (夫) is higher than the sky (天).*

cóng **从** (從) 四画 【部首】人 义 from; follow

◇ 1. 从…来… cóng... lái...   come from
◇ 2. 从前 cóngqián   *n.*   ago; before

例句：Nǐ shì cóng Yīngguó lái de ma? / 你是从英国来的吗？/Are you from England?

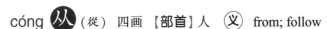

zhòng 众 （象）六画 【部首】人 ㊉ the mass; many people

◇ 1. 众多 zhòngduō   *a.*   a lot; many
◇ 2. 听众 tīngzhòng   *n.*   audience; listeners
◇ 3. 观众 guānzhòng   *n.*   audience; spectator

例句：Zhōngguó shì yí ge rénkǒu zhòngduō de guójiā. / 中国是一个人口众多的国家。/ China is a popularised country.

汉字知识（2）   Chinese Character Introduction (2)

汉字的笔顺规则   **Rules of Stroke Order**

写汉字的时候,先写哪一笔,再写哪一笔,先写哪一部分,再写哪一部分,都是有规定的。写字时笔画的先后顺序就叫做笔顺。以下是最基本的笔顺规则：(There is stroke sequence when writing characters, as follows.)

基本规则 / basic rules	例字
1. 先横后竖 / héng precedes shù	十、干、丰、夫
2. 先撇后捺 / piě precedes nà	人、入、木、文
3. 从上到下 / from up to down	三、立、真、言
4. 从左到右 / from left to right	必、让、旧、洲
5. 先外后内 / from outside to inside	月、周、病、间
6. 先外后内再封口 / first enclosing strokes, then inner strokes, finally héng at the bottom	日、田、国、圆
7. 先中间后两边 / from middle to sides	小、水、办、业
	例外：忄、火、半

补充规定 / additional rules

1. 带点的字 / character with dot

(1) 点在正上或左上先写 / dot on top middle or top left write first   六、义、门、斗

(2) 点在右上后写 / dot on top right write last   书、发、我、术

(3) 点在里面后写 / dot at inside write last   叉、瓦、玉、为

例外：丹、鸟、夜

2. 两面包围的字 / character with two sides enclosing

(1) 右上包围,先外后里 / the right-top enclosing part first   习、司、句、包

(2) 左上包围,先外后里 / the left-top enclosing part first   历、庆、房、痛

(3) 左下包围,先里后外 / the left-bottom enclosing part follows the inner part   远、近、建、延

3. 三面包围的字 / character with three sides enclosing

(1) 缺口向上的先里后外 / the inner part write first for "凵"　山、凶、击、幽
shape characters

(2) 缺口向下的先外后里 / the outside part write first for "冂"　向、内、同、周
shape characters

(3) 缺口向右的先上后里再右下 / for "匚" shape characters,　区、医、匹、巨
the top heng first, then the inner part, finally the "凵"

以上 16 项规则是基本的、通常的规则。汉字的书写由于受习惯和传统书写工具毛笔等因素的影响,在笔顺方面也有少数例外。如:"女"字的一横,"万"字的一撇都要最后写, 但绝大多数的汉字都是先从左上角开始, 到右下角结束。(These are the most basic rules of stroke order. Exceptions exist, owing to writing habits, brush (traditional writing tool) as well as other factors. For instance, the Héng in "女" and the pie in "万" are written in the end. But most of the characters start from the upper-left corner and end at the lower-right corner.)

写汉字,不同于画图画,书写汉字的时候,应当遵守一定的顺序,这样做才能写得对、写得快、写得好看,还能提高记忆。有些汉字的电脑输入方法还是以笔顺为基础的。因此, 掌握笔顺规则是十分重要的。(Writing Chinese characters is different from drawing. You are supposed to follow stroke order so as to write fast, correctly and beautifully. The correct stroke order can improve your memory as well. Some character input methods for computer process are also based on stroke order. All these facts account for the importance to acquire the rules of stroke order.)

第三课 木 本 未 来
dì-sān kè　　mù　běn　wèi　lái

mù 木 四画 【部首】木 义 wood; tree
◇ 1. 木头 mùtou 　　*n.*　 wood
◇ 2. 树木 shùmù 　　*n.*　 tree
◇ 3. 木工 mùgōng 　　*n.*　 carpenter

例句：Zhè zhāng zhuōzi shì mùtou de. / 这张桌子是木头的。/ This desk is made of wood.

běn 本 五画 【部首】木 义 essence; notebook
◇ 1. 本子 běnzi 　　*n.*　 notebook
◇ 2. 本人 běnrén 　　*n.*　 oneself; one in person

例句：Lǐ Tiānfū yǒu bā ge běnzi. / 李天夫有八个本子。/
Li Tianfu has eight notebooks.

提示：下面的一横表示树的根。"本"就是根的意思。/
The lower horizontal stroke indicates the root of the tree. "本" primarily means root.

wèi 未 五画 【部首】一 义 not yet
◇ 1. 未来 wèilái 　　*n.*　 future
◇ 2. 未必 wèibì 　　*adv.*　 not necessarily

例句：Wǒmen yǒu měihǎo de wèilái. / 我们有美好的未来。/ We have a brilliant future.

lái 来 （来）七画 【部首】一 义 come
◇ 1. 回来 huílái 　　*v.*　 come back
◇ 2. 来回 láihuí 　　*n.*　 to and fro

例句：Tā jīntiān gāng cóng Shànghǎi huílái. /
他今天刚从上海回来。/
He has just come back from shanghai today.

xiū 休 六画 【部首】亻 义 rest; stop
◇ 1. 休息 xiūxi 　　*v./n.*　 rest; break

10

◇ 2. 退休 tuìxiū   *v.*   retire

例句： Wǒmen xiūxi yíxiar ba. / 我们休息一下儿吧。/ Let's have a rest.

提示： 人（亻）靠着木（树）表示休息。/ *A person (亻) leaning against a tree (木) indicate rest.*

tǐ **体**（體）七画【部首】亻 义 body

◇ 1. 身体 shēntǐ   *n.*   body
◇ 2. 体育 tǐyù   *n.*   physical education
◇ 3. 全体 quántǐ   *n.*   all

例句： Nǐ shēntǐ zěnmeyàng? / 你身体怎么样？/ How is your health?

shù **术**（術）五画【部首】木 义 skill

◇ 1. 武术 wǔshù   *n.*   martial arts
◇ 2. 艺术 yìshù   *n.*   art
◇ 3. 技术 jìshù   *n.*   technology

例句： Nǐ xiǎng xué Zhōngguó wǔshù ma? / 你想学中国武术吗？/

Do you want to learn Chinese martial art?

chuáng **床**（牀）七画【部首】广／木 义 bed

◇ 1. 起床 qǐ chuáng   get up
◇ 2. 上床 shàng chuáng   go to bed

例句： Tā měi tiān liù diǎn qǐ chuáng. / 他每天六点起床。/ He gets up at six o'clock every day.

lín **林** 八画【部首】木 义 woods; forest

◇ 1. 树林 shùlín   *n.*   woods
◇ 2. 园林 yuánlín   *n.*   gardens

例句： Xiǎo shùlín shì xiūxi de hǎo dìfang. /

小树林是休息的好地方。/

A wood is a good place for rest.

提示： "双木为林"，不少中国人姓林。/

Two trees (木) make a wood (林), many Chinese are surnamed "Lín".

sēn **森** 十二画 【部首】木 义 forest

◇ 1. 森林 sēnlín   *n.*   forest
◇ 2. 阴森 yīnsēn   *a.*   gloomy; cloudy

例句：Dìqiú shàng de sēnlín yuèláiyuè shǎo le. ／ 地球上的森林越来越少了。／
The earth's forest area is diminishing.

提示：三个"木"代表很多树。对比"众"。／
Three trees (木) make a forest, as three persons (人) make a crowd.

汉字知识（3）　Chinese Character Introduction (3)

笔画的变形　Strokes' Variants

在书写汉字的过程中，我们会发现许多笔画的形状与前面介绍的基本笔画不一样，可能在方向、长短和弧度上有一些变形，甚至完全改变了笔画，这是由于它们所处的位置等原因造成的。例如："木"字的右下方本来是一捺，但在"林"字中，左边"木"字的一捺就变成了一点。这样写能节省地方，以便让右边的"木"字与之结合成一个字。有的同学不注意这种变形，把左边的点也写成捺，那样写出的"林"字，两个"木"分得太远，成了"木木"两个字了。(Owing to different locations in different characters, many strokes have their variants with changes in terms of direction, length or radian, even have become other strokes. For example, the lower-left "piě" in "木" appears to be a "diǎn" in the left component of "林". This change saves room so that the two "木" may stand closer to form a compound character. Be careful of this change, or "木木" may flow out under your pen.)

1. 点的变形。点的基本笔画形状是"、"，但在"小"字中，左边一点的方向向左，右边一点向右；在"外"字中，右边的点要写得长一些，也可以称为长点；在"心、点、半、办、清、忙"等字中，每个点都不完全相同，这就需要我们认真地观察、模仿，以便在汉字的不同位置写出合适、好看的点来。(Variants of "diǎn". "diǎn"'s basic shape is "、", but it changes in these characters: the left diǎn in "小" goes lower-left; the right "diǎn" in "外" turns out a bit longer. Look carefully at the variants in these characters "心, 点, 半, 办, 清, 忙".)

2. 撇的变形。撇的基本笔画是"丿"，但在"千"字中，成了平撇；在"开"字中，又成了竖撇。请你仔细观察以下汉字中撇的变化："大、川、壬、以、左、力、贝、化、必、匕、参、犷。"(Variants of "piě". Its basic shape is "丿". But it tends to be horizontal in "千" and vertical in "开". Look carefully at the variants in these

characters "大，川，壬，以，左，力，贝，化，必，匕，参，犭".)

3. 捺的变形。捺的基本笔画是"乁"，但在"运"字中，下边的捺变成了平捺，请注意观察以下汉字中的捺笔："之、人、入、义、是、双、送、处。"(Variants of "nà". Its basic shape is "乁", but it goes horizontally in "运". Look carefully at the variants in these characters "之，人，入，义，是，双，送，处".)

4. 勾的变形。勾的基本笔画是"亅"，但在"代"字中，斜勾的方向向右；在"家"字中，中央勾的形状是竖弯勾；在"心"字中，则成了卧钩；在"皮"字中，要写成横钩。注意观察以下汉字中的勾："小、宁、民、飞、我、老、犹、低、必、地。"(Variants of "gōu". The basic shape is "亅", but the rising tip turns right in "代", its shape changes dramatically in "心" (a lying "gōu") and "皮" (a "gōu" made of a "héng" and a hook) and the lower part of "家"(a "gōu" made of a crooked "shù", and a rising tip). Look carefully at the variants in these characters "小，宁，民，飞，我，老，犹，低，必，地".)

5. 折的变形。折的基本笔画是"フ"，也叫横折。除此之外，还有竖折，如"山"字的第二笔；还有撇折，如"去"字的下边；还有不少其他样子的变形，注意观察："口、印、红、月、飞、马、乃、厶、船、专、九、认。"其中大部分都是折笔和别的笔画的结合或两种三种笔画结合而形成的折，也叫复合笔画。(Variants of "zhé". The basic shape is "フ", which is also called "héngzhé". Besides, there are "shùzhé", e.g. the second stroke of "山" and "piězhé", e.g. the lower part of "去" and other variants. Look carefully at these characters "口，印，红，月，飞，马，乃，厶，船，专，九，认". Most of the variants are compound strokes containing zhé and other strokes.)

第四课 口回中合
dì-sì kè　　kǒu　huí zhōng　hé

---

kǒu 口　三画　【部首】口　义　mouth

◇ 1. 口语　kǒuyǔ　　　　*n.*　　　spoken language
◇ 2. 口试　kǒushì　　　　*v.*　　　oral test
◇ 3. 口音　kǒuyīn　　　　*n.*　　　voice; accent
◇ 4. 口袋　kǒudài　　　　*n.*　　　pocket; bag

例句：Tā de Hànyǔ kǒuyǔ fēicháng hǎo. / 他的汉语口语非常好。/ He is good at oral Chinese.

---

huí 回　六画　【部首】口　义　be back; return

◇ 1. 回答　huídá　　　　*v.*　　　answer
◇ 2. 回信　huíxìn　　　　*n./v.*　　a reply letter; write to reply
◇ 3. 回忆　huíyì　　　　*n./v.*　　recollections; recall; call to mind the past

例句：Wǒ kéyǐ huídá zhè ge wèntí. / 我可以回答这个问题。/ I can answer this question.
提示：大口吃小口。/ *The big mouth swallows the small mouth.*

---

zhōng /zhòng 中　四画　【部首】丨　义　middle; center

◇ 1. 中国　Zhōngguó　　*n.*　　　China
◇ 2. 中间　zhōngjiān　　*n.*　　　middle
◇ 3. 中午　zhōngwǔ　　　*n.*　　　noon
◇ 4. 中奖　zhòng jiǎng　　　　　　win a prize in a lottery

例句：Nǐ qùguo Zhōngguó ma? / 你去过中国吗？/ Have you ever been to China?

---

hé 合　六画　【部首】人　义　combine; fit

◇ 1. 合适　héshì　　　　*a.*　　　fit; proper
◇ 2. 合理　hélǐ　　　　　*a.*　　　reasonable; sound

例句：Zhè jiàn yīfu dàxiǎo hěn héshì. / 这件衣服大小很合适。/
This piece of clothes fits well.

---

tóng 同　六画　【部首】冂　义　same; with

◇ 1. 同学　tóngxué　　　*n.*　　　classmate
◇ 2. 同样　tóngyàng　　　*a.*　　　same

◇ 3. 同意 tóngyì　　　　　　v.　　　　agree

例句：Zhāng xiānsheng hé Lǐ xiānsheng shì tóngxué. / 张先生和李先生是同学。/
Mr. Zhang and Mrs. Li are classmates.

xiàng 向　六画 【部首】口　义 direction; towards

◇ 1. 方向 fāngxiàng　　　　n.　　　　direction
◇ 2. 向上 xiàng shàng　　　　　　　　upward
◇ 3. 一向 yíxiàng　　　　　adv.　　　always

例句：Nǐ jiā zāi nǎ ge fāngxiàng? / 你家在哪个方向？/
In which direction is you home?

wèn 问 （問）六画 【部首】门　义 ask (question)

◇ 1. 请问 qǐng wèn　　　　　　　excuse me; we should like to ask
◇ 2. 问好 wèn hǎo　　　　　　　give one's regard to
◇ 3. 问答 wèndá　　　　　v.　　　ask and answer

例句：Qǐng wèn, nǐ shì nǎ guó rén? / 请问，你是哪国人？/
Excuse me, what is your nationality?

yán 言　七画 【部首】言(讠)　义 speech; word

◇ 1. 语言 yǔyán　　　　　　n.　　　language
◇ 2. 言语 yányǔ　　　　　　n.　　　speech; spoken language
◇ 3. 方言 fāngyán　　　　　n.　　　dialect

例句：Nǐ huì shuō jǐ zhǒng yǔyán? / 你会说几种语言？/
How many languages can you speak?

提示："言"做左偏旁时简写成"讠"。/ "言" is simplified as "讠" when serves as a left part.

kě 可　五画 【部首】口　义 may; but

◇ 1. 可以 kěyǐ　　　　　adv.　　　may
◇ 2. 可是 kěshì　　　　　conj.　　but
◇ 3. 可能 kěnéng　　　　adv.　　　perhaps
◇ 4. 可爱 kě'ài　　　　　adj.　　　lovable; cute

例句：Wǒ kěyǐ jìnlai ma? / 我可以进来吗？/ May I come in?

zhàn/zhān 占 （佔）五画 【部首】口 义 take; occupy

◇ 1. 占有　zhànyǒu　　　　 *v.*　　own; occupy
◇ 2. 占用　zhànyòng　　　　 *v.*　　occupy and use
◇ 3. 占便宜　zhàn piányi　　　　　　make gains at other's expense
◇ 4. 占卜　zhānbǔ　　　　 *v.*　　divine

例句：Duìbuqǐ, zhànyòngle nǐ de shíjiān. / 对不起, 占用了你的时间。/

Sorry, I have occupied your time.

汉字知识（4）　Chinese Character Introduction (4)

部件　Part

　　组成汉字的零件或结构单位有笔画、部件和偏旁。结构比较简单的独体字在汉字中是少数, 绝大部分是合体字。对于独体字来说, 笔画就是它的基本结构, 如 "人" 字由一撇一捺构成。部件是由笔画构成的, 它大于或等于笔画, 是一个自然、独立的单位, 形成汉字的一个组成部分。例如 "去" 字由 "土" 和 "厶" 两个部件构成;"语" 字由 "讠"、"五"、"口" 三个部件构成;"赢" 字则由 "亡、口、月、贝、凡" 共五个部件构成。有些部件本身也是汉字, 叫做成字部件, 也有些部件不能独立使用, 是不成字部件。偏旁是大于或等于部件的构字单位, 形声字一般分为两个偏旁, 比如 "搬" 字由 "扌"、"般" 两个偏旁组成, 其中的 "般" 又由 "舟"、"几"、"又" 三个部件构成。(The structural units of Chinese characters include stroke, part and component. Of all the characters, single-part characters, with simple structures, take up just a small portion; the left are all compound characters. The stroke is the basic structural unit of single-part characters, for example, "人" is made up of one piě and one nà. Part, as a natural and independent unit made up of strokes, is equal to or bigger than stroke. For example, "去" is made up of two parts "土" and "厶", "语" of three "讠", "五", "口" and "赢" of five "亡、口、月、贝、凡". Some parts are characters themselves, which are called "character- part" while others are not. Component is a structural unit equal to or bigger than part. Idea-sound characters are usually made up of two components. For example, "搬" is made up of "扌" and "般", and "般", at the same time, is made up of three parts "舟", "几", "又".)

　　学习部件, 可以把合体字看成是由几个部件构成的, 而不仅仅是由一些笔画构成的。养成这样的习惯有利于认识汉字的结构、有利于记忆汉字。如果把部件写对了,就不容易出现笔画方面的错误。比如,我们把"讠"、"身"、"寸"三个部件写对了,写"谢"字时就不会出现笔画上的错误。(It helps us remember characters to view part as the basic structural unit rather than the minimum stroke. Remembering the part means remembering the strokes the part contains. For example, if we remember the three parts of "谢", we won't make any mistakes in strokes.)

dì-wǔ kè 　　**rì　jiù　zǎo　shì**
第五课　日 旧 早 是

rì 日　四画 【部首】日　义 sun; day

◇ 1. 日子　rìzi　　　*n.*　　　date; life; time
◇ 2. 日常　rìcháng　　*a.*　　　daily; rutine
◇ 3. 日本　Rìběn　　　*n.*　　　Japan
◇ 4. 星期日　xīngqīrì　*n.*　　　Sunday

例句：Jīntiān shì shénme rìzi? Nǐ zhèyàng gāoxìng. /
今天是什么日子？你这样高兴。/
What special day is today? You are so happy.

jiù 旧 （舊）五画 【部首】丨 / 日　义 old; used

◇ 1. 旧货 jiù huò　　　　old goods
◇ 2. 旧书 jiù shū　　　　used books

例句：Yǒurén shuō: Yīfu shì xīnde hǎo, péngyou shì jiùde hǎo. /
有人说：衣服是新的好，朋友是旧的好。/
Someone says, it's good to have new clothes but old friends.

zǎo 早　六画 【部首】日　义 early

◇ 1. 早晨 zǎochen　　*n.*　　early morning
◇ 2. 早餐 zǎocān　　*n.*　　breakfast
◇ 3. 早退 zǎotuì　　*v.*　　leave early

例句：Tā měi tiān zǎochen dōu bù chī zǎocān. / 他每天早晨都不吃早餐。/ He never has breakfast.

shì 是　九画 【部首】日　义 is; yes; to be

◇ 1. 是的 shìde　　*v.*　　yes
◇ 2. 是否 shìfǒu　　*adv.*　　yes and no

例句：Shìde, zhè shì wǒ de chuáng. / 是的，这是我的床。/ Yes, this is my bed.

bái 白 五画 【部首】白 义 white; pure; blank

◇ 1. 白色 báisè　　　　　*n.*　　　white
◇ 2. 白天 báitiān　　　　　*n.*　　　daytime
◇ 3. 白菜 báicài　　　　　*n.*　　　cabbage

例句：Tā xǐhuan chuān báisè yīfu. / 他喜欢穿白色衣服。/ He likes to wear white clothes.

shí 时 (時) 七画 【部首】日 义 time

◇ 1. 时间 shíjiān　　　　　*n.*　　　time
◇ 2. 小时 xiǎoshí　　　　　*n.*　　　hour
◇ 3. 时代 shídài　　　　　*n.*　　　age

例句：Shíjiān jiùshì jīnqián. / 时间就是金钱。/ Time is money.

jiān 间 (間) 七画 【部首】门 义 span; length; distance

◇ 1. 房间 fángjiān　　　　　*n.*　　　room
◇ 2. 中间 zhōngjiān　　　　　*n.*　　　the middle position
◇ 3. 洗手间 xǐshǒujiān　　　　　*n.*　　　washing room

例句：Zhè ge fángjiān hěn dà, hěn gānjìng. / 这个房间很大,很干净。/
This room is big and clean.

chàng 唱 十一画 【部首】口 义 sing

◇ 1. 唱歌 chàng gē　　　　　　　　sing
◇ 2. 唱戏 chàng xì　　　　　sing and act in a traditional opera

例句：Tā xǐhuan zài xǐshǒujiān chàng gē. / 他喜欢在洗手间唱歌。/
He likes singing in the wash room.

tián 田 五画 【部首】田 义 field

◇ 1. 田野 tiányě　　　　　*n.*　　　field
◇ 2. 农田 nóngtián　　　　　*n.*　　　farmland

例句：Wǒmen míngtiān kāishǐ tiányě gōngzuò. / 我们明天开始田野工作。/
We'll begin field work tomorrow.

汉字突破

yóu 由 五画 【部首】田 义 origin; source

◇ 1. 由于 yóuyú　　　　　*conj.*　　because
◇ 2. 理由 lǐyóu　　　　　　*n.*　　　reason

例句：Yóuyú shēntǐ bù hǎo, wǒ zuótiān méi qù shàng bān. / 由于身体不好，我昨天没去上班。/
I didn't go to work yesterday because of my poor health.

diàn 电 （電）五画 【部首】田 义 electricity

◇ 1. 电脑 diànnǎo　　　　*n.*　　　computer
◇ 2. 电话 diànhuà　　　　*n.*　　　telephone
◇ 3. 电视 diànshì　　　　*n.*　　　television
◇ 4. 电灯 diàndēng　　　*n.*　　　lamp; light

例句：Wǒ de fángjiān li yǒu yì tái diànnǎo. /
我的房间里有一台电脑。/
There is a computer in my room.

汉字知识（5）　　　Chinese Character Introduction (5)

象形字　　Pictographic Characters

　　汉字是历史最悠久的文字之一，至少在三千多年前的商朝，就已经有了成熟的汉字——甲骨文了。甲骨文是刻在龟甲或兽骨上的文字。最初的汉字是象形字，就是用比较简单的线条勾画出事物的特征或大概的轮廓。比如：(As early as over 3,000 years ago,　Chinese characters named as Jiaguwen,　had been well developed. Jiaguwen are inscriptions on animal bones or tortoise shells of the Shang dynasty.　The initial characters, formed with simple lines,　were pictographic, in other words, a rough sketch of objects. For example:)

　　亻那时人们用它来表示"人"，因为很像一个侧面站着的人形。(This indicates "人", for it looks like a standing person's profile.)

　　大 这是"大"字，它是一个正面站立的成年人形状。因为指的是大人，所以有了"大"的意义。(This is "大", resembling a standing grown-up, who, compared with a child, is surely "大".)

　　凵 这个字很像人的嘴巴，正是今天的"口"字。(This is "口", resembling a mouth.)

　　⊙ 这是太阳的形象，现在成了方形的"日"。(This is "日", imitating the sun, now become a square-shaped.)

〰"山"字在甲骨文中，简直就是一幅山峰的素描。("山", in shell-bone inscriptions, is absolutely a sketch of a mountain.)

✳这是"木"字的原始形状，不难看出上面是树枝，下面是树根。(This is the original "木", the upper part being the leaves and the lower part the root.)

☞一看就知道这是表示眼睛的，不知道后来人们为什么把眼睛竖了起来,写成了"目"字。(Only a glance tells us this refers to eyes. We wonder why it is put vertically like "目" now.)

dì-liù kè　　gōng wáng tǔ gàn

第六课　工 王 土 干

gōng 工　三画 【部首】工　义 work

- ◇ 1. 工作　gōngzuò　　*n./v.*　　job; work
- ◇ 2. 工人　gōngrén　　*n.*　　worker
- ◇ 3. 工厂　gōngchǎng　　*n.*　　factory
- ◇ 4. 工资　gōngzī　　*n.*　　salary; wage

例句：Nǐ bàba zuò shénme gōngzuò? / 你爸爸做什么工作? / What is your father's occupation?

wáng 王　四画 【部首】王　义 king

- ◇ 1. 国王　guówáng　　*n.*　　king
- ◇ 2. 王国　wángguó　　*n.*　　kingdom
- ◇ 3. 王子　wángzǐ　　*n.*　　prince

例句：Yǒu guówáng de guójiā jiùshì wángguó. / 有国王的国家就是王国。/

A kingdom is a country with a king.

tǔ 土　三画 【部首】土　义 soil; earth; land; ground; local; dust; unrefined

- ◇ 1. 土地　tǔdì　　*n.*　　land; soil; territory
- ◇ 2. 土产　tǔchǎn　　*n.*　　produced in a locality; local product

例句：Zhèlǐ de nóngmín méiyǒu tǔdì le. / 这里的农民没有土地了。/

The farmers here lost their land.

gàn / gān 干　(干 / 乾) 三画 【部首】一　义 do; dry

- ◇ 1. 干活儿　gàn huór　　　work; labour
- ◇ 2. 干吗　gànmá　　　what to do
- ◇ 3. 干净　gānjìng　　*a.*　　clean
- ◇ 4. 干燥　gānzào　　*a.*　　dry

例句1：Nǐ jīntiān xiàwǔ gàn shénme? / 你今天下午干什么? /

What are you going to do this afternoon?

例句2：Tā de fángjiān hěn gānjìng. / 她的房间很干净。/ Her room is very clean.

kāi 开 （開） 四画 【部首】一 义 open; start

◇ 1. 开始 kāishǐ   *v.*   start; begin
◇ 2. 开学 kāi xué   term begins
◇ 3. 开放 kāifàng   *a./v.*   open to the public

例句：Wǒmen kāishǐ gōngzuò ba. / 我们开始工作吧。 / Let's start working.

shān 山 三画 【部首】山 义 mountain

◇ 1. 高山 gāoshān   *n.*   high mountain
◇ 2. 火山 huǒshān   *n.*   volcano

例句：Zhōngguó yǒu hěn duō gāoshān. / 中国有很多高山。 /
There are many high mountains in China.

ér 儿 （兒） 二画 【部首】儿 义 son; child

◇ 1. 儿子 érzi   *n.*   son
◇ 2. 女儿 nǚ'ér   *n.*   daughter
◇ 3. 儿童 értóng   *n.*   children

例句：Tā yǒu yí ge érzi, yí ge nǚ'ér. / 他有一个儿子，一个女儿。 /
He has a son and a daughter.

bù 不 四画 【部首】一 义 no; not

◇ 1. 不行 bùxíng   won't do; be no good
◇ 2. 不但 búdàn   *conj.*   not only
◇ 3. 不过 búguò   *conj.*   however

例句：Jīntiān bùxíng, búguò míngtiān kěyǐ. / 今天不行，不过明天可以。 /
Today just won't do, but tomorrow is all right.

yǒu 有 六画 【部首】月 义 have; there be

◇ 1. 有用 yǒuyòng   *a.*   useful
◇ 2. 有的 yǒude   *n.*   some
◇ 3. 有点儿 yǒudiǎnr   *adv.*   a little; a bit
◇ 4. 有意思 yǒuyìsi   *a.*   interesting

例句：Hànyǔ hěn yǒuyòng, yě hěn yǒuyìsi. / 汉语很有用，也很有意思。 /
Chinese is useful and interesting as well.

Hànzì Tūpò

wú 无 （無） 四画 【部首】一 / 二 义 nothing; not have; there is not; without

◇ 1. 无关 wúguān v. have nothing to do with

◇ 2. 无法 wúfǎ adv. unable; incapable

例句：Nà shì wǒ gàn de, yǔ tā wúguān. / 那是我干的, 与他无关。/

I did that and it has nothing to do with him.

méi/mò 没 七画 【部首】氵 义 not; not yet; sink

◇ 1. 没关系 méi guānxi Don't mind.

◇ 2. 没有 méiyǒu v. haven't; without; absence

◇ 3. 沉没 chénmò v. sink

例句：Duìbuqǐ. — Méi guānxi. / 对不起。没关系。/

Sorry. —It doesn't matter.

xiǎo 小 三画 【部首】小 义 small; young

◇ 1. 小学 xiǎoxué n. primary school

◇ 2. 小时 xiǎoshí n. hour

◇ 3. 小孩儿 xiǎoháir n. children

例句：Tā de xiǎo érzi shàng xiǎoxué le. / 他的小儿子上小学了。

His youngest son is at school now.

zǐ 子 三画 【部首】子 义 a suffix of a noun

◇ 1. 孩子 háizi n. child

◇ 2. 桌子 zhuōzi n. desk; table

◇ 3. 男子 nánzǐ n. man

例句：Zhè běn shū dàrén, háizi dōu xǐhuan kàn. / 这本书大人、孩子都喜欢看。/

Both adults and children like to read this book.

zì 字 六画 【部首】宀 义 character of language; word

◇ 1. 字典 zìdiǎn n. dictionary

◇ 2. 汉字 Hànzì n. Chinese character

◇ 3. 字母 zìmǔ n. alphabet

例句：Nǐ yǒu Hànyǔ zìdiǎn ma? / 你有汉语字典吗? /

Do you have a Chinese dictionary?

yě **也** 三画 〔部首〕也 （义） also; too; as well; still

◇ 1. 也是 yě shì   also; being the same; too

◇ 2. 也许 yěxǔ   *adv.*   perhaps; probably; maybe

例句：Tā shì wǒ de tóngxué, yě shì wǒ de hǎo péngyou. / 他是我的同学，也是我的好朋友。/ He is one of my classmates, as well as a best friend of mine.

汉字知识（6）　Chinese Character Introduction (6)

独体字与合体字　Stroke's Influence on Characters

汉字在漫长的发展演变过程中，先后形成了甲骨文、金文、篆书、隶书、草书、楷书、行书等字体。在不同的字体中，笔画的形状有很大的变化。我们每个人的书写习惯不同，写出的同一个字，笔画也不一致。我们需要注意的是，有些笔画适当变形并不影响该字的正确性，但有的笔画非常重要，稍一改变就会影响汉字的正确性。例如把"小"字中间竖钩的方向写成向右，把"买"字头写成"写"字头，或把"考"字的下边写成"与"字，都是错误的。(In the long history of character development, a couple of styles like shell-bone inscriptions, metal inscriptions, seal character, official script, cursive script, regular script, and running hand have been formed, in which strokes have changed dramatically. Individual's writing habits also determine different shapes of strokes. Pay attention: some changes in strokes do not affect the characters on the whole while some may end up with wrong characters. Take these mistakes as example: the hook tip in "小" is turned to right, replacing the upper component of "买" with that of "写", using "与" as the lower component of "考".)

请注意分辨下面各组字的细微笔画差别：(Tell the slight stroke differences between the pair of words in each group.)

人——入；大——丈；土——士；已——己；午——牛；刀——力；义——叉；干——千——于；庆——厌；古——占；未——末

笔画的增减对汉字的影响更大，多写一笔或少写一笔就可能把汉字写错或者写成了别的字。例如，以下各组的汉字只差一笔，但它们都是不同的字：(Do not miss or add any stroke to a character, for you may write a wrong character that does not exist or even a different character from the one you intend to write. These are different characters, though there is just one stroke more or less.）

厂——广；目——自——白；历——厉；住——往；车——东；今——令；马——鸟——乌；巾——币——市；万——方

第七课 你我他她
dì-qī kè　　　　nǐ　wǒ　tā　tā

---

nǐ 你 七画 【部首】亻 (义) you (a single person)

◇ 1. 你的 nǐde　　　　　　　　　yours (single)

◇ 2. 你们 nǐmen　　*pron.*　　　you (plural form)

例句：Zhè zhī bǐ shì nǐde ma? / 这枝笔是你的吗？/ Is this pen yours?

---

wǒ 我 七画 【部首】戈 (义) I; me

◇ 1. 我的 wǒde　　　　　　　　　my

◇ 2. 我们 wǒmen　　*pron.*　　　we; us

◇ 3. 自我 zìwǒ　　　*pron.*　　　oneself

例句：Wǒ xǐhuan chī píngguǒ, nǐ ne? / 我喜欢吃苹果，你呢？/
I like eating apples. How about you?

---

tā 他 五画 【部首】亻 (义) he; him

◇ 1. 他的 tāde　　　　　　　　　his

◇ 2. 他们 tāmen　　*pron.*　　　they; them

◇ 3. 其他 qítā　　　*pron.*　　　other

例句：Tā de Hànzì xiěde hǎojí le. / 他的汉字写得好极了。/
His Chinese character is beautifully written.

---

tā 她 六画 【部首】女 (义) she; her

◇ 1. 她的 tāde　　　　　　　　　hers

◇ 2. 她们 tāmen　　*pron.*　　　they

例句：Tā chàng gē fēicháng hǎotīng. / 她唱歌非常好听。/ Her singing is very pleasant to hear.

---

zì 自 六画 【部首】自 (义) of one's own; oneself

◇ 1. 自己 zìjǐ　　　*pron.*　　　oneself

◇ 2. 自由 zìyóu　　　*a.*　　　　free

◇ 3. 自私 zìsī　　　　*a.*　　　　selfish

例句：Zìjǐ de shìqing zìjǐ zuò. / 自己的事情自己做。/ One should do his own work by himself.

jǐ 己 三画 【部首】己 义 oneself

◇ 1. 知己　　zhījǐ　　　*n.*　　bosom friend
◇ 2. 自己　　zìjǐ　　　　*pron.*　oneself
◇ 3. 自己人　zìjǐrén　　　*n.*　　people on one's own side

例句：Nǐ shì wǒ de zhījǐ. / 你是我的知己。 / You are my close friend.

shuí/shéi 谁 （誰） 十画 【部首】讠 义 who

例句1：Tā shì shéi? / 他是谁？ / Who is he?
例句2：Shéi xiǎng qù, shéi qù. / 谁想去，谁去。 / Whoever wants to go, who goes.

zhè 这 （這） 七画 【部首】辶 义 this

◇ 1. 这边　zhèbian　　*n.*　　this way; this side
◇ 2. 这里　zhèli　　　　*n.*　　here
◇ 3. 这样　zhèyàng　　　*pron.*　in this way; so; like this

例句：Qǐng zhèbian zǒu. / 请这边走。 / This way, please!

nà 那 六画 【部首】阝 义 that; those

◇ 1. 那样　nàyàng　　　　*pron.*　in that way
◇ 2. 那边　nàbian　　　　*n.*　　that way; that side
◇ 3. 那里　nàli　　　　　*n.*　　that place

例句：Zhèyàng bù hǎo, nàyàng hǎo. / 这样不好，那样好。 /

It's good to do it in that way rather than this way.

提示：不要把"那"的左半部分写成"月"。 / *Don't write the left part of "那" as "月".*

nǎ 哪 九画 【部首】口 义 *an interrogative word*; used to ask "which"

◇ 1. 哪边　　nǎbian　　　　　　which way; which side
◇ 2. 哪儿 / 里 nǎr/li　　　*pron.*　　where

例句：Nǐ jiā zài nǎr? / 你家在哪儿？ / Where is your home?

shén 什 四画 【部首】亻 义 what

◇ 1. 什么人　shénme rén　　　　　what kind of person
◇ 2. 什么　　shénme　　　　*pron.*　what

例句: Tā shì nǐ de shénme rén? / 他是你的什么人？/ How are you related?

me 么 (麽) 三画 【部首】丿 义 *a suffix*

◇ 1. 怎么 zěnme   *pron.*   how

◇ 2. 这么 zhème   *pron.*   so

例句: Nǐ jīntiān zěnme zhème gāoxìng? / 你今天怎么这么高兴？/ Why are you so happy today?

wèi/wéi 为 (爲) 四画 【部首】丶 义 for; in the interest of; for the purpose of; do; act as

◇ 1. 为了   wèile   *prep.*   for; for the sake of

◇ 2. 因为   yīnwèi   *prep.*   because; since; for the sake of

◇ 3. 为什么 wèi shénme   why

◇ 4. 作为   zuòwéi   *n./v.*   do; act; being

例句: Tā zhèyàng zuò, wánquán shì wèile háizi. / 她这样做，完全是为了孩子。/

Her doing so is absolutely for the sake of her child.

duō 多 六画 【部首】夕 义 many; much; a lot of

◇ 1. 多么 duōme   *pron.*   how

◇ 2. 多少 duōshao   *num.*   how many

◇ 3. 多数 duōshù   *n.*   the majority

◇ 4. 许多 xǔduō   *a.*   many; much; a lot of

例句: Duōme hǎo de tiānqì ya! / 多么好的天气呀！/ How fine it is today!

shǎo/shào 少 四画 【部首】小 义 a small amount; not many; young; minor

◇ 1. 多少 duōshao   *num.*   how many

◇ 2. 少数 shǎoshù   *n.*   the minority

◇ 3. 少年 shàonián   *n.*   teenagers

例句1: Zhè shuāng xié duōshao qián? / 这双鞋多少钱？/ How much is this pair of shoes?

例句2: Xiào yí xiào, shínián shào. / 笑一笑，十年少。/ Smiling can make one ten years younger.

汉字知识（7）　Chinese Character Introduction (7)

合体字的各种结构　Self Explanatory Character

有一些抽象的事物，或者比较难于描绘的东西,古人就用象征性的符号或在象形字上加符号来表示一个新的事物或概念。在甲骨文中，比如：(The ancient Chinese applied signs or pictures plus signs to indicate something abstract or difficult to draw. For example, in shell-bone inscriptions.)

用 一 二 三 亖 ✕ 来表示一、二、三、四、五。(Indicates one, two, three, four, five.)

用 ニ ⌣ ⌒ ￢ 分别表示上下。(Indicates up, down.)

"刃"是在刀口上加一点表示刀的刃部。(A dot on the edge of a knife is referent to this very part.)

"本"是在"木"(✕)下面加一短横,指出树根的位置。后来这个字又有了"事物的根本、基本"的意思。(A short line added to the lower part of "木" indicates the root, the original meaning of "本". Later, the word is used figuratively, meaning "essence" or "foundation".)

如果在"木"字的上面加一横(木),那就是"末"字,表示树的末端。(A line added above "木" indicates treetop "末".)

如果在"女"字(✕)的胸部加上两点,指出乳房的位置,那就是后来演变成现在的"母"字。(Adding two dots on the bosom of "女"(✕)makes , which has turned into "母".)

汉字中指事字很少。指事字一般不能分为两个字,因此它和象形字一样,也属于独体字。(There are quite a small number of self explanatory characters (SE). Like pictographic characters, those characters also considered to be single-part character.)

dì-bā kè　shàng　xià　zuǒ　yòu
第八课　上下左右

shàng 上　三画　【部首】上　义　above; up; over

◇ 1. 上午　　　 shàngwǔ　　　　　 *n.*　　　 morning
◇ 2. 上面（边）　shàngmian(bian)　　 *n.*　　　 on the top of
◇ 3. 上学　　　 shàng xué　　　　　　　　　　 go to school

例句：Zuótiān shàngwǔ, tā mǎile yí jiàn xīn shàngyī. / 昨天上午，她买了一件新上衣。/
She bought a piece of new garment yesterday morning.

xià 下　三画　【部首】下　义　under; below

◇ 1. 下午　　　　 xiàwǔ　　　　　　 *n.*　　　 afternoon
◇ 2. 下来　　　　 xiàlái　　　　　　 *v.*　　　 come down
◇ 3. 下面（边）　xiàmian(bian)　　 *n.*　　　 be under something

例句：Tā měi tiān xiàwǔ dǎ qiú. / 他每天下午打球。/ He plays ball games every afternoon.

zuǒ 左　五画　【部首】工　义　left

◇ 1. 左手　　　　 zuǒshǒu　　　　　 *n.*　　　 left hand
◇ 2. 左面（边）　zuǒmian(bian)　　 *n.*　　　 left side
◇ 3. 左撇子　　　 zuǒpiězi　　　　　 *n.*　　　 left-hander

例句：Tā yòng zuǒshǒu xiě zì. / 他用左手写字。/ He uses left hand to write.

yòu 右　五画　【部首】口　义　right

◇ 1. 右手　　　　 yòushǒu　　　　　 *n.*　　　 right hand
◇ 2. 右面(边)　　yòumian(bian)　　 *n.*　　　 right side

例句：Wǒ yòng yòushǒu ná kuàizi chī fàn. / 我用右手拿筷子吃饭。/
I use chopsticks with my right hand to have meal.

dōng 东　（東）五画　【部首】一　义　east

◇ 1. 东西　dōngxi　　　　　　　 *n.*　　　 thing
◇ 2. 东西　dōngxī　　　　　　　 *n.*　　　 east and west
◇ 3. 东方　dōngfāng　　　　　　 *n.*　　　 the east

例句：Nǐ mǎi shénme dōngxi? / 你买什么东西？/ What are you going to buy?

xī 西 六画 【部首】西 **义** west

◇ 1. 西面（边） xīmian(bian) *n.* the west
◇ 2. 西方 xīfāng *n.* the west
◇ 3. 西瓜 xīguā *n.* watermelon
◇ 4. 西服 xīfú *n.* westen-style clothes; suit

例句：Tā cóng dōng dào xī zǒule sānqiān gōnglǐ. / 他从东到西走了三千公里。/
He traveled 3000 km from east to west.

nán 南 九画 【部首】十 **义** south

◇ 1. 南方 nánfāng *n.* the south
◇ 2. 南瓜 nánguā *n.* pumpkin

例句：Guǎngzhōu zài Zhōngguó nánfāng. / 广州在中国南方。/
The city of Guangzhou is in southern China.

běi 北 五画 【部首】匕 **义** the north

◇ 1. 北方 běifāng *n.* the north
◇ 2. 北京 Běijīng *n.* Beijing
◇ 3. 北极 běijí *n.* the North Pole

例句：Kàn dìtú de shíhou, shàng běi xià nán zuǒ xī yòu dōng. / 看地图的时候，上北下南左西右东。/
On the map, the longitude is north and south from up to down while the latitude is east
and west from left to right.

lǐ 里 （裏） 七画 【部首】里 **义** in; inside

◇ 1. 这里 zhèli *pron.* here
◇ 2. 那里 nàli *pron.* there
◇ 3. 公里 gōnglǐ *n.* kilometer

例句：Cóng wǒ zhèli qù nǐ nàli zhǐyào shí fēnzhōng. /
从我这里去你那里只要十分钟。/
It only takes ten minutes from my place to yours.

wài 外 五画 【部首】夕 义 out; outer; outside

◇ 1. 外边 wàibian   *n.*   outside

◇ 2. 外语 wàiyǔ   *n.*   foreign language

◇ 3. 外公 wàigōng   *n.*   maternal grandfather

例句: Wàibian hěn rè, dànshì fángjiān lǐbian hěn liángkuai. / 外边很热,但是房间里边很凉快。/
It is hot outside, but it's cool inside the room.

zhèng 正 五画 【部首】一 义 upright; straight; right

◇ 1. 正常 zhèngcháng   *a.*   normal

◇ 2. 正好 zhènghǎo   *adv.*   exactly; sharp

◇ 3. 正确 zhèngquè   *a.*   right

例句: Tā zhè liǎngtiān yǒudiǎnr bú zhèngcháng. / 他这两天有点不正常。/
He seems kind of abnormal.

fǎn 反 四画 【部首】又 义 the opposite; against

◇ 1. 反对 fǎnduì   *v.*   against; oppose

◇ 2. 反正 fǎnzhèng   *adv.*   anyway; in any case

例句: Wǒ fǎnduì zhèyàng zuò. / 我反对这样做。/ I'm against doing this way.

汉字知识（8）   Chinese Character Introduction (8)
会意字   Associative Compounds Characters

    用两个或几个字组成一个字,把这几个字的意义合成一个意义,就是会意的方法。比如休息的"休"字,就用"人"(亻)在树(木)旁来表示,因为人在田野干活,累了就要到树阴下休息。比如,"从"字由两个人组成,表示一个人跟从另一个人。又比如,"看"字,上边是一只手,下面是眼睛(目),在阳光下我们看远处的物体时,常常用手遮在眼睛的上方。(Combination of two or more words makes a new word, whose meaning is determined by the meanings of its parts. For instance, "人"(亻) plus (木) makes "休", meaning rest: a person, exhausted after work, leaning against a tree for rest. One person following another makes "从", meaning "follow", putting a hand above an eye(目) makes "看", indicating looking at something far away with a hand above eyes to keep from sunlight.)

　　我们再来看几个例子:"明"由"日、月"二字组成,表示"光明、明亮"的意思。"保"字从字形来看,是一个大人背负或怀抱一个孩子,因此"保"字是"养护"的意思。涉水的"涉"(𣥩)字,由水、步二字合成,是徒步走过水流的意思,"步"字由两个脚印合成,甲骨文写做𣥂,篆文写做𣥐,表示步行的意思。(More examples:"日" and "月" makes "明", meaning "light" or "bright". "保" looks like a person "亻" holding a child "呆" in his arms or on his back, hence it bears the meaning "nursing" or "protection". "涉"(𣥩) is made up of "水" (water) and "步" (step), meaning crossing the river barefoot, "步" is made up of two footprints, meaning "walking", whose shell-bone inscription version is 𣥂, and seal character version is 𣥐.)

第九课　　年 月 分 秒
nián yuè fēn miǎo

---

nián **年**　六画 【部首】丿　义 year

◇ 1. 少年 shàonián　　　　　　*n.*　　adolescence
◇ 2. 青年 qīngnián　　　　　　*n.*　　youth
◇ 3. 年纪 niánjì　　　　　　　*n.*　　age
◇ 4. 年轻 niánqīng　　　　　　*a.*　　young

例句：Qīngshàonián shì yí ge guójiā de wèilái. / 青少年是一个国家的未来。/

The young are the future of a country.

yuè **月**　四画 【部首】月　义 month; moon

◇ 1. 月亮 yuèliang　　　　　　*n.*　　moon
◇ 2. 蜜月 mìyuè　　　　　　　*n.*　　honeymoon

例句：Yì nián yǒu shí'èr ge yuè. / 一年有十二个月。/

There are twelve months in a year.

fēn/fèn **分**　四画 【部首】刀　义 minute; divide

◇ 1. 分钟 fēnzhōng　　　　　　*n.*　　minute
◇ 2. 分别 fēnbié　　　　　　　*v./adv.*　part; respectively; separately
◇ 3. 过分 guòfèn　　　　　　　*a.*　　too; excessive
◇ 4. 成分 chéngfèn　　　　　　*n.*　　ingredient; element; factor

例句 1：Yì xiǎoshí yǒu liùshí fēnzhōng. / 一小时有六十分钟。/

There are sixty minutes in one minute.

例句 2：Tā zhèyàng zuò tài guòfèn le. / 她这样做太过分了。/

She has gone too far!

miǎo **秒**　九画 【部首】禾　义 second

◇ 1. 秒钟 miǎozhōng　　　　　　*n.*　　second
◇ 2. 分秒 fēnmiǎo　　　　　　　*n.*　　every second

例句：Yì fēnzhōng yǒu liùshí miǎozhōng. / 一分钟有六十秒钟。/

There are sixty seconds in one minute.

qián **前** 九画 【部首】丷 （义） front; before; ago

◇ 1. 前面（边） qiánmian(bian)　　　*n.*　　　the front
◇ 2. 前后　　qiánhòu　　　　　　*n.*　　　the whole process
◇ 3. 前天　　qiántiān　　　　　　*n.*　　　the day before yesterday

例句：Dàlóu qiánmian tíngzhe yí liàng xiǎo qìchē. ╱ 大楼前面停着一辆小汽车。╱
There is a car in the front of the building.

zuó **昨** 九画 【部首】日 （义） the past

◇ 1. 昨天 zuótiān　　　　　　　*n.*　　　yesterday
◇ 2. 昨晚 zuówǎn　　　　　　　*n.*　　　last night

例句：Zuótiān xiàle yì chǎng yǔ. ╱ 昨天下了一场雨。╱ It rained heavily yesterday.

jīn **今** 四画 【部首】人 （义） now; current

◇ 1. 今天 jīntiān　　　　　　　*n.*　　　today
◇ 2. 今年 jīnnián　　　　　　　*n.*　　　this year
◇ 3. 今后 jīnhòu　　　　　　　*n.*　　　from now on

例句：Guòle jīntiān jiù méiyǒu jīntiān le. ╱ 过了今天就没有今天了。╱
You can never find today once it passes.

míng **明** 八画 【部首】日 （义） tomorrow; bright

◇ 1. 明白 míngbai　　　　　　　*v.*　　　understand; know
◇ 2. 明天 míngtiān　　　　　　　*n.*　　　tomorrow
◇ 3. 明年 míngnián　　　　　　　*n.*　　　next year
◇ 4. 明亮 míngliàng　　　　　　　*a.*　　　bright

例句：Wǒ bù míngbai nǐ de yìsi. ╱ 我不明白你的意思。╱ I don't understand what you mean.

hòu **后** （後） 六画 【部首】口 （义） back; in the future

◇ 1. 后天 hòutiān　　　　　　　*n.*　　　the day after tomorrow
◇ 2. 后面 hòumian　　　　　　　*n.*　　　behind
◇ 3. 以后 yǐhòu　　　　　　　　*n.*　　　from now on

例句：Hòutiān shì tā de shēngri. ╱ 后天是他的生日。╱
It is his birthday the day after tomorrow.

第九课

xīng 星 九画 【部首】日 义 star

◇ 1. 星星　xīngxing　　　　　*n.*　　　　star
◇ 2. 歌星　gēxīng　　　　　　*n.*　　　　singing star
◇ 3. 星期一　xīngqīyī　　　　*n.*　　　　Monday

例句：Wǎnshang, tā xǐhuan kàn tiānshang de xīngxing. / 晚上，他喜欢看天上的星星。/
He likes to watch stars in the sky at night.

qī 期 十二画 【部首】月 义 period; duration

◇ 1. 星期　xīngqī　　　　　　*n.*　　　　week
◇ 2. 假期　jiàqī　　　　　　　*n.*　　　　holiday; vacation
◇ 3. 日期　rìqī　　　　　　　　*n.*　　　　date

例句：Yì xuéqī shàng shíbā ge xīngqī de kè. / 一学期上十八个星期的课。/
There are eightgen weeks in a semester.

wǔ 午 四画 【部首】丿 / 干 义 noon

◇ 1. 上午 shàngwǔ　　　　　*n.*　　　　morning
◇ 2. 下午 xiàwǔ　　　　　　　*n.*　　　　afternoon
◇ 3. 中午 zhōngwǔ　　　　　*n.*　　　　noon

例句：Tā měi tiān shàngwǔ gōngzuò, xiàwǔ xuéxí Hànyǔ. / 他每天上午工作，下午学习汉语。/
He works in the morning and studies Chinese in the afternoon everyday.

yè 夜 八画 【部首】亠 义 night

◇ 1. 夜晚 yèwǎn　　　　　　*n.*　　　　night
◇ 2. 深夜 shēnyè　　　　　　*n.*　　　　late at night

例句：Tā měi tiān yèwǎn gōngzuò. / 他每天夜晚工作。/ He works at night every day.

wǎn 晚 十一画 【部首】日 义 late; evening

◇ 1. 晚上 wǎnshang　　　　　*n.*　　　　evening
◇ 2. 晚会 wǎnhuì　　　　　　　*n.*　　　　evening party

例句：Jīntiān wǎnshang xuéxiào yǒu wǎnhuì. / 今天晚上学校有晚会。/
There is a party at school this evening.

汉字知识（9）　　Chinese Character Introduction (9)

独体字与合体字
Single-part Characters and Compound Characters

　　汉字的结构可以分为两种：独体字与合体字。独体字是只有一个不易拆分的、完整的、独立的部分，比如：也、中、书、年、里、半、身、事、象。有些似乎可以拆分，但拆分出来的只是不成字的笔画或不常见的结构，这些字也是独体字。(Structurally, Chinese characters can be divided into two kinds: single-part characters and compound characters. Single-part characters contain just one integral, independent part which is uneasy to be disintegrated, like "也，中，书，年，里，半，身，事，象". Some sing-part characters can be disintegrated in structure, but the disintegrated parts are just non-character strokes or unusual structures.)

　　汉字中绝大多数是合体字，约占86%。因此，合体字是我们学习的重点。合体字的结构形式主要有左右结构（如：林）和上下结构（如：忘）。此外，还有包围结构（如：国）和半包围结构（如：习）。(86% of the Chinese characters are compound characters, on which we need to focus our attention. There are mainly two structure patterns: left-and-right structure (e.g.林) and up-and-down structure (e.g.忘). Besides, there are enclosure structure (e.g.国) and half-enclosure structure (e.g.习).)

第十课　爷奶爸妈

yé **爷** （爺）六画 【部首】父 ⊛ grandfather

◇ 1. 爷爷　yéye　　　　　　　　　　　　　n.　　　grandfather

◇ 2. 老爷　lǎoye　　　　　　　　　　　　　n.　　　lord; master; (old a respectful address to a master by a servant)

例句：Wǒ yéye jīnnián qīshí suì le. / 我爷爷今年七十岁了。/ My grandpa is seventy years old now.

nǎi **奶** 五画 【部首】女 ⊛ grandma; milk

◇ 1. 奶奶　nǎinai　　　　　　　　　　　　n.　　　grandma

◇ 2. 牛奶　niúnǎi　　　　　　　　　　　　n.　　　milk

例句：Nǎinai měi tiān zǎoshang hē yì bēi niúnǎi. / 奶奶每天早上喝一杯牛奶。/
Grandma drinks a cup of milk every morning.

bà **爸** 八画 【部首】父 ⊛ dad; father

◇ 爸爸　bàba　　　　　　　　　　　　　n.　　　father; dad

例句：Wǒ pà bàba, bàba pà māma, māma pà wǒ. / 我怕爸爸，爸爸怕妈妈，妈妈怕我。/
I'm obedient to dad, dad is obedient to mother and mother is obedient to me.

mā **妈** （媽）六画 【部首】女 ⊛ mum; mother

◇ 妈妈　māma　　　　　　　　　　　　n.　　　mother; mum

例句：Māma zuì ài zìjǐ de háizi. / 妈妈最爱自己的孩子。/
Mother loves her own children most.

gē **哥** 十画 【部首】口 ⊛ elder brother

◇ 1. 哥哥　gēge　　　　　　　　　　　　n.　　　brother

◇ 2. 大哥　dàgē　　　　　　　　　　　　n.　　　the eldest of one's brother

例句：Wǒ gēge huì shuō Hànyǔ. / 我哥哥会说汉语。/
My brother can speak Chinese.

提示：可上可下就是哥。/ "可" *being on top and at the bottom makes a character* "哥".

jiě 姐 八画 【部首】女 义 elder sister

◇ 1. 姐姐 jiějie　　　　　　　*n.*　　　elder sister
◇ 2. 姐夫 jiěfu　　　　　　　*n.*　　　brother-in-law
◇ 3. 小姐 xiǎojiě　　　　　　*n.*　　　Miss

例句：Wǒ yǒu yí ge gēge, liǎng ge jiějie. / 我有一个哥哥，两个姐姐。/
I have an elder brother and two elder sisters.

dì 弟 七画 【部首】丷 义 younger brother

◇ 1. 弟弟 dìdi　　　　　　　*n.*　　　younger brother
◇ 2. 兄弟 xiōngdì　　　　　　*n.*　　　brothers; (informal) younger brother
◇ 3. 徒弟 túdì　　　　　　　*n.*　　　apprentice; disciple

例句：Dìdi xǐhuan tī zúqiú. / 弟弟喜欢踢足球。/ The younger brother likes playing football.

mèi 妹 八画 【部首】女 义 younger sister

◇ 1. 妹妹 mèimei　　　　　　*n.*　　　younger sister
◇ 2. 姐妹 jiěmèi　　　　　　*n.*　　　elder sister and younger sister

例句：Wǒ yǒu sān ge mèimei, dànshì méiyǒu dìdi. / 我有三个妹妹，但是没有弟弟。/
I have three younger sisters, but no younger brother.

shū 叔 八画 【部首】又 义 father's younger brother; uncle

◇ 1. 叔叔 shūshu　　　　　　*n.*　　　father's younger brother; uncle;a form of
　　　　　　　　　　　　　　　　　　　address for a man about one's father's age
◇ 2. 叔父 shūfù　　　　　　　*n.*　　　(formal) father's younger brother

例句：Shūshu shì bàba de dìdi. / 叔叔是爸爸的弟弟。/ Uncle is father's younger brother.

bó 伯 七画 【部首】亻 义 father's elder brother

◇ 1. 伯伯 bóbo　　　　　　　*n.*　　　father's elder brother; a form of address
　　　　　　　　　　　　　　　　　　　for a man older than one's father
◇ 2. 伯父 bófù　　　　　　　*n.*　　　more formal than "伯伯"
◇ 3. 伯母 bómǔ　　　　　　　*n.*　　　aunt; wife of father's elder brother

例句：Bóbo shì bàba de gēge. / 伯伯是爸爸的哥哥。/ "伯伯" is father's elder brother.

yí 姨 九画 【部首】女 义 aunt; mother's sister

◇ 1. 阿姨 āyí   *n.*   a form of address for a woman about one's mother's age

◇ 2. 姨妈 yímā   *n.*   mother's sister

例句：Xiǎo háizi, yǒu lǐmào, jiànle dàrén jiào, "Shūshu hǎo, āyí hǎo." /

小孩子，有礼貌，见了大人叫，"叔叔好，阿姨好。" /

Being sweet and polite, children always say, "Hi, uncle! Hi, aunt!" When meeting adults.

péng 朋 八画 【部首】月 义 friend

◇ 1. 朋友 péngyou   *n.*   friend

◇ 2. 小朋友 xiǎo péngyou   *n.*   little friend; little boy or girl

例句：Tā xǐhuan jiāo péngyou. / 他喜欢交朋友。 /

He likes making friends.

yǒu 友 四画 【部首】又 义 friend

◇ 1. 友谊 yǒuyì   *n.*   friendship

◇ 2. 友好 yǒuhǎo   *a.*   friendly

例句：Wǒmen de yǒuyì dìjiǔ-tiāncháng. / 我们的友谊地久天长。 /

Our friendship will last forever.

 汉字知识（10）   **Chinese Character Introduction (10)**

合体字的各种结构

The Structure Patterns of Compound Characters

一、左右结构 / Left-right Structure

根据左右两个部分的大小，有以下三种情况：(There are three types of this structure in terms of the space that each side takes:)

1. 左右相等，如：的、相、败、故、封、村。(Equal space, e.g. "的，相，败，故，封，村".)

2. 左小右大，如：任、酒、拉、愉、冷、饭、唯、福。(The left is thinner than the right, e.g. "任，酒，拉，愉，冷，饭，唯，福".)

3. 左大右小，如：刻、副、都、卧、励。(The left is fatter than the right, e.g. "刻，

副,都,卧,励".)

　　此外,还有左中右三部分的结构情况:做、谢、树、街、懈、侧、渐、搬、蚰。(Besides, there is the left-middle-right structure, e.g. "做,谢,树,街,懈,侧,渐,搬,蚰".)

二、上下结构 / Up-down Structure

　　也存在上下相当、上大下小、上小下大和上中下等情况,如:志、昌、某;感、盛、热;花、家、肖、第、岸;草、章、意、幕。(Likewise, there are different types of this structure: the upper is equal to the lower; the upper bigger than the lower; the upper smaller than the lower; up-middle-down structure, e.g. "志,昌,某;感,盛,热;花,家,肖,第,岸;草,章,意,幕".)此外,还有上下左右混合结构,如:品、森、哭、敷、疑、巍、器、赢。(Besides, there is more complex structures "品,森,哭,敷,疑,巍,器,赢".)

三、包围结构 / Enclosure Structure

1. 两面包围结构,又分为左上包围,如:应、厅、展;右上包围,如:习、可、司;左下包围, 如: 这、建、起。(Two-side enclosure structure: it includes upper-left enclosure "应,厅,展"; upper-right enclosure "习,可,司" and lower-left enclosure "这,建,起".)

2. 三面包围结构,又分为左上右包围,如:同、风、间;左下右包围,如:凶、画、幽;上左下包围,如:医、区、巨。(Three-side enclosure structure: it includes left-upper-right enclosure "同,风,间", left-lower-right enclosure "凶,画,幽" and upper-left-lower structure "医,区,巨".)

3. 四面包围结构,如:因、国、回、图、圆。(Four-side enclosure structure "因,国,回,图,圆".)

第十一课 手足耳目

dì-shíyī kè　　shǒu zú ěr mù

---

shǒu 手　四画 【部首】手(扌)　义 hand

◇ 1. 双手 shuāngshǒu　　　　　*n.*　　both hands
◇ 2. 手表 shǒubiǎo　　　　　　*n.*　　watch
◇ 3. 手指 shǒuzhǐ　　　　　　　*n.*　　finger
◇ 4. 手续 shǒuxù　　　　　　　*n.*　　procedure

例句：Rénrén dōu yǒu yì shuāng shǒu. / 人人都有一双手。/
Every one has a pair of hands.

---

zú 足　七画 【部首】足(⻊)　义 foot

◇ 1. 足球 zúqiú　　　　　　　*n.*　　football
◇ 2. 手足 shǒuzú　　　　　　　*n.*　　brothers

例句：Tā shì yí ge zúqiúmí. / 他是一个足球迷。/ He is a football fan.

ěr 耳　六画 【部首】耳　义 ear

◇ 1. 耳朵 ěrduo　　　　　　　*n.*　　ear
◇ 2. 耳环 ěrhuán　　　　　　　*n.*　　earring
◇ 3. 耳机 ěrjī　　　　　　　　*n.*　　earphone

例句：Yéye ěrduo bù hǎo, tīng bù qīngchu. / 爷爷耳朵不好,听不清楚。/
Grandpa can not hear clearly because of his poor listening.

---

mù 目　五画 【部首】目　义 eye

◇ 1. 节目 jiémù　　　　　　　*n.*　　programme
◇ 2. 目的 mùdì　　　　　　　　*n.*　　aim; goal
◇ 3. 目前 mùqián　　　　　　　*n.*　　at present; currently

例句：Tā yǎn de jiémù dàjiā dōu xǐhuan kàn. / 他演的节目大家都喜欢看。/
All of us like to watch his performance.

---

xīn 心　四画 【部首】心(忄)　义 heart

◇ 1. 耐心 nàixīn　　　　　　　*a./n.*　　patience; patient

◇ 2. 粗心 cūxīn   *a.*   careless

◇ 3. 小心 xiǎoxīn   *a.*   careful

◇ 4. 心情 xīnqíng   *n.*   mood; state of mind

例句: Zhāng lǎoshī hěn yǒu nàixīn. / 张老师很有耐心。/

Teacher. Zhang has great patience with his students.

nǚ 女 三画【部首】女 义 female; girl; woman

◇ 1. 女孩 nǚhái   *n.*   girl

◇ 2. 女儿 nǚ'ér   *n.*   daughter

◇ 3. 女士 nǚshì   *n.*   lady

例句: Tā shì yí ge hěn zìxìn de nǚhái. / 她是一个很自信的女孩儿。/

She is a very confident girl.

shuǐ 水 四画【部首】水(氵) 义 water

◇ 1. 喝水 hē shuǐ   drink water

◇ 2. 水平 shuǐpíng   *n.*   level

◇ 3. 水果 shuǐguǒ   *n.*   fruit

例句: Tā měi tiān zǎochen hē yí dà bēi shuǐ. / 他每天早晨喝一大杯水。/

He drinks a big cup of water every morning.

huǒ 火 四画【部首】火 义 fire

◇ 1. 发火 fā huǒ   be angry

◇ 2. 火车 huǒchē   *n.*   train

例句: Yǒu huà hǎohāor shuō, bié fā huǒ. / 有话好好说,别发火。/

Don't be angry. Please talk calmly.

cǎo 草 九画【部首】艹 义 grass

◇ 1. 草地 cǎodì   *n.*   meadow; lawn

◇ 2. 草原 cǎoyuán   *n.*   grassland

例句: Háizimen zài cǎodì shang zuò yóuxì. / 孩子们在草地上做游戏。/

Children are playing on the meadow.

zhú **竹** 六画 【部首】竹(⺮) 义 bamboo

◇ 竹子 zhúzi *n.* bamboo

例句：Xióngmāo xǐhuan chī zhúzi. / 熊猫喜欢吃竹子。/
Pandas like eating bamboo.

汉字知识（11）　　Chinese Character Introduction (11)
偏旁的演变　　The Development of Components

偏旁最初都是独体字,随着汉字的演变,有些偏旁已不再作为独体字使用了。比如,"字"、"家"、"宝"等字中的"宀";"回"、"国"、"园"等字的外围"囗"(注意,不是"口");"医"、"巨"、"匜"等字中的"匚";"影"、"彦"、"彩"等字中的"彡"等等,现在只出现在偏旁里。(Components used to be single-part characters, but now some of them are used as nothing but parts, e.g. "宀" in "字", "家", "宝", "囗" in "回", "国", "园", "匚" in "医", "巨", "匜", and "彡" in "影", "彦", "彩".)

有些独体字做偏旁时, 除了保留自身的形状外, 还可能在形体上发生变化。比如:(Some single-part characters, when used as components, may appear what they are, or sometimes appear with some change in shape. For example:)

手——拿,掌,拳,攀（保持原状 no change）
　　——把,拉,打,推（变为"提手旁"changed）→扌
水——泉,尿,浆,冰（保持原状 no change）
　　——求,录,泰,黎（变为"泰字底"changed）→氺
　　——江,河,湖,海（变为"三点水"changed）→氵
火——灭,灯,炼,烟（保持原状 no change）
　　——热,点,然,熟（变为"四点"changed）→灬
心——意,思,怎,急（保持原状 no change）
　　——忙,快,情,恨（变为"竖心旁"changed）→忄
　　——恭,忝（变为"恭字底"changd）→⺗

还有些独体字作为偏旁随汉字的简化而有较大的形体变化,如:(Besides, some single-part-character components were changed in a comparatively larger scale owing to Chinese character simplification. For example:)

言—話—话→讠
金—針—针→钅
食—飯—饭→饣
爿—將—将→丬

dì-shí'èr kè   fēng yǔ jīn shí
第十二课　风雨金石

fēng 风 （風）四画 【部首】风 义 wind

- ◇ 1. 刮风　guā fēng　　　　　　　　　　　(of wind) blow
- ◇ 2. 风光　fēngguāng　　　　*n./a.*　　scene; view; sight
- ◇ 3. 风俗　fēngsú　　　　　　*n.*　　　custom

例句：Běijīng de chūntiān jīngcháng guā fēng. / 北京的春天经常刮风。/
Usually, it is windy in Beijing in the spring.

yǔ 雨 八画 【部首】雨 义 rain

- ◇ 1. 雨季　yǔjì　　　　　　　*n.*　　　rainy season
- ◇ 2. 下雨　xià yǔ　　　　　　　　　　rain
- ◇ 3. 雨伞　yǔsǎn　　　　　　*n.*　　　umbrella

例句：Guǎngzhōu de yǔjì shì sìyuè zhì qīyuè. / 广州的雨季是 4 月—7 月。/
The rainy season in Guangzhou is from April to July.

jīn 金 八画 【部首】金（钅）义 gold

- ◇ 1. 金牌　jīnpái　　　　　　*n.*　　　gold medal
- ◇ 2. 黄金　huángjīn　　　　　*n.*　　　gold; golden

例句：Tā zài Àoyùnhuì shang déguo liǎng kuài jīnpái. / 他在奥运会上得过两块金牌。/
He once won two gold medals in Olympic Games.

shí 石 五画 【部首】石 义 stone

- ◇ 1. 石头　shítou　　　　　　*n.*　　　stone
- ◇ 2. 宝石　bǎoshí　　　　　　*n.*　　　precious stone
- ◇ 3. 石油　shíyóu　　　　　　*n.*　　　petroleum

例句：Bǎoshí jiùshì hěn guì de shítou. / 宝石就是很贵的石头。/
Precious stone is the stone of great value.

yáng 阳 （陽） 六画 【部首】阝 义 the sun; the masculine or positive principle in nature

- 1. 太阳　tàiyáng　　　　　*n.*　　　the sun
- 2. 阳光　yángguāng　　　*n.*　　　sunlight; sunshine
- 3. 阳台　yángtái　　　　 *n.*　　　balcony; veranda

例句：Qīngniánrén jiù xiàng zǎochen bā-jiǔ diǎnzhōng de tàiyáng. /
青年人就像早晨八九点钟的太阳。/
Young people is just like the morning sun of 8 or 9 o'clock.

mǎ 马 （馬） 三画 【部首】马 义 horse

- 1. 马虎　mǎhu　　　　　*a.*　　　careless
- 2. 马路　mǎlù　　　　　 *n.*　　　road; avenue
- 3. 马上　mǎshàng　　　 *adv.*　　at once

例句：Tā gàn shénme dōu shì mǎmǎ-hūhū de. / 他干什么都是马马虎虎的。/
He is careless in doing everything.

niú 牛 四画 【部首】牛 义 ox; cow

- 1. 牛肉　niúròu　　　　*n.*　　　beef
- 2. 牛排　niúpái　　　　*n.*　　　steak
- 3. 牛奶　niúnǎi　　　　*n.*　　　milk

例句：Tā tèbié xǐhuan chī niúròu. / 他特别喜欢吃牛肉。/ He likes eating beef very much.

yáng 羊 六画 【部首】羊 义 goat; sheep

- 1. 羊肉　　yángròu　　　 *n.*　　　mutton; lamb
- 2. 羊毛衫　yángmáoshān　 *n.*　　　woolen sweater

例句：Māma zuò de hóngshāo yángròu fēicháng hǎochī. / 妈妈做的红烧羊肉非常好吃。/
The stewed lamb in soy sauce mom cooked is delicious.

chóng 虫 （蟲） 六画 【部首】虫 义 worm

- 1. 虫子　chóngzi　　　　*n.*　　　worm
- 2. 昆虫　kūnchóng　　　 *n.*　　　insect
- 3. 害虫　hàichóng　　　 *n.*　　　pest

例句：Chóngzi yǒu hěn duō zhǒng. / 虫子有很多种。/
There are many kinds of worms.

yú **鱼** (魚) 八画 【部首】鱼 义 fish

◇ 1. 钓鱼 diào yú go fishing
◇ 2. 海鱼 hǎiyú *n.* sea fish

例句: Xiǎomíng de yéye xǐhuan diào yú. / 小明的爷爷喜欢钓鱼。/
Xiaoming's grandpa likes going fishing.

niǎo **鸟** (鳥) 五画 【部首】鸟 义 bird

◇ 小鸟 xiǎoniǎo *n.* little bird

例句: Tā kuàilè de xiàng yì zhī xiǎoniǎo. / 她快乐得像一只小鸟。/
she is as happy as a little bird.

yī **衣** 六画 【部首】衣(衤) 义 clothing

◇ 1. 衣服 yīfu *n.* clothing
◇ 2. 内衣 nèiyī *n.* underwear
◇ 3. 毛衣 máoyī *n.* sweater

例句: Wàiyī jiùshì chuān zài wàimian de yīfu. / 外衣就是穿在外面的衣服。/
Outer garmenl is the clothes worn outside.

shí **食** 九画 【部首】食(饣) 义 food

◇ 1. 食物 shíwù *n.* food
◇ 2. 食品 shípǐn *n.* food
◇ 3. 粮食 liángshi *n.* grain

例句: Dàmǐ, yúròu hé shūcài shì zuì zhǔyào de shíwù. / 大米、鱼肉和蔬菜是最主要的食物。/
Rice, fish, meat and vegetables are the main food.

汉字知识（12） Chinese Character Introduction (12)

偏旁中形状和笔画的变形 Component Transformation

　　同一个汉字，当它处在不同的偏旁位置时，形状和笔画都可能会发生变化。比如："人"在"他们"中变成了"亻"；"女"字在"娶"字中变矮了,在"嫁"字中变瘦了；"是"字在"提"字中变窄了，在"题"字中尾巴要拉长；"爪"字在"爬"字中右腿要伸长，在"采"字上方时原来的撇竖捺变成了三个点。(When one character appears as components in other characters, its shape and stroke are likely to alter. For example, "人"is transformed into"亻" in "他们", "女" is shorter in "娶", and thinner in"嫁", "是"appears narrower in"提" and its last stroke appears longer in "题", "爪" has a longer right leg in "爬", and the three long legs shrink into three dots in "采".)

还有一个比较突出的现象是：当一个汉字担任左偏旁时，下面的一横要变成提。请注意观察以下偏旁中笔画变形的情况：(Another obvious phenomenon: when a character is used as a component on the left side, the strode of Heng at the bottom is transformed into tí:)

土——地、场、坏、块

王——班、玩、现、环、理

工——功、攻、式、巧

车——转、轮、软、轻

子——孙、孤、孩

止——此、武、些

立——站、端、竭

牛——告、特、牧、物

有时还要发生较大的变化，比如：(Some are transformed in a higher degree:)

七——切、砌

足——跟、路、跑、跳

在其他位置时，也会发生一些变化，比如：(Transformation also takes place when components are used in other places:)

八——分、六、谷、半、关、

羊——美、养、羚、差

火——烧、炎、热、炼

竹——笔、笑、等、答

手——看、拜

第十三课　厂　广　刀　走

chǎng 厂 (廠)　二画　【部首】厂　义　factory

◇ 1. 工厂　gōngchǎng　　　　　　*n.*　　factory
◇ 2. 厂长　chǎngzhǎng　　　　　　*n.*　　factory director

例句: Zhè ge gōngchǎng de chǎngzhǎng shì wàiguórén. / 这个工厂的厂长是外国人。/
The director of this factory is a foreigner.

guǎng 广 (廣)　三画　【部首】广　义　wide; vast

◇ 1. 广场　guǎngchǎng　　　　　　*n.*　　square
◇ 2. 广大　guǎngdà　　　　　　　*a.*　　wide; vast; major

例句: Tiān'ānmén guǎngchǎng hěn dà. / 天安门广场很大。/
Tian'anmen Square is very big.

dāo 刀　二画　【部首】刀(刂)　义　knife

◇ 1. 刀子　dāozi　　　　　　　　*n.*　　knife
◇ 2. 刀刃　dāorèn　　　　　　　　*n.*　　blade

例句: Tā yǒu yì bǎ Ruìshì xiǎo dāo. / 他有一把瑞士小刀。/
He has a pocket knife made in Switzerland.

zǒu 走　七画　【部首】走(辶)　义　walk

◇ 1. 走路　zǒu lù　　　　　　　　　　walk
◇ 2. 走私　zǒu sī　　　　　　　　　　smuggle

例句: Wǒmen jīntiān bú zuò chē, zǒu lù qù gōngyuán. / 我们今天不坐车,走路去公园。/
We'll give up the car but walk to the park today.

chē 车 (車)　四画　【部首】车　义　vehicle

◇ 1. 开车　kāi chē　　　　　　　　　　drive
◇ 2. 汽车　qìchē　　　　　　　　　*n.*　　automobile; motor; car
◇ 3. 火车　huǒchē　　　　　　　　　*n.*　　train

汉字突破

例句：Hěn duō nán háizi dōu xǐhuan kāi chē. / 很多男孩子都喜欢开车。 / Many boys like driving.

shì 示 五画 【部首】亦(礻) 义 show; notify; instruct

◇ 1. 表示 biǎoshì　　　　　　v./n.　　　　show; express; indicate
◇ 2. 示威 shìwēi　　　　　　v.　　　　　　demonstrate; hold a demonstration

例句：Wǒ yào sòng tā yí yàng lǐwù, biǎoshì wǒ de xīnyì. / 我要送他一样礼物，表示我的心意。/
I'll give him a gift to show my regard.

jiā 家 十画 【部首】宀 义 home; family

◇ 1. 家庭 jiātíng　　　　　　n.　　　　　home; family
◇ 2. 家具 jiājù　　　　　　　n.　　　　　furniture
◇ 3. 家乡 jiāxiāng　　　　　　n.　　　　　hometown

例句：Wǒ de jiā shì yí ge bā kǒu rén de dà jiātíng. /
我的家是一个八口人的大家庭。/
My family is a big family of eight members

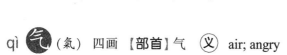

qì 气 (氣) 四画 【部首】气 义 air; angry

◇ 1. 生气 shēngqì　　　　　　v.　　　　　angry
◇ 2. 天气 tiānqì　　　　　　　n.　　　　　weather
◇ 3. 空气 kōngqì　　　　　　　n.　　　　　air

例句：Nǐ shēngqì de shíhou yàngzi hěn nánkàn. / 你生气的时候样子很难看。/
You look ugly when you get angry.

lì 立 五画 【部首】立 义 stand

◇ 1. 成立 chénglì　　　　　　v.　　　　　establish
◇ 2. 立刻 lìkè　　　　　　　　adv.　　　　at once

例句：Zhōnghuá Rénmín Gònghéguó chénglì yú yī-jiǔ-sì-jiǔ nián shíyuè yī rì. /
中华人民共和国成立于 1949 年 10 月 1 日。/
The People's Republic of China was founded on Oct. 1st, 1949.

xíng/háng 行 六画 【部首】彳 义 go; walk; behavior; competent

◇ 1. 旅行 lǚxíng　　　　　　v./n.　　　　travel
◇ 2. 行李 xíngli　　　　　　　n.　　　　　luggage

Hànzì Tūpò

汉字突破

例句：Hěn duō nán háizi dōu xǐhuan kāi chē. / 很多男孩子都喜欢开车。 / Many boys like driving.

shì 示 五画 【部首】亦(礻) 义 show; notify; instruct

◇ 1. 表示 biǎoshì　　　v./n.　　　show; express; indicate
◇ 2. 示威 shìwēi　　　v.　　　demonstrate; hold a demonstration

例句：Wǒ yào sòng tā yí yàng lǐwù, biǎoshì wǒ de xīnyì. / 我要送他一样礼物，表示我的心意。/
I'll give him a gift to show my regard.

jiā 家 十画 【部首】宀 义 home; family

◇ 1. 家庭 jiātíng　　　n.　　　home; family
◇ 2. 家具 jiājù　　　n.　　　furniture
◇ 3. 家乡 jiāxiāng　　　n.　　　hometown

例句：Wǒ de jiā shì yí ge bā kǒu rén de dà jiātíng. /
我的家是一个八口人的大家庭。/
My family is a big family of eight members

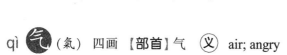

qì 气 (氣) 四画 【部首】气 义 air; angry

◇ 1. 生气 shēngqì　　　v.　　　angry
◇ 2. 天气 tiānqì　　　n.　　　weather
◇ 3. 空气 kōngqì　　　n.　　　air

例句：Nǐ shēngqì de shíhou yàngzi hěn nánkàn. / 你生气的时候样子很难看。/
You look ugly when you get angry.

lì 立 五画 【部首】立 义 stand

◇ 1. 成立 chénglì　　　v.　　　establish
◇ 2. 立刻 lìkè　　　adv.　　　at once

例句：Zhōnghuá Rénmín Gònghéguó chénglì yú yī-jiǔ-sì-jiǔ nián shíyuè yī rì. /
中华人民共和国成立于 1949 年 10 月 1 日。/
The People's Republic of China was founded on Oct. 1st, 1949.

xíng/háng 行 六画 【部首】彳 义 go; walk; behavior; competent

◇ 1. 旅行 lǚxíng　　　v./n.　　　travel
◇ 2. 行李 xíngli　　　n.　　　luggage

Hànzì Tūpò

◇ 3. 步行 bùxíng   *v.*   walk

◇ 4. 银行 yínháng   *n.*   bank

例句：Xiǎo Wáng zài yínháng gōngzuò, tā xǐhuan lǚxíng. / 小王在银行工作,他喜欢旅行。/
Xiao Wang works in a bank and he likes traveling.

fù 四画 【部首】父 (义) father

◇ 1. 父亲 fùqin   *n.*   father

◇ 2. 父母 fùmǔ   *n.*   father and mother

例句：Fùqin zuì xǐhuan jiǎng Zhōngguó de shìqing. / 父亲最喜欢讲中国的事情。/
Father loves very much to talk about China.

mǔ 五画 【部首】母 (义) mother; female

◇ 1. 母爱 mǔ'ài   *n.*   mother's love

◇ 2. 母亲 mǔqin   *n.*   mother

例句：Zuì wěidà de ài shì mǔ'ài. / 最伟大的爱是母爱。/
The greatest love is the mother's love.

汉字知识（13） Chinese Character Introduction (13)

部首　Radical

　　远在将近2000年前的汉朝,有个名叫许慎的学者,编了一本书——《说文解字》,这可以算是中国最早的字典了。他一共收9300多个汉字,怎么为它们分类呢？他想出一个办法:他把含有同一类偏旁的汉字放在一起,比如说"杨、柳、树、林……"都有木字旁,它们在意义上都和"木"有关系。这些表示同一类事物的偏旁,后来在字典分类排序中就称为"部首"。部首一共有200个左右。
(As far as 2,000 years ago, there was a scholar named Xushen, who compiled a book entitled Character Analysis, probably the earliest dictionary in China He classified the 9,300 characters the dictionary includes by putting characters sharing the same component into a group. For instance, "杨, 柳, 树, 林……" share the component "木" and also have something to do with"木"in meaning. This kind of component indicating something common in a group of characters is called radical, which is used for compiling dictionary. There are totally some 200 radicals.)
　　中国的字典和词典,大多数按拼音所用的拉丁字母顺序排列,同时字典和词典都提供按部首排列的检字顺序。我们如果不知道某字的读音,就可以根据部首和偏旁查找那个字。(In most of the Chinese dictionaries, entries are listed in the alphabetic order, but at the same time, they also provide the radical order, an alternative way. Thus, in cases we do not know the pronunciation of a character, we can find it by using radical and component.)

部首通常位于汉字的左侧或上边。比如位于左边的:(Radical is usually at the left side or the upper part of a character. Radicals on the left side:)

冫(两点水):冰,冷,冻,次

氵(三点水):河,海,活,洋

亻(单人旁):你,他,位,们

讠(言字旁):说,谈,讲,话

忄(竖心旁):快,慢,性,怀

彳(双人旁):很,行,征,徒

礻(示字旁):社,神,祖,礼

犭(反犬旁):狗,狼,狠,猫

部首位于上边的:(Radicals in the upper part:)

宀(宝盖头):定,字,宾,室

艹(草字头):花,英,菜,草

竹(竹字头):笑,笔,等,筷

冖(秃宝盖):写,军,冠,冤

但也有不少部首位于汉字的右边、下边或其他位置,比如以下汉字:(But you may also find radicals in the right, at the lower part or some other places:)

到,别;　印,却;　段,般;　收,教;　预,领;

盒,盛;　运,过;　点,烈;　装,袭;　弄,异;

病,痛;　虚,虎;　区,医;　包,句;　同,网

有趣的是,同一个汉字可以处在别的汉字的不同位置上,充当部首或部件。比如:(Interestingly, the same character can be used as radical or part in different characters:)

部首或 部件名 radical or part	部首或部件在汉字中所处的位置 the position of a radical or a part in a character					
	左边 on left	右边 on right	上边 on top	下边 at bottom	中间 in middle	一角 at corner
口	吃 吗	知 和	号 只	古 台	句 问	绍 损
女	好 妈	妆 汝		娶 要	因 嬲	努 茹
木	松 树	休 沐	查 李	果 桌	困	想 懋
子	孩 孙	好 仔	孟	李 学	囝	存 猛
力	加	助 动		男 勇	办 痂	架 茄
又	对 欢	仅 权	圣	支 受	树	慢 督
山	峰 峭	汕 讪	岁 岗	岳 峦		岛 凯
日	明 昨	旧 阳	早 易	昏 智	间 草	棍 婚

但在一个汉字中,偏旁部首的位置是固定的,如"部"(bù)字左右偏旁调换一下,就变成另外一个汉字"陪"(péi)了。所以,在学习汉字时,除要记它的偏旁部首以外,还必须记住偏旁部首的位置。(But in a specific character, the positions of the radical and component are fixed. For example, if the radical and the component in"部" (bù) exchange their positions, a new character "陪"(péi) results. Therefore, in the process of learning characters, you need not only to remember the radicals but also their positions.)

第十四课 比 信 拿 公

dì-shísì kè bǐ xìn ná gōng

bǐ **比** 四画 【部首】比 ㈜ campare

- 1. 比较 bǐjiào　　　　　　　　v./adv.　to compare; comparatively
- 2. 比如 bǐrú　　　　　　　　　　　　　　for example
- 3. 比赛 bǐsài　　　　　　　　v./n.　match; competition

例句: Zhè běn Hànzì shū bǐjiào hǎo. / 这本汉字书比较好。/

This book of Chinese characters is better than others.

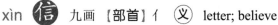

xìn **信** 九画 【部首】亻 ㈜ letter; believe

- 1. 写信 xiě xìn　　　　　　　　　　　write a letter
- 2. 信心 xìnxīn　　　　　　　　n.　confidence
- 3. 相信 xiāngxìn　　　　　　　v.　believe

例句: Nǐ xiànzài hái gěi péngyou xiě xìn ma? / 你现在还给朋友写信吗？/

Do you still write letters to your friends now?

ná **拿** 十画 【部首】手 ㈜ carry; take; bring

- 1. 拿主意 ná zhǔyi　　　　　　　　　make a dicision
- 2. 拿手 náshǒu　　　　　　　　a.　be good at

例句: Dōngxi tàiduō le, wǒ ná bù liǎo. / 东西太多了，我拿不了。/

There are too many things and I cannot carry them all.

gōng **公** 四画 【部首】八 ㈜ public; male; metric system

- 1. 公平 gōngpíng　　　　　　　a.　fair; just
- 2. 公正 gōngzhèng　　　　　　　a.　fair; just; impartial
- 3. 公开 gōngkāi　　　　　　　a./v.　openly; open; make pablie

例句: Zhèngfǔ bàn shì yīngdāng gōngpíng, gōngzhèng, gōngkāi. / 政府办事应当公平、公正、公开。/

The government should be fair, just and open in handling affairs.

nán 七画 【部首】田 / 力 义 male; man

◇ 1. 男人　nánrén　　　　　　　*n.*　　　　man
◇ 2. 男生　nánshēng　　　　　　*n.*　　　　boy students
◇ 3. 男子汉　nánzǐhàn　　　　　　*n.*　　　　husky man; manly; masculinity

例句：Nánrén bù dōu shì nánzǐhàn. / 男人不都是男子汉。/
Not all men are manly.

zuò 七画 【部首】土 义 sit

◇ 1. 请坐　qǐng zuò　　　　　　　　　Sit down, please.
◇ 2. 坐班　zuòbān　　　　　　　　*v.*　　　work in one's office during office time

例句：Zuò, qǐng zuò, qǐng shàngzuò. / 坐，请坐，请上坐。/
Sit down, please sit down, please take the best seat.

lèi （淚）八画 【部首】氵/ 目 义 tears

◇ 眼泪　yǎnlèi　　　　　　　　　*n.*　　　tears

例句：Rén zài fēicháng gāoxìng de shíhou yě huì liú yǎnlèi. /
人在非常高兴的时候也会流眼泪。/
One may shed tears when extremely happy.

nèi 四画 【部首】冂 义 inner; inside

◇ 1. 内容　nèiróng　　　　　　　*n.*　　　　content
◇ 2. 内行　nèiháng　　　　　　　*n./a.*　　be expert at; know the ins and outs

例句：Zhè běn shū de nèiróng zěnmeyàng? / 这本书的内容怎么样？/
How do you like the content of this book?

kàn/kān 九画 【部首】目 义 look; visit

◇ 1. 看法　kànfǎ　　　　　　　*n.*　　　　viewpoint
◇ 2. 看见　kànjiàn　　　　　　　*v.*　　　　see
◇ 3. 看不起　kànbuqǐ　　　　　　*v.*　　　　look down upon
◇ 4. 看管　kānguǎn　　　　　　　*v.*　　　　attend to; look after

例句：Wǒ gēn nín de kànfǎ bù wánquán yíyàng. / 我跟您的看法不完全一样。/
My viewpoint is not completely the same with yours.

jiàn 见 （見） 四画 【部首】见 义 see; catch sight of; meet with

◇ 1. 见面 jiàn miàn   meet; see

◇ 2. 听见 tīngjiàn   *v.*   hear

◇ 3. 会见 huìjiàn   *v.*   meet with

例句：Zhēn gāoxìng, jīntiān wǒmen yòu jiàn miàn le. / 真高兴，今天我们又见面了。/
I am so happy that we meet again today.

jiān 尖 六画 【部首】小 / 大 义 point; pointed; sharp

◇ 1. 尖 jiān   *a.*   point; tip; top; sharp

◇ 2. 尖锐 jiānruì   *a.*   sharp-pointed; sharp; incisive

例句：Wǒ de qiānbǐjiānr bù jiān le. / 我的铅笔尖儿不尖了。/
The tip of my pencil is not sharp.

miè 灭 （滅） 五画 【部首】火 义 destroy; kill; get rid of

◇ 1. 扑灭 pūmiè   *v.*   put out; extinguish

◇ 2. 消灭 xiāomiè   *v.*   eliminate; abolish

例句：Xiāofángduì hěn kuài jiù bǎ huǒ pūmiè le. / 消防队很快就把火扑灭了。/
The fire brigade soon put out the fire.

bǐ 笔 （筆） 十画 【部首】⺮ 义 writing tool; pen

◇ 1. 笔画 bǐhuà   *n.*   stroke

◇ 2. 笔记 bǐjì   *n.*   note

◇ 3. 毛笔 máobǐ   *n.*   writing brush

例句："Bǐ" zì yígòng yǒu shí ge bǐhuà. / "笔"字一共有十个笔画。/
The character "笔" has ten strokes.

ān 安 六画 【部首】宀 义 safe

◇ 1. 平安 píng'ān   *a.*   safe and sound; quiet and stable

◇ 2. 安全 ānquán   *a.*   safe; secure

◇ 3. 安静 ānjìng   *a.*   quiet

例句：Gāogāo-xìngxìng shàng bān qù, píngpíng'ān'ān huí jiā lái. / 高高兴兴上班去，平平安安回家来。/
Go to work happily and come back home safely.

zāi **灾** （災） 七画 【部首】宀 / 火 **义** disaster; misfortune

◇ 1. 火灾 huǒzāi   *n.*   conflagration

◇ 2. 水灾 shuǐzāi   *n.*   flood

◇ 3. 旱灾 hànzāi   *n.*   drought

◇ 4. 灾害 zāihài   *n.*   disaster

例句：Shuǐzāi, hànzāi, huǒzāi dōu shì dà zāihài. / 水灾、旱灾、火灾都是大灾害。/
Flood, draught and fire are all big disasters.

汉字知识 （14）   Chinese Character Introduction (14)

形声字   Idea-sound Characters

     汉字中绝大部分是形声字，形声字是合体字：其中一个部分叫"形旁"，表示这个汉字的大概意思或义类；另一个部分叫"声旁"，表示汉字的读音或类似的读音。比如"们"字，其中的"亻"表示人；而"门"则表示这个字的读音。 (Idea-sound characters, also called pictophonetic characters, a type most of the Chinese characters belong to, are compound characters with two components: the idea component, indicative of general meaning, and the sound component, indicative of the general sound. For example, with regard to "们", "亻" indicates people, and "门" indicates the sound.)

     形旁也叫"形符"、"义符"，声旁也叫"声符"、"音符"。形旁大多由象形字构成，如三点水(水→氵)、木字旁(木→木)、竹字头(竹→⺮)等等。象形字、指事字、会意字、形声字都可以做声旁，做了声旁的字一般只表示读音而不再表示原来的字义。形声字是汉字最主要的造字方法，汉字中形声字占80%以上。 (The idea component and the sound component are also called idea symbol and sound symbol respectively. Most of the idea components are pictographic characters, such as "氵" (indicating water), "木" (indicating tree) and "竹" (indicating bamboo). All of the pictographic, self explanatory (indicative), associative and idea-sound characters can be used as sound components, but in this case they usually do not indicate idea anymore. Compounding between the idea component and the sound component is the chief method of coining characters, and 80% of Chinese characters were made in this way.)

     有些字既能作表音偏旁，也能作表意偏旁。例如，"木"在木字旁的字中(杨、树、棵、机、校、松、板等)是表意偏旁，但在"沐"字中是表音偏旁。又如，

汉字突破

"们"字、"问"字中的"门"是表音偏旁,但在"阁"、"阔"、"闸"等字中是表意偏旁。我们在确定偏旁的作用时要仔细,不过大多数偏旁的作用是固定的、单一的。(Some characters can function both as sound and idea component. For example, "木" serves as an idea component in "杨", "树", "棵", "机", "校", "松", "板" etc, but as a sound component in "沐". Another example, "门" is a sound component in "们", "问", but in "阁", "阔", "闸" it is an idea component. We need to be careful when telling component's function, although the role of most of them is single and fixed.)

第十五课　好坏对错

hǎo/hào 好 六画 【部首】女 （义） good

◇ 1. 好吃　　hǎochī　　　　　*a.*　　　delicious
◇ 2. 好看　　hǎokàn　　　　　*a.*　　　good-looking
◇ 3. 好玩　　hǎowánr　　　　 *a.*　　　fun; interesting
◇ 4. 爱好　　àihào　　　　　　*n./v.*　 hobby; like

例句1：Nǐmen zhèli yǒu shénme hǎochī de, hǎokàn de, hǎowán de? /
你们这里有什么好吃的、好看的、好玩的？/
What are the delicious food, good views and interesting places here?

例句2：Nǐ àihào shénme yùndòng? / 你爱好什么运动？/ What sport do you like?

huài 坏 （壞） 七画 【部首】土 （义） bad

◇ 1. 坏蛋　　huàidàn　　　　 *n.*　　　bastard
◇ 2. 坏人　　huàirén　　　　　*n.*　　　bad person; evil-doer
◇ 3. 坏事　　huàishì　　　　　*n.*　　　bad thing; evil-deed

例句：Tā shì yí ge shízú de huàidàn / 他是一个十足的坏蛋。/
He is an out-and-out bastard.

duì 对 （對） 五画 【部首】又 / 寸 （义） right

◇ 1. 对比　　duìbǐ　　　　　　*v.*　　　compare
◇ 2. 对不起　duìbuqǐ　　　　　*v.*　　　sorry

例句：Yí duìbǐ jiù néng kànchū hǎohuài. / 一对比就能看出好坏。/
You will immediately know good or bad after a comparison.

cuò 错 （錯） 十三画 【部首】钅 （义） wrong

◇ 1. 不错　　búcuò　　　　　 *a.*　　　not bad; relatively good
◇ 2. 错误　　cuòwù　　　　　 *n./a.*　 mistake; error; blunder

例句：Zhè běn shū hái búcuò. / 这本书还不错。/ This book is not bad.

kū 哭 十画 【部首】口 / 犬 义 cry; weep

◇ 1. 哭笑不得 kūxiàobùdé　　　　　　　both funny and annoying

◇ 2. 放声大哭 fàngshēngdàkū　　　　　　cry out loudly

例句：Zhè jiàn shì ràng rén kūxiàobùdé. / 这件事让人哭笑不得。/

It is both funny and annoying.

xiào 笑 十画 【部首】⺮ 义 laugh

◇ 1. 微笑　wēixiào　　　　　v.　　smile

◇ 2. 笑话　xiàohua　　　　　n./v.　joking; laugh at

◇ 3. 开玩笑　kāi wánxiào　　　　　joke

例句：Tā de wēixiào hěn mírén. / 她的微笑很迷人。/

Her smile is very charming.

tīng 听 (聽) 七画 【部首】口 义 listen

◇ 1. 听说 tīngshuō　　　　　v.　　it is said

◇ 2. 听话 tīnghuà　　　　　a.　　obedient

◇ 3. 听写 tīngxiě　　　　　v./n.　dictate; dictation

例句：Tīngshuō tā yǐjīng yǒu nán péngyou le. / 听说她已经有男朋友了。/

It is said that she has already got a boyfriend.

shuō 说 (說) 九画 【部首】讠 义 say; speak

◇ 1. 说不定 shuōbudìng　　　　　not sure; maybe

◇ 2. 说明　shuōmíng　　　　v./n.　show; explain; explanation

例句：Kàn zhè tiān, shuōbudìng huì xià yǔ. / 看这天，说不定会下雨。/

Look at the sky, It is likely to rain.

dú 读 (讀) 十画 【部首】讠 义 read

◇ 1. 读书 dú shū　　　　　read; attend school; reading

◇ 2. 读者 dúzhě　　　　　n.　reader

例句：Wǒ měi tiān wǎnshang dú shū, kàn bào. / 我每天晚上读书、看报。/

I read books and newspapers every evening.

Hànzì Tūpò

xiě 写 (寫) 五画 【部首】冖 义 write

◇ 1. 写作 xiězuò　　　　　*n.*　　　　writing
◇ 2. 写信 xiě xìn　　　　　　　　　　write a letter

例句：Tā xǐhuan xiězuò, xiǎng dāng zuòjiā. / 他喜欢写作,想当作家。/
He likes writing and dreams to be a writer.

jì 记 (記) 五画 【部首】讠 义 write down; memorize

◇ 1. 笔记 bǐjì　　　　　　*n.*　　　　note
◇ 2. 记忆 jìyì　　　　　　*n./v.*　　　memory; memorize
◇ 3. 记者 jìzhě　　　　　　*n.*　　　　reporter

例句：Jì bǐjì néng bāngzhù jìyì. / 记笔记能帮助记忆。/
Taking notes helps your memory.

wàng 忘 七画 【部首】心 义 forget

1. 忘记 wàngjì　　　　　*v.*　　　　forget
2. 忘我 wàngwǒ　　　　　*a.*　　　　selfless

例句：Xué huì wàngjì yǒushí yě hěn zhòngyào. / 学会忘记有时也很重要。/
Sometimes managing to forget is very important .

yòng 用 五画 【部首】用 义 use

◇ 1. 有用 yǒuyòng　　　　*a.*　　　　useful
◇ 2. 用功 yònggōng　　　　*v./a.*　　diligent
◇ 3. 费用 fèiyòng　　　　　*n.*　　　　fee

例句：Tā juéde Hànyǔ hěn yǒuyòng. / 他觉得汉语很有用。/
He thinks that Chinese is very useful.

róng 容 十画 【部首】宀 义 hold; contain; permit; facial expression

◇ 1. 容易 róngyì　　　　　*a.*　　　　easy; likely
◇ 2. 容纳 róngnà　　　　　*v.*　　　　hold; have a capacity of

例句：Zhè ge Hànzì hěn róngyì xiěcuò. / 这个汉字很容易写错。/
This character is very easily written wrong.

yì 易 八画 〔部首〕日 义 easy; change

◇ 1. 容易 róngyì   *a.*   easy; likely

◇ 2. 贸易 màoyì   *n.*   trade

例句: Tā juéde Hànyǔ hěn róngyì xué. / 他觉得汉语很容易学。/

He thinks that Chinese is very easy to learn.

汉字知识（15）　　Chinese Character Introduction (15)

字中有字　Word in Word

一个汉字可能由两个或多个部件组成,看起来似乎很难记,但仔细看看,我们会发现有些部件字是熟悉的、学过的。就像有些英文单词可以拆分一样,汉字的拆分与组合也很有意思。(The Chinese character, containing two or more parts, may seem difficult to remember, but a closer observation will show us that we have learnt and thus are quite familiar with some of them. As some English words are disintegratible, so are some Chinese characters.)

比如,英文 football→foot＋ball

dishonorable→dis＋honor＋able

汉字"想"→木＋目＋心

"湘"→氵＋木＋目

(English: football→foot＋ball

dishonorable→dis＋honor＋able)

(Chinese: "想"→木＋目＋心

"湘"→氵＋木＋目)

如果把"therein"这个单词进行分解,我们不用改变字母顺序便可能得到"the, he, her, here, there, ere, rein, in"共八个单词。如果把"树"字进行拆分组合,我们可以得到"木、又、寸、权、对、村"共六个汉字。(Disintegrating "therein" will result in 8 words without changing the alphabetic order: the, he, her, here, there, ere, rein, in. Disintegrating and recombining "树" will result in 6 characters "木, 又, 寸, 权, 对, 村".)

但如果把"重"字仅仅进行分解,不必再组合,我们就能得到三十多个汉字! 请你自己先找找看, 如果能找到十五个字, 那就很了不起了。(Just disintegrating "重" will result in over 30 characters. Do it yourself. You are doing great, if you can find 15 characters in "重".)

　　下面是躲藏在"重"字中的字：你找到了多少？汉字是不是很奇妙？（The following are the characters hiding in "重"：How many have you found？ Aren't Chinese characters amazing?）

千　里　一　二　三　口　日　曰　中　土　干　上　工　十　早　丰
王　田　申　由　甲　旦　亘　旧　壬　山　古　舌　占　吉　巾　圭　巨
車

jìn chū qù dào

第十六课 进 出 去 到

jìn 进 (進) 七画 【部首】辶 义 enter; come in

◇ 1. 进步 jìnbù   v./a.   progress

◇ 2. 进来 jìnlái   v.   come in; enter

例句: Tā xiě Hànzì jìnbù hěn dà. / 她写汉字进步很大。/

She has made great progress in writing Chinese characters.

chū 出 五画 【部首】凵 义 exit; come out

◇ 1. 出生 chūshēng   v.   be born

◇ 2. 出口 chūkǒu   v./n.   export; exit

◇ 3. 出去 chūqù   v.   go out

例句: Tā yī-jiǔ-jiǔ-líng nián yīyuè chūshēng yú Běijīng. / 他 1990 年 1 月出生于北京。/

He was born in Beijing in January 1990.

qù 去 五画 【部首】土 / 厶 义 go; get rid of

◇ 1. 去年 qùnián   n.   last year

◇ 2. 过去 guòqù   n./v.   the past; go over

◇ 3. 回去 huíqù   v.   go back

例句: Qùnián shíyuè wǒ hé péngyou qùle Shànghǎi. / 去年十月我和朋友去了上海。/

My friend and I visited Shanghai on October last year.

dào 到 八画 【部首】刂 义 arrive

◇ 1. 到达 dàodá   v.   arrive; reach

◇ 2. 到处 dàochù   adv.   everywhere

◇ 3. 迟到 chídào   v.   be late

例句: Wǔ-líng-wǔ cì hángbān jǐ diǎn dàodá? / 505 次航班几点到达? /

When is the Flight No.505 due?

guān 关 （關） 六画 【部首】八 义 shut; close

◇ 1. 关门 guān mén   shut the door
◇ 2. 关心 guānxīn   *v./a.*   take care of
◇ 3. 开关 kāiguān   *n.*   switch

例句: Qǐng suíshǒu guān mén. / 请随手关门！/ Shut the door after you, please!

dǎ 打 五画 【部首】扌 义 beat; strike; hit

◇ 1. 打算 dǎsuan   *n./v.*   plan; intend
◇ 2. 打球 dǎ qiú   play ball games
◇ 3. 打电话 dǎ diànhuà   make a call

例句: Tā dǎsuan míngnián jié hūn. / 他打算明年结婚。/ He intends to marry next year.

mà 骂 （罵） 九画 【部首】口 义 verbally abuse; curse; scold

◇ 骂人 mà rén   swear at sb

例句: Mà rén shì bù wénmíng xíngwéi. / 骂人是不文明行为。/
Calling others names is uncivilized.

chī 吃 六画 【部首】口 义 eat; take

◇ 1. 吃惊 chījīng   *a./v.*   surprise
◇ 2. 吃亏 chīkuī   *a./v.*   suffer losses

例句: Zhè gè xiāoxi ràng dàjiā dōu hěn chījīng. / 这个消息让大家都很吃惊。/
The news surprised us all.

hē 喝 十二画 【部首】口 义 drink

◇ 1. 喝茶 hē chá   drink tea
◇ 2. 喝水 hē shuǐ   drink water
◇ 3. 喝酒 hē jiǔ   drink wine

例句: Zhōngguórén xǐhuan hē chá. / 中国人喜欢喝茶。/
The Chinese are fond of drinking tea

xiǎng 想 十三画 【部首】心 义 think; miss

◇ 1. 想法 xiǎngfǎ   *n.*   idea; point
◇ 2. 想念 xiǎngniàn   *v.*   miss

例句：Tā yǒu hěn duō hǎo de xiǎngfǎ. / 他有很多好的想法。/
He has many good ideas.

yào 九画 【部首】覀 / 女 （义） want; ask for
◇ 1. 要是 yàoshi   *conj.*   if
◇ 2. 重要 zhòngyào   *a.*   important

例句：Yàoshi néng qù Zhōngguó xuéxí Hànyǔ jiù hǎo le. / 要是能去中国学习汉语就好了。
I wish I could study Chinese in China.

xí （習） 三画 【部首】乙 （义） review; go over
◇ 1. 习惯 xíguàn   *n./v.*   habbit; be used to; be accustomed to
◇ 2. 练习 liànxí   *n./v.*   exercise
◇ 3. 复习 fùxí   *v.*   review

例句：Tā de xíguàn shì měi tiān wǎnshang fùxí, yùxí, zuò liànxí. /
他的习惯是每天晚上复习、预习、做练习。/
He has formed a habit of reviewing, previewing and doing exercises every evening.

wán 玩 八画 【部首】王 （义） play
◇ 1. 玩具 wánjù   *n.*   toy
◇ 2. 玩笑 wánxiào   *n.*   joke

例句：Nǐ zuì xǐhuan de wánjù shì shénme? / 你最喜欢的玩具是什么？/ What is your favorite toy?

汉字知识（16）   Chinese Character Introduction (16)

形声字的组合特点
The Compounding Patterns of Idea-sound Characters

　　一个形声字通常由两个部分组成，其中形旁和声旁的位置并不是固定的，一共有以下六种主要的组合形式：(The idea-sound character is usually made up of two components: the idea component and the sound component, whose position in the character is not fixed.　There are altogether 6 patterns in which the two components are compounded:)

　　1. 左形右声[IS]：城、情、评、河（idea + sound [IS]）
　　2. 右形左声[SI]：功、期、歌、郊（sound + idea [SI]）

3. 上形下声[I/S]：花、雾、竿、客（idea above sound [I/S]）

4. 下形上声[S/I]：梨、努、案、想（sound above idea [S/I]）

5. 外形内声[IS]：围、衷、裹、园（idea enclosing sound [IS]）

6. 内形外声[SI]：闷、问、闻、辨（sound enclosing idea [SI]）

在上面六种情况中，以第一种"左形右声"的形声字为最多。(IS pattern is the most popular by which idea-sound characters are compounded.)

此外，还有少量声旁占一角的情况，如：病、近、徒（土声）、旗（其声）；形旁占一角的情况，如：载、栽、颖（从禾顷声）、腾（从马朕声），以及极少数"省形"、"省声"的特殊情况。(In addition, there are a small number of characters in which the sound component occupies a corner, e.g. "病, 近, 徒（土声）", "旗（其声）" or the idea component occupies a corner, e.g. "载, 栽, 颖（从禾顷声）", "腾（从马朕声）". There are few special characters whose idea component or sound component are omitted.)

第十七课　长短高低
dì-shíqī kè　cháng duǎn gāo dī

cháng/zhǎng （長）　四画　【部首】长　义　long; grow

◇　1. 长城　Chángchéng　　　　　　n.　　the Great Wall
◇　2. 长江　Cháng Jiāng　　　　　　n.　　the Yangtze River
◇　3. 生长　shēngzhǎng　　　　　　v.　　grow

例句 1：Wǒ xiǎng qù Zhōngguó kàn Cháng Jiāng hé Chángchéng. / 我想去中国看长江和长城。/
I want to go to China to see the Yangtze River and the Great Wall.

例句 2：Sān nián bú jiàn, háizi zhǎnggāo zhǎngdà le. / 三年不见, 孩子长高长大了。/
The child has grown so tall and big since we met three years ago.

duǎn 短　十二画　【部首】矢　(形声字)IS　义　short

◇　1. 短处　duǎnchù　　　　　　　n.　　shortcoming; weakness
◇　2. 短小　duǎnxiǎo　　　　　　　a.　　short and small

例句：Měi ge rén dōu yǒu chángchù hé duǎnchù. / 每个人都有长处和短处。/
Every person has one's strong and weak points.

gāo 高　十画　【部首】亠　义　tall; high

◇　1. 高兴　gāoxìng　　　　　　　a.　　happy; glad
◇　2. 高中　gāozhōng　　　　　　　n.　　senior middle school
◇　3. 提高　tígāo　　　　　　　　　v.　　improve; promote

例句：Xiǎo érzi xiànzài bǐ bàba hái gāo le. / 小儿子现在比爸爸还高了。/
The youngest son is taller than his father now.

dī 　七画　【部首】亻　(形声字)IS　义　low

◇　1. 低头　dī tóu　　　　　　　　　lower one's head
◇　2. 低级　dījí　　　　　　　　　a.　　inferior

例句：Wǒmen jué bù xiàng kùnnan dī tóu. / 我们决不向困难低头。/
We'll never bow to the difficulties.

提示："低"的右边是"氐", 不是"氏"。由"氐"构成的字一般念 dī 或 dǐ。/
The right part of "低" is "氐", instead of "氏". Characters with the component "氐" is usually pronounced

"dī *or* dǐ".

ǎi  十三画 【部首】矢 (形声字)IS Ⓨ short

◇ 1. 矮小　ǎixiǎo　　　　　*a.*　　short and small

◇ 2. 高矮　gāo'ǎi　　　　　*n.*　　height

例句：Tā bàba bǐ tā māma ǎi. / 他爸爸比他妈妈矮。/ His father is shorter than his mother.

féi 八画 【部首】月 Ⓨ fat; stout

◇ 1. 肥瘦　féishòu　　　　　*n.*　　the girth of a garment

◇ 2. 肥皂　féizào　　　　　*n.*　　soap

◇ 3. 肥大　féidà　　　　　　*a.*　　too big (clothes)

例句：Zhè jiàn yīfu féishòu hěn héshì. / 这件衣服肥瘦很合适。/ This piece of clothes is a good fit.

提示："月"有的是"moon"，有的是古"肉"字，所以跟身体有关的字往往有"月"。/ "月" *is the ancient form of* "肉", *which means "flesh", so characters about parts of a body usually have the component* "月".

pàng **胖** 九画 【部首】月 (形声字)IS Ⓨ fat; stout; plump

◇ 1. 胖子　pàngzi　　　　　*n.*　　a fat person; fatty

◇ 2. 胖乎乎　pànghūhū　　　*a.*　　(of children) plump; chubby

例句：Xiànzài értóng zhōng xiǎo pàngzi yuèláiyuè duō le. / 现在儿童中小胖子越来越多了。/ There are more and more little fatty children nowadays.

shòu **瘦** 十四画 【部首】疒 (形声字)IS Ⓨ thin; lean; tight

◇ 瘦小　shòuxiǎo　　　　　*a.*　　thin and small

例句：Zhè shuāng xié wǒ chuān tài shòu le. / 这双鞋我穿太瘦了。/ This pair of shoes is too tight for me.

lǎo **老** 六画 【部首】老 Ⓨ old; overgrown; very

◇ 1. 老人　lǎorén　　　　　*n.*　　old person; old man

◇ 2. 老板　lǎobǎn　　　　　*n.*　　boss; shopkeeper

◇ 3. 老婆　lǎopo　　　　　　*n.*　　wife

◇ 4. 老师　lǎoshī　　　　　*n.*　　teacher

例句: Tā liùshí duō suì le, kěshì yìdiǎnr yě bù xiǎn lǎo. / 他六十多岁了,可是一点儿也不显老。/

He's over sixty, but he doesn't look old at all.

ài 爱 (愛) 十画 【部首】爫 **义** love

◇ 1. 爱好 àihào　　　　　　v./n.　　hobby

◇ 2. 恋爱 liàn'ài　　　　　　v./n.　　love; romance

◇ 3. 爱人 àiren　　　　　　　n.　　　husband or wife

例句: Tā de àihào fēicháng guǎngfàn. / 他的爱好非常广泛。/ He has a wide interest.

hèn 恨 九画 【部首】忄 (形声字)IS **义** hate

◇ 1. 恨不得 hènbudé　　　　　　　　be dying to; can't wait to

◇ 2. 仇恨 chóuhèn　　　　　n.　　　hatred; enmity

例句: Wǒ hènbudé xiànzài jiù rènshi tā de lǎoshī. / 我恨不得现在就认识他的老师。/

I am dying to meet his teacher.

提示: "恨"来自内心(忄)。由"艮"组成的字,韵母往往是 -en。/

"恨" is come from one's heart (忄). Characters with the component "艮" usually have the vowel "-en".

cū 粗 十一画 【部首】米 (形声字)IS **义** thick

◇ 1. 粗心 cūxīn　　　　　　a.　　　careless

◇ 2. 粗细 cūxì　　　　　　　n.　　　thickness

例句: Cūxīn-dàyì róngyì chū cuò. / 粗心大意容易出错。/

Carelessness is likely to end up with mistakes.

xì 细 (細) 八画 【部首】纟 (形声字)IS **义** thin

◇ 1. 细心 xìxīn　　　　　　a.　　　careful

◇ 2. 细菌 xìjūn　　　　　　n.　　　germ; bacterium

例句: Nǚrén yìbān dōu hěn xìxīn. / 女人一般都很细心。/

Women are generally careful.

mǎi 买 (買) 六画 【部首】乙 **义** buy

◇ 1. 买卖 mǎimài　　　　　n.　　　business

◇ 2. 购买 gòumǎi　　　　　v.　　　purchase; buy

例句: Zuò shēngyi jiùshì zuò mǎimai. / 做生意就是做买卖。/

"做生意" means "做买卖" (doing business).

mài 卖 （賣） 八画 [部首] 十 义 sell

◇ 1. 出卖 chūmài   *v.*   betray
◇ 2. 叫卖 jiàomài   *v.*   cry one's wares; peddle

例句: Chūmài péngyou de rén bú shì péngyou. / 出卖朋友的人不是朋友。/

The man is not a friend who betrays his friend.

汉字知识（17） Chinese Character Introduction (17)

常用部首的含义（1）
The Meaning of Some Frequently Used Radicals (1)

　　所谓部首,本义是指"同部字中的首字",古人编字典时,就开始把意义上有关联的字排列在一起,比如"木"字旁的字都与树木有关,这一部类的字中的第一个字(首字)是"木",于是"木"就是部首。在合体字中,它是表示义类的偏旁,通常也称为"形旁"、"义符"或"意符"。形旁虽然不能告诉我们某字的确切含义,但能标示出该字的义类,这种提示作用对于我们理解汉字、记忆汉字都很有帮助。在各种中文字典、词典中都有部首检字。从本课起,我们陆续介绍一些常用部首的基本含义。(A long time ago, people started to compile dictionaries by putting together the characters sharing the same radical, which, as a character, is put in the lead in the group. For example, "木" is in the lead of the characters with the radical "木", so "木" is the radical in this group. In compound characters, radical indicates idea, so it is also called "idea component" or "idea symbol". Although an idea radical can not tell us the definite meaning of a character, it at least helps us to understand and thus remember it. All Chinese dictionaries provide us with the radical method of looking up a character. The following texts will cover the introduction of the basic meanings of some frequently used radicals.)

　　亻——单人旁(单立人),"亻"的位置在字的左侧。"亻"是由"人"字演变而来的(另外还有"人部")。亻部的字很多,大多与人或人的活动有关。例如:"你"、"他"、"们"、"伯"、"体"、"俩"(liǎ,"两个人"的意思)都是表示人的;"住"、"休"、"做"、"作"、"代"(dài / to replace)、借(jiè / to borrow)、保(bǎo / to protect)都是表示人的活动的。常用字还有"化、仇、仙、仪、伟、传、件、任、但、优、价、似、何、低、佳、使、供、便、修、候、健、信、偷、假、像"等等。("亻" (a single-person radical)——"亻" is derived from the character "人" (there is also the radical "人"), and it is usually at the left side of a character. This radical can be found in lots of characters, most of which have something to do with the activities of the human beings or the human beings themselves. For example, characters like "你", "他", "们", "伯", "体", "俩" (liǎ / meaning two persons) are related to the human beings themselves; and characters like "住", "休", "做", "作", "代" (dài / to replace), 借(jiè / to borrow), 保 (bǎo / to protect) are related to the activities of the human beings. Here are some other common characters with this radical "化, 仇, 仙, 仪, 伟, 传, 件, 任, 但, 优, 价, 似, 何, 低, 佳, 使, 供, 便, 修, 候, 健, 信, 偷, 假, 像".)

　　彳——双人旁(双立人),彳的位置在字的左侧。"彳"本是"行"字的左半边,因此它与道路、行走有关。例如:"往"、"行"、"征" (zhēng / go on a journey)、徒(tú / walk on foot)等都与行走有关;"街"、"径" (jìng / footpath)等与道路有关。而"很"、"得"等字,由于字义的历史演变,现在已经看不出与行走或道路的关系了。常用字还有"彻、彼、待、律、微、德、徒"等等。("彳" (double-person radical)——"彳" is usually at the left side of a character. It is related to "road" or "to walk" in meaning, for it is originally the left component of "行". For example, characters like "往", "行", "征" (zhēng / go on a journey), 徒(tú / walk on foot) are about walking or taking on a journey; and characters like "街", "径" (jìng / footpath) are about "road". Exceptionally, due to the changes in meaning over thousands of years, there is no trace of this meaning in characters like "很", "得". Here are some other common characters with this radical "彻, 彼, 待, 律, 微, 德, 徒".)

第十八课　跑　跳　快　慢

pǎo　跑　十二画　【部首】足　(形声字)IS　义　run

◇　1. 跑步　pǎo bù　　　　　　　　　　　run; jog

◇　2. 长跑　chángpǎo　　　　　　n.　　long-distance run

例句：Tā měi tiān zǎoshang pǎo bù bàn xiǎoshí. / 他每天早上跑步半小时。/

He does half an hour running every morning.

tiào　跳　十三画　【部首】足　(形声字)IS　义　jump; hop

◇　1. 跳高　tiàogāo　　　　　　v./n.　　high jump

◇　2. 跳远　tiàoyuǎn　　　　　v./n.　　long jump

◇　3. 跳水　tiàoshuǐ　　　　　v./n.　　dive

例句：Yùndònghuì shang tā cānjiāle tiàogāo hé tiàoyuǎn. / 运动会上他参加了跳高和跳远。/

He took part in high jump and long jump at the sports meet.

kuài　快　七画　【部首】忄　(形声字)IS　义　happy; fast; quick

◇　1. 快乐　kuàilè　　　　　　a.　　happy; pleased

◇　2. 赶快　gǎnkuài　　　　　adv.　hurry up

◇　3. 痛快　tòngkuai　　　　　a.　　happy; delighted

例句：Zhù nǐ shēngrì kuàilè! / 祝你生日快乐！/ Happy birthday to you!

màn　慢　十四画　【部首】忄　(形声字)IS　义　slow

◇　1. 快慢　kuàimàn　　　　　n.　　speed

◇　2. 慢车　mànchē　　　　　n.　　slow train

◇　3. 慢跑　màn pǎo　　　　　　　jog

例句：Wǒ de biǎo bú kuài bú màn, fēicháng zhǔn. / 我的表不快不慢，非常准。/

My watch keeps good time.

Hànzì Tūpò

máng 忙 六画 【部首】忄 (形声字)IS 义 busy

◇ 1. 帮忙 bāng máng   do sb. a favor
◇ 2. 急忙 jímáng   *adv.*   in haste; hurriedly
◇ 3. 匆忙 cōngmáng   *adv.*   hastily; in a hurry

例句：Láojià, bāng ge máng hǎo ma? / 劳驾，帮个忙好吗？ / Excuse me, can you do me a favor?

lèi 累 十一画 【部首】田／糸 义 tired; exhausted

◇ 1. 劳累 láolèi   *a.*   tired; over-worked
◇ 2. 累人 lèirén   *a.*   tiring; exhausting

例句：Zǎo diǎnr xiūxi ba, bié tài láolèi le. / 早点儿休息吧，别太劳累了。/
Don't work too hard. Go to rest earlier.

lěng 冷 七画 【部首】冫 (形声字)IS 义 cold

◇ 1. 冷气 lěngqì   *n.*   cold air; air-conditioning
◇ 2. 寒冷 hánlěng   *a.*   cold; freezing

例句：Lěngqìjī zài Zhōngguó nánfāng jiào kōngtiáo. / 冷气机在中国南方叫空调。/
The air-conditioner is called "kōngtiáo" in Southern China.

rè 热 (熱) 十画 【部首】灬 义 hot

◇ 1. 炎热 yánrè   *a.*   very hot
◇ 2. 热情 rèqíng   *a.*   enthusiastic; fervent
◇ 3. 热闹 rènao   *a.*   lively; buzzing with excitement

例句：Qīyuè, bāyuè zhèli tiānqì fēicháng yánrè. / 七月、八月这里天气非常炎热。/
It's very hot here in July and August.

提示："灬"是"火"的变形，拿着(执)火当然热了。/
"灬" *is the changed form of* "火". *Surely it's hot holding (*执*) fire.*

shēn 深 十一画 【部首】氵 (形声字)IS 义 deep; profound

◇ 1. 深刻 shēnkè   *a.*   deep; profound
◇ 2. 深夜 shēnyè   *n.*   late at night

例句：Měilì de Zhōngguó gěi wǒmen liúxiàle shēnkè de yìnxiàng. /
美丽的中国给我们留下了深刻的印象。/
We are deeply impressed by the beauty of China.

qiǎn 浅 (淺) 八画 【部首】氵 (形声字)IS 义 shallow

◇ 1. 浅显 qiǎnxiǎn   *a.*   easy to understand; plain

◇ 2. 浅薄 qiǎnbó   *a.*   superficial; meager

例句：Zhè běn shū de nèiróng hěn qiǎn. / 这本书的内容很浅。/ This book is easy.

提示：浅的本义是指水浅，所以有"水(氵)"。对比"钱(qián)"。/ *Originally* "浅" *means the water is shallow, hence it has* "氵".

shèng 胜 (勝) 九画 【部首】月 (形声字)IS 义 win; efficient

◇ 1. 胜利 shènglì   *n.*   triumph; victory

◇ 2. 名胜 míngshèng   *n.*   famous scenic area

例句：Zhù nǐmen qǔdé gèng dà de shènglì! / 祝你们取得更大的胜利！/ Wish you even greater success!

bài 败 (敗) 八画 【部首】贝 / 攵 义 fail; lose

◇ 1. 失败 shībài   *v./n.*   fail; failure

◇ 2. 胜败 shèngbài   *n.*   victory and defeat; success and failure

例句：Shībài shì chénggōng zhī mǔ. / 失败是成功之母。/ Failure is the mother of success.

jiè 借 十画 【部首】亻 (形声字)IS 义 borrow; lend

◇ 1. 借钱 jiè qián   borrow money

◇ 2. 借条 jiètiáo   *n.*   receipt for a loan

◇ 3. 借用 jièyòng   *v.*   borrow

例句：Jiè qián de shíhou yào xiě jiètiáo. / 借钱的时候要写借条。/ It is necessary to write a receipt when borrowing money.

hái/huán 还 (還) 七画 【部首】辶 义 return; give back

◇ 1. 还是 háishi   *conj.*   or

◇ 2. 还价 huán jià   drive a hard bargain

◇ 3. 还债 huán zhài   pay one's debt

例句：Jīntiān shì xīngqī'èr háishi xīngqīsān? / 今天是星期二还是星期三？/ Is it Tuesday or Wednesday today?

gèng/gēng 七画 【部首】一 ㊡ more; still more; even more; further

◇ 1. 更加 gèngjiā   *adv.*   more; still more; even more
◇ 2. 更好 gèng hǎo   even better; still better
◇ 3. 更换 gēnghuàn   *v.*   change; replace

例句：Gēge hěn gāo, dìdi gèng gāo. / 哥哥很高，弟弟更高。/
The elder brother is tall, but the younger is even taller.

汉字知识（18）   Chinese Character Introduction (18)

常用部首的含义（2）
The Meaning of Some Frequently Used Radicals (2)

　　冫——两点水，位置在字的左侧。"冫"古代写作 仌 ，它是"冰"（bīng/ice）的本字，因此，带有两点水的字大多与寒冷有关。例如"冰、冷、凉、冻"等，另外，"冬、寒"下面的两点，原本也是"冰"字。常见字还有"次、决、况、净、准、减、凝、弱"等等。（"冫"(two water drops)——"冫" is at the left side of the character. Its original form is 仌 , the precedent of the current character "冰"（bīng / ice）. Therefore, characters with "冫" are usually indicative of coldness, such as "冰"，"冷"，"凉"，"冻".In addition, the two dots at the bottom of "冬"，"寒"are also the variants of "冰". Characters like"次, 决, 况, 净, 准, 减, 凝, 弱" are also frequently used.)

　　氵——三点水，位置在字的左侧。"氵"是象形字"水"的变形，在有些字典中，含"氵"旁的字仍然归入"水"部。"氵"的字多与水有关。"氵"是拥有最多汉字的部首之一。例如"江、河、湖、海、洋、池"（水的范围）；"深、浅、清、浓（nóng / dense）、汽"（水的性状）；"汉、湘(xiāng)、浙(zhè)、漓(lí)"（河流名称）；"汗、泪、酒(jiǔ / wine)、油(yóu / oil)、漆(qī / lacquer)、汁(zhī / juice)、汤(tāng / soup)"（像水一样的液体）；"洗、澡、淋(lín / drench, shower)、淘(táo / wash)、游(yóu / swim)、渡 (dù / cross a river, ect)"（与水有关的动作）。（"氵" (three water drops)——"氵" is at the left side of the character. Some dictionaries include characters with "氵" in those with "水", for it is the variant of the pictographic character "水". Most characters with this radical are more or less related to water in meaning. It is one of the radicals with which a large number of characters are formed. Examples, "江, 河, 湖, 海, 洋, 池"(body of water), "深, 浅, 清, 浓(nóng / dense), 汽"(features of water), "汉, 湘(xiāng), 浙(zhè), 漓(lí)" (river names), "汗, 泪, 酒(jiǔ / wine), 油

(yóu / oil), 漆(qī / lacquer), 汁(zhī / juice), 汤(tāng / soup)" (fluid like water), "洗, 澡, 淋(lín / drench, shower), 淘(táo / wash), 游(yóu / swim), 渡(dù / cross a river, ect)" (activities related to water).)

刀——刀字旁,"刀"有时写作"刂"。"刀"部的字多和切割、剪裁的意思有关。刀字旁的位置在汉字的上边、下边或右边。例如"召(zhào / call, convene,刀在召中作声旁)、色、争";"切、初";"分、剪、刃"。刀字旁的字不多,立刀旁的字则比较多。("刀" (knife)——"刂" has another form. Most characters with this radical mean something like "cutting" or "tailoring". It takes the upper or lower part, or the left side of a character, such as "召(zhào / call, convene, "刀" is a sound radical here), 色, 争", "切, 初", "分, 剪, 刃". There is just a small number of characters with this radical, but more characters have the radical "刂".)

刂——立刀旁,"刂"是由"刀"字演变而来的,位置在汉字的右侧。刂部的字多和使用刀具有关。例如"划、利、刻、到(刂作声旁)、别、削(xiāo / to pare or peel)、割(gé / cut)、列、刚、创、刘、则、判、制、刮、刷、剑、剧、副、剩、割"等等。("刂" (standing knife)——"刂" stemmed from the character "刀", and is at the right side of a character. Most characters with this radical are indicative of some kinds of knives, e.g. "划, 利, 刻, 到(" 刂 " as sound component), 别, 削(xiāo / to pare or peel), 割(gé / cut), 列, 刚, 创, 刘, 则, 判, 制, 刮, 刷, 剑, 剧, 副, 剩, 割" etc.)

第十九课 寒 暖 凉 冻

hán 寒 十二画 【部首】宀 义 cold

◇ 寒冷 hánlěng　　　　　　　　a.　　cold

例 句: Zhōngguó běifāng de dōngtiān fēicháng hánlěng. / 中国北方的冬天非常寒冷。/
It is freezing in the north of China in winter.

nuǎn 暖 十三画 【部首】日 (形声字)IS 义 warm

◇ 1. 暖和 nuǎnhuo　　　　　　　a.　　warm
◇ 2. 温暖 wēnnuǎn　　　　　　　a.　　warm

例 句: Chūntiān lái le, tiānqì nuǎnhuo le. / 春天来了, 天气暖和了。/
When spring comes, the weather becomes warm.

liáng 凉 十画 【部首】冫 (形声字)IS 义 cool

◇ 1. 凉快 liángkuai　　　　　　a.　　pleasantly cool
◇ 2. 凉爽 liángshuǎng　　　　　a.　　pleasantly cool
◇ 3. 凉鞋 liángxié　　　　　　　n.　　sandals

例 句: Běijīng de qiūtiān hěn liángkuai. / 北京的秋天很凉快。/
It is pleasantly cool in Beijing in autumn.

提 示: "寒"最冷, "冷"其次, "凉"再次。/
"寒" means freezing, "冷" means "cold", "凉" means cool.

dòng 冻 (凍) 七画 【部首】冫 (形声字)IS 义 freeze

◇ 冷冻 lěngdòng　　　　　　　v.　　freeze

例 句: Bǎ zhèxiē yú lěngdòng qilai. / 把这些鱼冷冻起来。

提 示: "寒、冷、凉"是形容词, "冻"是动词或名词。/
"寒、冷、凉" are aectives while "冻" is a verb or noun.

yuǎn 远 (遠) 七画 【部首】辶 (形声字)IS 义 far

◇ 1. 永远 yǒngyuǎn　　　　　　adv.　　ever-lasting; forever
◇ 2. 远方 yuǎnfāng　　　　　　　n.　　in the distance

例句：Wǒ de jiā lí zhèli hěn yuǎn. ╱ 我的家离这里很远。╱ My home is far from here.

jìn 近 七画 【部首】辶（形声字）IS 义 near; close

◇ 1. 附近 fùjìn   *n.*   nearby; neighboring; vicinity
◇ 2. 近来 jìnlái   *n.*   recently
◇ 3. 远近 yuǎnjìn   *n.*   far and near

例句：Qǐng wèn, fùjìn yǒu yínháng ma? ╱ 请问，附近有银行吗？╱
Excuse me, is there a bank near here?

zhēn 真 十画 【部首】十／八 义 real; true

◇ 1. 真正 zhēnzhèng   *a.*   real; true; genuine
◇ 2. 认真 rènzhēn   *a.*   serious; cautious
◇ 3. 真实 zhēnshí   *a.*   true
◇ 4. 传真 chuánzhēn   *n.*   fax

例句：Shuō zhēnhuà de rén cái shì zhēnzhèng de péngyou. ╱ 说真话的人才是真正的朋友。╱
Only those who tell the truth are our true friens.

jià/jiǎ 假 十一画 【部首】亻（形声字）IS 义 holiday; vacation; false; fake; artificial

◇ 1. 请假 qǐng jià   ask for leave
◇ 2. 放假 fàng jià   on holiday
◇ 3. 真假 zhēnjiǎ   true and false

例句：Wáng lǎoshī, wǒ nǎinai bìng le, míngtiān wǒ qǐng yì tiān jià. ╱
王老师，我奶奶病了，明天我请 一 天假。╱
Mr. Wang, my grandma is sick and I want to take a day off.

提示：注意假的右半部分，对比段(duàn)。╱
Pay attention to the right part of "假", and compare it with "段(duàn)".

chūn 春 九画 【部首】日 义 spring

◇ 1. 春天 chūntiān   *n.*   spring
◇ 2. 春节 Chūn Jié   Spring Festival

例句：Chūntiān shì zuì làngmàn de jìjié. ╱ 春天是最浪漫的季节。╱
Spring is the most romantic season.

xià 夏 十画 【部首】一／夂 义 summer

◇ 1. 夏天　xiàtiān　　　　　*n.*　　　　summer
◇ 2. 华夏　Huáxià　　　　　*n.*　　　　China
◇ 3. 夏令营　xiàlìngyíng　*n.*　　　　summer camp

例句：Xiàtiān, nánfāng běifāng dōu hěn rè. ／夏天，南方、北方都很热。／
Both south and north are very hot in summer.

提示：对比"复(fù)"。／ *Compare it with "复(fù)".*

qiū 秋 九画 【部首】禾 义 autumn

◇ 1. 秋天　qiūtiān　　　　　*n.*　　　　autumn
◇ 2. 中秋节 Zhōngqiū Jié　*n.*　　　　the Mid-autumn Festival

例句：Qiūtiān tiānqì liángshuǎng, shì zuì hǎo de jìjié. ／
秋天天气凉爽，是最好的季节。／
Autumn is the best season owing to the pleasantly cool weather.

dōng 冬 五画 【部首】夂 义 winter

◇ 1. 冬天 dōngtiān　　　　*n.*　　　　winter
◇ 2. 冬瓜 dōngguā　　　　*n.*　　　　wax gourd

例句：Dōngtiān lái le, chūntiān hái huì yuǎn ma? ／冬天来了，春天还会远吗？／
Would spring be far away if winter has come?

sǐ 死 六画 【部首】歹 义 die; dead

◇ 1. 死亡 sǐwáng　　　　　*v./n.*　　　die; death
◇ 2. 死路 sǐlù　　　　　　　　　　　　blind alley; road to ruin

例句：Zài Èrzhàn zhōng, Zhōngguó sǐwáng liǎngqiān yībǎi wàn rén. ／
在二战中，中国死亡两千一百万人。／
Twenty-one million Chinese people died in the World War II.

huó 活 九画 【部首】氵 (形声字)IS 义 live; alive

◇ 1. 生活 shēnghuó　　　　*n.*　　　　life
◇ 2. 活泼 huópo　　　　　　*a.*　　　　lively; vivacious; vivid

例句：Rénrén dōu xīwàng guòshang xìngfú de shēnghuó. ／人人都希望过上幸福的生活。／
Everyone wants to live a happy life.

汉字知识（19） Chinese Character Introduction (19)

常用部首的含义（3）
The Meaning of Some Frequently Used Radicals (3)

口——口字旁，"口"多位于字的左边，也有位于下边和上边的。"口"字旁是拥有最多汉字的部首之一，一般和口腔的动作有关。例如"吃、喝、吸、叫、吹、唱、吵、哭、喊（hǎn / shout）、吞（tūn / swallow）、吐（tǔ / spit）、叹（tàn / sigh）"等。常用的还有"叶、古、可、号、兄、句、司、加、另、召、吐、吊、名、向、台、否、告、含、听、员、启、君、喂、知、咬、哈、咳、喜、啊"等等。（"口"(mouth) —"口" is usually at the left side of the character, but in a small number of characters it takes the upper or lower position. "口"is one of the radicals with which a large number of characters are formed. It tends to be related to acts of mouth, e.g. "吃、喝、吸、叫、吹、唱、吵、哭、喊(hǎn / shout), 吞(tūn / swallow), 吐(tǔ / spit), 叹(tàn / sigh)". Here are some more character with this radical "叶、古、可、号、兄、句、司、加、另、召、吐、吊、名、向、台、否、告、含、听、员、启、君、喂、知、咬、哈、咳、喜、啊".)

讠——言字旁，"讠"的位置在字的左边，也有极个别位于中间的，如"辩"。"讠"是"言"的简化形式，"讠"旁的字很多，大都和言语有关。例如"说、讲、谈、话、议、记、谢、访、认、语、请、诉、讥（jī / ridicule）、讽（fěng / mock，satirize）、论、许、评、识、诊、设、详、诗、误、该、谓、调、谊、谁、谜、谢、课"等等。（"讠"(speaking)—"讠" is usually at the left side of the character. It is rarely in the middle, e.g. "辩". It is the simplified form of "言", and most of the characters with it are related to speaking in meaning, e.g. "说、讲、谈、话、议、记、谢、访、认、语、请、诉、讥(jī / ridicule), 讽(fěng / mock，satirize), 论、许、评、识、诊、设、详、诗、误、该、谓、调、谊、谁、谜、谢、课".)

山——山字旁，"山"的位置比较灵活，可以处在上、下、左边各个位置。山部的字多和山有关。例如"岗（gǎng / hillock）、岩、岸（àn / bank）、岛（dǎo / island）、峰（fēng / peak）、岭（lǐng / ridge）、岳（yuè / high mountain）、峦（luán / mountains in a range）、屿、崭、崇、崩"等等。（"山"(mountain)—"山" can be found almost in any part of a character. Most of the characters with this radical have something to do with mountain, e.g. "岗(gǎng / hillock), 岩、岸(àn / bank), 岛(dǎo / island), 峰(fēng / peak), 岭(lǐng / ridge), 岳(yuè / high mountain), 峦(luán / mountains in a range), 屿、崭、崇、崩".)

石——石字旁，"石"的位置也比较灵活，但绝大多数都位于字的左侧。石部字多和石头有关。例如"矿（kuàng / ore，mineral）、碗、硬、研、碎（suì / break to

pieces）、破、磨（mó / grind，rub，wear）、砖（zhuān / brick）"等 等 。（"石" (stone)—
Its position is also flexible, but it is mostly at the left side. Most characters with this
radical have something to do with stone, e.g. "矿(kuàng / ore，mineral), 碗，硬，研，
碎(suì / break to pieces), 破，磨(mó / grind，rub，wear), 砖(zhuān / brick)".）

第二十课　的 地 得 着

dì-èrshí kè　　de　dì　dé　zhe

de/dì/dí **的** 八画 【部首】白 〖义〗 *particle; target*

◇ 1. 有的 yǒude　　　　pron.　some
◇ 2. 目的 mùdì　　　　n.　goal; object
◇ 3. 的确 díquè　　　　adv.　indeed; certainly
◇ 4. 打的 dǎ dí　　　　take taxi

例句: Nǐ mǎi de zhè běn shū díquè hěn yǒuyìsi. /
你买的这本书的确很有意思。/
The book you bought is really interesting.

de/dì **地** 六画 【部首】土 〖义〗 *a particle used after an adverbial; earth*

◇ 1. 地址 dìzhǐ　　　　n.　address
◇ 2. 地方 dìfang　　　　n.　place
◇ 3. 地图 dìtú　　　　n.　map
◇ 4. 地球 dìqiú　　　　n.　the earth

例句: Zhè shì wǒ de dìzhǐ, yǒu kòngr qù wǒ jiā wánr. / 这是我的地址,有空儿去我家玩儿。/
This is my address. You are welcome to my home.

de/dé/děi **得** 十一画 【部首】彳 〖义〗 *a particle; gain; have to*

◇ 1. 觉得 juéde　　　　v.　feel; think
◇ 2. 得到 dédào　　　　v.　gain; get
◇ 3. 得罪 dézuì　　　　v.　offend; annoy
◇ 4. 总得 zǒngděi　　　　adv.　have to

例句: Wǒ juéde wǒ hǎoxiàng dézuì tā le. / 我觉得我好像得罪他了。/
It seems that I have annoyed him.

zháo/zhe **着** 十一画 【部首】羊 / 目 〖义〗 *verb suffix; touch*

◇ 1. 着急 zháojí　　　　a./v.　angry; anxious
◇ 2. 着火 zháo huǒ　　　　catch fire
◇ 3. 着凉 zháo liáng　　　　catch cold

第二十课

◇ 4. 说着　shuōzhe　　　　　　　　speaking

例句：Mànmān shuō, bié zháojí. / 慢慢说，别着急。/ Speak slowly, don't hurry.

le/liǎo 了 二画 【部首】乙 义 *verb ending*; understand

◇ 1. 吃了　chī le　　　　　　　　　　have eaten
◇ 2. 了解　liǎojiě　　　*v.*　　　　know; understand
◇ 3. 了不起　liǎobuqǐ　　*a.*　　　great; amazing; extraodinary
◇ 4. 不得了　bùdéliǎo　　*a.*　　　desperately serious; disastrous

例句：Nǐ liǎojiě Hànzì de jiégòu ma? / 你了解汉字的结构吗？/

Do you understand the structure of characters?

guò/guo 过 (過) 六画 【部首】辶 义 indicating past action; pass; cross

◇ 1. 过去　guòqù　　　*n./v.*　　in the past; pass; go over
◇ 2. 过时　guòshí　　　*a.*　　　out-dated
◇ 3. 过日子　guò rìzi　　　　　　live; get along
◇ 4. 不过　búguò　　　*adv./conj.*　however; but

例句：Zhè dōu shì guòqù de shì le. / 这都是过去的事了。/ All is gone.

cái 才 三画 【部首】一 义 just; ability

◇ 1. 刚才　gāngcái　　　*n.*　　　just now
◇ 2. 才能　cáinéng　　　*n.*　　　ability
◇ 3. 才子　cáizǐ　　　　*n.*　　　gifted scholar
◇ 4. 人才　réncái　　　　*n.*　　　person of ability; intellectual resources

例句：Gāngcái yǒu rén zhǎo nǐ. / 刚才有人找你。/ Someone was here for you just now.

jiù 就 十二画 【部首】亠 义 come near; at once; right away

◇ 1. 就是　jiùshì　　　*adv.*　　is the same as; that is; exactly
◇ 2. 成就　chéngjiù　　*n.*　　　accomplishment
◇ 3. 就要　jiùyào　　　*adv.*　　soon
◇ 4. 就算　jiùsuàn　　*adv.*　　even if

例句：Tā jiùshì xīn lái de Lǐ xiānsheng. / 他就是新来的李先生。/

He is exactly the new comer, Mr Li.

提示："京"的声母是 j，"尤"的韵母是 -iu，合起来就是"就（jiù)"。/

The pronunciation of "就" (jiù) is the combination of the initial consonant of "京" and the vowel of "尤".

hóng 红 (红) 六画 【部首】纟 (形声字)IS 义 red

◇ 1. 红色　hóngsè　　　　　　n.　　red
◇ 2. 口红　kǒuhóng　　　　　　n.　　lipstick
◇ 3. 红茶　hóngchá　　　　　　n.　　black tea

例句: Zài Zhōngguó hóngsè biǎoshì xǐqìng. /
在中国红色表示喜庆。/
Red symbolizes happiness in China.

fěn 粉 十画 【部首】米 (形声字)IS 义 pink; powder

◇ 1. 粉红　fěnhóng　　　　　　a.　　pink
◇ 2. 面粉　miànfěn　　　　　　n.　　powder

例句: Tā mǎile yì tiáo fěnhóngsè de qúnzi. / 她买了一条粉红色的裙子。/
She bought a pink skirt.

huáng 黄 十一画 【部首】八 义 yellow

◇ 1. 黄色　huángsè　　　　　　n.　　yellow
◇ 2. 黄河　Huáng Hé　　　　　n.　　Yellow River

例句: Huáng Hé de shuǐ shì huángsè de. / 黄河的水是黄色的。/
The water of Yellow River is yellow.

lán 蓝 (蓝) 十三画 【部首】艹 (形声字)IS 义 blue

◇ 1. 蓝色　lánsè　　　　　　　n.　　blue
◇ 2. 蓝天　lántiān　　　　　　n.　　blue-sky

例句: Lán shì tiānkōng hé dàhǎi de yánsè. / 蓝是天空和大海的颜色。/
Blue is the color the sky and sea.

lǜ 绿 (綠) 十一画 【部首】纟 (形声字)IS 义 green

◇ 1. 绿色　lǜsè　　　　　　　　n.　　green
◇ 2. 绿油油　lǜyōuyōu　　　　　a.　　green

例句: Lǜsè shì shēngmìng, hépíng hé huánbǎo de xiàngzhēng. / 绿色是生命、和平和环保的象征。/
Green color means life, peace and environmental protection.

hēi 黑 十二画 【部首】灬 义 black

◇ 1. 黑色 hēisè　　　　　　　　　*n.*　　　　black
◇ 2. 黑暗 hēi'àn　　　　　　　　　*a.*　　　　dark
◇ 3. 黑板 hēibǎn　　　　　　　　　*n.*　　　　blackboard

例句：Tā zài hǎibiān wánle yí ge xīngqī, liǎn shàihēi le. / 他在海边玩了一个星期，脸晒黑了。/ He has got tanned after a week staying in seaside.

huī 灰 六画 【部首】火 义 gray; ashes

◇ 1. 灰心 huīxīn　　　　　　　　*a./v.*　　　be disappointed
◇ 2. 灰色 huīsè　　　　　　　　　*n.*　　　　gray

例句：Shībàile bú yào huīxīn, cóng tóu zài lái. / 失败了不要灰心，从头再来！/ Don't be frustrated by failure. Start again.

zǐ 紫 十二画 【部首】糸 (形声字)SI 义 purple

◇ 紫色 zǐsè　　　　　　　　　　　*n.*　　　　purple

例句：Tā jīntiān chuānzhe yí jiàn zǐsè de qúnzi. / 她今天穿着一件紫色的裙子。/ She is wearing a purple skirt today.

汉字知识（20）　　Chinese Character Introduction (20)

常用部首的含义（4）
The Meaning of Some Frequently Used Radicals (4)

扌——提手旁，"扌"的位置在字的左侧。"扌"是"手"的变形，"扌"是拥有最多汉字的部首之一，一般表示手的动作或身体的动作。例如"打、扔、扫、找、抄、抢、拔、拾、提、挂、指、按、擦、拉、摸、描、报、接"（手的动作）；"抱、抬、扛、挖、拖、挤、搬、搞"（身体的动作）。（"扌"(hand)——"扌" is the variant of "手" and is at the left side of a character. It is one of the radicals with which a large number of characters are formed. Characters with it tend to be related to the acts of hand or body, e.g. "打，扔，扫，找，抄，抢，拔，拾，提，挂，指，按，擦，拉，摸，描，报，接" (hand's acts), "抱，抬，扛，挖，拖，挤，搬，搞"(body's acts).)

纟——绞丝旁(乱绞丝)，"纟"一般位于字的左侧，纟部的字大多数与丝线、丝织品有关。例如，表示丝线的"丝、纱、线、绳、纤维"等;表示丝织品的"绸、缎、绢、绫"等;表示服装加工的"缝、绣、编、结"等;借助丝织品来表示色彩及有关活动等的"红、绿、组织、继续"。("纟" (thread)——"纟" is usually at the left side of a character, and characters with it tend to be related to thread or fabric, e.g. characters related to thread "丝, 纱, 线, 绳, 纤维", to fabric "绸, 缎, 绢, 绫", to making-garment "缝, 绣, 编, 结", to fabric's colors or weaving process "红, 绿, 组织, 继续".)

土——土字旁(提土旁),"土"的位置灵活,在字的上下左右都可能,但主要位于字的左侧,这时,下方的一"横"要改为"提"。古代的"土"字写作 ◢,像一个土块立在土地上,土部的字多与土地、土块、泥土有关。例如"地、去、在、尘、场、坏、址、坐、块、坡、基、城、坑、堆、堤、填、塞、墙、境、壤、走"等等。(土(earth)——its position is flexible, but mostly at the left side of a character, and in this case the bottom "héng" have to be replaced by "tí". Its original form is ◢, like a clay block standing on the ground. Most characters with this radical have something to do with field, clay block or soil, e.g. "地, 去, 在, 尘, 场, 坏, 址, 坐, 块, 坡, 基, 城, 坑, 堆, 堤, 填, 塞, 墙, 境, 壤, 走".)

广——广字旁,"广"位于字的左上方,古代"广"字像靠山崖建造的有屋顶的房屋,因此"广"部的字和宽广、空间有关。例如"庄、床、店、座、底、库、庆、应、庐、庙、度、庭、席、廊、康"等等。(广(vast)——广 is at the upper-left of a character. It used to look like the roof of a house built against the cliff, hence it is indicative of space, e.g. "庄, 床, 店, 座, 底, 库, 庆, 应, 庐, 庙, 度, 庭, 席, 廊, 康".)

第二单元

dì-èrshíyī kè   xiānsheng   guì xìng

第二十一课　先生　贵姓

Xiānsheng guìxìng? (Jiào shénme míngzi?)   Huì shuō Hànyǔ ma?

先生　贵姓?（叫什么　名字?）会　说　汉语　吗?

What's your surname and name, sir? Do you speak Chinese?

赞扬   骂人

洗手   号码

选择   妈妈

                                  马上

先生贵姓?（叫什么名字?）会说汉语吗?

性别   叹气

星星

牲口

胜利

---

xiān 六画 【部首】儿 （义）first; earlier

◇ 1. 先   xiān   *adv.*   first

◇ 2. 先生   xiānsheng   *n.*   mister; gentleman; sir

◇ 3. 先进   xiānjìn   *a.*   advanced

例句：Xiānsheng, nín xiān xiūxi yíhuìr ba. / 先生，您先休息一会儿吧。/

Sir, please have a rest first.

xuǎn （選）九画 【部首】辶 （形声字）IS （义）select; choose

◇ 1. 选择   xuǎnzé   *v./n.*   select; choose; selection

◇ 2. 选举   xuǎnjǔ   *v./n.*   elect; election

◇ 3. 挑选   tiāoxuǎn   *v.*   select; choose

例句：Nǐ xuǎnzé nǎ zhǒng fāngfǎ ne? / 你选择哪种方法呢? /

Which method would you like to choose?

xǐ 洗 九画 【部首】氵 (形声字)IS wash; to bathe; develop

◇ 1. 洗澡　xǐ zǎo　　　　　　　　　take a bathe; shower

◇ 2. 洗衣机　xǐyījī　　　*n.*　　　washing machine

◇ 3. 洗手间　xǐshǒujiān　　*n.*　　toilet

例句：Nǐ xǐhuan shénme shíhou xǐ zǎo, zǎoshang háishi wǎnshang? /
你喜欢什么时候洗澡,早上还是晚上? /
When do you like to take a shower, on morning or at night?

zàn 赞 (赞 / 讚) 十六画 【部首】贝 praise; acclaim

◇ 1. 赞成　zànchéng　　*v.*　　approve; agree with

◇ 2. 赞扬　zànyáng　　*v.*　　praise

◇ 3. 称赞　chēngzàn　　*v.*　　praise; commend

例句：Tā fùmǔ bú huì zànchéng tā zhèyàng zuò. / 她父母不会赞成她这样做。/
Her parent will not approve of her doing so.

shēng 生 五画 【部首】丿 give birth to; grow; life; emerge

◇ 1. 生日　shēngrì　　*n.*　　birthday

◇ 2. 生气　shēngqì　　*a./v.*　　angry

◇ 3. 生长　shēngzhǎng　　*v.*　　grow

例句：Nǐ de shēngrì shì jǐ yuè jǐ hào? / 你的生日是几月几号? / What's your birthday?

guì 贵 (貴) 九画 【部首】贝 (形声字)S/I expensive; highly valued; valuable

◇ 1. 宝贵　bǎoguì　　*a.*　　valuable; treasured; precious

◇ 2. 贵重　guìzhòng　　*a.*　　valuable; precious

◇ 3. 贵姓　guì xìng　　　　your surname (polite expression)

例句：Tài guì le, piányi yìdiǎnr, zěnmeyàng? / 太贵了,便宜一点儿,怎么样? /
It's too expensive, how about a little bit cheaper?

提示：上边是"虫(chóng)"字少一点,下面是"贝(bèi)"不是"见"。/
On top is "虫" without the dot, on bottow is "贝", not "见".

xìng 姓 八画 【部首】女 (形声字)IS surname; family name; be surnamed

◇ 1. 姓名　xìngmíng　　*n.*　　family name and given name

◇ 2. 老百姓　lǎobǎixìng　　*n.*　　common people; civilians

例句: Nín guì xìng? — Wǒ xìng Zhāng, wénzhāng de zhāng. / 您贵姓？——我姓章，文章的章。/ What's your last name? —My last name is Zhang, as in "wénzhāng".

提示: 女 + 生。古时群婚，孩子随母姓，因为他们只知道生母(女)。/ *Woman with bear make this character of surname—in old days people only knew their mother because of the group marriage.*

míng 名 六画 【部首】口 / 夕 义 name

◇ 1. 有名 yǒumíng　　　　*a.*　　　famous; well-known
◇ 2. 名字 míngzi　　　　*n.*　　　name (given name or full name)
◇ 3. 名牌 míngpái　　　　*n.*　　　famous brand
◇ 4. 名片 míngpiàn　　　　*n.*　　　name card; business card

例句: Zhè ge gōngsī zài Zhōngguó hěn yǒumíng. / 这个公司在中国很有名。/ This company is well-known in China.

xìng 性 八画 【部首】忄 (形声字)IS 义 character; nature; sexual; suffix (equivalent of -ness, -al, expressing such abstract notions as quality, range, way, etc.)

◇ 1. 性格 xìnggé　　　　*n.*　　　nature; disposition; temperament
◇ 2. 性质 xìngzhì　　　　*n.*　　　quality; nature; character
◇ 3. 女性 nǚxìng　　　　*n.*　　　female

例句: Tā de xìnggé hěn hǎo. / 她的性格很好。/ She has a gentle character.

shēng 牲 九画 【部首】牛 (形声字)IS 义 domestic animals

◇ 1. 牲口 shēngkou　　　　*n.*　　　draught animals; beasts of burden
◇ 2. 牺牲 xīshēng　　　　*v.*　　　sacrifice oneself; do sth. at the expensive of

lì 利 七画 【部首】刂 / 禾 义 sharp; favourable; profit

◇ 1. 利用 lìyòng　　　　*v.*　　　utilize; use
◇ 2. 流利 liúlì　　　　*a.*　　　fluent
◇ 3. 权利 quánlì　　　　*n.*　　　right; privilege

例句: Wǒ yào lìyòng qù Zhōngguó de jīhuì xué hǎo Hànyǔ. / 我要利用去中国的机会学好汉语。/ I'll take the opportunity of going to China to learn Chinese well.

huì/kuài 会 (會) 六画 【部首】人 义 be able to; meet; gathering

◇ 1. 会　huì　　　　*v./n.*　　　can; be able to; meeting; gathering; party

2. 会见 huìjiàn *v./n.* meet with (esp. a foreign visitor)
3. 会计 kuàijì *n.* accounting; accountant

例句： Tā huì shuō Hànyǔ, huì xiě Hànzì ma? / 他会说汉语，会写汉字吗？/
Does he speak Chinese? Can he write Chinese characters?

tàn **叹** (嘆) 五画 【部首】口 (义) sigh; exclaim in admiration

1. 叹气 tàn qì have a sigh
2. 感叹 gǎntàn *v.* sigh with feeling

hàn **汉** (漢) 五画 【部首】氵 (义) Chinese (language); man

1. 汉语 Hànyǔ *n.* Chinese (language)
2. 汉字 Hànzì *n.* Chinese character
3. 汉族 Hànzú *n.* Han nationality

例句： Nǐ de Hànyǔ shuō de zhēn hǎo. / 你的汉语说得真好。/
You speak very good Chinese.

提示： 氵+ 又。汉是一条河的名字。所以左边是"氵"。同时它也是中国历史上一个影响最大的王朝之一的名称。/ "汉" *is name of both a river and one of the powerful dynasty.*

yǔ **语** (語) 九画 【部首】讠 (形声字)IS (义) language; tongue; words; speak; say

1. 语言 yǔyán *n.* language
2. 语音 yǔyīn *n.* pronunciation
3. 语法 yǔfǎ *n.* grammar
4. 自言自语 zìyán-zìyǔ speak to oneself

例句： Tā huì shuō hǎo jǐ zhǒng wàiyǔ. / 他会说好几种外语。/
He can speak several foreign languages.

ma/má **吗** (嗎) 六画 【部首】口 (形声字)IS (义) *a particle used at the end of question*

1. 好吗？ Hǎo ma? Ok?
2. 是吗？ Shì ma? Isn't it?
3. 干吗 gànmá why on earth; what to do

例句 1： Wǒmen yìqǐ qù nàr, hǎo ma? / 我们一起去那儿，好吗？/ Let's go there together, ok?
例句 2： Nǐ qù nàr gànmá? / 你去那儿干吗？/ Why are you going to go there?

汉字突破

mǎ 码（碼） 八画 【部首】石（形声字）IS Ⓧ *a sigh or thing indicating number;* pile up

◇ 1. 号码 hàomǎ　　　　　　　*n.*　　　　number
◇ 2. 码头 mǎtóu　　　　　　　*n.*　　　　wharf; dock; quay
◇ 3. 密码 mìmǎ　　　　　　　　*n.*　　　　secret code; pin number

例句：Qǐng wèn, nǐ de diànhuà hàomǎ shì duōshao? / 请问，你的电话号码是多少？/
Excuse me, what's your telephone number?

汉字知识（21）　　Chinese Character Introduction (21)

常用部首的含义（5）
The Meaning of Some Frequently Used Radicals (5)

　　木——木字旁，偏旁"木"可能出现在字的上下左右，位于左侧的居多。木字旁的字多与树木、木材有关。"木"部的字数量很多。例如"本、末、未、术、机、板、枝、材、杂、朵、村、李、样、杨、林、杯、果、松、采、架、亲、树、棵、桃、梨、桔、森、桌、椅、棋"等等。（"木"(wood)——"木" may appear in any place of a character, but mostly at the left. Most of the characters with it, which take a large number, have something to do with tree or wood, e.g. "本，末，未，术，机，板，枝，材，杂，朵，村，李，样，杨，林，杯，果，松，采，架，亲，树，棵，桃，梨，桔，森，桌，椅，棋".）

　　禾——禾字旁，"禾"的位置多在字的左边，古代"禾"字写作 ，像一棵穗实饱满的谷子，"禾"部的字多与作物生长有关。例如"种、稻、利、秀、和、季、稍、稀、稼、委、移"等等。（"禾"(seedling)——"禾" is usually at the left side of a character. It used to be , like a millet plant with a big ear. Characters with this radical are related to plant as well as its growth, e.g. "种，稻，利，秀，和，季，稍，稀，稼，委，移".）

　　阝——耳刀旁（双耳旁），位置有的在左边（左耳刀），有的在右边（右耳刀）。阝在左边的字多和山坡、地势有关，例如，阝在左侧的字有"阶、阳、阴、陆、险、院、际、降、陡、队、防、隆"等，阝在右边的字多和城邑、区域有关。阝在右侧的字有"邦、那、邻、部、郊、都、邮、邓、郭、郡"等。（"阝"(double ear)——"阝" is at the left side in some characters, but at the right in others. Characters with the radical on the left tend to be related to "hillside" or "landscape" in meaning, e.g. "阶，阳，阴，陆，险，院，际，降，陡，队，防，隆"，while characters with the radical on the right indicate something like "city" or "area", e.g. "邦，那，邻，部，郊，都，邮，邓，郭，郡".）

　　一——一横，字典的第一个部首就是一部，一部的字很多都是常用字，例如"一、二、三、丁、干、下、万、丰、开、天、夫、元、无、不、友、再、在、百、死、可、左、右、平、亚、至、丽、来、画、事、面、哥、夏、更、两、共"等等。这些字并没有共同的含义,只是在结构上有共同的特点,那就是在这些字的上方都有一横,也有少数几个字"上、丝、且、"等,在最下方有一横。(" 一 " (one)——" 一 " is the first radical in dictionary, and characters with it are mostly common characters, e.g. "一, 二, 三, 丁, 干, 下, 万, 丰, 开, 天, 夫, 元, 无, 不, 友, 再, 在, 百, 死, 可, 左, 右, 平, 亚, 至, 丽, 来, 画, 事, 面, 哥, 夏, 更, 两, 共". These characters have nothing in common in meaning, but have one thing in common in structure: a " 一 " on the top. But in a few characters " 一 " is at the bottom, e.g. "上, 丝, 且, 暨".)

dì-èrshí'èr kè   qǐng jìn   qǐng zuò

第二十二课　　请进　请坐

Qǐng jìn./Qǐng zuò./Qǐng hē chá.

请进。/请坐。/请喝茶。

Please come in./Please sit down./Please have tea.

精彩

眼 睛

情况

晴天

清楚

青年　　坐位

请进。/请坐。/请喝茶。

讲话　　口渴

---

qīng 青　八画　【部首】青 (形声字)S/I 义　blue or green; young

◇ 1. 青菜 qīngcài　　　　　　n.　　　　green vegetables

◇ 2. 青年 qīngnián　　　　　　n.　　　　youth; young people

◇ 3. 青春 qīngchūn　　　　　　n.　　　　youth; youthfulness

例句：Tā hěn xǐhuan chī qīngcài. / 她很喜欢吃青菜。/ She likes green vegetables very much.

---

qīng 清　十一画　【部首】(形声字)IS 义　clear; clear up; distinct

◇ 1. 清楚 qīngchu　　　　　　a.　　　　clear; distinct

◇ 2. 清洁 qīngjié　　　　　　a.　　　　clean

例句：Zhè tái lùyīnjī shēngyīn hěn qīngchu. / 这台录音机声音很清楚。/

The sound of this radio is very clear.

提示："青" 做声旁，"青"也含有美好的意思。水 (氵)之美 (青)者为清。/

"青" is the phonetic component, but "青" also has the meaning of good.

Please see Chinese character introduction　(35):The relationship between the sound component and the

meaning of the character.

qǐng 请 (請) 十画 【部首】讠 (形声字)IS 义 please; ask; request; invite; engage

◇ 1. 请问 qǐng wèn　　　　　　　　excuse me; please

◇ 2. 请假 qǐng jià　　　　　　　　　ask for leave

◇ 3. 请求 qǐngqiú　　　　　　v.　　ask; request

例句: Qǐng wèn, dào fēijīchǎng zěnme zǒu? /

请问,到飞机场怎么走? /

Excuse me, but could you tell me how to get to the airport?

qíng 晴 十二画 【部首】日 (形声字)IS 义 fine; clear

◇ 1. 晴天 qíngtiān　　　　　　n.　　fine day

◇ 2. 晴朗 qínglǎng　　　　　　a.　　fine; sunny

例句: Míngtiān huì shì qíngtiān ma? / 明天会是晴天吗? / Is it going to be a fine day tomorrow?

qíng 情 十一画 【部首】忄 (形声字)IS 义 love; feeling; affection; situation

◇ 1. 爱情 àiqíng　　　　　　　n.　　love (between man and woman)

◇ 2. 感情 gǎnqíng　　　　　　n.　　emotion; feeling; affection; love

◇ 3. 心情 xīnqíng　　　　　　n.　　frame of mind; mood

例句: Nǐ xǐhuan kàn àiqíng xiǎoshuō ma? /

你喜欢看爱情小说吗? /

Do you like reading love stories?

kuàng 况 七画 【部首】冫 (形声字)IS 义 condition; moreover

◇ 1. 状况 zhuàngkuàng　　　　n.　　situation; condition

◇ 2. 情况 qíngkuàng　　　　　n.　　situation; condition

jīng 睛 十三画 【部首】目 (形声字)IS 义 eyeball

◇ 1. 眼睛 yǎnjing　　　　　　n.　　eyes

◇ 2. 目不转睛 mùbùzhuǎnjīng　　　gaze fixedly; look attentively

例句: Zhōngguórén shì huáng pífū hēi yǎnjing. / 中国人是黄皮肤黑眼睛。/

A Chinese has a pair of black eyes and yellow skin.

jīng 精 十四画 【部首】米 (形声字)IS Ⓨ essence; fine; perfect; spirit

◇ 1. 精彩 jīngcǎi *a.* brilliant; wonderful

◇ 2. 精神 jīngshén *n.* spirit

例句：Zuótiān de zúqiú bǐsài hěn jīngcǎi. / 昨天的足球比赛很精彩。/

The football match of yesterday was brilliant.

jiǎng 讲 (講) 六画 【部首】讠 (形声字)IS Ⓨ speak; say; tell; explain

◇ 1. 讲话 jiǎnghuà *v./n.* speak; address; speech

◇ 2. 讲解 jiǎngjiě *v.* explain

◇ 3. 讲课 jiǎng kè teach

例句：Xiànzài, qǐng Zhāng xiānsheng jiǎng huà. / 现在请张先生讲话。/

Now, let Mr. Zhang give a speech.

zuò 座 十画 【部首】广 (形声字)IS Ⓨ seat

◇ 1. 座儿 zuòr *n.* seat

◇ 2. 座谈 zuòtán *v.* have an informal discussion

◇ 3. 一座大楼 yí zuò dàlóu a big building

◇ 4. 座无虚席 zuòwúxūxí All seats are occupied.

例句：Qiánbian hái yǒu yí ge zuòr. / 前边还有一个座儿。/

There is one seat left in the front the bus.

kě 渴 十二画 【部首】氵 (形声字)IS Ⓨ thirsty; eagerly

◇ 1. 口渴 kǒu kě thirsty

◇ 2. 渴望 kěwàng *v.* thirst for; long for

例句：Wǒ hěn kě, xiǎng hē shuǐ. / 我很渴，想喝水。/

I'm very thirsty and I want to drink.

chá 茶 九画 【部首】艹 Ⓨ tea

◇ 1. 茶叶 cháyè *n.* tea

◇ 2. 茶杯 chábēi *n.* teacup

◇ 3. 绿茶 lǜchá *n.* green tea

◇ 4. 红茶 hóngchá *n.* black tea

◇ 5. 乌龙茶 wūlóngchá *n.* Oolong tea

例句：Běifāngrén ài hē huāchá, nánfāngrén ài hē lǜchá, wūlóngchá. /

北方人爱喝花茶,南方人爱喝绿茶、乌龙茶。/

The northerners like jasmine tea, the southerners like green tea and Oolong tea.

提示："茶"上面像草(艹),下面像树(木),中间有"人"在采茶。/

"茶" *looks like grass (艹) cupper and tree (木) down, there is a "person" picking tea in the middle.*

汉字知识（22） Chinese Character Introduction (22)

怎样查字典（1）
How to Consult a Dictionary (1)

"dictionary"在汉语里有"字典"和"词典"的区别,但词典也是按照词语的第一个字的顺序排列的,因此查字典和查词典的方法是一样的,通称为查字典。(In Chinese, dictionary includes "字典 (dictionary of characters)" and "词典 (dictionary of words)", but because the latter is also compiled according to the first character of all the multi-character words, consulting "字典" and "词典" apply the same method, which are both called "consulting a dictionary.")

目前,绝大多数汉语字典或词典都是按照音序排列的,从 A 到 Z,与英文词典的排序是一样的。如果我们知道汉字的读音, 就可以很方便地找到这个字。(Nowadays most of dictionaries are complied according to the alphabetic order, just like English, from A to Z. It is quite easy for us to look up a character if we know how to read it.)

但是如果不能确定汉字的读音,我们就要用其他办法来查字,办法主要有两种:一是笔画检字法,二是部首检字法。(But if we don't know how to read a character, we need to apply other methods: one, stroke method; two, radical method.)

我们先介绍笔画检字法,有的字典有"笔画查字表",按汉字笔画多少列出字典中所收的所有汉字。从笔画最少的"一"开始,到笔画最多的"龘"(36画,还有的字典收了更多笔画的字, 但不常用) 为止。(First, stroke method. Some dictionaries provide a list of all the entries according to the number of strokes, from "一" with just one stroke to "龘" with 36 strokes (some dictionaries include characters seldom used with more than 36 strokes.))

笔画数相同的字,又怎样排列呢?汉字中笔画为九画、十画的字最多,数以千计,面对这么多笔画一样的字,怎么安排先后顺序呢?办法是按汉字起笔的顺序排列:第一是横,第二是竖,第三是撇,第四是点,第五是折(细分,先横折,后竖折）。比如说，要查"棒"字，先数一数它的笔画，一共是十二笔，起笔是横，我们便可以在"十二画"下面的（一）这一栏中找到这个字。又如，要查"拜"字，它的笔画是九笔，起笔是撇，我们便可在"九画"下面的（丿）这一栏中找到这个字。(How to list characters with the same number of strokes? There are over a thousand characters with nine or ten strokes, a large portion of the total amount. They are listed according to the first stroke order, that is, from "héng", "shù", "piě", "diǎn", "héngzhé" to "shùzhé". For example, if you want to find "棒", you are supposed to count its strokes first (12 strokes), then find the first stroke (héng), finally you go to (一) section under the 12 strokes, and you will find the character. Likewise, you can find "拜" in the (丿) section under nine strokes.)

第二十三课　　谢谢　你

Xièxiè　nǐ./Bú kèqi./Duìbuqǐ./Méi guānxi.

谢谢你。/不客气。/对不起。/没关系。

Thank you./You are welcome./I am sorry./It doesn't matter.

改正
配合
胳膊　年纪
格外　记住
射击　各种　自己

谢谢你。/不客气。/对不起。/没关系。

您　杯子
否定

---

shè **射** 十画 【部首】身 / 寸 义 shoot; (liquid) discharge in a jet

◇ 1. 射击 shèjī　　　　　　v.　　　shoot; fire

◇ 2. 注射 zhùshè　　　　　v.　　　inject

---

xiè **谢** (谢) 十二画 【部首】讠 (形声字)IS 义 thank; decline

◇ 1. 谢谢 xièxie　　　　　　v.　　　thank you

◇ 2. 感谢 gǎnxiè　　　　　v.　　　be grateful; thank

◇ 3. 多谢 duōxiè　　　　　v.　　　thanks a lot; many thanks

例句: Wǒ gǎnxiè fùmǔ, gǎnxiè lǎoshī, gǎnxiè péngyou. /

我感谢父母,感谢老师,感谢朋友。/

I thank my parents, my teachers, and my friends.

提示: 由"讠(言),身,寸"三部分组成。/ "谢" *is composed by* "讠(言),身 *and* 寸".

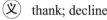

---

nín **您** 十一画 【部首】心 义 you (polite form)

◇ 1. 您好!　Nín hǎo!　　　　　　　How are you?

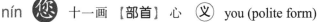

◇ 2. 您早！　　　Nín zǎo!　　　　　Good morning!

例句：Tā měi tiān zǎoshang jiàn dao lǎoshī yídìng shuō: "Lǎoshī, nín zǎo!" /
她每天早上见到老师一定说："老师，您早"！/
She would certainly say "Good morning!" when meeting her teacher in the morning.

提示："你"在我"心"上。/ *You (你) being in my heart (心) shows my respect for you (您).*

.

bēi 杯 (盃) 八画 【部首】木 （形声字）IS Ⓨ cup; glass

◇ 1. 杯子　bēizi　　　　　*n.*　　　cup; glass
◇ 2. 干杯　gān bēi　　　　　　　　　drink a toast

例句：Qǐng gěi wǒ yì bēi wūlóngchá. / 请给我一杯乌龙茶。/
Please give me a cup of Oolong tea.

fǒu 否 七画 【部首】口 （形声字）S/I Ⓨ negate;deny

◇ 1. 否定　fǒudìng　　　　*v.*　　　negate; negative
◇ 2. 否则　fǒuzé　　　　　*conj.*　　if not; otherwise

dìng 定 八画 【部首】宀 Ⓨ stable; decide; subscribe; book

◇ 1. 安定　āndìng　　　　*a.*　　　steady; stable
◇ 2. 决定　juédìng　　　　*v./n*　　decide/decision
◇ 3. 一定　yídìng　　　　*adv.*　　certainly; must

例句：Tā yǒule gōngzuò yǐhòu, shēnghuó cái āndìng le. / 他有了工作以后，生活才安定了。/
He lives a stable life only after he found the job.

gè 各 六画 【部首】口 / 夊 Ⓨ each; every; different

◇ 1. 各种　gèzhǒng　　　　*pron.*　　all kinds of
◇ 2. 各位　gèwèi　　　　　*pron.*　　everybody (a term of address)

例句：Nà ge huāyuán li yǒu gèzhǒng huāguǒ. / 那个花园里有各种花果。/
There are many kinds of flowers and fruits in the garden.

提示：上边是"夊"，不是"夕"，也不是"文"。注意与"名"比较。/ *On top is "夊", neither "夕", nor "文", and please compare "各" with "名".*

kè 客 九画 【部首】宀 （形声字）I/S Ⓨ guest; passenger; customer

◇ 1. 客气　kèqi　　　　　*a./v.*　　polite; be polite

100

◇ 2. 客人 kèren   *n.*   guest

◇ 3. 顾客 gùkè   *n.*   customer; shopper

例句：Zhǔrén duì kèren shuō: "Qǐng bú yào kèqi." / 主人对客人说："请不要客气。" /
The host said to guests: "Make yourselves at home."

提示：上边的"宀"代表房子,下边的"各"是声旁。/ *The top "宀" symbolize the house, and the lower "各" is the sound component.*

gé **格** 十画 【部首】木（形声字）IS �义 division (horizontal or otherwise)

◇ 1. 格子 gézi   *n.*   division (horizontal or otherwise)

◇ 2. 格外 géwài   *adv.*   especially

gē **胳** 十画 【部首】月（形声字）IS �义 arm

◇ 胳膊 gēbo   *n.*   arm

gē **搁**（擱） 十二画 【部首】月（形声字）IS ㊲ put (aside)

◇ 1. 搁浅 gēqiǎn   *v.*   run aground; be held up

◇ 2. 耽搁 dānge   *v.*   delay

qǐ **起** 十画 【部首】走（形声字）IS ㊲ rise; get up; start

◇ 1. 对不起 duìbuqǐ   sorry

◇ 2. 起床 qǐ chuáng   get up; get out of bed

◇ 3. 起来 qǐlái   *v.*   get up; rise; go uptowards

例句：Zìjǐ yǐngxiǎngle biéren, yídìng yào shuō, "Duìbuqǐ." / 自己影响了别人,一定要说："对不起！" /
One must say "I'm sorry" when he disturbs others.

jì **纪**（紀） 六画 【部首】纟（形声字）IS ㊲ period; discipline

◇ 1. 年纪 niánjì   *n.*   age (for aged person)

◇ 2. 世纪 shìjì   *n.*   century

◇ 3. 纪念 jìniàn   *v.*   commemorate; mark

例句：Nǐ yéye jīnnián duō dà niánjì le? / 你爷爷今年大年纪了？/ How old is your grandfather?

pèi **配** 十画 【部首】酉（形声字）IS ㊲ match; distribute

◇ 1. 配合 pèihé   *v.*   coordinate

◇　2. 分配 fēnpèi　　　　　　　*v.*　　　　assign; distribute

gǎi 改　七画【部首】攵（形声字）SI ⊗ change; correct; modify

◇　1. 改变 gǎibiàn　　　　*v./n.*　　　change; transform
◇　2. 改正 gǎizhèng　　　　*v.*　　　　correct
◇　3. 改革 gǎigé　　　　　*v./n.*　　　reform
◇　4. 修改 xiūgǎi　　　　　*v.*　　　　revise; amend

例 句：Yóuyú tiānqì bù hǎo, wǒmen gǎibiànle jìhuà. / 由于天气不好,我们改变了计划。/
We have changed our plan because of the bad weather.

提 示：左边是个"己"字,自己有错误自己改。/
On left is oneself (己) — one should correct one's mistake by oneself.

xì/jì 系（係/繫）七画【部首】丿 ⊗ system; faculty; relate to; tie

◇　1. 关系　guānxi　　　　*n./v.*　　　relation; relationship
◇　2. 联系　liánxì　　　　*v./n.*　　　link; contact
◇　3. 历史系 lìshǐxì　　　　*n.*　　　　the department of history
◇　4. 系　　jì　　　　　　*v.*　　　　tie

例 句 1：Tāmen liǎng rén de guānxi búcuò. / 他们两人的关系不错。/
They two have a good relationship.

例 句 2：Bǎ nǐ de xiédài jì shang. / 把你的鞋带系上。/ Tie your shoes.

汉字知识（23）　Chinese Character Introduction (23)

怎样查字典（2）　How to Consult a Dictionary (2)

　　几乎所有的中文字典都有部首检字表,部首的总数大约有 200 个,例如,《新华字典》的部首共有 188 个,《现代汉语词典》的部首共有 189 个。要使用部首检字,首先要能识别汉字的部首。在左右结构的汉字中,左右偏旁都有可能是部首,但以位于左侧的部首居多;在上下结构的汉字中,上下偏旁都有可能是部首,但以位于上方的部首居多;在内外结构的汉字中,一般只有外边的偏旁可以作部首。同一个部首, 有可能出现在汉字的不同部位。(Almost all the Chinese dictionaries provide the radical list, about 200 radicals in total. For example,《新华字典》(Xinhua Dictionary) have 188 radicals, and《现代汉语词典》(Modern Chinese Dictionary) have 189. If you apply this method to look up a character in a dictionary, you are supposed to find its radical. Concerning characters with left-right structure, both the left and the right components are likely to be radicals, but more with the left. Concerning characters with up-down structure, both of the upper and lower components are likely to be radicals, but more with the upper. Concerning characters with enclosure structure, only the enclosing components can be radicals. The same radical can appear in different places in different characters.)

1. 只出现在汉字左侧的部首 (＊表示有个别例外情况)(Radicals only on the left side (＊ indicates exception)):

亻(你)　彳(很)　冫(冷)　氵(河)　讠(说)　扌(打)

纟(红)　犭(狗)　饣(饭)　爿(壮)　忄(怕)　礻(礼)

衤(被)　钅(铁)　耒(耕)　酉＊(配)　足(路)　豸(貌)

革＊(鞋)　骨(骷)　鼠(鼬)　鼻(鼾)　尢(尴)　歹(死)

2. 只出现在汉字右侧的部首(radicals only on the right side):

刂(利)　攵(故)　殳(段)　斗＊(料)　页(预)　弋(式)

3. 只出现在汉字上方或左上方的部首(radicals only on the upper or upper-left):

厂(厕)　亠(市)　宀(写)　艹(花)　广(庆)　宀(家)

⺤(采)　户(启)　疒(病)　穴(穷)　虍(虎)　西(要)

竹(等)　雨(雪)　髟(鬓)　麻(魔)　气(氧)　癶(登)

勹(包)　士(吉)

4. 只出现在汉字下方或左下方的部首(radicals only at the lower or lower-left):

廴(建)　辶(这)　廾(弄)　灬(热)　皿(盒)

5. 只出现在汉字外边的部首(radicals only as enclosing components):

匚(医)　冂(同)　囗(园)　门(间)　几(凤)

对于大多数部首来说,它们可以出现在汉字的不同部位,不过其中必有一个部位是经常出现的。(Most of the radicals may take different places in different characters, but one place is more common.)

第二十四课　印尼　学生
dì-èrshísì kè　　yìnní　　xuésheng

Wǒ shì Yìnní xuésheng, měi tiān xuéxí Zhōngwén.

我是 印尼学生，每天 学习中文。

I am an Indonesian student. I study Chinese every day.

	冲锋	
后	悔	忠 诚
问题	大 海	钟 表
提问	母 亲	种 类

我是印尼 学 生，每天学习中文。

饥饿　泥土
　　　呢

è 饿 (餓)　十画 【部首】饣 (形声字) IS 义 hungry; starve

◇ 1. 饿 è　　　　　　　　a./v.　　hungry; starve
◇ 2. 饥饿 jī'è　　　　　　a.　　　hungry

例句：Nǐ xiànzài è bú è? / 你现在饿不饿？/Are you hungry now?

提示：饣+ 我(wǒ)。我要吃东西(饣，表示食物)，我饿了。/ I am hungry (饿), so I (我) need food (饣).

---

tí 提　十二画 【部首】扌 (形声字) IS 义 carry in one's hand; raise; put forward

◇ 1. 提高 tígāo　　　　　v.　　raise; improve
◇ 2. 提前 tíqián　　　　　v.　　shift to an earlier date; ahead of time
◇ 3. 提问 tíwèn　　　　　v.　　put question to

例句：Tā xiǎng hěn kuài de tígāo zìjǐ de Hànyǔ shuǐpíng. / 他想很快地提高自己的汉语水平。/ He wants to raise his Chinese level quickly.

---

tí 题 (題)　十五画 【部首】日 / 页 (形声字)SI 义 topic; subject; title; problem

◇ 1. 问题 wèntí　　　　　n.　　question; problem; trouble
◇ 2. 标题 biāotí　　　　　n.　　title; headline

例句：Wǒ kěyǐ wèn nǐ yí ge wèntí ma? / 我可以问你一个问题吗？/
May I ask you a question?

yìn 印 五画 【部首】卩 ⓥ seal; stamp; print

◇ 1. 印刷 yìnshuā　　　　　　　*v.*　　printing
◇ 2. 印象 yìnxiàng　　　　　　　*n.*　　impression
◇ 3. 印度 Yìndù　　　　　　　　*n.*　　India

提示："印"字有点像英文的"EP"，联想"English Print"。/ "印" *looks like English letters EP-English Print.*

ní 尼 五画 【部首】尸 ⓥ nun; used in translations of the similar foreign sounds

◇ 1. 尼姑 nígū　　　　　　　　　*n.*　　Buddhist nun
◇ 2. 印度尼西亚(印尼)　Yìndùníxīyà　*n.*　　Indonesia

ní 泥 八画 【部首】氵(形声字)IS ⓥ mud

◇ 1. 泥土 nítǔ　　　　　　　　　*n.*　　soil; clay
◇ 2. 水泥 shuǐní　　　　　　　　*n.*　　cement

ne 呢 八画 【部首】口 (形声字)IS

1. 呢 ne *aux.*　used at the end of an interrogative sentence. Ex.
Zhè shì wèi shénme ne? / 这是为什么呢？/ Why is this?

2. 呢 ne *aux.*　used at the end of a declarative sentence,　indicating the notion or situation is in progress. Ex:
—Nǐ gàn shénme ne? / 你干什么呢？　—Wǒ kàn diànshì ne. / 我看电视呢。
—What are doing?　　　　　　　—I'm watching TV.

3. ne *aux.*　used to indicate a pause. Ex:
Wǒ ne, bù xǐhuan tā. / 我呢,不喜欢它。/ I dislike it.

4. ne *aux.*　used at the end of a declarative sentence to confirm a fact. Ex:
Nà cái hǎokàn ne. 那才好看呢。/ That's really beautiful.

xué 学 (學) 八画 【部首】子 ⓥ learn; study; school; subject of study

◇ 1. 学习 xuéxí　　　　　　　　*v./n.*　learn; study
◇ 2. 学生 xuésheng　　　　　　　*n.*　　student
◇ 3. 大学 dàxué　　　　　　　　*n.*　　college; university

汉字突破

例句: Nǐ xǐhuan xuéxí Hànyǔ ma? Wèi shénme? /
你喜欢学习汉语吗？为什么？/
Would you prefer learning Chinese? Why?

měi 每 七画 【部首】丿 / 母 ⟨义⟩ every; each; per

◇ 1. 每年　měi nián　　　　　every year; each year
◇ 2. 每个人　měi ge rén　　　everyone; each person

例句: Tā měi nián dōu qù nàr zhù bàn ge yuè. / 他每年都去那儿住半个月。/
He stays there for half a month every year.

hǎi 海 十画 【部首】氵 (形声字)IS ⟨义⟩ sea

◇ 1. 海洋　hǎiyáng　　　　n.　seas and oceans
◇ 2. 海关　hǎiguān　　　　n.　customs
◇ 3. 海鲜　hǎixiān　　　　n.　seafood

例句: Tàipíng Yáng shì shìjiè shang zuì dà de hǎiyáng. / 太平洋是世界上最大的海洋。/
Pacific is the biggest ocean in the world.

huǐ 悔 十画 【部首】忄 (形声字)IS ⟨义⟩ regret; repent

◇ 1. 后悔　hòuhuǐ　　　　v.　regret
◇ 2. 悔改　huǐgǎi　　　　v.　repent and mend one's ways

zhǒng/zhòng 种 (種) 九画 【部首】禾 (形声字)IS ⟨义⟩ seed; kind; sort

◇ 1. 各种　gèzhǒng　　　pron.　all kinds of
◇ 2. 种类　zhǒnglèi　　　n.　kind
◇ 3. 种植　zhòngzhí　　　v.　grew

例句 1: Zhèli yǒu gèzhǒng-gèyàng de shǒubiǎo. / 这里有各种各样的手表。/
There are all kinds of watches here.

例句 2: Tā zhòngle hěn duō hǎokàn de huā. / 他种了很多好看的花。/
He has grown a lot of beautiful flowers.

zhōng 钟 (鐘 / 鍾) 九画 【部首】钅 (形声字)IS ⟨义⟩ bell; clock

◇ 1. 钟头　　zhōngtóu　　　n.　a time for sth. to be done or happen
◇ 2. 钟表　　zhōngbiǎo　　　n.　clocks and watches
◇ 3. 一见钟情　yíjiànzhōngqíng　　Fall in love in the first sight.
　　　　　　　　　　　　　　　　　(zhōngqíng: concentrate one's affections)

例句：Dào nàr zuò fēijī yào jǐ ge zhōngtóu? / 到那儿坐飞机要几个钟头？/

How long it will take to get there by plane?

bižo 八画 【部首】一 Ⓨ surface; show; watch; form

◇ 1. 表面 biǎomiàn   *n.*   surface; outward look

◇ 2. 手表 shǒubiǎo   *n.*   wrist watch

◇ 3. 表演 biǎoyǎn   *v./n.*   perform; show; performance

例句：Nǐ bù néng zhǐ kàn shìqing de biǎomiàn. / 你不能只看事情的表面。/

You must not look only at the surface of things.

zhōng 八画 【部首】心 （形声字）S/I Ⓨ loyal; honest

◇ 1. 忠心 zhōngxīn   *a.*   devotion; loyalty

◇ 2. 忠诚 zhōngchéng   *a./v.*   loyal; faithful

chōng 冲 （衝）六画 【部首】冫 （形声字）IS Ⓨ charge; clash

◇ 冲突 chōngtū   *n.*   conflict; clash

wén 四画 【部首】文 Ⓨ writing; character; language

◇ 1. 文字 wénzì   *n.*   writing

◇ 2. 中文 Zhōngwén   *n.*   Chinese language

◇ 3. 文学 wénxué   *n.*   literature

◇ 4. 文化 wénhuà   *n.*   culture civilization

例句：Nǐ xǐhuan kàn wénxué zuòpǐn ma? / 你喜欢看文学作品吗？/

Do you prefer reading literary works?

汉字知识（24）   Chinese Character Introduction (24)

怎样查字典（3）   How to Consult a Dictionary (3)

　　如果一个合体字的几个偏旁都是部首,有些字典或词典的部首检字表可能只取其中的一个作为该字的部首。确定的原则是:上下结构的,取上边,如"志"(取"士"部);左右结构的,取左边,如"驴"(取"马"部);内外结构的,取外边,如"句"(取"勹"部)。不过,多数字典词典为了读者使用方便,常常把根据一个字的几个偏旁排到在部首检字表的几个部首里，这样就可以在不同的部首中查到同一个字。如"妈"字可以分别在"女"部和"马"部中查到，"古"字可以分别在"十"和"口"两个部首中找到。(If both (or all) of the components of a compound character are radicals, only one, in some dictionaries, is regarded as radical. The principle is: the upper component as radical in up-down structure, e.g. "志"("士"is radical), the left component as radical in left-right structure, e.g. "驴"("马"is radical), the enclosing component as radical in enclosure structure, e.g. "句"("勹"is radical). However, for the sake of readers, most dictionaries treat both or all of the components as radicals. Consequently, this character can be found under different radicals. For example,"妈" can be found both in radical"女" and radical"马", "古" both in radical"十" and radical"口".)

在汉字中，除了合体字外，还有大约330个独体字。其中有不少独体字，本身就是部首，如"贝、走、风、页、火、户、雨"等等。但也有一些独体字，不是部首字，这些字在字典中怎么查找呢？(Besides compound characters, there are about 330 single-part characters, some of which are radicals themselves, such as "贝, 走, 风, 页, 火, 户, 雨". But how do we look up other single-part characters which are not radicals in a dictionary?)

有些独体字虽然没有可以做部首的偏旁，但拆分后可以找到能作部首的部件。我们可以先查位于中央的部件，如"半"(—部或十部)，册(一部)，夹(大部)，办(力部)。如果中坐也没有部首的，可以查字的左上角。如：午(丿部)，为(丶部)，些(止部)。如果还是难以确定可查的部首时，可以利用一般字典都有的"难字表"或"难检字笔画索引"，表中的汉字是按笔画多少排列的。(To some single-part characters without radicals, a part in it may be the radical. First the part in the center of a character, e.g. "半"("丨" or "十" as radical), "册"(一), "夹"(大), "办"(力). Radicals may also be the upper-left part, e.g. "午(丿)", "为(丶)", "些(止)". If it's still hard to find the radical of a character, go to the list of the characters difficult to find or the stroke index of difficult characters, which are listed in stroke order.)

dì-èrshíwǔ kè   gēge   dìdi

第二十五课　哥哥 弟弟

Gēge   hé   dìdi   xǐhuan   kēxué,   jiějie   hé   mèimei   xǐhuan   yìshù.

哥哥 和 弟弟 喜欢 科学, 姐姐 和 妹妹 喜欢 艺术。

The brothers like science, and the sisters like art.

黄 河

何 必

唱 歌

可 以　　　　　　而 且

哥哥和弟弟喜 欢 科 学, 姐姐 和 妹 妹 喜欢 艺术。

第 一　　　　未 来

传 递　　　　味 道

梯 子

---

gē 歌 十四画 【部首】欠 (形声字)SI 义 song

◇ 1. 唱歌　chàng gē　　　　　　　　　　　sing
◇ 2. 歌剧　gējù　　　　　　*n.*　　　　opera

例 句：Tā chàngle yì zhī Zhōngwén gē. / 她唱了一支中文歌。/
She sang a song in Chinese.

hé 何 七画 【部首】亻 (形声字)IS 义 (Written language) who; what; (used in rhetorical
　　　　　　　　　　　　　　　　　　　　　　　　questions) why not, etc.

◇ 1. 何时 / 地 / 处 / 人 hé shí/dì/chù/rén *pron.*　when; what time/where/what place/who
◇ 2. 如何　rúhé　　　　　　　*pron.*　　how
◇ 3. 何必　hébì　　　　　　　*adv.*　　there is no need; why
◇ 4. 无论如何　wúlùnrúhé　　　　　　　whatever happens

例 句：Nǐ hé shí zài lái? / 你何时再来？/ When will you come here again?

Hànzì Tūpò

hé 河 八画 【部首】氵 （形声字）IS （义） river

◇ 1. 河流 héliú   *n.*   rivers
◇ 2. 黄河 Huáng Hé   *n.*   the Yellow River

例句：Huáng Hé shì Zhōngguó dì-èr dà héliú. / 黄河是中国第二大河流。/
The Yellow River is the second largest river in China.

hé/huo 和 八画 【部首】禾 / 口 （形声字）SI （义） and; peace; gentle

◇ 1. 和平 hépíng   *n.*   peace
◇ 2. 和气 héqi   *a.*   gentle; friendly
◇ 3. 暖和 nuǎnhuo   *a.*   (of weather, environment) warm

例句：Nǐ dúguo *Zhànzhēng yǔ Hépíng* nà běn shū ma? / 你读过《战争与和平》那本书吗？/
Have you ever read the book of *War and Peace*?

dì 第 十一画 【部首】⺮ （形声字）I/S （义） prefix for ordinal numbers

◇ 1. 第一次 dì-yī cì   the first time
◇ 2. 第二名 dì-èr míng   the second prize

例句：Zhè shì wǒ dì-yī cì lái Zhōngguó. /
这是我第一次来中国。/
This is the first time I came to China

dì 递 （遞） 十画 【部首】辶 （形声字）IS （义） deliver; hand over

◇ 递交 dìjiāo   *v.*   hand over; present; submit

tī 梯 十一画 【部首】木 （形声字）IS （义） steps; stairs

◇ 1. 楼梯 lóutī   *n.*   stairs; staircase
◇ 2. 电梯 diàntī   *n.*   elevator; lift

xǐ 喜 十二画 【部首】口 / 士 （义） like; happy; pleased; happy event

◇ 1. 喜欢 xǐhuan   *v.*   like; be keen on; be happy
◇ 2. 喜爱 xǐ'ài   *v.*   like; be fond of; be keen on
◇ 3. 惊喜 jīngxǐ   *a.*   pleasantly surprised

例句：Tā xǐhuan kàn xiǎoshuō. / 他喜欢看小说。/ He likes reading novels.

huān 欢 （歡） 六画 【部首】又 / 欠 义 happy; cheerful

◇ 1. 欢迎 huānyíng   *v.*   welcome; favorably receive

◇ 2. 欢送 huānsòng   *v.*   see off; send off

◇ 3. 喜欢 xǐhuan   *v.*   like; be keen on; be happy

例 句 : Huānyíng nǐmen zài lái Zhōngguó! / 欢迎你们再来中国! /
You are welcome to China again!

kē 科 九画 【部首】禾 (形声字)IS 义 branch of academic study; department

◇ 1. 科学 kēxué   *n.*   science; scientific knowledge

◇ 2. 科技 kējì   *n.*   science and technology

◇ 3. 文科 wénkē   *n.*   the humanities

例 句 : Tā dìdi xiǎng dāng kēxuéjiā. / 他弟弟想当科学家。/
His younger brother wants to be a scientist.

ér 而 六画 【部首】一 义 and; but

◇ 1. 而且 érqiě   *conj.*   and; not only... but also...

◇ 2. 反而 fǎn'ér   *conj.*   on the contrary; instead

例 句 : Tā huì shuō Yīngyǔ érqiě qùguo Yīngguó. / 他会说英语,而且去过英国。/
He can speak English and he has been to Britain.

qiě 且 五画 【部首】丨 / 一 义 just; both... and

◇ 1. 而且 érqiě   *conj.*   and; not only... but also...

◇ 2. 并且 bìngqiě   *conj.*   furthermore

wèi 味 八画 【部首】口 (形声字)IS 义 taste; flavor; smell

◇ 1. 味道 wèidao   *n.*   taste; flavor

◇ 2. 气味 qìwèi   *n.*   smell

yì 艺 （藝） 四画 【部首】艹 (形声字)I/S 义 skill; craftsmanship; art

◇ 1. 艺术 yìshù   *n.*   art; skill; confirming to good taste

◇ 2. 艺术家 yìshùjiā   *n.*   artist

◇ 3. 工艺品 gōngyìpǐn   *n.*   articles of handicraft art

例 句 : Tā shì yí ge yìshù àihàozhě. / 他是一个艺术爱好者。/ He is an art lover.

汉字知识（25）　　Chinese Character Introduction (25)

常用部首的含义（6）
The Meaning of Some Frequently Used Radials (6)

日——日字旁,位置比较灵活,多数出现在字的左侧或上方,但也有少量出现在字的右边或下边。日旁的字大多与太阳、时光有关。例如"旦、早、旧、旭、时、旬、昔、者、昌、明、昏、春、是、显、映、星、昨、晒、晓、晨、晚、晴、晶、景、智、暖、暗、阳"等等。（日 (sun)——日 may appear frequently at the left side or the upper part of a character, but occasionally it may be on the right side or the lower part. Characters with this radical are mostly related to the sun or time, e.g. "旦, 早, 旧, 旭, 时, 旬, 昔, 者, 昌, 明, 昏, 春, 是, 显, 映, 星, 昨, 晒, 晓, 晨, 晚, 晴, 晶, 景, 智, 暖, 暗, 阳."）

月——月字旁,位置大多在字的左侧,也有少量居于字的右侧或下方。月旁的字有两类含义:一类表示与人的身体有关,也称为"肉月旁",这时月旁居于左侧或下方;一类表示与月亮或时期有关,这时,月旁居于右侧,例如第一类的"有、肌、肝、肚、背、胃、胜、胸、服、胖、脏、肯、朋、肩、脑、脸、脖、脚、腰、腿、膝、腹"等等,第二类的"期、朝、朗"等。（月 (moon)——月 may appear frequently at the left side, but occasionally it may be on the right side or the lower part of a character. Characters with this radical usually contain two kinds of meaning. Those with the radical on the left have something to do with human body, e.g. "有, 肌, 肝, 肚, 背, 胃, 胜, 胸, 服, 胖, 脏, 肯, 朋, 肩, 脑, 脸, 脖, 脚, 腰, 腿, 膝, 腹", the others have something to do with moon or period of time, e.g. "期, 朝, 朗".)

门——门字旁,门字旁位置比较固定,位于汉字的外侧,门部的字多与门有关,例如"闩、闪、闭、闻、间、闲、闸、闹、阁、阅、阔"等;也有些是作为声旁出现的,例如"问、闷、闻"等,这几个字的形旁分别是"口、心、耳"。（门 (door)——门 always encloses other components, and most characters with it have something to do with door, e.g. "闩, 闪, 闭, 闻, 间, 闲, 闸, 闹, 阁, 阅, 阔". In other characters it appears as phonetic component, e.g. "问, 闷, 闻" etc, whose meaning components are "口, 心, 耳" respectively.

口——方匡(大口框),位于汉字的外围,口部的字表示一定的界限和范围。例如"囚、回、因、团、园、困、围、固、国、圈、图、圆"等。（口 (mouth)——口 (bigger square) always encloses other components of a character, and most characters with it indicate boundary or area, e.g. "囚, 回, 因, 团, 园, 困, 围, 固, 国, 圈, 图, 圆".)

dì-èrshíliù kè　　chuān　huā　yīfu

第二十六课　穿 花 衣服

Nà ge chuān huā　yīfu　de xiǎo gūniang shì　shéi?
那个 穿花 衣服 的 小姑 娘 是 谁?
Who is that little girl with bright-colored clothes?

狼
新 郎
朗 读
波 浪
哪儿 优 良
那个 穿 花 衣服 的 小姑 娘 是 谁?
变 化　　古代　堆 放
中 华　　故 事　推 开
货 物　　估 计
固 定
苦 味

chuān 穿　九画　【部首】穴　义　wear; be dressed in; cross
◇ 穿着　chuānzhe　　　　　v.　　　wear; be dressed in
例句: Tā chuānzhe yì tiáo hóngsè liányīqún. / 她穿着一条红色连衣裙。/
She is in a red one-piece.

biàn 变 (變)　八画　【部首】又　义　change; become different; transform
◇ 1. 变化　biànhuà　　　　v./n.　　　change; vary
◇ 2. 变成　biànchéng　　　v.　　　change into; turn into; become
◇ 3. 改变　gǎibiàn　　　　v.　　　become different; change; alter
例句: Zuìjìn èrshí nián Zhōngguó fāshēngle jùdà de biànhuà. / 最近二十年中国发生了巨大的变化。/
Great changes have taken place in China in the last twenty years.

汉字突破

huà 化 四画 【部首】亻 义 change; turn; chemistry; suffix to nouns or aectives, thus forming verbs that indicate the change into a certain quality or state

◇ 文化 wénhuà　　　n.　　culture; civilization

例句：Zuìjìn tiānqì biànhuà hěn dà. / 最近天气变化很大。/
Recently, the variations of the weather were stronger.

huā 花 七画 【部首】艹 (形声字)I/S 义 flower; spend; multicolored

◇ 1. 花(儿) huā(r)　　n.　　flower
◇ 2. 花钱　huā qián　　　　spend money
◇ 3. 花费　huāfèi　　v.　　spend; cost; expend

例句：Zhè zhǒng huār hěn hǎokàn. / 这种花儿很好看。/ The flower looks beautiful.

huá 华 (華) 六画 【部首】亻 / 十 (形声字)S/I 义 referring to China

◇ 1. 华人 Huárén　　n.　　Overseas Chinese people
◇ 2. 华语 Huáyǔ　　n.　　Chinese language

huò 货 (貨) 八画 【部首】贝 (形声字)S/I 义 goods; commodity

◇ 1. 售货员 shòuhuòyuán　n.　　shop assistant; sales clerk
◇ 2. 货物　huòwù　　n.　　goods

wù 物 八画 【部首】牛 (形声字)IS 义 thing; matter; content

◇ 1. 物价 wùjià　　n.　　prices
◇ 2. 礼物 lǐwù　　n.　　gift; present

例句：Xīnjiāpō de wùjià bǐ Zhōngguó gāo. /
新加坡的物价比中国高。/
The prices in Singapore are higher than that in China.

fú 服 八画 【部首】月 义 serve; clothes; mourning dress

◇ 1. 服务员 fúwùyuán　n.　　attendant
◇ 2. 服务　fúwù　　v.　　serve; give service to
◇ 3. 舒服　shūfu　　a.　　comfortable; refreshing

例句：Tā shì zhè ge jiǔdiàn zuì piàoliang de fúwùyuán. / 她是这个酒店最漂亮的服务员。/
She is the most beautiful attendant of the hotel.

gǔ 古 五画 【部首】十 / 口 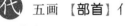 义 ancient

◇ 1. 古代 gǔdài   *n.*   ancient times

◇ 2. 古老 gǔlǎo   *a.*   ancient; age-old

dài 代 五画 【部首】亻 (形声字)IS 义 take the place of; historical period; generation

◇ 1. 代表 dàibiǎo   *v./n.*   represent; representative; deputy

◇ 2. 代替 dàitì   *v.*   replace; take the place of

◇ 3. 朝代 cháodài   *n.*   dynasty

◇ 4. 现代 xiàndài   *n./a.*   present; modern

例句 : Zhè sān ge rén dàibiǎo sān zhǒng bù tóng xìnggé. / 这三个人代表三种不同性格。/

These three persons represent three different types of character.

gù 故 九画 【部首】攵 (形声字)SI 义 original; intentionally; incident

◇ 1. 故事 gùshi   *n.*   story; tale

◇ 2. 故意 gùyì   *a.*   intentionally; willfully

◇ 3. 事故 shìgù   *n.*   accident

shì 事 八画 【部首】一 义 affair; thing

◇ 1. 事情 shìqing   *n.*   affair; matter; thing

◇ 2. 事业 shìyè   *n.*   cause; career; undertaking

◇ 3. 从事 cóngshì   *v.*   go in for; be engaged in

例句 : Tā bù liǎojiě shìqing de zhēnxiàng. / 她不了解事情的真相。/

She didn't know the truth of the matter.

gū 姑 八画 【部首】女 (形声字)SI 义 father's sister; girl

◇ 1. 姑娘 gūniang   *n.*   girl; daughter (spoken)

◇ 2. 姑姑 gūgu   *n.*   (spoken) father's sister

◇ 3. 姑母 gūmǔ   *n.*   father's sister

例句 : Nà ge chuān hóngsè yīfu de gūniang shì shuí? / 那个穿红色衣服的姑娘是谁？/

Who is that girl in red dress?

gū 估 七画 【部首】亻 (形声字)IS Ⓧ estimate; appraise

- ◇ 1. 估计 gūjì　　　　　*v.*　　estimate; appraise
- ◇ 2. 低估 dīgū　　　　　*v.*　　underestimate

jì 计 (計) 四画 【部首】讠 Ⓧ count; calculate; idea; plan

- ◇ 1. 会计　kuàijì　　　　*n.*　　accountant; accounting
- ◇ 2. 计算　jìsuàn　　　　*v.*　　calculate; figure; compute
- ◇ 3. 计算机 jìsuànjī　　　*n.*　　computer
- ◇ 4. 计划　jìhuà　　　　　*n.*　　plan; programme

例句：Xiǎohóng zài Běijīng Dàxué xué kuàijì. / 小红在北京大学学会计。/
Xiaohong is learning accounting in Peking University.

gù 固 八画 【部首】口 (形声字)IS Ⓧ solid; firm; solidity

- ◇ 1. 固体　gùtǐ　　　　　*n.*　　solid
- ◇ 2. 固定　gùdìng　　　　*v./a.*　fix; fixed; regular

kǔ 苦 八画 【部首】艹 (形声字)I/S Ⓧ bitter; hardship; cause sb. Suffering

- ◇ 1. 辛苦　xīnkǔ　　　　*a./v.*　hardworking;work hard
- ◇ 2. 苦恼　kǔnǎo　　　　*a./n.*　worried; vexed; distressed; bitterness

liáng 良 七画 【部首】丶/艮 Ⓧ good; fine

- ◇ 1. 优良　yōuliáng　　　*a.*　　fine; good; excellent
- ◇ 2. 良好　liánghǎo　　　*a.*　　good; well

niáng 娘 十画 【部首】女 (形声字)IS Ⓧ mum; a form of address for an elderly married woman; a young woman

- ◇ 1. 新娘　xīnniáng　　　*n.*　　bride
- ◇ 2. 姑娘　gūniang　　　　*n.*　　girl; daughter (spoken)

例句：Tā de xīnniáng hěn piàoliang. / 他的新娘很漂亮。/
His bride is very beautiful.

làng 浪 十画 【部首】氵 (形声字)IS Ⓧ wave; unrestrained

- ◇ 1. 波浪　bōlàng　　　　*n.*　　wave
- ◇ 2. 浪费　làngfèi　　　　*v.*　　waste; be extravagant

láng 狼 十画 【部首】犭 (形声字)IS 义 wolf
- ◇ 1. 狼狗　　lánggǒu　　　　　　　　n.　　wolfhound; German shepherd dog
- ◇ 2. 狼狈为奸 lángbèiwéijiān　　　　　　　　be partners in crime

lǎng 朗 十画 【部首】月 (形声字)SI 义 light; bright
- ◇ 1. 朗读　lǎngdú　　　　　　　　　v.　　read loudly and clearly
- ◇ 2. 开朗　kāilǎng　　　　　　　　　a.　　sanguine; optimistic

láng 郎 八画 【部首】阝 (形声字) 义 a form of address for men
- ◇ 1. 新郎　xīnláng　　　　　　　　　n.　　bridegroom
- ◇ 2. 郎才女貌 lángcái-nǚmào　　　　　　　perfect match with the man wise and his girl pretty

duī 堆 十一画 【部首】土 (形声字)IS 义 pile up; heap up; pile; heap
- ◇ 堆放　duīfàng　　　　　　　　　v.　　pile up; stack

tuī 推 十一画 【部首】扌 (形声字)IS 义 push; put off
- ◇ 1. 推门　tuī mén　　　　　　　　　　push a door
- ◇ 2. 推迟　tuīchí　　　　　　　　　v.　　put off; postpone; defer

例句: Qǐng tuī mén, bú yào lā. / 请推门, 不要拉。/ Please push the door, don't pull it.

汉字知识（26）　Chinese Character Introduction (26)

常用部首的含义（7）
The Meaning of Some Frequently Used Radicals (7)

　　心——心字旁,位于字的下方,心部的字多与心理活动有关。例如"必、志、忘、忍、忠、态、念、忽、思、怎、怨、急、怒、总、恐、恶、虑、恩、息、恋、恳、恕、您、惠、意、想、感、愁、愿、慧、慰"等等。("心"(heart)——"心"is at the lower part of the character, and characters it usually are related to certain psychological activities, e.g. "必、志、忘、忍、忠、态、念、忽、思、怎、怨、急、怒、总、恐、恶、虑、恩、息、恋、恳、恕、您、惠、意、想、感、愁、愿、慧、慰" etc.)

　　忄——竖心旁,竖心是"心"字的变体,位于汉字的左侧,同样表示心理活动。例如"忆、忙、快、怀、性、怕、怜、怪、恼、恨、悄、悔、情、惜、惭、惊、恬、惯、懂、慢、慌、愉"等。("忄"(standing heart)—"忄"is the variant of "心", which is at the left side of a character, also indicating certain psychological activities, e.g. "忆, 忙, 快, 怀, 性, 怕, 怜, 怪, 恼, 恨, 悄, 悔, 情, 惜, 惭, 惊, 恬, 惯, 懂, 慢, 慌, 愉" etc.)

"心"还有一个变体,请看以下二字的下方:"恭、慕","小"字右边多一点,也是"心"字。(Adding a dot to the right side of "小" makes another variant of "心": look at the lower component of these two characters "恭, 慕".)

火——火字旁,位置大多在左侧,也有少数在下方或右边的。火部的字与火有关。例如"灭、灰、灯、灾、炎、炉、炼、炮、烂、烦、烟、烫、焚、焰、煤、烧"等。("火"(fire)—"火"is mostly at the left side of a character, but occasionally it is at the lower part or on the right side. Characters it have something to do with fire, e.g. "灭, 灰, 灯, 灾, 炎, 炉, 炼, 炮, 烂, 烦, 烟, 烫, 焚, 焰, 煤, 烧" etc.)

灬——四点儿,"灬"是火的变体,位置在字的下边。"灬"部的字都与火有关。例如"点、杰、烈、热、煮、焦、然、蒸、照、燕、熟、熬"等。("灬"(four dots)—"灬"is the variant of "火", at the lower part of a character. All of the characters with it are related to fire in meaning, e.g. "点, 杰, 烈, 热, 煮, 焦, 然, 蒸, 照, 燕, 熟, 熬".)

第二十七课　她　叫　高英

Tā jiào Gāo Yīng, shì wǒ de línjū.

她 叫 高 英，是 我 的 邻居。

She is called Gao Ying, my neighbour.

```
                        剧场
  他    搞              根据
她 叫 高 英,是 我 的 邻居。
  纠正 中央          命令
  收入 反映          冷气
                    可怜
                    领导
                    铃声
                   年龄
                    零
```

---

jiào 叫　五画　【部首】口　(形声字)IS　义　shout; cry; call; hire

◇ 1. 名叫　míngjiào　　　　　　　　　one's name is called

◇ 2. 叫做　jiàozuò　　　　　　v.　　　be called; be known as

例句: Nǐ de hǎo péngyou jiào shénme míngzi? / 你的好朋友叫什么名字? /

What's the name of your best friend?

---

shōu 收　六画　【部首】攵　(形声字)SI　义　receive; collect; harvest

◇ 1. 收到　shōudào　　　　　v.　　　receive; get; obtain

◇ 2. 收拾　shōushi　　　　　　v.　　　get in order; clear away; get things ready

◇ 3. 收入　shōurù　　　　　　n.　　　income

◇ 4. 收音机　shōuyīnjī　　　n.　　　radio set

例句: Zuótiān wǒ shōudàole māma de yì fēng xìn. / 昨天我收到了妈妈的一封信。/

I received a letter from my mother yesterday.

Hànzì Tūpò

jiū 纠 （糾）　五画　【部首】纟　（形声字)IS　义　correct; put right

◇ 1. 纠正　jiūzhèng　　　*v.*　　　correct; put right
◇ 2. 纠纷　jiūfēn　　　*n.*　　　dispute; issue

gǎo 搞　十三画　【部首】扌　（形声字)IS　义　do; make; get; be engaged in; carry on

◇ 1. 搞　gǎo　　　*v.*　　　do; carry on; make; set up
◇ 2. 搞好　gǎohǎo　　　*v.*　　　make a good job of; do well
◇ 3. 搞错　gǎocuò　　　*v.*　　　mistake

例句：Qù gěi wǒmen gǎo yìdiǎnr chīde. / 去给我们搞一点儿吃的。/
Go and get us something to eat.

yāng 央　五画　【部首】一 / 大　义　center; entreat for help

◇ 1. 中央　zhōngyāng　　　*n.*　　　center; middle; central authorities of a state
　　　　　　　　　　　　　　　　　party, etc.
◇ 2. 央求　yāngqiú　　　*v.*　　　beg; plead

yīng 英　八画　【部首】艹　（形声字)I/S　义　British; English; hero

◇ 1. 英语　Yīngyǔ　　　*n.*　　　English
◇ 2. 英国　Yīnguó　　　*n.*　　　British
◇ 3. 英雄　yīngxióng　　　*n.*　　　hero

例句：Tā huì shuō Yìnníyǔ, Yīngyǔ hé Hànyǔ. / 他会说印尼语、英语、和汉语。/
He speaks Indonesian, English and Mandarin.

yìng 映　九画　【部首】日　（形声字)IS　义　reflect; shine

◇ 1. 反映　fǎnyìng　　　*v./n.*　　　reflect; report
◇ 2. 放映　fàngyìng　　　*v.*　　　show; project

lìng 令　五画　【部首】人　义　command; oder

◇ 1. 命令　mìnglìng　　　*v./n.*　　　order; command
◇ 2. 口令　kǒulìng　　　*n.*　　　password

lín 邻 (鄰) 七画 【部首】阝 (形声字)SI 义 neighbor; neighboring

◇ 邻居 línjū　　　　n.　　　neighbor

lián 怜 (憐) 八画 【部首】忄 (形声字)SI 义 sympathize with; pity

◇ 1. 可怜 kělián　　　a./v.　　pitiful; meager; have pity on
◇ 2. 怜悯 liánmǐn　　　v.　　　pity; have compassion for

lǐng 领 (領) 十一画 【部首】页 (形声字)SI 义 collar; lead; receive

◇ 1. 带领 dàilǐng　　　v.　　　lead; head
◇ 2. 领导 lǐngdǎo　　　n./v.　　leader; lead
◇ 3. 领奖 lǐng jiǎng　　　　　receive a prize

例句: Tā dàilǐng wǒmen cānguānle gōngchǎng. / 他带领我们参观了工厂。/
He showed us round the factory.

dǎo 导 (導) 六画 【部首】已 / 寸 (形声字)S/I 义 lead; guide

◇ 1. 辅导 fǔdǎo　　　v.　　　give guidance in study or training
◇ 2. 导游 dǎoyóu　　　v./n　　conduct a sightseeing tour; tourist guide
◇ 3. 导演 dǎoyǎn　　　v./n.　　direct; director

例句: Wǒ xiǎng qǐng ge jiātíng jiàoshī fǔdǎo wǒ Hànyǔ. / 我想请个家庭教师辅导我汉语。/
I want to invite a private teacher to tutor me in Chinese.

líng 铃 (鈴) 十画 【部首】钅 (形声字)IS 义 bell

◇ 1. 门铃 ménlíng　　　n.　　　door bell
◇ 2. 电话铃 diànhuàlíng n.　　telephone ring

shēng 声 (聲) 七画 【部首】士 (形声字)S/I 义 sound; voice; tone

◇ 1. 声音 shēngyīn　　　n.　　　sound; voice
◇ 2. 声明 shēngmíng　　　v./n.　　state; declare; statement; declaration
◇ 3. 名声 míngshēng　　　n.　　　reputation; fame

例句: Lǐ lǎoshī chàng gē de shēngyīn fēicháng yōuměi. /
李老师唱歌的声音非常优美。/
Mr. Li's voice of singing is very sweet.

líng 龄 (齡) 十三画 【部首】齿 （形声字）IS （义） age; fixed number of years

◇ 年龄　niánlíng　　　　　　　　　　*n.*　　　　　age

líng 零 十三画 【部首】雨 （形声字）I/S （义） zero sign

◇ 1. 二零零零年（二〇〇〇年）èr-líng-líng-líng nián　the year of 2000
◇ 2. 两点零五分　liǎng diǎn líng wǔ fēn　　five (minutes) past two (o'clock)
◇ 3. 零钱　　　língqián　　　　*n.*　　(money) small change

例句：Tā chūshēng yú yī-jiǔ-bā-líng nián sānyuè shíliù rì. / 他出生于一九八零年三月十六日。/
He was born on March 16th, 1980.

jū 居 八画 【部首】尸 （形声字）I/S （义） reside; live

◇ 1. 居住　jūzhù　　　　　　*v.*　　　reside; live; dwell
◇ 2. 居留证　jūliúzhèng　　　*n.*　　　residence card

jù 据 (據) 十一画 【部首】扌 （形声字）I/S （义） according to; on the grounds of

◇ 1. 据说　jùshuō　　　　　　　　　　it is said; they say
◇ 2. 根据　gēnjù　　　　　　*v./n.*　on the basis of; according to; grounds

jù 剧 (劇) 十画 【部首】刂 （形声字）SI （义） opera

◇ 1. 剧场　jùchǎng　　　　　　*n.*　　　theatre
◇ 2. 话剧　huàjù　　　　　　　*n.*　　　opera

汉字知识（27）　　Chinese Character Introduction (27)

常用部首的含义（8）
The Meaning of Some Frequently Used Radicals (8)

　　艹——草字头,位置在字的上方,草字头的字与草本植物有关。"艹"是拥有最多汉字的部首之一。例如"艺、节、芝、芦、芬、花、芳、芹、劳、芽、苏、若、苗、苦、英、茂、范、茱、荒、荣、荷、莫、黄、蒙、菜、茫、茶、草、获、蓝、营、葱、蓬、蔬、藏"等等。
("艹" (the upper component of "草")——"艹" is at the upper part of the character, and is one of the radicals with which a large number of Chinese characters are formed.

Characters with it are related to plants, e.g. "艺, 节, 芝, 芦, 芬, 花, 芳, 芹, 劳, 芽, 苏, 若, 苗, 苦, 英, 茂, 范, 茉, 荒, 荣, 荷, 莫, 黄, 蒙, 菜, 茫, 茶, 草, 获, 蓝, 营, 葱, 蓬, 蔬, 藏"etc.)

竹——竹字头，位置在字的上方。竹字头的字与竹有关。例如"竿、笑、笛、第、笔、等、答、策、符、筒、签、管、算、箭、筑、篇、箱、筹、筷、篮"等等。（"竹"(bamboo)——"竹"is at the upper part, and characters with it are related to bamboo, e.g. "竿, 笑, 笛, 第, 笔, 等, 答, 策, 符, 筒, 签, 管, 算, 箭, 筑, 篇, 箱, 筹, 筷, 篮"etc.)

宀——宝盖儿，位置在字的上方，宝盖头的字多和房舍有关。例如"宁、它、字、守、安、完、牢、宗、官、定、宜、宝、实、客、宣、室、宫、害、容、宽、宾、宿、寄、密、富、寒、家"等。（"宀"(the upper component of "宝"）——"宀"is at the upper part, and characters with it are related to buildings, e.g. "宁, 它, 字, 守, 安, 完, 牢, 宗, 官, 定, 宜, 宝, 实, 客, 宣, 室, 宫, 害, 容, 宽, 宾, 宿, 寄, 密, 富, 寒, 家"etc.)

马——马字旁，位置一般在左侧或下方。马部的字多与马有关。例如"驰、驱、驴、驶、驻、驾、骄、骆、验、骑、骗、骤、驼、骚"等。（"马"(horse)——"马"is usually at the right side or the lower part, and characters with it are mostly related to horses, e.g. 驰, 驱, 驴, 驶, 驻, 驾, 骄, 骆, 验, 骑, 骗, 骤, 驼, 骚 etc.)

第二十八课　会议　大厅

Huìyì dàtīng jiù zài qiánmian fángzi pángbiān.
会议 大厅 就 在 前 面 房 子 旁 边。
The Conference Hall is by the side of the house ahead.

```
                        臂膀
        仪式        剪刀        榜样
    正义            射箭        傍晚
会 议 大 厅 就 在 前 面 房 子 旁 边。
    头顶            地方
    电灯            访问
        订单        防止
                    纺织
                模仿
                放心
```

---

yì 义 （義） 三画 【部首】丿丶 义 meaning; justice; righteous
- ◇ 1. 意义 yìyì　　　n.　　　meaning; significance
- ◇ 2. 义务 yìwù　　　n.　　　duty; obligation; volunteer; voluntary

例句: Zhèyàng zuò yǒu shénme yìyì ne? / 这样做有什么意义呢？ /
What is the significance of doing so?

---

yí 仪 （儀） 五画 【部首】亻 （形声字）IS 义 appearance; ceremony
- ◇ 1. 仪式 yíshì　　　n.　　　ceremony; rite
- ◇ 2. 仪表 yíbiǎo　　　n.　　　appearance; bearing

---

yì 议 （議） 五画 【部首】讠 （形声字）IS 义 opinion; confer; discuss
- ◇ 1. 会议 huìyì　　　n.　　　meeting; conference
- ◇ 2. 建议 jiànyì　　　v./n.　　　suggest; propose; proposal; suggestion

---

tīng 厅 (廳) 四画 【部首】厂 (形声字)IS 义 hall

◇ 1. 客厅　kètīng　　　n.　　　sitting room
◇ 2. 音乐厅　yīnyuètīng　n.　　　concert hall

dǐng 顶 (頂) 八画 【部首】页 (形声字)SI 义 crown; top; peak

◇ 1. 山顶　shāndǐng　　n.　　　mountaintop
◇ 2. 头顶　tóudǐng　　　n.　　　the top of the head

dìng 订 (訂) 四画 【部首】讠 (形声字)IS 义 subscribe to; book; order

◇ 1. 订票　dìngpiào　　　　　book tickets
◇ 2. 预订　yùdìng　　　　v.　　subscribe; book; place an order in advance

dēng 灯 (燈) 六画 【部首】火 (形声字)IS 义 light; lamp

◇ 1. 开灯　kāidēng　　　　　turn on the light
◇ 2. 电灯　diàndēng　　n.　　electric light
◇ 3. 红绿灯　hónglǜdēng　n.　　traffic lights

例句：Tiān hēi le, kàn shū qǐng dǎkāi táidēng. / 天黑了,看书请打开台灯。/
It's getting dark, please turn on the desk lamp while reading.

zài 在 六画 【部首】一 / 土 义 be at; be on; indicating an action in progress; indicating time, place,or range

◇ 1. 在家　zài jiā　　　　　be at home
◇ 2. 正在　zhèngzài　　adv.　　in process of

例句：Qǐng wèn, Wáng xiānsheng zài jiā ma? / 请问,王先生在家吗? / Is Mr.Wang at home?

jiàn 箭 十五画 【部首】⺮ (形声字)I/S 义 arrow

◇ 1. 射箭　shèjiàn　　　　　shoot an arrow
◇ 2. 箭头　jiàntóu　　　n.　　arrow (as a sign)

jiǎn 剪 十一画 【部首】刀 (形声字)S/I 义 scissors; cut (with scissors)

◇ 1. 剪刀　jiǎndāo　　　n.　　scissors
◇ 2. 剪票　jiǎnpiào　　　　　punch a ticket

miàn 面 九画 【部首】一 义 face; surface; side; powder

◇ 1. 见面 jiàn miàn   meet

◇ 2. 面包 miànbāo   *n.*   bread

◇ 3. 里面 lǐmian   *n.*   inside

例句: Tāmen yǐqián cónglái méiyǒu jiànguo miàn. / 他们以前从来没有见过面。/
They haven't met each other.

fāng 方 四画 【部首】方 义 place; method; direction

◇ 1. 地方 dìfang   *n.*   place

◇ 2. 方便 fāngbiàn   *a./v.*   convenient; go to use the lavatory

◇ 3. 方向 fāngxiàng   *n.*   direction

◇ 4. 方法 fāngfǎ   *n.*   method; way; mean

例句: Tā měi dào yí ge xīn dìfang, dōu néng hěn kuài de fēnqīng fāngxiàng. /
他每到一个新地方,都能很快地分清方向。/
He can easily take his bearings whenever he arrives a new place.

fáng 房 八画 【部首】户 (形声字)IS 义 house; room

◇ 1. 房间 fángjiān   *n.*   room

◇ 2. 房子 fángzi   *n.*   house

◇ 3. 书房 shūfáng   *n.*   study

◇ 4. 楼房 lóufáng   *n.*   building

例句: Zhāng xiānsheng de fángjiān zài qiánmian, sān-èr-sì hào. /
张先生的房间在前面,三二四号。/
Mr. Zhang's room is over there, number 324.

fǎng 访 (訪) 六画 【部首】讠 (形声字)IS 义 visit; call on

◇ 1. 访问 fǎngwèn   *v.*   visit; call on

◇ 2. 拜访 bàifǎng   *v.*   pay a visit; call on

例句: Wǒmen yào qù Běijīng, Shànghǎi, Guǎngzhōu cānguān fǎngwèn. /
我们要去北京、上海、广州参观访问。/
We are going to visit Beijing, Shanghai and Guangzhou.

fáng 防 六画 【部首】阝 （形声字）IS 义 prepare against; prevent

◇ 1. 预防 yùfáng   *v.*   prevent
◇ 2. 防火 fáng huǒ   fire prevention

fǎng 纺 （紡） 七画 【部首】纟 （形声字）IS 义 spin

◇ 1. 纺织   fǎngzhī   *v.*   spinning and waving
◇ 2. 纺织品 fǎngzhīpǐn   *n.*   textile

zhī 织 （織） 八画 【部首】纟 （形声字）IS 义 weave;knit

◇ 1. 组织 zǔzhī   *v./n.*   organize; organizaton
◇ 2. 织布 zhī bù   weaving cotton cloth

fǎng 仿 （倣） 六画 【部首】亻 （形声字）SI 义 imitate; be similar to

◇ 1. 模仿 mófǎng   *v.*   imitate; copy
◇ 2. 仿佛 fǎngfú   *v.*   seem; as if; be alike

fàng 放 八画 【部首】方 / 攵 （形声字）SI 义 put; add; release

◇ 1. 放假 fàng jià   have a holiday or vacation; have a day off
◇ 2. 放心 fàngxīn   *v./a.*   feel relieved; be at ease
◇ 3. 解放 jiěfàng   *v./n.*   liberate; liberation

例句： Nǐ de dōngxi bié fàng zài zhèr, kěyǐ fàng nàbianr. /
你的东西别放在这儿，可以放那边儿。/
Don't put your things here. You may put them over there.

páng 旁 十画 【部首】方 （形声字）I/S 义 side; lateral Chinese character component

◇ 1. 旁边 pángbiān   *n.*   side
◇ 2. 旁听 pángtīng   *n.*   be a visitor at a meeting or class, etc.

例句： Nà ge shāngdiàn pángbiān yǒu yí ge yínháng. / 那个商店旁边有一个银行。/
There is a bank besides the store.

bàng 傍 十二画 【部首】亻 （形声字）IS 义 be close to

◇ 傍晚 bàngwǎn   *n.*   towards evening; at nightfall

bǎng 榜 十四画 【部首】木 （形声字）IS 义 a list of names posted up

◇ 1. 榜样　bǎngyàng　　　　　　　*n.*　　example
◇ 2. 光荣榜　guāngróngbǎng　　　　*n.*　　honor roll

bǎng 膀 十四画 【部首】月 （形声字）IS 义 arm; shoulder

◇ 1. 肩膀　jiānbǎng　　　　　　　*n.*　　shoulder
◇ 2. 臂膀　bìbǎng　　　　　　　　*n.*　　upper arm; arm

biān 边 （邊） 五画 【部首】辶 （形声字）IS 义 edge; side

◇ 1. 上边　shàngbian　　　　　　*n.*　　above; over; on the surface of; above mentioned
◇ 2. 外边　wàibian　　　　　　　*n.*　　out side; a place other than where one lives or works
◇ 3. 左边　zuǒbian　　　　　　　*n.*　　left side; the left
◇ 4. （一）边…（一）边…　(yì)biān... /(yì)biān...　　while... while...

例句 1：Zhuōzi shàngbian yǒu jǐ běn shū, pángbiān yǒu yì bǎ yǐzi. /
桌子上边有几本书，旁边有一把椅子。/
There are some books on the table, and a chair by the side.

例句 2：Tā chángcháng yìbiān kàn shū yìbiān tīng yīnyuè. / 她常常一边看书一边听音乐。/
He often listens to music while reading./

汉字知识（28）　Chinese Character Introduction (28)

常用部首的含义（9）
The Meaning of Some Frequently Used Radicals (9)

辶——走之旁，位置固定，在字的左下方。辶部的字多和行走有关。例如"边、辽、达、迁、迅、过、迈、迎、运、近、返、还、这、进、连、迷、迹、追、退、送、适、逃、通、造、选、逗"等。（"辶" (component indicating walking)——"辶" is always at the lower part, and characters with it are mostly related to walking, e.g. "边, 辽, 达, 迁, 迅, 过, 迈, 迎, 运, 近, 返, 还, 这, 进, 连, 迷, 迹, 追, 退, 送, 适, 逃, 通, 造, 选, 逗" etc.)

又——又字旁，"又"的甲骨文写法像一只手，又部的字多与手有关，不过在简化汉字的时候，"又"作为一个符号取代原来的写法，有些已不再表示手的意思。"又"在汉字中的位置比较灵活。常见的"又"部字有"又、叉、支、邓、劝、双、及、友、对、圣、戏、观、欢、鸡、艰、难、反、发、叔、取、受、变、叙"等。("又"(again)——"又"
used to look like a hand, and characters with it were related to hand, but after Chinese
characters were simplified, "又" was used as a symbol to replace its original form, and
some characters with it have nothing to do with hand. 又 is flexible in position. Here
are some common characters with it" 又、叉、支、邓、劝、双、及、友、对、圣、戏、观、欢、
鸡、艰、难、反、发、叔、取、受、变、叙" etc.)

女——女字旁,位置多在左边,少数在下边,个别在右边。女部字大多与女性有
关。例如"奴、奶、奸、她、好、如、妆、妒、妙、妨、妹、妻、姐、姑、姓、委、姜、姥、始、姨、
姿、威、娃、娘、娱、娜、娶、嫂、婚、婆、嫁、媳、妇"等。("女" (female))——most
characters have this radical at the left side, a few at the bottom, and few on the right
side. Most characters with it are related to female sex, e.g. "奴、奶、奸、她、好、如、妆、
妒、妙、妨、妹、妻、姐、姑、姓、委、姜、姥、始、姨、姿、威、娃、娘、娱、娜、娶、嫂、婚、婆、
嫁、媳、妇" etc.)

王——王字旁,过去称"斜玉旁",位置多在左侧,表示与玉有关。在少数汉字
中,王处在下方,表示帝王或作声旁。例如"王、玉、玩、环、现、玻、珊、珍、珠、班、理、
琴、璃、瑞、全、弄、皇、望"等。("王" (jade or king)——"王" is usually at the left side
of a character, and has something to do with jade. In a small number of characters, it is
at the bottom, indicating king, or serve as phonetic component, e.g. "王、玉、玩、环、现、
玻、珊、珍、珠、班、理、琴、璃、瑞、全、弄、皇、望" etc.)

第二十九课 下 星期

dì-èrshíjiǔ   kè   xià   xīngqī

Xià xīnqī wǒmen xiǎozǔ dōu xiǎng qù jiāowài   lǚyóu.

下 星期 我们 小组 都 想去 郊外 旅游。

Everyone in our group wants to go outing next week.

```
        新闻
        烦闷      粗 心
           问题    租 用
    吓人    大门    祖 国
    下 星期 我们 小组 都 想去 郊外 旅游。
        其实          相信  交通
        欺 负        箱子 比 较
    国旗                  饺子
                      学 校
                      效 果
                      咬
```

xià/hè 吓 (嚇) 六画 【部首】口 (形声字)IS ⊗ frighten; scare

◇ 1. 吓人 xiàrén   *a.*   terrifying; frightening
◇ 2. 吓唬 xiàhu   *v.*   frighten; scare

qí 其 八画 【部首】一 / 八 ⊗ (written) it (he, she, they); that; such

◇ 1. 其中   qízhōng   *n.*   among; in
◇ 2. 其他(它) qítā   *pron.*   other; else
◇ 3. 其实   qíshí   *adv.*   actually; in fact

例句 : Bàba gěi wǒ wǔ ge pínguǒ, qízhōng yí ge shì huàide. / 爸爸给我五个苹果,其中一个是坏的。/
Father gave me five apples, and there was a bad one among them.

qī 欺 十二画 【部首】欠 / 其 (形声字)SI ⊗ deceive; bully

◇ 1. 欺骗 qīpiàn   *v.*   deceive; cheat; dupe
◇ 2. 欺负 qīfu   *v.*   bully; treat sb. rough

fù **负** (負) 六画 【部首】刀 / 贝 义 shoulder; bear; minus

◇ 1. 负责 fùzé　　　　　　　　　v./a.　　be responsible for; be in charge of; conscientious

◇ 2. 负担 fùdān　　　　　　　　　v./n.　　bear; shoulder; burden

qí **旗** 十四画 【部首】方 (形声字)IS 义 flag; banner; standard

◇ 1. 旗子 qízi　　　　　　　　　　n.　　　flag; banner; standard

◇ 2. 国旗 guóqí　　　　　　　　　n.　　　national flag

mén **门** (門) 三画 【部首】门 义 door; gate; branch

◇ 1. 门口　　　ménkǒu　　　　　　n.　　　doorway; entrance

◇ 2. 对门　　　duìmén　　　　　　n.　　　(of two houses or rooms) face each other

◇ 3. 开门见山　kāimén-jiànshān　　　　　　Let the door open on a view of mountain — (of speech, composition) come straight to the point.

例句 : Qǐng nǐ xiàwǔ yì diǎn bàn zài dàménkǒu děng wǒ. / 请你下午一点半在大门口等我。/

Please wait for me at the main gate on 1 : 30 pm.

men **们** (們) 五画 【部首】亻 (形声字)IS 义 *Suffix (used after a personal pronoun or a noun to show plural number)*

◇ 1. 我们 wǒmen　　　　　　　　*pron.*　we

◇ 2. 人们 rénmen　　　　　　　　*n.*　　people; the public

◇ 3. 咱们 zánmen　　　　　　　　*pron.*　we (including both the speaker and the person spoken to)

例句 : Wǒmen shì Yìnnírén, nǐmen shì Xīnjiāpōrén, zánmen dōu shì Dōngfāngrén. / 我们是印尼人,你们是新加坡人,咱们都是东方人。/

We are Indonesian, you are Singaporean, and we are all overseas Chinese.

mēn/mèn **闷** (悶) 七画 【部首】门 / 心 (形声字)SI 义 stuffy; close; keep silent

◇ 1. 闷　　　mēn　　　　　　　　*a.*　　stuffy

◇ 2. 闷热　　mēnrè　　　　　　　*a.*　　hot and suffocating; muggy

◇ 3. 烦闷　　fánmèn　　　　　　　*a.*　　be depressed; unhappy

例句：Kāikai chuāng ba, wū li tài mēn le. / 开开窗吧，屋里太闷了。/
Open the windows. It's too stuffy here.

wén 闻 （聞） 九画 【部首】门 / 耳 （形声字）SI Ⓧ hear; smell; news

◇ 1. 新闻 xīnwén *n.* news
◇ 2. 见闻 jiànwén *n.* what one sees and hears
◇ 3. 百闻不如一见 bǎiwénbùrúyíjiàn It's better to see once than hear a
hundred times.

例句：Jīntiān yǒu shénme xīnwén ma? / 今天有什么新闻吗？/ Is there any news today?

zǔ 组 （组） 八画 【部首】纟 （形声字）IS Ⓧ organize; form; group

◇ 1. 组织 zǔzhī *v./n.* organize; form; organization
◇ 2. 词组 cízǔ *n.* word group
◇ 3. 组成 zǔchéng *v.* form; make up

例句：Tā zǔzhīle yí ge Hànyǔ wǎnhuì. / 他组织了一个汉语晚会。/
He organized a Mandarin party.

zǔ 祖 九画 【部首】礻 （形声字）IS Ⓧ grandfather; ancestor; founder

◇ 1. 祖父 zǔfù *n.* grandfather
◇ 2. 祖国 zǔguó *n.* motherland
◇ 3. 祖先 zǔxiān *n.* ancestors

例句：Wǒ zǔfù jīnnián bāshíbā suì le. / 我祖父今年八十八岁了。/
My grandfather is 88 this year.

提示：注意形旁"礻"、"衤"的区别。"礻"(示)与神灵祖先有关，"衤"(衣)与衣服有关。/ *Note the difference
between "礻" and "衤". "礻" is related with God or spirit, and "衤" is related with clothes.*

guó 国 （國） 八画 【部首】囗 （形声字）IS Ⓧ country; nation

◇ 1. 国家 guójiā *n.* nation; country
◇ 2. 国际 guójì *n./a.* internationality;international
◇ 3. 国内外 guónèiwài *n.* domestic and abroad

例句：Guójiā xīng wáng, pǐfū yǒu zé. / 国家兴亡，匹夫有责。/
Every man has a share of responsibility for the fate of his country.

dōu/dū 都 十画 【部首】阝 (形声字)SI 义 all; already; capital; big city

◇ 1. 都　dōu　　　　　　*adv.*　　　all

◇ 2. 全都　quándōu　　　　*adv.*　　　all; without exception

◇ 3. 首都　shǒudū　　　　*n.*　　　　capital of a country

例句：Wǒmen dōu xiǎng qù kànkan Zhōngguó de shǒudū Běijīng. /

我们都想去看看中国的首都北京。/

We all want to visit Beijing, the capital of China

xiāng/xiàng 相 九画 【部首】木 / 目 义 each other; looks

◇ 1. 相信　xiāngxìn　　　　*v.*　　　believe; have faith in

◇ 2. 相反　xiāngfǎn　　　　*a*　　　contrary; oppsite

◇ 3. 照相　zhào xiàng　　　　　　　take a photo

◇ 4. 相片　xiàngpiàn　　　　*n.*　　　photo

例句：Nǐ bù néng xiāngxìn tā shuō de huà. / 你不能相信她说的话。/

You can't believe anything she says.

xiāng 箱 十五画 【部首】⺮ (形声字)IS 义 chest; box; case

◇ 1. 箱子　xiāngzi　　　　*n.*　　　chest; box; case

◇ 2. 皮箱　píxiāng　　　　*n.*　　　leather suitcase

jiāo 交 六画 【部首】亠 义 hand in; relation; mutual

◇ 1. 交给　jiāogěi　　　　*v.*　　　hand over; turn over

◇ 2. 交换　jiāohuàn　　　　*v.*　　　exchange

◇ 3. 外交　wàijiāo　　　　*n.*　　　diplomacy

例句：Nǐ bǎ biǎo jiāo gěi tā, ránhòu qù nàbiān jiāo fèi. / 你把表交给他，然后去那边交费。/

You hand over your form and pay the fees there.

jiāo 郊 八画 【部首】阝 (形声字)SI 义 suburbs

◇ 1. 郊区　jiāoqū　　　　*n.*　　　suburbs; outskirt

◇ 2. 郊外　jiāowài　　　　*n.*　　　outskirt

lǚ 旅 十画 【部首】方 (形声字)IS 义 travel; stay away from home; brigade; troops

◇ 1. 旅行　lǚxíng　　　　　n./v.　　travel; journey; tour
◇ 2. 旅游　lǚyóu　　　　　 n./v.　　tour; tourism
◇ 3. 旅馆　lǚguǎn　　　　　n.　　　hotel; inn
◇ 4. 旅行社 lǚxíngshè　　　n.　　　travel service; travel agency

例 句：Jīnnián xiàtiān wǒmen yào qù Zhōngguó lǚxíng. /
今年夏天我们要去中国旅行。/
This summer we're going to take a trip to China

yóu 游 (遊) 十二画 【部首】氵 (形声字)IS 义 swim; tour

◇ 1.游泳　yóuyǒng　　　　v.　　　swim
◇ 2. 游览　yóulǎn　　　　　v.　　　go sight-seeing; tour
◇ 3. 游戏　yóuxì　　　　　　n.　　　game; recreations

例 句：Tā bú huì yóuyǒng, dànshì xǐhuan qù hǎibiān lǚyóu. / 他不会游泳,但是喜欢去海边旅游。/
He can't swim, but likes touring seaside.

jiào 较 (較) 十画 【部首】车 (形声字)IS 义 compare; relatively; quite

◇ 1. 比较　bǐjiào　　　　　adv./v.　relatively; quite; compare
◇ 2. 较好　jiào hǎo　　　　　　　　fairly good

例 句：Zhè ge dōngxi bǐjiào hǎo, dànshì bǐjiào guì. / 这个东西比较好,但是比较贵。/
Things made in Japan are good, but quite expensive.

jiǎo 饺 (餃) 九画 【部首】饣 (形声字)IS 义 dumpling

◇ 1. 饺子　jiǎozi　　　　　n.　　　dumpling
◇ 2. 包饺子 bāo jiǎozi　　　　　　　make dumpling

xiào/jiào 校 十画 【部首】木 (形声字)IS 义 school; college; university

◇ 1. 学校　xuéxiào　　　　n.　　　school; educational institution
◇ 2. 校园　xiàoyuán　　　　n.　　　compus
◇ 3. 校长　xiàozhǎng　　　n.　　　headmaster; chancellor
◇ 4. 校对　jiàoduì　　　　　v.　　　proofread; check copy

例 句：Nǐmen de xuéxiào yǒu méiyǒu Hànzì kè? / 你们的学校有没有汉字课？/
Is there any Chinese Character Class in your school?/

xiào **效** 十画 【部首】攵 (形声字) SI Ⓧ effect; result

◇ 1. 效果 xiàoguǒ　　　　　*n.*　　　effect; result
◇ 2. 有效 yǒuxiào　　　　　*a.*　　　effective; efficacious

yǎo **咬** 九画 【部首】口 (形声字) IS Ⓧ bite

◇ 1. 咬一口　　yǎo yì kǒu　　　　have a bite
◇ 2. 咬牙切齿　yǎoyá-qièchǐ　　　gnash one's teeth

汉字知识（29）　　　Chinese Character Introduction (29)

常用部首的含义（10）
The Meaning of Some Frequently Used Radicals (10)

礻——示字旁,或叫示补旁,因为"礻"由"示"演变而来,位置固定在字的左侧,多与祭祀神鬼有关。例如"礼、社、祈、祖、祝、视、祸、神、祠、祥、祷、福"等。另外,还有一些含有"示"的常用字,如"票、禁、祭、祘"等。("礻"("示" as a radical)—"礻" is unexceptionally at the left side of a character, and it usually has something to do with offering sacrifices to gods or spirits, e.g. "礼,社,祈,祖,祝,视,祸,神,祠,祥,祷,福" etc. In addition, the following characters are also common "票,禁,祭,祘".)

衤——衣字旁,或叫衣补旁,位置在字的左侧,"衤"是由"衣"演变而来的,因此,衤部的汉字多与衣服有关。例如"初、补、衫、衬、袄、袖、袜、被、裤、褂"等。另外,还有"衣"部的字,有些字典是把衣和衤放在同一个部首里的。要注意,部首"衣"有时在字的下边,有时拆开,位于字的上下两边。例如"衷、裁、裳、袋、袭、裂、装、衰、裹"等。("衤"("衣" as a radical)—"衤" is at the left side of a character. For it is the variant of "衣", characters with it usually are related to garments, e.g. "初,补,衫,衬,袄,袖,袜,被,裤,褂". In addition, some dictionaries put "衣" and "衤" together under the same radical. Pay attention to the radical "衣", it is sometimes at the bottom of a character, but sometimes is split into two parts, one on the top and one at the bottom, e.g. "衷,裁,裳,袋,袭,裂,装,衰,裹" etc.)

目——目字旁,位置多在字的左侧,也有少数处在字的其他位置。目部的字多与眼睛有关。例如"盯、省、眨、睁、睡、盲、相、盼、看、眠、眯、眷、眼、着、睚、睛、睬、瞄"等。("目"(eye)—most of the time"目" is at the left side of a character, but occasionally on the right. Characters with it are usually related to eyes, e.g. "盯,省,眨,睁,睡,盲,相,盼,看,眠,眯,眷,眼,着,睚,睛,睬,瞄" etc.)

汉字突破

攵——反文旁,位置在字的右边,攵部的字有些与手的动作有关。例如"收、改、攻、放、政、故、做、效、敌、教、敏、救、散、敢、敬、数、敖、致、微、整、牧"等等。("攵"("文" as a radical)——"攵" is at the right side of a character and has something to do with the acts of a hand, e.g. "收, 改, 攻, 放, 政, 故, 做, 效, 敌, 教, 敏, 救, 散, 敢, 敬, 数, 敖, 致, 微, 整, 牧" etc.)

第三十课 饭 已 吃 饱

Fàn yǐ chī bǎo le, jiào yě shuì hǎo le,   yīnggāi   xuéxí le.

饭 已 吃 饱 了, 觉 也 睡 好 了, 应 该 学 习 了。

One has eaten his fill and slept well, he should go studying.

出版
黑板
反对   羽毛

饭 已 吃 饱 了, 觉 也 睡 好 了, 应 该 学 习 了。

面包   孩子
跑步
拥抱

fàn **饭** (飯) 七画 【部首】饣 (形声字)IS 义 meal; rice

◇ 1. 吃饭 chī fàn   eat; have a meal
◇ 2. 做饭 zuò fàn   cook
◇ 3. 饭店 fàndiàn   *n.*   hotel; restaurant

例句: Nánfāngrén xǐhuan chī mǐfàn, běifāngrén xǐhuan chī miànshí. /
南方人喜欢吃米饭,北方人喜欢吃面食。/
The southerners like cooked rice and the northerners like wheaten food.

bǎn **板** 八画 【部首】木 (形声字)IS 义 board; plank; plate

◇ 1. 黑板 hēibǎn   *n.*   blackboard
◇ 2. 地板 dìbǎn   *n.*   floor
◇ 3. 老板 lǎobǎn   *n.*   boss

例句: Qǐng kàn hēibǎn shang de zhè jù huà. / 请看黑板上的这句话。/
Please look at this sentence on the blackboard.

bǎn 版 八画 【部首】片 (形声字)IS 义 printing block; edition

◇ 1. 出版　chūbǎn　　　　　　　　　　*v.*　　come off the press; publish
◇ 2. 出版社　chūbǎnshè　　　　　　　　*n.*　　publishing house

yǐ 已 三画 【部首】己 义 already; stop

◇ 1. 已经　yǐjing　　　　　　　　　　*adv.*　　already
◇ 2. 早已　zǎoyǐ　　　　　　　　　　*adv.*　　for long

例句: Wǒmen yǐjing huì xiě wǔbǎi ge Hànzì le. / 我们已经会写五百个汉字了。/
We have been able to write 500 Chinese characters.

bāo 包 五画 【部首】勹 / 己 义 wrap; bag; pack package

◇ 1. 书包　shūbāo　　　　　　　　　　*n.*　　school bag
◇ 2. 钱包　qiánbāo　　　　　　　　　　*n.*　　wallet; purse
◇ 3. 包装　bāozhuāng　　　　　　　　　*v./n.*　pack; package

例句: Tā de shūbāo li yǒu shū, běnzi, hé yí ge qiánbāo. / 他的书包里有书、本子,和一个钱包。/
There are some books, notebooks, and a wallet in his school bag.

bǎo 饱 (飽) 八画 【部首】饣 (形声字)IS 义 be full; full

◇ 1. 吃饱　chībǎo　　　　　　　　　　　　　　eat one's fill
◇ 2. 饱满　bǎomǎn　　　　　　　　　　*a.*　　full; plump

例句: Wǒ chī bú xià le, wǒ bǎo le. / 我吃不下了,我饱了。/ I can't eat any more, I'm full.

bào 抱 八画 【部首】扌 (形声字)IS 义 hold or carry in the arm;cherish

◇ 1. 抱歉　bàoqiàn　　　　　　　　　　*a.*　　be sorry; feel apologetic
◇ 2. 抱负　bàofù　　　　　　　　　　　*n.*　　aspiration; ambition
◇ 3. 拥抱　yōngbào　　　　　　　　　　*v.*　　embrace; hold in one's arm

例句: Hěn bàoqiàn, ràng nín jiǔ děng le. / 很抱歉,让您久等了。
Very sorry to have you kept waiting.

bù 步 七画 【部首】止 义 step; pace

◇ 1. 步行　bùxíng　　　　　　　　　　*v.*　　go on foot; walk
◇ 2. 散步　sànbù　　　　　　　　　　　*v.*　　take a walk; go for a stroll

shuì 睡 十三画 【部首】目 (形声字)IS 义 sleep

◇ 1. 睡觉 shuìjiào　　*v.*　　sleep; go to bed

◇ 2. 睡着 shuìzháo　　　　fall into asleep

◇ 3. 睡眠 shuìmián　　*n.*　　sleep

例句: Xiànzài bù zǎo le, nǐ gāi shuìjiào le. / 现在不早了, 你该睡觉了。/
It's very late, you should go to bed.

jué/jiào 觉 (覺) 九画 【部首】学 / 见 (形声字)S/I 义 sense; feel; become aware of;
wake up

◇ 1. 觉得 juéde　　*v.*　　feel; think

◇ 2. 感觉 gǎnjué　　*n./v.*　　feeling; sense; feel

◇ 3. 睡觉 shuìjiào　　*v.*　　sleep; go to bed

例句: Nǐ juéde zhè ge diànyǐng zěnmeyàng? / 你觉得这个电影怎么样? /
How do you think of this film?

yīng/yìng 应 (應) 七画 【部首】广 义 should; answer; respond

◇ 1. 应该 yīnggāi　　*aux.*　　should

◇ 2. 应当 yīngdāng　　*aux.*　　should; ought to

◇ 3. 答应 dāying　　*v.*　　answer; promise; agree

例句: Dāying biérén de shìqing yīnggāi zuò hǎo. /
答应别人的事情应该做好。/
One should do his best to keep his promise.

gāi 该 (該) 八画 【部首】 (形声字)IS 义 should; be one's turn to do sth.; this

◇ 1. 该 gāi　　*aux.*　　ought to; should; most probably

◇ 2. 该 gāi　　*v.*　　be one's turn to do sth.

◇ 3. 应该 yīnggāi　　*aux.*　　should; ought to; must

例句: Nǐ gāi xiūxi le. Xià yí ge gāi shuí le? / 你该休息了。下一个该谁了? /
It's time for you to have a rest. Who is the next one?

hái 孩 九画 【部首】子 (形声字)IS 义 child

◇ 1. 小孩子 xiǎoháizi　　*n.*　　little child; kid; children

◇ 2. 男孩儿　nánháir　　　　　*n.*　　　　　boy

例句：Tā yǒu jǐ ge háizi? Jǐ ge nánháir? Jǐ ge nǚháir? / 她有几个孩子？几个男孩儿？几个女孩儿？/

How many children does she have? How many boys? How many girls?

yǔ　**羽**　六画　【部首】羽　义　feather; plume

◇ 1. 羽毛　yǔmáo　　　　　*n.*　　　　　feather; plume
◇ 2. 羽毛球　yǔmáoqiú　　　　*n.*　　　　　badminton

汉字知识（30）　　　Chinese Character Introduction (30)

常用部首的含义（11）

The Meaning of Some Frequently Used Radicals (11)

钅——金字旁，钅是"金"的变体，表示与金属有关，部首位置在字的左侧。例如"针、钉、钞、钩、钱、钟、钢、钥、钦、钻、铁、铜、铝、银、锅、锈、锋、锐、错、锯、锻、铃"等等。（"钅"(metal)——"钅" is the variant of "金", so it has something to do with metal, and it is at the left side, e.g. "针、钉、钞、钩、钱、钟、钢、钥、钦、钻、铁、铜、铝、银、锅、锈、锋、锐、错、锯、锻、铃"etc.)

饣——食字旁，饣是"食"的简体变形，表示与食物有关，位置在字的左侧。例如"饥、饨、饭、饮、饱、饼、饲、饺、饿、馆、馒"等等，注意，"餐"字下边的"食"不能简化为"饣"。（"饣"(food)——as the simplified form of "食", it has something to do with food, and it is at the left, e.g. "饥、饨、饭、饮、饱、饼、饲、饺、饿、馆、馒"etc. Attention, "食" at the bottom of "餐" can not be replaced by "饣".)

足——足字旁，位置多在字的左侧，注意字形有些变化。足部的字表示与用脚有关。例如"趴、促、跃、跌、跑、距、跨、跳、路、脚、踏、跪、跟、踢、踩、蹲"等等。（"足"(foot)——"足" is usually at the left side of a character,　and its form is slightly changed. Characters with it are related to foot, e.g. "趴、促、跃、跌、跑、距、跨、跳、路、脚、踏、跪、跟、踢、踩、蹲" etc.)

走——走字旁，"走"在古代汉语是"跑"的意思，因此，走部的字多与快速行走有关。例如"走、赴、赵、赶、起、趁、超、越、趟、趣"等。（"走"(walk)——"走" used to mean run,　hence characters with it usually indicates walking or moving quickly, e.g. "走、赴、赵、赶、起、趁、超、越、趟、趣" etc.)

第三十一课　打 乒乓 球

Qí Gāngfū měi tiān dǎ pīngpāngqiú duànliàn shēntǐ.

齐 刚夫 每天 打 乒乓 球 锻炼 身体。

Qi Gangfu does physical exercise everyday by playing table tennis.

经**济**　皮**肤**　　　救命 挑**拣**

挤　　**扶**持　　　请**求**　　　**练**习

齐　刚 夫 每天 打乒乓球 锻 炼 身体。

钢铁　　　士**兵**　　　**段**落

宾馆

---

qí **齐** (齊) 六画 【部首】亠/文 （义） neat; same; all ready; everyone present

◇ 1. 整齐　zhěngqí　　*a.*　　in good order; neat

◇ 2. 一齐　yìqí　　*adv.*　　all at the same time

例句：Tā de shū fàng de hěn zhěngqí. / 他的书放得很整齐。/ All his books are well arranged.

---

jǐ **挤** (擠) 九画 【部首】扌 （形声字)IS （义） crowded; push against; squeeze

◇ 1. 拥挤　yōngjǐ　　*v.*　　crowd; push and squeeze; be packed

◇ 2. 挤时间　jǐ shíjiān　　　try to find time to do sth.

例句：Chēshang rén duō, hěn jǐ, yào zhùyì ānquán. / 车上人多，很挤，要注意安全。/

The bus is very crowded with too many passengers in it. You should pay attention to your safety.

---

jì/jǐ **济** (濟) 九画 【部首】氵 （形声字)IS （义） cross a river; give relief; be of help

◇ 1. 经济　jīngjì　　*n.*　　economy

◇ 2. 济济一堂　jǐjǐyìtáng

例句：Jīnnián de jīngjì qíngkuàng hěn hǎo. / 今年的经济情况很好。/

The state of the economy is well this year.

gāng 刚 （剛） 六画 【部首】刂 （形声字）SI ⊗ just; barely; only a moment ago; firm

◇ 1. 刚刚 gānggāng   *adv.*   just; just now
◇ 2. 刚才 gāngcái   *n.*   only a moment ago
◇ 3. 刚好 gānghǎo   *a./adv.*   just; exactly; happen to

例句：Tā gānggāng zǒu, rúguǒ nǐ zǎo yìdiǎnr lái jiù hǎo le. / 他刚刚走,如果你早一点儿来就好了。/ He has left just now, if you had come a little bit earlier, you would meet him.

gāng 钢 （鋼） 九画 【部首】钅 （形声字）IS ⊗ steel

◇ 1. 钢笔 gāngbǐ   *n.*   pen
◇ 2. 钢琴 gāngqín   *n.*   piano
◇ 3. 钢铁 gāngtiě   *n.*   iron and steel; steel

例句：Kěyǐ yòng yíxià nǐ de gāngbǐ ma? / 可以用一下你的钢笔吗？/ May I use your pen?

fú 扶 七画 【部首】扌 （形声字）IS ⊗ support with the hand; place a hand on sb. or sth. to support

◇ 1. 扶着 fúzhe   supporting with the hand
◇ 2. 扶梯 fútī   *n.*   escalate; staircase

fū 肤 （膚） 八画 【部首】月 （形声字）IS ⊗ skin

◇ 皮肤 pífū   *n.*   skin

pīng pāng 乒乓 六画 【部首】丿 ⊗ crackle; bang

◇ 1. 乒乓球 pīngpāngqiú   *n.*   ping-pong ball; table tennis ball
◇ 2. 乒乓球拍 pīngpāngqiúpāi   *n.*   table tennis bat

bīng 兵 七画 【部首】丿/八 ⊗ soldier; troops

◇ 士兵 shìbīng   *n.*   soldier

bīn 宾 （賓） 十画 【部首】宀 （形声字）I/S ⊗ guest

◇ 1. 宾馆 bīnguǎn   *n.*   guesthouse
◇ 2. 宾语 bīnyǔ   *n.*   object

guǎn 馆 (館) 十一画 【部首】饣 (形声字)IS Ⓨ accommodation for guests; shop; a place for cultural activities

◇ 1. 图书馆 túshūguǎn   *n.*   library
◇ 2. 饭馆 fànguǎn   *n.*   restaurant
◇ 3. 博物馆 bówùguǎn   *n.*   museum

例句: Zhè ge chéngshì yǒu hěn hǎo de túshūguǎn hé bówùguǎn. /
这个城市有很好的图书馆和博物馆。
There are very good libraries and museums in this city.

qiú 求 七画 【部首】一 / 水 / 丶 Ⓨ request; entreat; demand

◇ 1. 要求 yāoqiú   *v./n.*   demand; require; requirement
◇ 2. 请求 qǐngqiú   *v./n.*   ask; request
◇ 3. 求婚 qiú hūn   propose

例句: Tā yāoqiú cānjiā wǒmen de wǎnhuì. /
他要求参加我们的晚会。/
He asked to join our evening party.

提示: 注意下边不是"水"。/ *Note that the bottom part of this character is not "水".*

qiú 球 十一画 【部首】王 (形声字)IS Ⓨ ball; the earth; anything resembling a ball

◇ 1. 足球 zúqiú   *n.*   football
◇ 2. 地球 dìqiú   *n.*   the earth; the globe
◇ 3. 气球 qìqiú   *n.*   balloon

例句: Tā xǐhuan kàn zúqiú bǐsài, yě xǐhuan tī zúqiú. / 他喜欢看足球比赛,也喜欢踢足球。/
He likes to watch football match and play football.

jiù 救 十一画 【部首】攵 (形声字)SI Ⓨ rescue; save; salvage

◇ 1. 救命 jiù mìng   save one's life
◇ 2. 救护车 jiùhùchē   *n.*   ambulance

duàn 段 九画 【部首】殳 Ⓨ section; paragraph

◇ 1. 阶段 jiēduàn   *n.*   stage; phase
◇ 2. 一段文章 yí duàn wénzhāng   a paragraph of an article
◇ 3. 一段时间 yí duàn shíjiān   a period of time

例句：Qǐng kàn kèwén dì-yī duàn. / 请看课文第一段。/
Please look at the first paragraph of the text.

duàn **锻**（鍛）十四画 【部首】钅 （形声字）IS Ⓧ forge

◇ 锻炼 duànliàn　　　　*v.*　　　　have physical training; steel oneself

例句：Nǐ chángcháng duànliàn shēntǐ ma? Nǐ zěnme duànliàn? / 你常常锻炼身体吗？你怎么锻炼？/
Do you often have physical training? What do you have?

liàn **炼**（煉）九画 【部首】火 （形声字）IS Ⓧ smelt; refine

◇ 提炼 tíliàn　　　　*v.*　　　　refine

例句：Tā xīwàng zài gōngzuò zhōng duànliàn zìjǐ. / 他希望在工作中锻炼自己。/
He wants to steel himself through working.

提示：注意右边的写法，右边不是"东"。/
Note that the right side of this character is not "东"(dōng).

liàn **练**（練）八画 【部首】纟 （形声字）IS Ⓧ practice; train

◇ 1. 练习 liànxí　　　　*v./n*　　　　practice; exercises
◇ 2. 训练 xùnliàn　　　　*v.*　　　　train; drill
◇ 3. 教练 jiàoliàn　　　　*n.*　　　　coach; instructor

例句：Nǐ chángcháng liànxí shuō Hànyǔ ma? / 你常常练习说汉语吗？/
Do you often practice spoken Chinese?

jiǎn **拣**（揀）八画 【部首】扌 （形声字）IS Ⓧ choose; select; pick up

◇ 挑拣 tiāojiǎn　　　　*v.*　　　　pick and choose

shēn **身** 七画 【部首】身 Ⓧ body

◇ 1. 身体 shēntǐ　　　　*n.*　　　　body; health
◇ 2. 身高 shēngāo　　　　*n.*　　　　height of person
◇ 3. 动身 dòng shēn　　　　　　　begin a journey; set out

例句：Dàjiā dōu zài wèi yéye de shēntǐ jiànkāng dānxīn. / 大家都在为爷爷的身体健康担心。/
All of us are worrying about grandfather's health.

汉字知识（31） Chinese Character Introduction (31)

常用部首的含义（12）
The Meaning of Some Frequently Used Radicals (12)

疒——病字旁,位置固定,在字的左上方,病字旁的字多与疾病有关。例如"疗、疤、疯、疼、疾、痒、病、症、疲、瘦、痕、痛、痣、痰"等等。("疒" (illness)——"疒" is always at the upper-left of a character. Characters with it are mostly indicative of illness, e.g. "疗,疤,疯,疼,疾,痒,病,症,疲,瘦,痕,痛,痣,痰" etc.)

雨——雨字头,位置在字的上方,雨部的字多与天气有关,例如"雪、零、雷、雹、雾、震、霉、霜、霞、霸、需、露"等等。("雨" (rain)——characters have this radical at the top, and most of them are related to weather, e.g. "雪,零,雷,雹,雾,震,霉,霜,霞,霸,需,露" etc.)

贝——贝字旁,贝的位置在字的左侧或下边,贝在古代表示货币,因此贝部的字多与钱财、交易有关。例如"贡、财、责、贤、败、账、货、质、贩、贪、贫、贬、购、贯、贰、贱、贴、贵、贷、贸、费、贺、贼、贾、贿、赂、赃、资、赋、赌、赎、赏、赐、赔、赖、赛、赞、赠、赢"等。("贝" (shell)——"贝" is at the left side or at the bottom of a character. It used to mean currency, hence most of the characters with it have something to do with money or transaction, e.g. "贡,财,责,贤,败,账,货,质,贩,贪,贫,贬,购,贯,贰,贱,贴,贵,贷,贸,费,贺,贼,贾,贿,赂,赃,资,赋,赌,赎,赏,赐,赔,赖,赛,赞,赠,赢" etc.)

页——页字旁,"页"字古代写作 ,上部是人头,下边是身体,头大而身子小,用以表示头部,页部的字多与头有关。例如"顶、顷、项、顺、须、顽、顾、顿、烦、硕、颂、预、领、颇、颈、颐、频、颗、题、颜、额、颠"等。("页" (head)— its form used to be , the upper part being a head and the lower part a body. The much bigger size of the head indicates this character means head, hence characters with it carry this indication, e.g. "顶,顷,项,顺,须,顽,顾,顿,烦,硕,颂,预,领,颇,颈,颐,频,颗,题,颜,额,颠" etc.)

第三十二课　胡小红

Hú Xiǎohóng xué　Hànzì　fēicháng nǔlì.
胡 小红 学 汉字 非常 努力。
Hu Xiaohong learns Chinese characters very hard.

```
糊涂              悲伤
江湖              咖啡
胡 小 红 学 汉字 非 常 努 力。
    工 人     子 孙   愤 怒 历 史
    功 课 牛 仔       鼓 励
进 攻
    扛
长 江
    空 气
```

hú 胡 九画 【部首】月 (形声字)SI 义 recklessly; beard

◇ 1. 胡说 húshuō　　　v.　　　talk nonsense; nonsense
◇ 2. 胡子 húzi　　　　n.　　　beard; moustache; whisker

hú 湖 十二画 【部首】氵 (形声字)IS 义 lake

◇ 1. 湖水 húshuǐ　　　n.　　　lake water
◇ 2. 湖边 húbiān　　　n.　　　lakeside

例句：Nà ge gōngyuán li yǒu yí ge hú, húshuǐ hěn qīng. / 那个公园里有一个湖,湖水很清。/
There is a lake in the park and the water is clean and clear.

hú 糊 十五画 【部首】米 (形声字)IS 义 paste

◇ 1. 糊涂 hútu　　　　a.　　　muddled; confused
◇ 2. 浆糊 jiànghu　　　n.　　　paste

gōng **功** 五画 【部首】工／力 (形声字)SI Ⓧ achievement; result; skill

◇ 1. 用功 yònggōng　　　*v./a.*　　be diligent; be studious; be hardworking

◇ 2. 成功 chénggōng　　　*v./a.*　　succeed; successful

gōng **攻** 七画 【部首】工／攵 (形声字)SI Ⓧ attack; study

◇ 进攻 jìngōng　　　*v.*　　attack

káng **扛** 六画 【部首】扌 (形声字)IS Ⓧ carry on the shoulder

◇ 扛着 kángzhe　　　carrying on the shoulder

jiāng **江** 六画 【部首】氵 (形声字)IS Ⓧ river; the Yangtze River

◇ 1. 长江 Cháng Jiāng　　　*n.*　　the Yangtze River

◇ 2. 江山 jiāngshān　　　*n.*　　rivers and mountains; country; state power

例句：Cháng Jiāng shì Yàzhōu zuì cháng de hé. ／长江是亚洲最长的河。／

The Yangtze River is the longest river of Asia.

kōng/kòng **空** 八画 【部首】穴 (形声字)I/S Ⓧ sky; air; empty

◇ 1. 空气 kōngqì　　　*n.*　　air; atmosphere

◇ 2. 空调 kōngtiáo　　　*n.*　　air-condition

◇ 3. 天空 tiānkōng　　　*n.*　　sky

◇ 4. 空儿 kòngr　　　*n.*　　free time

例句 1：Lǐ xiānsheng zhù zài jiāowài, nàli de kōngqì hǎo. ／李先生住在郊外，那里的空气好。／

Mr. Li lives in the outskirts where he enjoys fresh air.

例句 2：Jīntiān wǎnshang nǐ yǒu kòngr ma? ／今天晚上你有空儿吗？／ Are you free tonight?

zǐ/zǎi **仔** 五画 【部首】亻 (形声字)IS Ⓧ (dialect) son; young animal

◇ 1. 仔细 zǐxì　　　*a.*　　careful; attentive

◇ 2. 牛仔 niúzǎi　　　*n.*　　cowboy

◇ 3. 牛仔裤 niúzǎikù　　　*n.*　　jeans

fēi 非 八画 【部首】丨 (义) wrong; not; have got to

◇ 1. 除非　　chúfēi　　*conj.*　　only if; only when; unless
◇ 2. 非常　　fēicháng　*adv./a.*　very; extremely; unusual; special
◇ 3. 非…不可　fēi...bùkě　　　　　have to

例句：Chúfēi nǐ qīnzì qù qǐng tā, bùrán tā shì bú huì lái de. / 除非你亲自去请他,不然他是不会来的。/
Only when you go and ask him personally will he come.

cháng 常 十一画 【部首】⺌/巾 (形声字)S/I (义) ordinary; constant; often; frequently

◇ 1. 常常　chángcháng　*adv.*　　frequently; often; usually
◇ 2. 经常　jīngcháng　　*a./adv.*　everyday; often; constantly
◇ 3. 平常　píngcháng　　*a.*　　　common; ordinary; usually

例句：Tā chángcháng gēn péngyou qù chàng kǎlā'ōukèi. / 他常常跟朋友去唱卡拉 OK。/
He often goes to karaoke with his friends.

提示：注意"常"与"当"的字头一样。但与"觉"字头不同。/
Note that "常" and "当" have the same top(⺌) which is different from that "学".

kāfēi 咖 啡 八画/十一画 【部首】口 (形声字)IS (义) coffee

◇ 1. 咖啡　　kāfēi　　　*n.*　　coffee
◇ 2. 咖啡色　kāfēisè　　*n.*　　coffee (color)
◇ 3. 咖啡馆　kāfēiguǎn　*n.*　　coffee shop

例句：Měi tiān zǎoshang qǐ chuáng yǐhòu tā dōu děi hē yì bēi cāfēi. /
每天早上起床以后他都得喝一杯咖啡。/
He has to drink a cup of coffee every morning when he gets up.

bēi 悲 十二画 【部首】心 (形声字)S/I (义) sad; sorrowful

◇ 1. 悲伤 bēishāng　　*n.*　　sorrow; sad; grieved
◇ 2. 悲观 bēiguān　　　*a.*　　pessimistic

nǔ 努 七画 【部首】力 (形声字)S/I (义) exert; put forth (strength)

◇ 努力 nǔlì　　　　*v./adv.*　make great effort to; try hard

例句：Tā xuéxí gōngzuò dōu hěn nǔlì. / 她学习工作都很努力。/ She studies and works very hard.

148

nù 怒 九画 【部首】心 (形声字)S/I 义 anger; rage; fury

◇ 1. 发怒 fā nù　　　　　　　flare up
◇ 2. 愤怒 fènnù　　　a.　　indignant; angry

lì 力 二画 【部首】力 义 power; strength; force

◇ 1. 力气 lìqi　　　n.　　physical strength
◇ 2. 能力 nénglì　　n.　　ability; capability; capacity
◇ 3. 压力 yālì　　　n.　　pressure

例句: Wǒ méiyǒu yìdiǎnr lìqi le, wǒ zǒu bú dòng le. /
我没有一点儿力气了,我走不动了。/
I am exhausted, I can't walk now.

lì 历 (曆/歷/厤) 四画 【部首】厂 (形声字)I/S 义 calendar; undergo; experience

◇ 1. 历史 lìshǐ　　n.　　history
◇ 2. 日历 rìlì　　　n.　　calendar
◇ 3. 经历 jīnglì　　v./n.　　go through; experience

例句: Tā duì Zhōngguó lìshǐ hěn gǎn xìngqù. / 他对中国历史很感兴趣。/
He is interested in Chinese history.

shǐ 史 五画 【部首】口 / 丨 / 丿 义 history

◇ 1. 史书　　shǐshū　　n.　　history record
◇ 2. 文学史 wénxuéshǐ　n.　history of literature

例句: Wǒmen jué bù néng wàngjì nà yí duàn lìshǐ. / 我们决不能忘记那一段历史。/
We will never forget the history of that period.

lì 励 (勵) 七画 【部首】力 (形声字)SI 义 encourage

◇ 1. 鼓励 gǔlì　　v./n.　　encourage; urge; inspire
◇ 2. 奖励 jiǎnglì　v./n.　　encourage and reward; award

汉字知识（32） Chinese Character Introduction (32)

常用部首的含义（13）
The Meaning of Some Frequently Used Radicals (13)

犭——反犬旁，或叫犬犹儿，位置在字的左边，"犭"是由"犬"演变而来的，犬部的字多和兽类有关。例如"犯、狐、狸、猩、猛、犹、狂、狗、狠、狡、猾、猜、狩、独、狮、狱、狼、狈、猎、猪、猫、猴"等等。写作"犬"时，位置多在字的右边或下边，例如"哭、状、献、获"等。（"犭" (animal)——"犭" is at the right side of a character . It derived from "犬", hence characters with it are mostly related to animals, e.g. "犯, 狐, 狸, 猩, 猛, 犹, 狂, 狗, 狠, 狡, 猾, 猜, 狩, 独, 狮, 狱, 狼, 狈, 猎, 猪, 猫, 猴", etc. When it is in the form of "犬", it is usually on the right or at the bottom of a character, e.g. "哭, 状, 献, 获" etc.)

鱼——鱼字旁，位置多在字的左侧，也有在下边或上边的。鱼部的字多与鱼类有关。例如"鲁、鲍、鲜、鲤、鲨、鲫、鲸、鳝、鳞、鱿"等。（"鱼" (fish)——"鱼" is at the left side in most characters, at the top or the bottom in a few. Characters with it tend to be related to fish, e.g. "鲁, 鲍, 鲜, 鲤, 鲨, 鲫, 鲸, 鳝, 鳞, 鱿" etc.)

鸟——鸟字旁，位置多在字的右侧，也有少数在下边的以及个别在左侧的。鸟部的字一般与鸟有关，例如"鸡、鸣、鸥、鸦、鸭、鸵、鸽、鸿、鹅、鹏、鸳、鸯、鹤、鹰、莺"等。（"鸟" (bird)——"鸟" is at the right side in most characters, at the bottom in a small number and on the left in few. Characters with it tend to be related to bird, e.g. "鸡, 鸣, 鸥, 鸦, 鸭, 鸵, 鸽, 鸿, 鹅, 鹏, 鸳, 鸯, 鹤, 鹰, 莺" etc.)

虫——虫字旁，位置多在字的左侧，也有少数在其他位置的。虫部的字多与昆虫有关。例如"虾、蚂、蚁、虽、虹、虱、蚊、蚌、蚕、蚤、蛇、蛋、蛊、蛔、蛙、蜘、蛛、蛮、蜀、蜂、蜡、蝶、蝇、融、蠢、蟹"等等。（"虫" (worm)——虫 is at the left side in most characters, in other positions in a small number of characters. Characters with it tend to be related to insect, e.g. "虾, 蚂, 蚁, 虽, 虹, 虱, 蚊, 蚌, 蚕, 蚤, 蛇, 蛋, 蛊, 蛔, 蛙, 蜘, 蛛, 蛮, 蜀, 蜂, 蜡, 蝶, 蝇, 融, 蠢, 蟹" etc.)

第三十三课　我跟你们

dì-sānshísān kè　　wǒ gēn nǐmen

Wǒ gēn nǐmen yìqǐ qù wánr, zěnmeyàng?

我 跟 你们 一起 去 玩儿, 怎么样?

May I play with you?

```
                    医 院

    银 行          完 全              详 细

    根 本          远 处          培 养

痛 恨              公 园          海 洋

    很 好          元 旦              羊 群

我 跟 你们 一 起 去 玩儿, 怎 么 样 ?

                    作 业

                    昨 天

                宽 窄
```

---

hěn 很　九画 【部首】彳 (形声字)IS 义 very; quite; awfully

◇ 1. 很喜欢　hěn xǐhuan　　　　　like very much

◇ 2. 好得很　hǎodehěn　　　　　extremely good

例句: Tā Hànyǔ shuō de hěn hǎo. /

她汉语说得很好。/

She speaks Chinese very well.

---

gēn 跟　十三画 【部首】足 (形声字)IS 义 follow; heel

◇ 1. 跟着　gēnzhe　　　*v.*　　following sb. or sth.

◇ 2. 高跟鞋　gāogēnxié　　*n.*　　high heel shoes

例句: Nà jiàn shì gēn wǒ méiyǒu yìdiǎnr guānxi. / 那件事跟我没有一点儿关系。/

I have nothing to do with that matter.

Hànzì Tūpò

gēn **根** 十画 【部首】木 (形声字)IS 义 root of a plant; basic; origin

◇ 1. 树根 shùgēn   *n.*   root of a tree

◇ 2. 根本 gēnběn   *n./adv.*   essence; basic; at all; simply

◇ 3. 根据 gēnjù   *v./n.*   according to; ground; foundation

例句: Nǐ zhīdào zìjǐ tóushang yǒu duōshao gēn tóufa ma? / 你知道自己头上有多少根头发吗? /

Do you know how many hairs are there on your head?

yín **银** (銀) 十一画 【部首】钅 (形声字)IS 义 silver; relating to currency; silvery color

◇ 1. 银行 yínháng   *n.*   bank

◇ 2. 银河 yínhé   *n.*   the Milky Way

例句: Nǐ néng gàosu wǒ fùjìn yǒu yínháng ma? / 你能告诉我附近有银行吗? /

Could you tell me is there any bank nearby?

yuán **元** 四画 【部首】二 / 儿 义 primary; first; the monetary unit of China

◇ 1. 元(圆) yuán   *n.*   one yuan equals to 10 jiao or 100 fen

◇ 2. 元旦 Yuándàn   *n.*   New Year's Day

◇ 3. 美元 měiyuán   *n.*   U.S. dollar

例句: Jīntiān yì měiyuán huàn bā kuài liǎng máo qī fēn rénmínbì. /

今天一美元换八块两毛七分人民币。 /

One US dollar exchanges 8.27 RMB today.

yuán **园** (園) 七画 【部首】囗 (形声字)IS 义 an area of land for growing plants; a place for public recreation

◇ 1. 公园 gōngyuán   *n.*   park

◇ 2. 花园 huāyuán   *n.*   garden

例句: Nǐ zhù de chéngshì yǒu duōshao ge gōngyuán? / 你住的城市有多少个公园? /

How many parks are there in your city?

wán **完** 七画 【部首】宀 (形声字)I/S 义 finish; use up; whole

◇ 1. 用完 yòng wán   use up

◇ 2. 完成 wánchéng   *v.*   accomplish; complete

◇ 3. 完全 wánquán   *adv.*   whole; complete; completely

例句: Diànyǐng wán le, tā yě chīwán bǐnggān le. / 电影完了,她也吃完饼干了。 /

She had finished all the biscuits when the film was over.

yī 医（醫） 七画 【部首】匚 （形声字）S/I 义 doctor; medicinal science

◇ 1. 医生 yīshēng   *n.*   doctor
◇ 2. 中医 zhōngyī   *n.*   traditional Chinese medical science
◇ 3. 医学 yīxué   *n.*   medical science

例句：Nǐ liǎnsè hěn bù hǎo, zuìhǎo qù kànkan yīshēng ba. / 你脸色很不好，最好去看看医生吧。/
You looks pale, you'd better go to see a doctor.

yuàn 院 九画 【部首】阝 （形声字）IS 义 courtyard; hospital; college; a name used for some government offices and public places

◇ 1. 医院   yīyuàn   *n.*   hospital
◇ 2. 院子   yuànzi   *n.*   courtyard
◇ 3. 电影院 diànyǐngyuàn   *n.*   cinema

例句：Tā jiù zài zìjǐ jiā fùjìn nà jiā yīyuàn gōngzuò. / 她就在自己家附近那家医院工作。/
She works in the hospital near her home.

chǔ/chù 处（處） 五画 【部首】夂 / 丿 / 卜 （形声字）I/S 义 deal with; get along with; locate

◇ 1. 处理 chǔlǐ   *v./n.*   handle; deal with; dispose of; manage
◇ 2. 到处 dàochù   *n.*   all over; everywhere
◇ 3. 好处 hǎochù   *n.*   benefit; advantage; good

例句1：Tāmen zhèngzài chǔlǐ yì qǐ jiāotōng shìgù. / 他们正在处理一起交通事故。/
They are handling the traffic accident.

例句2：Tā dàochù zhǎo nà běn shū. / 她到处找那本书。/
She looked all over for that book.

提示：注意"处(chù)"和"外(wài)"的区别。/
Note the difference between "处 chù" and "外 wài".

zěn 怎 九画 【部首】心 （形声字）S/I 义 why; how

◇ 1. 怎么   zěnme   *pron.*   how; why
◇ 2. 怎么样 zěnmeyàng   *pron.*   how (usually used in asking for an opinion)
◇ 3. 怎么办 zěnmebàn   how to do

例句：Nǐ zěnme méi wèn tā zěnme qù tā jiā ya? / 你怎么没问他怎么去他家呀？/
Why didn't you ask him how to get his house?

Hànzì Tūpò

zuò 作 七画 【部首】亻 (形声字)IS 义 do; write; writing

- ◇ 1. 作业 zuòyè　　　　　*n.*　　　homework
- ◇ 2. 工作 gōngzuò　　　*v./n.*　　work
- ◇ 3. 作用 zuòyòng　　　*n./v.*　　effect; action; act on

例句：Zuótiān de zuòyè nǐ zuòle ma? /

昨天的作业你做了吗？/

Have you done the homework of yesterday?

zhǎi 窄 十画 【部首】穴 (形声字)I/S 义 narrow

- ◇ 宽窄 kuānzhǎi　　　　*n.*　　　width

yàng 样 (樣) 十画 【部首】木 (形声字)IS 义 shape; sample; kind

- ◇ 1. 样子 yàngzi　　　　*n.*　　　shape; manner; sample
- ◇ 2. 这样 zhèyàng　　　　*pron.*　so; much; like this; this way
- ◇ 3. 样式 yàngshì　　　　*n.*　　　style; type; model

例句：Nǐ jiànguo Xiǎolì ma? Tā zhǎng shénme yàng? / 你见过小丽吗？她长什么样？/

Have you met Xiaoli before? And what dose her like?

yáng 洋 九画 【部首】氵 (形声字)SI 义 ocean; foreign

- ◇ 1. 海洋　　hǎiyáng　　　*n.*　　　seas and oceans
- ◇ 2. 太平洋 Tàipíng Yáng　*n.*　　　Pacific Ocean

yǎng 养 (養) 九画 【部首】羊 (形声字)SI 义 support; raise; form

- ◇ 1. 营养 yíngyǎng　　　*n.*　　　nutrition
- ◇ 2. 培养 péiyǎng　　　　*v.*　　　foster; train

xiáng 详 (詳) 八画 【部首】讠 (形声字)IS 义 detailed; details

- ◇ 详细 xiángxì　　　　　*a.*　　　detailed

汉字知识 （33）   Chinese Character Introduction (33)

联想法记汉字(1)
Memorizing Characters Through Association (1)

从汉字字形的结构特点来看,组成汉字的基本材料是 24 种基本笔画以及由这些笔画构成的大约 400 个独体字和 100 多个常用的偏旁部首。合体字是由偏旁部首组合而成的。我们掌握了一定数量的偏旁部首、独体字、合体字以后,就可以采用"联想法"来认识汉字、记忆汉字了。联想法生动有趣,能加速识字的进程,提高思维、想像和记忆的能力。(Structurally, Chinese characters consist of 24 basic strokes as well as about 400 single-part characters and over 100 common components or radicals. Compound characters are made up of component and radical. After we memorize a certain number of components, radicals, single-part characters and compound characters, we will be able to memorize more through association, an interesting imaginative method which enables us to remember characters in a shorter time, but keep them in mind longer.)

如何展开联想呢?中国古人最初的造字,几乎个个都有依据。如果我们能了解一些汉字的构字理据,在此基础上展开联想,那是很有益的方法。如"看"字,上边是手,下面是眼睛(目),我们用手在眼睛上遮挡阳光,以便看得远。(But how to associate? All the Chinese characters were originally made on the base of motivition, which, if known, help us a lot to make associations. For example, "看"has a hand (手) over an eye (目). Associate the act of shading the eye with hand to see afar.)

汉字绝大部分是形声字,我们要利用形旁(部首)表义、声旁表音的特点来记汉字。例如"慌"字,有人常常把右下角写成"流"字的右边。如果我们联想到"亡、忘、妄、望、忙、盲、芒、荒、谎"这些字,我们就会发现,"亡"的韵母 ang 是它们的读音共同点,这一组字都含有"亡",我们掌握了这个规律,就不会把部件"亡"错写为"云"了。(Since the majority of characters are made up of two components with one indicating idea and the other indicating sound, we can take this advantage to memorize them. For example, some people often replace the lower-left part of"慌"by the right side of "流"in mistake. If we can associate "慌" with "亡, 忘, 妄, 望, 忙, 盲, 芒, 荒, 谎"and find that they share the part "亡"and its vowel "ang", we won't make this mistake.)

几千年来由于汉字在使用过程中不断地演变发展,特别是简化字的大量出现,很多汉字已经无法从形声和音义的结合等方面利用古字的理据性来解释了。其实,不少简化字仍然包含着丰富的理据信息。我们可以通过联想的方法,来减轻识字的记忆负担。例如：(Due to the incessant alteration of Chinese characters over thousands of years, especially the fact that a large number of them have been simplified, a lot of characters are hard to be explained according to the motivition by which they were originally made. However, there are still lots of characters in which the rules can be traced. With regard to them, association is applicable to relieve the labor of memory. For example:)

"笔"——上边是竹字头，下边是毛，中国的毛笔正是由竹子和动物的毛组成的；("笔", the top is bamboo, and the bottom is fur. In China, brush is made of bamboo and animal fur;)

"尘"——灰尘正是"小土"。("尘", dust is just tiny earth.)

"灭"——这个字很形象，火上用大东西（"一"）一压，就是灭火的方法。("灭", it is just the right way to extinguish fire to cover it with something big（"一"）.)

"从"——本义就是一个人跟从另一个人，"随从、服从、听从、顺从、侍从、依从、屈从、盲从、信从"等词都是由此意生发出来的。("从", its original meaning is one person following another and it means the same in the following characters, "随从、服从、听从、顺从、侍从、依从、屈从、盲从、信从".)

"宝"——家里（宀）有"玉"，当然是宝。("宝", jade "玉" at home（宀）is surely treasure.)

"泪"——眼睛（目）里流出的水（氵）当然是眼泪。("泪", water（氵）from eyes（目）is surely tear.)

"灾"——火在家里（宀）烧起来，不得了，成了灾难了。("灾", fire burning at home（宀）causes mishap.)

"富"——一半是福，一半是灾。("富", half happiness and half disaster.)

"功"——成功＝工作＋努力（"功", success ＝ work ＋ efforts）

"忌"——心里只有自己，当然容不下别人。("忌", there is no place for others if you have yourself only in your heart.)

联想法记汉字（**2**）
Memorizing Characters Through Association (2)

习惯了字母文字的人对汉字的细微笔画不容易分辨清楚，我们可以利用联想的方法加以辨析。例如，"左右"二字容易混淆，我们可以编个顺口溜："左右要分清，左公公，爱做工；右婆婆，爱动口。"也可以这样联想："右"字下边有个口，口表示吃东西，我们用右手拿筷子、吃东西。(People accustomed to letters feel difficult to tell the difference between small strokes. Association is advised here. For example, to memorize how to write "左右", we can make a doggerel, "左右要分清，左公公,爱做工;右婆婆,爱动口。" (左 and 右 are different: 左 is a man fond of working; 右 is a woman fond of talking.) You can also apply association in this way, 右 has a 口 (mouth), and coincidently we use right hand to send food into our mouth.)

又如"游"字,容易写错,写成"氵"加上"放"字。我们要注意"游"的右下角有个"子"字,可以这样联想:小孩子,做游戏。也可以想像成:一个小孩子,戴着游泳帽在游泳。因为"子"上的一撇一横,可以想像成游泳帽。再如"安"字,是女人在屋子里,我们可以说女人在家里(宀)才安心;也可以说,家里有个女人才算安定。(Another example. "游"is likely to be written like "氵"plus"放". Attention: there is "子"in the lower-right corner. Think about kids (小孩子) like playing games (游戏). You can also imagine that a kid (子) is swimming (游泳) with a cap (the two strokes on 子 look like a cap). Look at the character "安". Associate this character with the general concept that women (女) feels safe at home (宀), or that a home won't be a real one unless there is a woman in it.)

我们可以把一个个汉字比作一个个信息箱子,箱子里既可装有传统的文化遗传信息,又可添加现代丰富的生活信息。(We may compare each character to an information box, which contains both traditional thoughts and modern beliefs and ideas.)

"买卖"——初学者容易混淆,我们要记住"卖"比"买"头上多个"十":你有东西多才能去卖。("买卖" —— their forms are confusing to beginners. Think that we can not sell if we do not have anything, and you will remember easily that "卖"has an extra"十"on the top.)

"伞"——这个简化字仍是象形字,形状正如一把打开的雨伞。("伞" —— although simplified, it retains its pictographic feature: an open umbrella.)

"体"——我们常说"身体是人(亻)的本钱",一点儿也不错。("体" ——it's absolutely right that body (身体)is the capital (本钱) of a person.)

联想法记汉字(**3**)
Memorizing Characters Through Association (3)

初学者常常喜欢利用自己的认知基础对汉字展开自由的联想,他们往往并不了解也不去考虑汉字固有的理据性,他们自己创造的解释和记忆的方法有时也很有效。我们不反对利用自由联想的方法,但要注意:我们不能把这些有趣的解说当成汉字的字源知识和构字方法,它们只是帮助我们记忆汉字的一根"拐杖"。(Beginners tend to do association based on their own knowledge because they are ignorant of and thus give no consideration of the rules underlying the characters. The free associations they create are effective sometimes and thus feasible, but they can never be regarded as the source or constructive methods of characters. They take the mere role of helping us to memorize characters, like a "stick".)

以下是一些对汉字的自由联想和趣味说解：(The following are some free associations and fanciful explanations of characters.)

"哭"——下边的"大"像是一个人的形状,上边是哭肿了的两只大眼睛,那一点表示流出的眼泪。("哭" (cry) ——"大"at the bottom looks like a person, the upper two "口" are two swollen eyes, and the dot is a drop of tear.)

"饿"——"我"需要食物(饣)。("饿" (hungry) —— I (我) need food (饣).)

"完"——家里(宀)只剩下一"元",当然是完了。("完" (over) ——there is just one dollar (元) left at home (宀), of course the money has run out.)

"南"——在中国,都说南方人有钱。这话不假,你看南方人,他们口袋里都有人民币 (￥)。("南" (south) —it is said the southerners in China are rich. It is absolutely right. Look at the RMB (￥) in their pocket.)

"介"——人在两个人或两件事物中间, 表示中介、介绍、介入。("介" (between) —one person standing between two people or two things is likely to be agent (中介), to introduce (介绍) or to intervene (介入).)

"夹"——两点被两横夹住,人又被两点夹住,动弹不得。("夹" (nip) —— two dots are nipped by two héng and one person is nipped by two dots. The person is unable to move.)

"咱"——说话(口)人"自"己包括在内。("咱" (we, including the speaker) —the person who speaks (he speaks with mouth 口) includes himself (自).)

"鲜"——鱼羊为鲜,最鲜美的食物大概是把鱼和羊放在一起烧,不妨试试。("鲜" (tasty) ——鱼 and 羊 make tasty (鲜) food. Try it yourself.)

"要"——你想"要"什么?"西"方"女"人? ("要" (want) —what do you want (要)? A western (西) woman (女)?)

"胖"——他来中国才"半"个"月"就吃胖了。("胖" (fat) —it's just half (半) of a month (月) after he arrived in China that he has become fat (胖).)

"愁"——文人"心"中常悲"秋",秋风秋雨愁煞人。("愁" (sad) —in autumn (秋), men of letters often feel sad in heart (心).)

"疑"——安子介先生有个有趣的解释:敌人来了,是用"匕"首、弓箭(矢)、长矛来对付,还是一走了之(疋,即足)?犹"疑"不能决定。("疑" (doubt, confused) —Mr. An Zijie had an amusing explanation: enemies are coming, and soldiers are confused (疑) what to do, to fight with dagger (匕), arrow (矢) or spear, or even to escape ("疋" means foot).)

dì-sānshísì kè　　wǒ dài de qián
第三十四课　　我 带 的 钱

Wǒ dài de qián bú gòu, nǐ néng jiè wǒ èrshí kuài ma?

我 带 的 钱 不 够, 你 能 借 我 二十 块 吗?

I haven't got enough money with me, could you lend me 20 kuai?

```
实 践
路 线              筷 子
深 浅      熊 猫      快 乐
```
我 带 的 钱 不 够, 你 能 借 给 我 二十 块 吗?
```
小 狗      错 误
构 成      措 施
购 买      醋
```

---

dài 带 （帶） 九画 【部首】巾 义 belt; carry; lead

◇ 1. 带路　dài lù　　　　　　　show the way; lead the way

◇ 2. 录音带　lùyīndài　　*n.*　　tape

◇ 3. 带孩子　dài háizi　　　　　take after a child

例句: Qǐng bú yào bǎ shū dàichū yuèlǎnshì qù. / 请不要把书带出阅览室去。/

Please don't bring the books out of the reading room.

---

qián 钱 （錢） 十画 【部首】钅 （形声字）IS 义 money; wealth; riches

◇ 1. 金钱　jīnqián　　*n.*　　money

◇ 2. 找钱　zhǎo qián　　　　give change

◇ 3. 换钱　huàn qián　　　　change money

◇ 4. 钱包　qiánbāo　　*n.*　　wallet; purse

例句: Jīnqián bú shì wànnéng de, dàn méiyǒu jīnqián shì wànwàn bù néng de. /

金钱不是万能的,但没有金钱是万万不能的。/

Money is not all-powerful, but without money is absolutely out of the question.

xiàn 线 （線） 八画 【部首】纟 （形声字）IS 义 thread; wire; route

◇ 1. 占线 zhàn xiàn   the line is on busy
◇ 2. 路线 lùxiàn   *n.*   route; line

jiàn 践 （踐） 十二画 【部首】足 （形声字）IS 义 trample; put into practice; carry out

◇ 1. 实践 shíjiàn   *n./v.*   practice; put into practice; keep one's words
◇ 2. 践踏 jiàntà   *v.*   tread on; trample underfoot

例 句：Bìyè qián nǐmen qù nǎr jiàoyù shíjiàn? / 毕业前你们去哪儿教育实践？/

Where are going to have educational practice before graduation?

lù 路 十三画 【部首】𧾷 （形声字）IS 义 road

◇ 1. 马路   mǎlù   *n.*   street; road
◇ 2. 路过   lùguò   *v.*   pass through
◇ 3. 十字路口 shízì lùkǒu   four-ways intersection; crossroad

例 句：Wǒ zài huí jiā de lùshang yùshangle tā. / 我在回家的路上遇上了他。/

I ran into him on the way home.

jù/gōu 句 五画 【部首】口 义 sentence

◇ 1. 句子 jùzi   *n.*   sentence
◇ 2. 句号 jùhào   *n.*   full stop; period

例 句：Hànzì yào hé cíyǔ, jùzi tóngshí xué. /

汉字要和词语、句子同时学。/

You learn characters, you should learn the words and sentences at the same time.

gòu 够 （夠） 十一画 【部首】夕 （形声字）IS 义 enough; reach; quite

◇ 1. 能够 nénggòu   *aux.*   can; be able to; be capable of
◇ 2. 足够 zúgòu   *a.*   enough; sufficient; be enough

例 句：Yì wǎn mǐfàn bú gòu chī, wǒ hái yào yí ge mántou. / 一碗米饭不够吃，我还要一个馒头。/

One bowl of rice is not enough, I still need a steamed bun.

gǒu 狗 八画 【部首】犭 （形声字）IS 义 dog

◇ 一只狗 yì zhī gǒu   a dog

gòu 构 （構） 八画 【部首】木 （形声字）IS Ⓨ construct; compose; form
- ◇ 1. 结构 jiégòu   *n.*   structure; composition; construction
- ◇ 2. 构成 gòuchéng   *v.*   constitute; form; compose

gòu 购 （購） 八画 【部首】贝 （形声字）IS Ⓨ purchase; buy
- ◇ 购买 gòumǎi   *v.*   purchase; buy

néng 能 十画 【部首】月 / 厶 Ⓨ ability; can; be able to; energy
- ◇ 1. 能干 nénggàn   *a.*   capable; competent
- ◇ 2. 能力 nénglì   *n.*   ability; capacity; skill
- ◇ 3. 能源 néngyuán   *n.*   energy resource

例句：Tā hěn nénggàn, yí ge rén néng gàn liǎng ge rén de gōngzuò. /
他很能干，一个人能干两个人的工作。/
He is so capable that he could finish the job for two persons.

xióng 熊 十四画 【部首】灬 （形声字）S/I Ⓨ bear
- ◇ 1. 一只熊 yì zhī xióng   one bear
- ◇ 2. 大熊猫 dàxióngmāo   *n.*   giant panda

cuò 措 十一画 【部首】扌 （形声字）IS Ⓨ arrange; manage; handle
- ◇ 措施 cuòshī   *n.*   measure; step

cù 醋 十五画 【部首】酉 （形声字）IS Ⓨ vinegar
- ◇ 1. 陈醋 chéncù   *n.*   mature vinegar
- ◇ 2. 吃醋 chī cù   be jealous (usu. of a rival in love)

gěi/jǐ 给 （給） 九画 【部首】纟 （形声字）IS Ⓨ give; grant; for; by
- ◇ 1. 交给 jiāogěi   *v.*   hand over
- ◇ 2. 送给 sònggěi   *v.*   to give (as a present) to
- ◇ 3. 供给 gōngjǐ   *v.*   supply

例句：Nǐ bǎ qián gěi wǒ, wǒ jiāogěi tā. / 你把钱给我，我交给他。/
Give me the money, I will hand over to him.

Hànzì Tūpò

lè/yuè 乐 （樂） 五画 【部首】丿 义 cheerful; enjoy; happy; joyful; music

◇ 1. 乐观 lèguān *a.* optimistic; hopeful

◇ 3. 快乐 kuàilè *n.* happy; cheerful; joyful

◇ 4. 音乐 yīnyuè *n.* music

例句 1： Jǐnguǎn yǒu hěn duō wèntí, dàn tā duì wèilái hěn lèguān. /
尽管有很多问题，但他对未来很乐观。/
He was still full of optimism for the future despite his many problems.

例句 2： Dà bùfen niánqīngrén dōu xǐhuan liúxíng yīnyuè. /
大部分年轻人都喜欢流行音乐。/
Most of young people like pop music.

kuài 块 （塊） 七画 【部首】土 （形声字）IS 义 piece; lump; yuan (the basic unit of money in spoken Chinese)

◇ 1. 一块钱 yí kuài qián one *kuai*

◇ 2. 一块糖 yí kuài táng a lump of sugar

◇ 3. 一块儿 yíkuàir *adv.* at the same place; together

例句： Zhè zhǒng táng yí kuài qián yí kuài. / 这种糖一块钱一块。/
The candy costs one yuan a piece.

kuài 筷 十三画 【部首】⺮ （形声字）I/S 义 chopsticks

◇ 一双筷子 yì shuāng kuàizi a pair of chopsticks

汉字知识 （34） Chinese Character Introduction (34)

巧记巧辨易错字
Tips in Memorizing and Distinguishing Similar Characters

两点水与三点水 两点水的本字作"仌"即"冰"字，因此两点水的字多与寒冷有关，如"冷、冻、凝、凉、凌、凋"，此外，"寒、冬"二字下边也是两点水的变形。但象"凑、净、决、况、凄、冲、减"等字原本也可以写成三点水，所以这些字与寒冷无关。三点水的字情况复杂，有的是河流名称，如"江、汉"；有的与水的形态有关，如"清、流、汽"；有的与用水动作有关，如"淋、游、洗"；有的与以水为原料的制品有关，如"酒、油"。由于三点水的字数量很多，我们只要记住两点水的常用字，就不会弄错了。（"冫" used to be 仌, that is "冰", hence characters with "冫" are usually related to coldness, e.g. "冷, 冻, 凝, 凉, 凌, 凋"; in addition, the two dots at the bottom of "寒, 冬"is its variant. But characters like "凑, 净, 决, 况, 凄, 冲, 减"used to have"氵", so they have nothing to do with coldness. Characters with "氵"are more complicated, some being names of river, e.g. "江, 汉", some referring to the quality or state of water, e.g. "清, 流, 汽", some to the activities related to water, e.g. "淋, 游, 洗", some to the products with water, e.g. "酒, 油". To avoid being confused by the two radicals, it is advisable to remember characters with "氵", for serves as a radical in a large number of characters.)

党字头和学字头 "党"字头上边中间一画是一竖,而学字头中间是一点。"党"字头的字很多,有个共同的特点就是它们的韵母都是 ang,如"(经)常、嫦(娥)、尝(试)、徜(徉)、(宽)敞、(政)党、(欣)赏、(高)尚、(衣)裳、趟(水)、(课)堂、(海)棠、螳(螂)、(胸)膛、倘(若)、躺(着)、(流)淌、(去一)趟、(手)掌"等,以及写法相似的"当、挡、光、晃"都是同类字。而"学"字头的常用字只有"学"和"觉",它们的韵母是 ue,所以只要记住这两个字,就能分清它们的区别了。(The top part of "党" and "学": the middle stroke of "党" is a "shù" while of "学" a "diǎn". Characters with the top part of "党" take a large number, and they share the same vowel "ang", e.g. "(经)常, 嫦(娥), 尝(试), 徜(徉), (宽)敞, (政)党, (欣)赏, (高)尚, (衣)裳, 趟(水), (课)堂, (海)棠, 螳(螂), (胸)膛, 倘(若), 躺(着), (流)淌, (去一)趟, (手)掌"as well as "当, 挡, 光, 晃". "学"and"觉" are the only two characters that share the same top part and the same vowel "ue". Therefore, just remembering "学"and"觉" will enable us to tell the difference between the two groups.)

延建廷 "廴"旁只有两画,与三画"辶"(走之)旁不同。只要记住"延、建、廷"三个字,"廴"旁的常用字就都包括在内了。例如:延(延长)、涎(涎水)、诞(诞生)、筵(筵席)、蜒(蜿蜒);建(建设)、健(健康)、腱(肌腱)、键(关键)、毽(毽子);廷(朝廷)、庭(庭院)、挺(挺住)、蜓(蜻蜓)、艇(舰艇)、霆(雷霆)、铤(铤而走险)。("廴" (two strokes) is different from "辶"(three strokes). Common characters with "廴"only include "延、建、廷", e.g. 延(延长)—涎(涎水)—诞(诞生)—筵(筵席)—蜒(蜿蜒);建(建设)—健(健康)—腱(肌腱)—键(关键)—毽(毽子);廷(朝廷)—庭(庭院)—挺(挺住)—蜓(蜻蜓)—艇(舰艇)—霆(雷霆)—铤(铤而走险).)

宝盖与秃宝盖 宝盖头的字不少跟房屋有关,如"家、安、宅、宁、室、宇、富、寝、寄、宿、寨"等;秃宝盖"冖"念 mì,常用字有"写、军、罕、冢、冠"等。下面一句话就把几个常用字都包括了:小冥罕(mínghàn)就因为写错了一个"冢(zhǒng)"字,没当上写字冠军(guànjūn),你说冤(yuān)不冤?(Many characters with "宀" are related to buildings, e.g."家, 安, 宅, 宁, 室, 宇, 富, 寝, 寄, 宿, 寨". Common characters with "冖"(mì) are "写, 军, 罕, 冢, 冠", which are used in the following single sentence, "小冥罕(mínghàn)就因为写错了一个冢(zhǒng)字,没当上写字冠军(guànjūn),你

说冤（yuān）不冤？"（What a pity it is that Little Minghan missed the championship just for misspelling "冡（zhǒng）".）

侯与候 "侯"念 hóu，中国的姓氏之一；"候"字中间有一竖，念 hòu，常用词有"等候、时候"，记住"姓侯的来的不是时候"这句话。能作偏旁的只有"侯"字，多念 hóu，如"猴、喉、篌、瘊"等。（"侯"（hóu）is one of the Chinese surnames, "候"（hòu）has a "shù"in the middle, "等候，时候" are common characters. Remember the sentence"姓侯的来的不是时候" (The man with the surname hòu comes at the wrong time.). Only"侯" can serve as radical and it is often pronounced "hóu", e.g. "猴，喉，篌，瘊"etc.）

武式代 "武士（式）不带（代）刀。""武、式、代"三个字右边都没有一撇，好像身上不带刀。"武"旁的字有"赋、鹉、斌"；"式"旁的字有"拭、试、轼、弑"；"代"旁的字有"袋、贷、岱、黛、玳"。（None of the three characters have a "pier" on the right side. Characters with"武"，"赋，鹉，斌"; with"式"，"拭，试，轼，弑"; with "代"，"袋，贷，岱，黛，玳".）

第三十五课　瓶子里

Píngzi li hái shèng yìdiǎn qìshuǐ, wǒ bǎ tā quán hē le.

瓶子里还剩 一点汽水,我把它全喝了。

I've drunk the soda water that left in the bottle.

拼命　　　　　　　爸爸
饼干　　　　　　　好吧
并且　　乘车　　　尾巴
瓶子**里**还**剩**一**点**汽水,我**把**它全**喝**了。
理解　　占有　　　口渴
厘米　商店　　　　歇会儿
　　　车站
　　　钻石

---

bìng 并 (並) 六画 【部首】八 义 and; besides; used before a negative to indicate that
things are not as one might think

◇ 1. 并且 bìngqiě　*conj.*　and; also; moreover
◇ 2. 合并 hébìng　*v.*　merge; amalgamation

píng 瓶 十画 【部首】瓦 (形声字)SI 义 bottle

◇ 1. 瓶子 píngzi　*n.*　bottle
◇ 2. 花瓶 huāpíng　*n.*　vase

例句: Tā hē le jǐ píng píjiǔ? Qǐng nǐ zìjǐ shǔshu zhuōshang de kōng píngzi. /
他喝了几瓶啤酒? 请你自己数数桌上的空瓶子。/
How many bottles of beer has he drunk? Please count the empty bottles yourself.

bǐng 饼 (餅) 九画 【部首】饣 (形声字)IS 义 a round flat cake

◇ 1. 饼干 bǐnggān　*n.*　biscuits; cracker
◇ 2. 月饼 yuèbing　*n.*　moon cake (esp. for the Mid-autumn festival)

pīn 拼　九画　【部首】扌　（形声字）IS　(义)　put together; be ready to risk one's life

(in fighting, working etc.)

◇ 1. 拼命　pīnmìng　　　　　　v./a.　with all one's might; risk one's life

◇ 2. 拼音　pīnyīn　　　　　　n.　combine sounds into syllables; Chinese pinyin

lǐ 理　十一画　【部首】王　（形声字）IS　(义)　reason; manage; put into order

◇ 1. 理想　lǐxiǎng　　　　　　n./a.　ideal

◇ 2. 理解　lǐjiě　　　　　　　v.　understand; comprehend

◇ 3. 理发　lǐ fà　　　　　　　haircut; hairdressing

◇ 4. 理由　lǐyóu　　　　　　　n.　reason; ground

例句：Wǒ de lǐxiǎng shì dāng kōngjiě, qù quán shìjiè lǚxíng. / 我的理想是当空姐，去全世界旅行。/
My ideal is to be an air hostess and travel in the world.

lí 厘　九画　【部首】厂　（形声字）S/I　(义)　centimeter; a currency unit

◇ 1. 厘米　límǐ　　　　　　　m.　centimeter

◇ 2. 厘　lí　　　　　　　　　m.　a unit of Chinese currency, equal to 0.1 fen.

mǐ 米　六画　【部首】米　(义)　rice; meter

◇ 1. 米饭　mǐfàn　　　　　　　n.　cooked rice

◇ 2. 大米　dàmǐ　　　　　　　n.　rice

◇ 3. 玉米　yùmǐ　　　　　　　n.　corn

例句：Zhōngguó nánfāngrén xǐhuan chī mǐfàn, běifāngrén xǐhuan chī miàntiáo. /
中国南方人喜欢吃米饭，北方人喜欢吃面条。/
Southerner likes rice while northerner likes noodles in China.

chéng 乘　十画　【部首】禾 / 丿　(义)　ride or sail or fly; travel (by bus, ship, plane, etc.)

◇ 1. 乘客　chéngkè　　　　　　n.　passenger

◇ 2. 乘飞机　chéng fēijī　　　　travel by plane

提示：禾（hé）+北（běi）。记住这字谜：北在禾中间。/ *Please remember this riddle about the character: north*
"北"（ běi / north) is in the middle of the grain "禾"（ hé / standing grain).

shèng 剩 十二画 【部首】刂 (形声字)SI 义 surplus; remnant; leave over

◇ 1. 剩下 shèngxià   *v./a.*   be left over; remain

◇ 2. 过剩 guòshèng   excess; surplus

例句: Bàba māma dōu chūqu le, jiāli zhǐ shèngxià tā yí ge rén le. /

爸爸妈妈都出去了,家里只剩下她一个人了。/

Since her parents is out, she has been left at home alone.

diǎn 点 (點) 九画 【部首】灬 (形声字)S/I 义 o'clock; a little; light; select; point

◇ 1. 点(钟) diǎn(zhōng)   *n.*   o'colck

◇ 2. 缺点 quēdiǎn   *n.*   shortcoming

◇ 3. 点菜 diǎn cài   order dishes

◇ 5. 标点 biāodiǎn   *n.*   punctuation

例句: Wǒmen yǐjing diǎnhǎo cài le, nǐmen jǐ diǎnzhōng néng dào? /

我们已经点好菜了,你们几点钟能到? /

We've ordered the dishes, what time can you get here?

qì 汽 七画 【部首】氵 (形声字)IS 义 vapour; steam

◇ 1. 汽车 qìchē   *n.*   automobile; the motor vehicle; car

◇ 2. 汽水 qìshuǐ   *n.*   aerated water; soft drink; soda water

◇ 3. 汽油 qìyóu   *n.*   petrol; gasoline; gas

例句: Xiànzài qīngniánrén zuì xǐhuan shénme páizi de qìchē? /

现在青年人最喜欢什么牌子的汽车? /

What brand of car do the youngsters like the most nowadays?

shāng 商 十一画 【部首】亠 / 口 义 trade; consult; discuss

◇ 1. 商量 shāngliang   *v.*   consult; talk over

◇ 2. 商场 shāngchǎng   *n.*   market; store

◇ 3. 商品 shāngpǐn   *n.*   commodity

◇ 4. 商标 shāngbiāo   *n.*   trade mark

例句: Tāmen xiǎng gēn fùmǔ shāngliang yíxià hūnlǐ de ānpái. /

他们想跟父母商量一下婚礼的安排。/

They want to advise their parents about the arrangement of their wedding ceremony.

提示: 比较一下"商(shāng)"和"商(dī)"。/ *Compare* "商(shāng)" *and* "商(dī)".

diàn 店 八画 【部首】广 （形声字)I/S 义 shop; store; inn

◇ 1. 商店 shāngdiàn   *n.*   shop; store
◇ 2. 饭店 fàndiàn   *n.*   restaurant
◇ 3. 书店 shūdiàn   *n.*   bookstore

例句：Zhèr fùjìn yǒu hěn duō jiā shāngdiàn. / 这儿附近有很多家商店。/
There are many stores around here.

zhàn 站 十画 【部首】立 （形声字)IS 义 stand; stop; station

◇ 1. 站起来 zhàn qilai   stand up
◇ 2. 火车站 huǒchēzhàn   *n.*   railway station; train station

例句：Qǐng nǐ zhàn qilai huídá wèntí. /
请你站起来回答问题。/
Please stand up to answer questions.

zuān/zuàn 钻 （鑽） 十画 【部首】钅 （形声字)IS 义 drill; get into; study intensively; diamond

◇ 1. 钻进 zuānjìn   get into; make one's way into
◇ 2. 钻石 zuànshí   *n.*   diamond

bā 巴 四画 【部首】己 / 乙 义 *suffix*

◇ 1. 下巴 xiàba   *n.*   the lower jaw; chin
◇ 2. 尾巴 wěiba   *n.*   tail
◇ 3. 巴不得 bābudé   eagerly look forward to

ba/bā 吧 七画 【部首】口 （形声字)IS 义 modal particle (used at the end of a sentence); bar; snap

◇ 1. Indicating a mild request, advice, suggestion, command, etc. Ex:
    Nǐ gàosu wǒ ba. / 你告诉我吧。/ Please tell me.
◇ 2. Indicating agreement or acknowledgment. Ex:
    Nǐ míngtiān lái ba. / 你明天来吧。/ Please come tomorrow.
    ... hǎo ba / ……好吧。/ ...all right.

Hànzì Tūpò

◇ 3. Indicating doubt or uncertainty. Ex:

Nǐ shì xuésheng ba? / 你是学生吧？ / Are you a student? (I guess you are)

◇ 4. Indicating a pause. Ex:

Wǒ ba, bù xǐhuan yóuyǒng. / 我吧，不喜欢游泳。 / As it for me, I dislike swimming.

◇ 5. 酒吧 jiǔbā   *n.*   bar

◇ 6. 网吧 wǎngbā   *n.*   Internet bar

bǎ/bà 把 八画 【部首】扌 （形声字）IS 义 grasp

◇ 1. 把   bǎ   *m.*   used for things with a handle or handful:

　　一把伞   yì bǎ sǎn   an umbrella

　　一把糖   yì bǎ táng   a handful candy

◇ 2. 把   bǎ   *prep.*   used to transpose the object in front of the verb

　　把衣服洗洗 bǎ yīfu xǐxi   wash the clothes

◇ 3. 把握   bǎwò   *v./n.*   grasp; hold; assurance

例句：Qǐng nǐ bǎ zhè ge dōngxi jiāogěi tā. / 请你把这个东西交给他。 / Please give this to him.

tā 它 五画 【部首】宀 义 it

◇ 1. 它们 tāmen   *pron.*   they (referring to things)

◇ 2. 其他（它）qítā   *pron.*   other; else

例句：Zhè shì wǒ de shǒubiǎo, wǒ hěn xǐhuan tā. / 这是我的手表，我很喜欢它。/

This is my watch, I like it very much.

quán 全 六画 【部首】人／王 义 complete; whole; entirely

◇ 1. 全部 quánbù   *n.*   all; without exception

◇ 2. 全体 quántǐ   *n.*   all; entire; whole

◇ 3. 全面 quánmiàn   *a.*   overall; comprehensive; all-round

例句：Zhèxiē dōngxi dōu bù xūyào le, quánbù názǒu ba. / 这些东西都不需要了，全部拿走吧。/

These things will not be needed anymore, please take all of them away.

bù 部 十画 【部首】阝 （形声字）SI 义 part; department; unit

◇ 1. 部分 bùfen   *n.*   part; section; portion

◇ 2. 部门 bùmén   *n.*   department; branch

例句：Dà bùfen shēngcí wǒ dōu jìzhù le. / 大部分生词我都记住了。

I've remembered most of the new words.

xiē 歇 十三画 【部首】欠 （形声字）SI ㊑ have a rest; stop; knock off

◇ 歇一会儿 xiē yíhuìr   have a rest

汉字知识（35）   Chinese Character Introduction (35)

声旁跟字义的关系

The Relationship Between the Sound Component and the Meaning of the Character

　　我们已经知道形声字可以分为两个部分：形旁和声旁。形旁也叫义符,表示这个汉字的大致的意义范围,例如"氵、忄、讠、钅"就分别与"水"、"心理活动"、"说话"、"金属"有关；声旁也叫音符,表示这个字的发音或相近的声、韵、调。那么,声旁和字义有没有关系呢？或者说,某字为什么要读某音,音和义之间有没有必然的关联呢？(As we know, idea-sound characters consist of two components: the idea component and the sound component. The idea component is also called idea symbol, indicating the general field of meaning in which the character may be involved. For example, "氵、忄、讠、钅"are related to "water, psychological activities, speaking and metal" respectively. The sound component is also called sound symbol, indicating the exact sound or the close consonant, vowel, or tone. But does the sound component have something to do with the meaning of a character? Or why does a character read like this or that?)

　　我们先来看"娶"字,"娶"是娶妻的意思,这是一个形声字,它的发音就是上边的"取"。为什么要用这个"取"来表音呢？"取"字的左边是"耳",右边的"又"古字写作 , 表示手。古代有这样的规矩,捕获了野兽或战俘时,割下左耳,带回去作为立功的证据。这是一个会意字,"取"表示"捕获、得到"的意思。显然,"娶"正是"获得女人为妻"的意思,也体现了远古"抢婚"的习俗。因此"取"在"娶"中不仅是声旁,也有表义的作用。(Look at "娶" (marry), an idea-sound character, with the same pronunciation as that of "取". But why is"取" chosen for the pronunciation? The left side of "取" is "耳" (ear), and the right "又", the ancient form being , meaning hand. In ancient times, the left ear of a beast or a person captured was cut off to show off one's victory. "取" is an associative character, meaning "capture or obtain". Obviously, "娶" is capturing a women as wife, which reflects the tradition of ancient times. Therefore, "取" is not only the sound component but indicative of meaning.)

　　宋朝的王圣美提出过"右文说",认为形声字的左边表示"类"别,右边表示字"义"。比如：戋,表示"小",小水叫"浅",小金叫"钱",小歹名"残",小贝名"贱"等等。也有等。也有人认为"青"表示美好,如好水为"清",好心意为"情",好天气为"晴",好言语为"请",好米为"精",好草为"菁"等等。(Wang Shengmei in Song Dynasty maintained that the left side of an idea-sound character shows the category, and the right side shows the meaning. For example, "戋"means "小", so a little amount of "水" (water) is "浅" (shallow), a little amount of "金" (gold) is "钱" (money), a little amount of "歹" (bad) is "残" (something left), and a little amount of "贝" (shell) is "贱" (cheap) etc. Others insisted that "青" indicates "good", so good water is "清" (clear), good feeling is "情" (affection), good weather is "晴" (sunny), good word is "请" (please), good rice is "精" (superior), and good grass is "菁"(excellency) etc.)

我们认为,的确有些声旁兼有表意的功能,如上面举的"娶"字。但如果类推到所有的同旁字就不一定可信了。例如"静"、"鹊"、"蜻"、"鲭"、"圊"、"猜"等字都有"青"旁,其中"圊"的意思是厕所,这些字都很难解释为"美好"。(It is true that some sound components may indicate meaning, like "娶", but it is not applicable to all characters with this component. "静", "鹊", "蜻", "鲭", "圊", "猜"all have "青", but they have nothing to do with "good", especially "圊" (lavatory).)

第三十六课　有话好好说
yǒu huà hǎohāo shuō

Yǒu huà hǎohāo shuō, nǐmen bié chǎo jià le.

有话好好说，你们别吵架了!

Everybody be calm down, don't quarrel.

阔气

包括

生活　　　　　拐弯劳驾

刮风　　　　另外　加上

有话好好说，你们别吵架了!

少年

抄写

一秒钟

沙子

绝妙

---

huà 话 (話) 八画 【部首】讠 (形声字)IS 义 word; saying

◇ 1. 电话 diànhuà　　　*n.*　　telephone; phone call
◇ 2. 笑话 xiàohua　　　*n./v.*　　joke; laugh at

例句: Tā méiyǒu shuō yí jù huà jiù zǒu le. / 他没有说一句话就走了。/

He has left without saying a word.

提示: 讠+舌(shé)。"讠"表示话语。舌头是说话的工具。/

A person has to manipulate his tongue (舌) in his mouth in order to give a talk (话).

guā 刮 八画 【部首】刂 (形声字)SI 义 scrape; blow

◇ 1. 刮风　guā fēng　　　　(wind) blow
◇ 2. 刮倒　guādǎo　　　　blow down
◇ 3. 刮胡子 guā húzi　　　shave the beard

例句: Hěn duō shù bèi táifēng guādǎo le /

很多树被台风刮倒了。/

Many trees have been blown down by the typhoon.

kuò 括 儿画 【部首】扌 (形声字)IS 义 include; comprise
◇ 1. 包括 bāokuò　　*v.*　　include; consist of
◇ 2. 括号 kuòhào　　*n.*　　brackets

kuò 阔 (闊) 十二画 【部首】门 (形声字)IS 义 wide; broad; rich
◇ 1. 宽阔 kuānkuò　　*a.*　　broad; wide
◇ 2. 阔气 kuòqi　　*a.*　　extravagant; lavish

lìng 另 五画 【部首】口 义 other; another; separate
◇ 另外 lìngwài　　*adv./conj.*　　in addition; moreover; besides

bié/biè 别 七画 【部首】刂 (形声字)SI 义 don't; other; distinction; difference
◇ 1. 别人 biéren　　*pron.*　　other people
◇ 2. 特别 tèbié　　*a.*　　special; unusual; specially
◇ 3. 别扭 bièniu　　*a./n.*　　awkward; difficult; difficulty
　　　　　　　　　　　　have ulterior motives; have
　　　　　　　　　　　　an another axe to grind

例句: Zuì hǎo bié wèn niánqīng nǚren de niánlíng. /
最好别问年轻女人的年龄。/
It would be better not asking a young women's age.

guǎi 拐 八画 【部首】扌 (形声字)IS 义 turn
◇ 拐弯 guǎi wān　　　　turn a corner; turn

chǎo 吵 七画 【部首】口 (形声字)IS 义 make noise; quarrel; wrangle
◇ 1. 吵架 chǎo jià　　　　quarrel; have a row
◇ 2. 吵闹 chǎonào　　*a.*　　wrangle; kick up a row; din

例句: Zhèr hěn chǎo, wǒ tīng bú jiàn nǐ shuō shénme. / 这儿很吵，我听不见你说什么。/
It's very noisy here, I can't hear you.

chāo 抄 七画 【部首】扌 (形声字)IS 义 copy; plagiarize
◇ 抄写 chāoxiě　　*v.*　　copy; transcribe

miào 妙 七画 【部首】女 (形声字)IS Ⓨ wonderful; ingenious; clever

◇ 1. 巧妙 qiǎomiào   *a.*   ingenious; clever
◇ 2. 美妙 měimiào   *a.*   splendid; wonderful

shā 沙 七画 【部首】氵 (形声字)IS Ⓨ sand

◇ 1. 沙子 shāzi   *n.*   sand
◇ 2. 沙发 shāfā   *n.*   sofa

jiā 加 五画 【部首】力 / 口 Ⓨ add; put in; make large in amount or greater in extend

◇ 1. 参加 cānjiā   *v.*   join; take part in
◇ 2. 加入 jiārù   *v.*   join; add; put in
◇ 3. 增加 zēngjiā   *v.*   increase; raise

例句：Kāfēi li zài jiā diǎnr táng. / 咖啡里再加点糖。/ Put some more sugar in the coffee.

jià 架 九画 【部首】木 (形声字)S/I Ⓨ frame; shelf; *measure word* (used for things with props or mechanism)

◇ 1. 书架 shūjià   *n.*   bookshelf
◇ 2. 一架飞机 yí jià fēijī   one plane

láo 劳 (勞) 七画 【部首】力 Ⓨ work; labor; fatigue; meritorious deed

◇ 1. 劳动 láodòng   *n./v.*   work; labour
◇ 2. 勤劳 qínláo   *a.*   hardworking;diligent; industrious
◇ 3. 功劳 gōngláo   *n.*   contribution; meritorious service

例句：Wǔyuè yī hào shì Láodòng Jié, fàng jià sān tiān. / 五月一号是劳动节,放假三天。/
May 1 is Labor Day, and we have three days off.

jià 驾 (駕) 八画 【部首】马 (形声字)S/I Ⓨ draw (a cart etc.); drive; a respectful form of address for people

◇ 1. 劳驾 láo jià   excuse me; may I trouble you
◇ 2. 驾驶 jiàshǐ   *v.*   drive; pilot; sail
◇ 3. 驾驶员 jiàshǐyuán   *n.*   driver; pilot

Hànzì Tūpò

例句：Láo jià, nín néng gàosu wǒ qù fēijīchǎng zěnme zuò chē ma? /

劳驾，您能告诉我去飞机场怎么坐车吗？/

Excuse me, could you tell me how to get the airport by bus?

汉字知识（36） Chinese Character Introduction (36)

仓颉造字
Cang Jie Invented Characters

文字是从哪儿来的？是谁发明的？中国古代流传着一个仓颉(Cāng Jié)造字的神话传说。(Where do characters come from? Who invented them? A mythical story in ancient times said it was Cang Jie who invented characters.)

据先秦时代的古书《世本》、《吕氏春秋》、《韩非子》，汉代的《史记》、《淮南子》、《说文解字》等记载，很古的时候，有一位名叫仓颉的人。他的脸长得像龙的脸一样，嘴巴很大，还生有四只眼睛，放射着神奇的光芒。他看到小鸟及走兽在地上走过留下的爪印、蹄迹，可以当作区别事物的标记，于是，就创造了一个又一个的汉字。这件事惊得老天爷把谷子像下雨一样降到地上，吓得鬼怪在夜里啼哭不止。(According to ancient books, there was a man named Cang Jie in the primitive time. He had a dragon-like face with a big mouth and four eyes radiant with magic light. When he saw footprints of birds and beasts, an idea struck him that they could be used to symbolize things. Hence, he invented one character after another. The heavenly emperor was so greatly shocked by his deed that he poured millet on the earth. Ghosts screamed and shrieked out of fear.)

《说文解字·叙》中说："黄帝之史仓颉，见鸟兽蹄之迹，知分理之刻相别异也，初造书契(qì)……"好像仓颉是得到鸟兽脚印的启示造字的。其实，文字是记录语言的符号，它只能是人民群众集体智慧创造的。把汉字的发明创造归功于仓颉一个人，当然是不正确的。再说，有没有仓颉这个人，还是一个问题。因为有的书说他是黄帝时候的史官，有的书说他比黄帝要早得多，有的书说他在伏羲氏(Fúxīshì)之前就存在了。总之，他只是一个传说中的人物。也许他是一位专门参与汉字研究、整理工作而又成绩显著(xiǎnzhù)的人。(The prelude of Character Analysis says, "Cang Jie, the official of Emperor Huangdi in charge of history recording, started to invent characters when he struck by the footprints of animals, came to the idea that they could be adapted and applied to stand for different things." It seems that Cang Jie started to invent characters through imitating the footprints of animals. Actually, as language symbols, characters could be invented by none but by the concerted efforts of people. It is definitely wrong to attribute the invention to Cang Jie himself. Further more, it is still a question whether there lived such a person named Cang Jie, for besides the statement that he was an official in the time of Huangdi, some books claimed that he lived much earlier than him, and some insisted that he preceded Fuxishi. Anyway, he is just a legendary figure, or perhaps an expert in character collection and research.)

dì-sānshíqī kè   máfan nǐ

第三十七课　麻烦 你

Máfan nǐ, bāng wǒmen quánjiā zhào yì zhāng xiàng.

麻烦你，帮 我们 全家 照一 张 相。

Excuse me, please help us take a picture.

```
            介 绍
            超 过
            招 手
嘛          召 开      想 法
麻 烦 你, 帮 我 们 全 家 照 一 张 相。
            出 嫁      长 度
            涨 价
```

má 麻 十一画 【部首】麻 (义) have pins and needles; anesthesia

◇ 1. 麻烦 máfan   v./a.   troublesome; inconvenient; put sb. to trouble

◇ 2. 麻醉 mázuì   v.   anesthesia; anesthetize

例句: Máfan nǐ chūqu de shíhou bǎ mén guānshàng. / 麻烦你出去的时候把门关上。/
Would you please close the door when you go out.

ma 嘛 十四画 【部首】口 (形声字)IS (义) *a modal particle*

◇ 1. Indicating sth. is obvious or reasonable. Ex:

Zhè jiàn shì tā zhīdao ma. / 这件事他知道嘛。/ He's well aware of it.

◇ 2. Indicating expectation, dissuasion etc. Ex:

Jìrán nǐ máng, jiù bié qù ma. / 既然你忙，就别去嘛。/ Since you're busy, don't go then.

◇ 3. Indicating a pause.

Zhè ge ma, hěn jiǎndān. / 这个嘛，很简单。/ As for this, it's really quite simple.

fán 烦 (煩) 十画 【部首】火 / 页 (义) be vexed; trouble

◇ 1. 烦人 fánrén   a.   annoying; vexing; troubling

◇ 2. 烦闷 fánmèn   a.   be unhappy; be worried

◇ 3. 烦恼 fánnǎo   *n./a.*   be vexed; be worried

例句: Lǎoshī ràng wǒmen bǎ měi ge Hànzi chāoxiě wǔshí biàn, zhēn fánrén! /

老师让我们把每个汉字抄写五十遍,真烦人! /

The teacher demanded us to copy every Chinese characters 50 times. How vexing!

bāng 帮 (幫) 九画 ,【部首】巾 (形声字)S/I Ⓧ help; assist; group; bunch (of people)

◇ 1. 帮助 bāngzhù   *v./n.*   help; assist; assistance

◇ 2. 帮忙 bāng máng   help; give a hand; lend a hand; do a favor

例句: Nǐ néng bāngzhù wǒ xuéxí Hànyǔ ma? / 你能帮助我学习汉语吗?

Can you help me with my Chinese?

jià 稼 十五画 【部首】禾 (形声字)IS Ⓧ sow; cereals; crops

◇ 1. 庄稼 zhuāngjia   *n.*   crops; standing grain

◇ 2. 稼穑 jiàsè   *v.*   grow and gather in the crops

jià 嫁 十三画 【部首】女 (形声字)IS Ⓧ (of a woman) marry

◇ 1. 出嫁 chū jià   (of a women) marry

◇ 2. 陪嫁 péijià   *n.*   dowry

zhào 召 五画 【部首】刀 / 口 (形声字)S/I Ⓧ convene; summon; call together

◇ 1. 召开 zhàokāi   *v.*   convene

◇ 2. 号召 hàozhào   *v./n.*   call; appeal

zhāo 招 八画 【部首】扌 (形声字)IS Ⓧ summon by gesture; beckon

◇ 1. 招呼 zhāohu   *v.*   call; greet; say hello to

◇ 2. 招手 zhāo shǒu   beckon; wave

chāo 超 十二画 【部首】走 (形声字)IS Ⓧ exceed; surpass; super

◇ 1. 超过 chāoguò   *v.*   outstrip; surpass; exceed

◇ 2. 超级市场 chāojíshìchǎng   *n.*   supper market

shào 绍 (绍) 八画 【部首】纟 (形声字)IS 义 carry on; continue; inherit

◇ 介绍 jièshào　　　　　*v.*　　　　　introduce; recommend; let know

例 句 : Wǒ lái jièshào yíxià wǒ zìjǐ. /

我来介绍一下我自己 /

Let me introduce myself.

zhào 照 十三画 【部首】灬 (形声字)S/I 义 take a picture; look after; picture; contrast

◇ 1. 照顾　zhàogù　　　　*v.*　　　　look after; care for; give consideration to

◇ 2. 照片　zhàopiàn　　　　*n.*　　　　photo

◇ 3. 护照　hùzhào　　　　*n.*　　　　passport

◇ 4. 照镜子　zhào jìngzi　　　　　　look in the mirror

例 句 : Méiyǒu zhàoxiàngjī zěnme zhàoxiàng ne? /

没有照相机怎么照相呢？ /

How to take a picture without a camera?

提 示 : 在"照"字中，"昭"(zhāo)是声旁；在"昭"字中，"召"(zhào)是声旁；在"召"字中，"刀"(dāo)是声旁。/

"昭" *is a phonetic compound in the character* "照"; *while* "召" *is a phonetic compound in the character* "昭"; *and* "刀" *is a phonetic compound in the character* "召".

zhāng 张 (張) 七画 【部首】弓 (形声字)IS 义 open; *measure word* (for paper, pictures, tables, beds, mouths, etc)

◇ 1. 一张床　yì zhāng chuáng　　　　a bed

◇ 2. 紧张　jǐnzhāng　　　　*a.*　　　　nervous; tense; intense

◇ 3. 主张　zhǔzhāng　　　　*v./n.*　　　　advocate; maintain; view

例 句 : Fángjiān li yǒu liǎng zhāng chuáng. / 房间里有两张床。/

There are two beds in the room.

提 示 : 弓(gōng)+长。姓张的人介绍自己时往往说"我姓张，弓长张"。/

"张" *can be separated for* "弓(gōng)" *and* "长"(cháng) . *People surnamed* "张" *often introduce his surname by saying* "My family name is Zhang, the character is composed of gōng (弓) and cháng (长)".

zhǎng 涨 (漲) 十画 【部首】氵 (形声字)IS 义 (of water, price, etc) rise; go up

◇ 1. 上涨　shàngzhǎng　　　　*v.*　　　　(of water, price, etc) rise; go up

◇ 2. 涨价　zhǎng jià　　　　　　　rise in price

fǎ 法 八画 【部首】氵 (形声字)IS  义 law; method; way; France; French

◇ 1. 法律　　fǎlǜ　　*n.*　　law
◇ 2. 办法　　bànfǎ　　*n.*　　way; means; measure
◇ 3. 想法　　xiǎngfa　　*n.*　　idea; opinion
◇ 4. 法语(文) Fǎyǔ(wén)　*n.*　　French (language)

例句：Tā de érzi zhèngzài dàxué xué fǎlǜ. / 她的儿子正在大学学法律。/
Her son's studying law at university.

汉字知识（37）　　Chinese Character Introduction (37)

甲骨文
Jiaguwen (Shell-bone Inscriptions)

　　甲骨文是目前我们所知中国最古老的汉字。甲骨文形成于 3000 多年前的商代，由于这些文字是用刀刻在龟甲(guījiǎ)或兽骨上的，所以称为甲骨文。我们现在使用的汉字就是从甲骨文演变而来的。(As far as we know, Jiaguwen characters, which were invented in Shang Dynasty over 3,000 years ago, are the earliest Chinese characters. They got their name from the fact that they were carved on tortoise shells or animal bones. The Chinese characters we are using now derived from jiaguwen.)

　　甲骨文的发现是在 1899 年。据说,北京的金石学家王懿荣(Yìróng)生病买来中药"龙骨",所谓"龙骨",是古代的动物化石。他发现龙骨上刻着一种从未见过的、歪歪扭扭的文字。他不仅买下了药店里全部有字的龙骨,还追查到龙骨的来源是在河南安阳小屯村。原来,那里正是殷(Yīn)商王朝首都的遗址,通称殷墟(Yīnxū)。(Jiaguwen were found in 1899. It is said that Wang Yirong, the epigraphist in Beijing, bought the Chinese medicine called "dragon bone", a kind of ancient animal fossil, and found some strange characters engraved on the bones that he had never seen before. He bought all the bones with characters in the drugstore, and then managed to trace them to a village called Xiaotun, Anyang, Henan province, the site of the capital of Yin and Shang Dynasty.)

　　目前已发现的甲骨文绝大多数是商朝的文字,也有少量西周甲骨文。文字的内容多是占卜(zhānbǔ)的记录,一百年来已出土的甲骨约有 20 万片,全部单字有 4500 个左右。其中已认识的有 1000 多字,尚未认识的字多是人名、地名、族名等。(Most of the jiaguwen characters found so far were carved in Shang dynasty, and a small number in Xizhou dynasty. The content is mostly divination. About 200 thousand pieces of shells and bones have been found in the recent 100 years, with

Hànzì Tūpò

4,500 characters, of which 1,000 have been identified, while others unidentified were mostly names of people, places or tribes.)

甲骨文是用刀刻在坚硬的龟甲和牛的肩胛骨上,所以字形是细瘦的线条,拐弯多是方笔,写法也没有定型,一个字的异体很多。字的大小也不统一,笔画多的字就大,笔画少的就小。许多字可以正写、反写,繁简不一。因此,准确地辨识甲骨文是相当困难的。(Carved with knives on shell and bone, the characters look long and thin, the corner being square instead of round. Because they were not yet standardized, characters might have a few variants each. The sizes of the characters are not the same, those with more strokes usually bigger than those with fewer strokes. For many characters, the components can change positions. Therefore, it is very difficult to identify them.)

第三十八课 去 市 场
dì-sānshíbā kè　　　qù　　shìchǎng

Qù shìchǎng mǎi dōngxi yào tǎojià-huánjià.
去 市场 买 东西 要 讨价 还价。
It's necessary to bargain in the free market.

烫手
汤
表扬
却 心肠　冷冻　腰
去市场 买 东西要 讨价还价。
柿子 卖　　　介绍
读书　　台阶
继续　　世界

què 却（卻）七画【部首】卩（形声字）SI 义 step back; but; however
- ◇ 1. 却　què　　　　　*adv.*　(used after the subject) but; however
- ◇ 2. 退却　tuìquè　　　*v.*　retreat; withdraw

shì 市 五画【部首】亠 / 巾 义 city; market
- ◇ 1. 城市　chéngshì　　*n.*　city; town
- ◇ 2. 市场　shìchǎng　　*n.*　market
- ◇ 3. 市中心　shì zhōngxīn　　the heart of the city

例句：Shànghǎi shì Zhōngguó zuì dà de chéngshì. / 上海是中国最大的城市。/
Shanghai is the largest city of China.

shì 柿 九画【部首】木（形声字）IS 义 persimmon
- ◇ 1. 柿子　shìzi　　　*n.*　persimmon
- ◇ 2. 西红柿　xīhóngshì　*n.*　tomato

chǎng **场** (場) 六画 【部首】土 (形声字)IS ⊗ a place where people gather together; scene (used for games or recreational activities, e.g. ball game, a performance)

◇ 1. 飞机场　fēijīchǎng　　　　*n.*　　airport
◇ 2. 足球场　zúqiúchǎng　　　　*n.*　　football field or ground
◇ 3. 停车场　tíngchēchǎng　　　*n.*　　parking lot; car park
◇ 4. 一场比赛　yì chǎng bǐsài　　　　a match

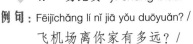

例句: Fēijīchǎng lí nǐ jiā yǒu duōyuǎn? /
飞机场离你家有多远? /
How far is it from your home to the airport?

yáng **肠** (腸) 七画 【部首】月 (形声字)IS ⊗ intestines

◇ 1. 香肠　xiāngcháng　　　　*n.*　　sausage
◇ 2. 肠子　chángzi　　　　　　*n.*　　intestines

yáng **扬** (揚) 六画 【部首】扌 (形声字)IS ⊗ raise high; spread

◇ 1. 表扬　biǎoyáng　　　　　*v.*　　praise; commend
◇ 2. 赞扬　zànyáng　　　　　　*v.*　　speak highly of; praise

例句: Wǒmen yīnggāi biǎoyáng hǎorén-hǎoshì. / 我们应该表扬好人好事。/
We should commend good people and good deeds.

tāng **汤** (湯) 六画 【部首】氵 (形声字)IS ⊗ soup; broth

◇ 1. 菜汤　càitāng　　　　　　*n.*　　vegetable soup
◇ 2. 鸡汤　jītāng　　　　　　　*n.*　　chicken soup
◇ 3. 汤圆　tāngyuán　　　　　*n.*　　stuffed dumpling made of glutinous rice flour serving with soup.

例句: Tā yìbiān chī fàn yìbiān hē tāng. / 他一边吃饭一边喝汤。/
While he was eating, while he was drinking the soup.

tàng **烫** (燙) 十画 【部首】火 (形声字)S/I ⊗ scald; boiling hot

◇ 1. 烫手　tàngshǒu　　　　　*a.*　　burn (scald) the hand; very hot
◇ 2. 烫发　tàngfà　　　　　　　　　　have a permanent wave; perm

shū **书** （書）四画 【部首】乙 / 丨 **义** book; write

◇ 1. 书包 shūbāo　　　*n.*　　　schoolbag
◇ 2. 书法 shūfǎ　　　*n.*　　　calligraphy
◇ 3. 书架 shūjià　　　*n.*　　　bookshelf

例句：Hànzì shūfǎ shì yì zhǒng yìshù. /
汉字书法是一种艺术。/
The Chinese calligraphy is a type of art.

jì **继** （繼）十画 【部首】纟 （形声字）IS **义** continue; follow

◇ 1. 继续 jìxù　　　*v.*　　　continue; go on
◇ 2. 继承 jìchéng　　　*v.*　　　inherit; succeed

例句：Wǔfàn yǐhòu huìyì jìxù jìnxíng. / 午饭以后会议继续进行。/
The meeting continued after a break for lunch.

xù **续** （續）十一画 【部首】纟 （形声字）IS **义** continue; continuous; supply more

◇ 1. 手续 shǒuxù　　　*n.*　　　procedures; formalities
◇ 2. 连续 liánxù　　　*adv.*　　　be continuous; be succession

例句：Qù wàiguó zhīqián yào bàn yìxiē shǒuxù. / 去外国之前要办一些手续。/
There are a few formalities to be gone through before you enter a foreign country.

xī **牺** （犧）十画 【部首】牛 （形声字）IS **义** a domestic animal of a uniform color for
　　　　　　　　　　　　　　　　　　　　　　　　　　sacrifice

◇ 1. 牺牲 xīshēng　　　*v.*　　　sacrifice oneself; sacrifice; do sth. at the expense of
◇ 2. 牺牲品 xīshēngpǐn　　　*n.*　　　victim; prey

yāo **腰** 十三画 【部首】月 （形声字）IS **义** waist; middle

◇ 腰痛 yāo tòng　　　　　　　lumbago

tǎo **讨** （討）五画 【部首】讠 **义** discuss; demand; incur

◇ 1. 讨论 tǎolùn　　　*v./n.*　　　discuss; talk over; discussion
◇ 2. 讨厌 tǎoyàn　　　*a./v.*　　　disagreeable; hard to handle; dislike
◇ 3. 讨价还价 tǎojià-huánjià　　　　　　bargain; haggle

Hànzì Tūpò

例句：Zhè ge wèntí wǒmen hái kěyǐ tǎolùn tǎolùn. / 这个问题我们还可以讨论讨论。/
We can have further discussion on this problem.

jià 价（價）六画 【部首】亻（形声字）IS 义 price; value

◇ 1. 价钱 jiàqian　　n.　　price
◇ 2. 价值 jiàzhí　　n.　　value; cost; worth

jiē 阶（階）六画 【部首】阝（形声字）IS 义 steps; stairs; rank

◇ 1. 台阶 táijiē　　n.　　a flight of steps
◇ 2. 阶段 jiēduàn　　n.　　stage; phase; period

jiè 界 九画 【部首】田 （形声字）I/S 义 boundary; world

◇ 1. 世界 shìjiè　　n.　　world; earth
◇ 2. 边界 biānjiè　　n.　　boundary; border
◇ 3. 自然界 zìránjiè　　n.　　natural word

例句：Quán shìjiè dōu zhīdao zhè jiàn shì. / 全世界都知道这件事。/
The whole world knows about it.

提示：田+介。上边"田"表示田界，土地范围；下边介(jiè)是声旁。/ *The "田" at the top of the character is rice paddy, which indicates the boundary of the paddy. The "介" (jiè) at the bottom is a phonetic component.*

汉字知识（38）　　Chinese Character Introduction (38)

金文
Jinwen (bronze characters)

　　早在四千年前的夏代中国人就掌握了青铜冶炼(yěliàn)铸造(zhùzào)技术。到了商代，这些技术已非常成熟和完善。由于商朝出土了大量的青铜器，历史学家甚至把商朝称为"青铜时代"。(The technology of bronze smelting and casting has been applied in Xia dynasty as early as 4,000 years ago, and it became more developed in Shang dynasty. Historians call Shang dynasty "Bronze age", for a large quantity of bronze wares unearthed were made at that time.)

　　商代的青铜器非常精美，除了装饰性的花纹外，有的上面还有文字。到了商代末期，用甲骨文体在青铜器上刻写铭文的做法多起来，后来又发展为在青铜器上

第三十八课

浇铸(jiāozhù)文字。商代铜器铭文的字数还不多,最长的一件上也只有 42 字。到了西周时期,铭文越来越长,如西周晚期的"毛公鼎(dǐng)",铸有 500 字。周王和诸侯们常常把有关祭祀(jìsì)、战争功勋(gōngxūn)、赏赐(shǎngcì)任命、盟誓(méngshì)契约(qìyuē)等文字铸在青铜器上,作为长久保存的文件和纪念品。青铜器铸文以钟、鼎为常见,后世就把青铜器上的文字称为"钟鼎文"。由于铜在秦以前被称为"金"或"吉金",于是现在一般都把铜器铭文称为"金文"。(Besides flower patterns, there are characters on exquisitely-made bronze ware in Shang dynasty. At the end of the same dynasty, more ways were applied in carving inscriptions on bronze-ware and later characters started to be cast. Anyhow, characters on one object only account for a small number, the longest inscription having 42 characters. Inscription became increasingly long in West Zhou dynasty, for example, the inscription on the "Maogong pot" made at the end of West Zhou dynasty account for 500 characters. The king and dukes of Zhou dynasty usually had the verses about fete, victory, awarding, and alliance etc cast on the ware to be preserved as files or keepsakes. The ware on which inscriptions were cast are usually bells or pots, hence characters on them are called "bell-pot characters".)

金文是由甲骨文直接继承发展而来的。商末周初的金文与甲骨文的字体很近似。后来由于改为浇铸,原来直线的折笔被弯曲圆转的线条所代替,笔道也比较粗肥丰满。西周后期的金文,笔道变细,平直均匀,优美规整。(The social development led to the emergence of some new characters. Statistics show that there are up to 4,000 characters in Zhou dynasty, of which half remained unidentified.)

由于社会进步,词汇不断丰富,金文钟陆续出现了一些甲骨文里没有的字。据统计,周代金文总共约有 4000 多个不同的字,其中有一半的字现在还不能认识。(Jinwen developed directly from jiaguwen, which accounts for the similarity in shape between them in transitional period from Shang dynasty to Zhou dynasty. Later, the replacement of carving by casting enabled strokes to appear smooth, thick and round. In the later years of Westzhou dynasty, characters turned delicate and orderly with thinner strokes.)

第三十九课 这篇课文

Zhè piān kèwén bù nán, dànshì wǒ bú huì fēnxī.

这篇课文不难，但是我不会分析。

I can't analyze the text although it's not difficult.

编 造	盼 望
遍 地	粉 笔
偏 偏	纷 纷
扁 担	吩 咐

这 **篇** **课** 文 不 难，**但** 是 我 不 会 **分** 析。

苹 果	担 子
一 棵	胆 量

---

biǎn 扁 九画 【部首】户 (义) flat

◇ 1. 扁担 biǎndan   *n.*   carrying pole; shoulder-pole

◇ 2. 扁平 biǎnpíng   *a.*   flat; flatten

---

piān 篇 十五画 【部首】⺮ (形声字)I/S (义) piece; sheet; a piece of writing

◇ 1. 一篇课文 yì piān kèwén   a text

◇ 2. 篇幅 piānfú   *n.*   length (of a piece of writing)

◇ 3. 短篇 duǎnpiān   *n.*   short (article, etc)

例句: Zhè piān kèwén shì yí ge duǎnpiān xiǎoshuō, hěn yǒuyìsi. /

这篇课文是一个短篇小说，很有意思。/

This text is a short story, and it's very interesting.

提示: ⺮ + 扁。"扁"是声旁。在纸发明以前人们把文章写在竹(⺮)片、木片上。/

"扁" in this character is a phonetic compound. People wrote on bamboo or wooden pieces before the invention of paper.

---

piān 偏 十一画 【部首】亻 (形声字)IS (义) partial; prejudiced

◇ 1. 偏见 piānjiàn   *n.*   prejudice; bias; partial opinion

◇ 2. 偏偏 piānpiān　　　　　*adv.*　　expressing deliberation against objective requirement or condition; expressing the idea that the fact is contrary to what has been expected or hope for; denoting range, scale, etc.

biàn 十二画 【部首】辶 （形声字）IS Ⓨ *measure word* (denoting the total course of an action from beginning to end); all over; everywhere; spread

◇ 普遍 pǔbiàn　　　　　*a.*　　universal; general; common

例句： Duìbuqǐ, wǒ méi tīng qīngchu, qǐng nǐ zài shuō yí biàn. /
对不起,我没听清楚,请你再说一遍。/
I'm sorry, but I didn't catch with you, would you like say it again?

biān 编 （編） 十二画 【部首】纟 （形声字）IS Ⓨ weave; make up; edit

◇ 1. 编故事 biān gùshi　　　　　make up a story
◇ 2. 编辑　 biānjí　　　*v./n.*　　editor; compiler

guǒ 果 八画 【部首】木 / 丨 Ⓨ fruit ; out-come; as mentioned or expected

◇ 1. 水果　shuǐguǒ　　　*n.*　　fruit
◇ 2. 苹果　píngguǒ　　　*n.*　　apple
◇ 3. 如果　rúguǒ　　　*conj.*　　if; in case; supposing that

例句： Rèdài guójiā yǒu hěn duō zhǒng shuǐguǒ. / 热带国家有很多种水果。/
There are many kinds of fruits in a tropical country.

kè 课 （課） 十画 【部首】讠 （形声字）IS Ⓨ (of teaching) class; (of teaching) subject; an administrative unit of a school, faculty, etc; (*measure word*) lesson

◇ 1. 上课　shàng kè　　　　　attend class; give a class
◇ 2. 课程　kènchéng　　　*n.*　　course; subject; curriculum

例句： Wǒmen měi ge xīngqī shàng sì jié Hànyǔ kè. / 我们每个星期上四节汉语课。/
We have four Chinese classes every week.

kē 棵 十二画 【部首】木 （形声字）IS Ⓨ *measure word* (used for trees, cabbages, etc.)

◇ 一棵树　yì kē shù　　　　　a tree

例句: Nǐ kàn, nàr yǒu yì kē hěn dà de Shèngdàn shù. / 你看,那儿有一棵很大的圣诞树。/

Look, there is a large Christmas tree over there.

nán/nàn 难 (難) 十画 【部首】又 / 隹 (形声字)IS Ⓧ difficult; bad; unpleasant

◇ 1. 困难 kùnnan　　*n./a.*　　difficult; difficulty

◇ 2. 难过 nánguò　　*v./a.*　　feel sorry; feel sad

◇ 3. 灾难 zāinàn　　*n.*　　calamity; disaster; catastrophe

例句 1: Nǐ zài Hànyǔ xuéxí fāngmiàn zuì dà de kùnnan shì shénme? /

你在汉语学习方面最大的困难是什么？/

What is the main difficulty in your Chinese learning?

例句 2: Zhànzhēng shì zuì kěpà de zāinàn. / 战争是最可怕的灾难。/

War is the most frightful calamity.

dàn 但 七画 【部首】亻 (形声字)IS Ⓧ but; nevertheless; only; merely

◇ 1. 但是 dànshì　　*conj.*　　but; yet; still; nevertheless

◇ 2. 不但 búdàn　　*conj.*　　not only

例句: Tā suīrán hěn lèi, dànshì hěn gāoxìng. / 他虽然很累,但是很高兴。/

Although he was very tired, he was very happy.

dān/dàn 担 (擔) 八画 【部首】扌 (形声字)IS Ⓧ carry on a shoulder pole; take on; undertake

◇ 1. 担心 dānxīn　　*v./a.*　　worry; feel anxious

◇ 2. 重担 zhòngdàn　　*n.*　　heavy burden; difficult task

dǎn 胆 (膽) 九画 【部首】月 (形声字)IS Ⓧ courage; guts

◇ 大胆 dàdǎn　　*a.*　　bold; daring

fēn 吩 七画 【部首】口 (形声字)IS

◇ 吩咐 fēnfù　　*v.*　　tell; instruct

fēn 纷 (紛) 七画 【部首】纟 (形声字)IS Ⓧ many and various; numerous; disorderly; confused

◇ 纷纷 fēnfēn　　*a.*　　one after another; in succession; numerous and confused pàn **盼** 九画 【部首】目 (形声字)IS (义) look forward to; long for

- 盼望 pàngwàng *v.* look forward to; long for

wàng **望** 十一画 【部首】月 / 王 (形声字)SI (义) gaze into the distance; hope

- 1. 希望 xīwàng *v./n.* wish; hope
- 2. 看望 kànwàng *v.* call on; visit
- 3. 失望 shīwàng *v./a.* be disappointed
- 4. 愿望 yuànwàng *n.* wish

例句: Qīngshàonián shì wǒmen de wèilái, shì guójiā de xīwàng. /
青少年是我们的未来,是国家的希望。/
The youngsters are our future and the hope of our country.

xī **析** 八画 【部首】木 (义) analyze; dissect; divide

- 1. 分析 fēnxī *v./n.* analyze
- 2. 辨析 biànxī *v.* differentiae and analyze; discriminate

例句: Wǒmen zhèngzài fēnxī shībài de yuányīn. / 我们正在分析失败的原因。/
We are analyzing the cause of our defeat.

汉字知识(39) Chinese Character Introduction (39)

篆书
Zhuanshu (Seal Characters)

篆(zhuàn)书一般分为大篆和小篆两种。大篆主要指春秋战国时代秦国的文字,一般以籀(zhòu)文和石鼓文为典型代表。(Zhuanshu contains of dazhuan and xiaozhuan in style. The former refers to characters used by Qin state in the Spring and Autumn period (770—476 B.C) and Warring states period (475—221 B.C). Zhouwen and Shiguwen are characteristic of zhuanshu.)

籀文是在金文的基础上发展而来的。传说周宣王(827—781 BC)的太史籀曾经编过一部教儿童认字的课本,称为《史籀篇》,其中的文字被后世称为籀文,也叫作大篆。此外,唐朝时在宝鸡发现了十个像大鼓一样的圆形石头,人们叫它石鼓。石鼓上刻着歌颂秦(Qín)王游猎(yóuliè)的诗句,是战国初年的遗物。石鼓文与籀文很相近, 同属于大篆体系。大篆比金文笔画均匀, 字形整齐。(Zhouwen were developed on the base of jinwen. It was said that Xuanwang, a king in Zhou dynasty, had one of his officials named Zhou compile a character textbook for children entitled Book by Zhou, and the characters in it are called Zhouwen, or Dazhuan. Besides, a big drum-like round stone, legacy from the early years of Warring states periods, was unearthed in Baoji in Tang dynasty, which is called stone drum, on which were carved the poems extolling the hunting of Qin King. Characters on it were called Shiguwen (stone-drum characters). Both Shiguwen and Zhouwen belong to Dazhuan, which, compared to jinwen, have more even strokes and more orderly layout.)

战国时期,存在着齐、楚、燕(Yān)、韩(Hán)、赵、魏(Wèi)、秦等七个大国,公元前221年秦始皇消灭了六国,建立了统一的秦帝国。(In Warring states period, there were seven states, namely Qi, Chu, Yan, Han, Zhao, Wei, and Qin. In 221 B.C Qin Shihuang defeated the other six states and set up the Qin Empire.)

丞相(chéngxiàng)李斯等人以原来秦国的文字为范本,参照各国文字定出规范字体,称为小篆,从而统一了全国的文字。小篆是在大篆的基础上整理、简化而成的,笔画比大篆减少了,象形的程度也继续降低,字体更加符号化。小篆把许多异体字删(shān)去了,字的偏旁部首也比较固定下来。这些变化推动了中国文字的定型和发展。(Li Si, the prime minister, led a team and worked out a standard style of characters called Xiaozhuan, which was based on the style applied by Qin state and other states before. Up to then, the characters had become standardized all over the country. Compared to Dazhuan, characters had fewer strokes, were less pictographic but more symbolic. Many variants were cancelled and the components and radicals are comparatively fixed. This change contributed a lot to the development of characters.)

小篆常常用在官印和图章上,因此也称为印章文字,是一种优美的书法字体。(Xiaozhuan is often applied on seals or stamps, hence it is also called seal characters, a style of elegant calligraphy.)

第四十课 　毕业 以后
bìyè　yǐhòu

Bìyè　yǐhòu,　wǒ qù Běijīng, Xī'ān, Guǎngzhōu cānguān yóulǎn.

毕业以后，我去北京、西安、广州　参观 游览。

I'm going to visit Beijing, Xi'an and Guangzhou after graduation.

批 准　　　　　　　　案 件

比 赛　　　　后 背　　　　按 照 亚 洲　　　现 在

毕 业 以 后，我 去 北 京、西 安、　广 州 参 观 游 览。

相 似　　　　吃 惊　　　　矿 石

景 色　　　　扩 大

电 影

---

bì **毕** (畢) 六画 【部首】十 / 比 (形声字)S/I Ⓨ finish; accomplish

◇ 1. 毕业 bìyè　　　　v./n.　　graduate; finish school; graduation

◇ 2. 完毕 wánbì　　　　v.　　　finish; over; complete; end

---

pī **批** 七画 【部首】扌 (形声字)IS Ⓨ criticize; wholesale; *measure word* (batch, lot, group)

◇ 1. 批评 pīpíng　　　　v./n.　　criticize

◇ 2. 批发 pīfā　　　　　v.　　　wholesale

◇ 3. 批准 pīzhǔn　　　　v.　　　ratify; approve; sanction

例句：Tā shàng kè láiwǎn le, lǎoshī pīpíngle tā. / 他上课来晚了，老师批评了他。/

The teacher criticized him for coming late.

---

sài **赛** 十四画 【部首】宀 / 贝 (形声字)S/I Ⓨ contest; game; match

◇ 1. 比赛 bǐsài　　　　n./v.　　contest; match; competetion

◇ 2. 决赛 juésài　　　　n.　　　finals

例句：Lánqiú bǐsài mǎshàng jiù yào kāishǐ le. / 篮球比赛马上就要开始了。/

The basketball match will begin soon.

yè 业 (業) 五画 【部首】业 义 line of business; occupation; course of study

◇ 1. 职业　zhíyè　　　　n.　　　occupation
◇ 3. 失业　shī yè　　　　　　　be out of a job; be unemployed
◇ 4. 工农业　gōngnóngyè　n.　　industry and agriculture

例句：Nǐ zuì xǐhuan de zhíyè shì shénme? / 你最喜欢的职业是什么？/
What's your favorite occupation?

yǐ 以 四画 【部首】人 义 denoting a time, location, direction or number limit; take; in order to

◇ 1. 以为　yǐwéi　　　v.　　　think; believe; consider
◇ 2. 以前　yǐqián　　　n.　　　before; ago
◇ 3. 所以　suǒyǐ　　　conj.　so; therefore; as a result

例句：Nǐ zài jiā, wǒ hái yǐwéi nǐ chūqu le. / 你在家，我还以为你出去了。/
You are at home, but I thought you were out.

sì/shì 六画 【部首】亻 (形声字)IS 义 similar; like; seem

◇ 1. 似乎　sìhū　　　adv.　it seems; as if; seemingly
◇ 2. …似的 ... sìde　　　　like

bēi/bèi 背 九画 【部首】月 (形声字)S/I 义 carry on the back; the back of the body

◇ 1. 背包　bēibāo　　n.　knapsack; rucksack; infantry pack
◇ 2. 背诵　bèisòng　　v.　recite

jīng 京 八画 【部首】亠 (形声字)P 义 the capital of a country; Beijing

◇ 1. 北京　Běijīng　　n.　Beijing
◇ 2. 京剧　jīngjù　　　n.　Beijing opera

jīng 惊 (驚) 十一画 【部首】忄 (形声字)IS 义 start; be frightened; surprise

◇ 1. 吃惊　chījīng　　v./a.　be startled; be socked; be amazed
◇ 2. 惊喜　jīngxǐ　　　a.　　pleasantly surprised

Hànzì Tūpò

jǐng 景 十二画 【部首】日 (形声字)IS Ⓨ scenery; situation; condition

◇ 1. 风景 fēngjǐng   *n.*   scenery; landscape
◇ 2. 背景 bèijǐng   *n.*   background; backdrop

sè 色 六画 【部首】刀 / 己 / 丿 Ⓨ color; expression; scene; woman's look

◇ 1. 颜色 yánsè   *n.*   color
◇ 2. 彩色 cǎisè   *n.*   multicolor
◇ 3. 景色 jǐngsè   *n.*   scenery; view; scene

例句: Nǐ zuì xǐhuan de yánsè shì shénme? / 你最喜欢的颜色是什么？/
What's your favorite color?

yǐng 影 十五画 【部首】彡 (形声字)SI Ⓨ shadow; reflection; motion picture; film

◇ 1. 影响 yǐngxiǎng   *v./n.*   influence; affect; effect
◇ 2. 影子 yǐngzi   *n.*   shadow; reflection
◇ 3. 电影 diànyǐng   *n.*   film; movie

例句: Xī yān huì yǐngxiǎng nǐ de jiànkāng. / 吸烟会影响你的健康。/
Smoking will affect your health.

àn 按 九画 【部首】扌 (形声字)IS Ⓨ press; according to; in accordance with

◇ 1. 按时 ànshí   *adv.*   on time; on schedule
◇ 2. 按照 ànzhào   *prep.*   according to; on the basis of; in the light of

àn 案 十画 【部首】木 / 宀 (形声字)S/I Ⓨ record; file

◇ 1. 答案 dá'àn   *n.*   solution (to a mathematical problem, etc.) key
◇ 2. 方案 fāng'àn   *n.*   scheme; plan; program

kuàng 矿 (礦) 八画 【部首】石 (形声字)IS Ⓨ ore deposit; mineral deposit; mine

◇ 1. 矿石 kuàngshí   *n.*   ore; mineral
◇ 2. 煤矿 méikuàng   *n.*   coal mine

kuò 扩 (擴) 六画 【部首】扌 (形声字)IS Ⓨ expand; enlarge; extend

◇ 1. 扩大 kuòdà   *v.*   expand; enlarge; extend; widen

◇ 2. 扩展 kuòzhǎn   *v.*   expand; spread; extend; develop

zhōu 六画 【部首】丶 an administrative division
◇ 1. 广州 Guǎngzhōu   *n.*   Guangzhou (Canton)
◇ 2. 杭州 Hángzhōu   *n.*   Hangzhou city

zhōu 九画 【部首】氵 (形声字)IS continent; sandbar
◇ 1. 亚洲 Yàzhōu   *n.*   Asia
◇ 2. 非洲 Fēizhōu   *n.*   Africa

cān/shēn (参) 八画 【部首】厶 (形声字)I/S join; take part in; refer; consult;
ginseng
◇ 1. 参加 cānjiā   *v.*   attend; take part in
◇ 2. 参观 cānguān   *v.*   visit; look around
◇ 3. 参考 cānkǎo   *v./n.*   consult
◇ 4. 人参 rénshēn   *n.*   ginseng
例句: Tā dǎsuan cānjiā lǚyóutuán qù Běijīng lǚxíng. / 他打算参加旅游团去北京旅行。/
He is planning to join a tourist group to visit Beijing.

guān (觀) 六画 【部首】又 / 见 look at; view
◇ 1. 观众 guānzhòng   *n.*   audience
◇ 2. 观点 guāndiǎn   *n.*   point of view
◇ 3. 观看 guānkàn   *n.*   look on
例句: Guānzhòngmen bèi nà ge diànyǐng shēnshēn de gǎndòng le. /
观众们被那个电影深深地感动了。/
The audiences were deeply moved by the movie.

xiàn (現) 八画 【部首】王 (形声字)SI appear
◇ 1. 现在 xiànzài   *n.*   now; present
◇ 2. 出现 chūxiàn   *v.*   appear; arise; emerge
◇ 3. 表现 biǎoxiàn   *v./n.*   show; display; manifest
例句: Tāmen yǐqián zhùzài Shànghǎi, dàn xiànzài zhùzài Běijīng. /
他们以前住在上海，但现在住在北京。/
They used to live in Shanghai but now live in Beijing.

lǎn **览** (覽) 九画 【部首】见 (形声字)S/I **义** look at; read; see; view

◇ 1. 展览 zhǎnlǎn   *v./n.*   exhibit; show
◇ 2. 游览 yóulǎn   *v./n.*   visit; tour; sightseeing

例句: Zhǎnlǎnguǎn li zhǎnlǎnzhe tā de huìhuà. / 展览馆里展览着她的绘画。/
She is exhibiting her paintings at our school exhibition hall.

汉字知识（40）   Chinese Character Introduction (40)

隶 书
Lishu (Official Script)

从战国时期到秦朝建立后,为了应付大量的公文抄写工作,官府中任用了一批隶(lì)人(职位低微的小吏)做抄写工作。他们为了用毛笔书写迅速,就把小篆圆转的笔画写成方折,写起来也比小篆草率(cǎoshuài),后来就把这种字体称为隶书。(During the Warring states period and the Qin dynasty, some clerks were employed to copy numerous official documents. To write quickly with brush, they turned the round turn into square, and characters written in this way looked rough. This style is latter called Lishu.)

隶书分为秦隶、汉隶两种。秦代篆、隶并用,小篆是官方运用的标准字体,用于比较隆重(lóngzhòng)的场合;秦隶是下级人员日常书写的辅助性字体。秦隶把小篆圆转弧(hú)形的笔画变成了方折平直的笔画,基本上摆脱了象形的特点。(Lishu has two styles respectively in Qin dynasty and Han dynasty, the former called Qinli, the latter Hanli. Both xiaozhuan and qinli were used in Qin dynasty, the former being the standard style used in comparatively grand situations while the latter being the subsidiary style used by clerks. Qinli turned what is curve in Xiaozhuan into "zhé", and basically has no trace of photographic characters.)

隶书的出现是中国文字发展史上的一个转折点,称为"隶变",具有象形特点的古文字从此演变为不象形的、符号化的今文字了。(The appearance of lishu is a turning point in the history of Chinese characters; it is the start from which ancient photographic characters have developed into symbolic modern characters.)

到了汉代,无论是官府文件还是私人写作,都已普遍运用隶书了。汉代的隶书已不再具有篆书的痕迹(hénjì),到后来,更加讲求撇(piě)、捺(nà)的波势和上挑的写法,并带有艺术化的趋势(qūshì)。(Lishu was widely used in Han dynasty, whether for official documents or for individual writing. Hanli (lishu in Han dynasty) had ridded of any influence of zhuanshu. Later, people started to take efforts to polish strokes, such as piě, nà and tí and the art of calligraphy took its shape.)

第四十一课　准 备 结 婚

Tāmen zhǔnbèi jié hūn yǐhòu dào Xīnjiāpō   dù mìyuè.

他们　准备 结婚 以后 到 新加坡 度 蜜月。

They are going to go to Singapore to spend their honeymoon.

```
                桔 子
       清 洁              亲 戚        渡 船
他 们 准 备 结 婚 以 后 到 新 加  坡   度 蜜 月。
           黄 昏         倒 数    皮 肤  必 须
                               玻 璃  秘 密
                               破 坏  秘 书
                               披
                               疲 劳
                               被 动
```

zhǔn 准 (準) 十画 【部首】冫 (形声字)IS 义 accurate; standard; allow; definitely

◇ 1. 准备 zhǔnbèi   *v./n.*   prepare; get ready; intend
◇ 2. 准时 zhǔnshí   *a.*   punctual; on time; on schedule
◇ 3. 标准 biāozhǔn   *n./a.*   standard; criterion
◇ 4. 批准 pīzhǔn   *v./n.*   ratify; grant; allow; approve

例句：Wǒ zhǔnbèi míngnián xiàtiān qù Běijīng wánr. / 我准备明年夏天去北京玩儿。/

I plan to make a trip to Beijing next summer.

bèi 备 (備) 八画 【部首】夂 / 田 义 be equipped with; prepare; provide against

◇ 1. 责备 zébèi   *v.*   blame; reproach; reprove
◇ 2. 设备 shèbèi   *n.*   equipment
◇ 3. 预备 yùbèi   *v.*   prepare; get ready

例句：Bú yào yīnwèi zhèyàng de xiǎo cuò zébèi tā. / 不要因为这样的小错责备她。/

Don't reproach her for such a small mistake.

汉字突破

jié/jiē 结（結） 九画 【部首】纟 （形声字）IS 义 tie; form; settle; finish

◇ 1. 结束 jiéshù   v.   end; finish; conclude
◇ 2. 结实 jiēshi   a.   strong; sturdy; tough
◇ 3. 团结 tuánjié   v./a.   unite; rally; united

例句 1：Yǎnchū shénme shíhou jiéshù? / 演出什么时候结束？/ When does the performance finish?
例句 2：Zhè zhǒng píxié hěn jiēshi, kěyǐ chuān hǎo jǐ nián. / 这种皮鞋很结实，可以穿好几年。/
         This kind of shoes is durable, and can last for quite a few years.

jié 洁（潔） 九画 【部首】氵 （形声字）IS 义 clean

◇ 1. 纯洁 chúnjié   a.   pure; clean and honest
◇ 2. 整洁 zhěngjié   a.   clean and tidy

jú 桔 十画 【部首】木 （形声字）IS 义 orange（"橘"的俗体写法）

◇ 桔子 júzi   n.   tangerine

hūn 昏 八画 【部首】日 义 dusk; dark

◇ 1. 黄昏 huánghūn   n.   dusk
◇ 2. 昏暗 hūn'àn   a.   dim; dusky

hūn 婚 十一画 【部首】女 （形声字）IS 义 marry; marriage

◇ 1. 结婚 jié hūn   marry
◇ 2. 婚礼 hūnlǐ   n.   wedding ceremony

dǎo/dào 倒 十画 【部首】亻 （形声字）IS 义 fall; change; exchange upside down; reverse; contrast

◇ 1. 倒车 dǎo chē   change bus or train
◇ 2. 倒霉 dǎoméi   a./v.   have bad luck
◇ 3. 倒数 dàoshǔ   a.   reciprocal

例句 1：Zuò yī lù chē qù nàr, bú yòng dǎo chē. / 坐 1 路车去那儿，不用倒车。/
         Get there by No.1 bus without changing.
例句 2：Nà zhāng huàr nǐ yīnggāi dào guolai kàn. / 那张画儿你应该倒过来看。/
         You should turn that picture upside down.

shǔ/shù 数 (數) 十三画 【部首】攵 (形声字)IS Ⓨ figure; number

◇ 1. 数字 shùzì　　　　　*n.*　　numeral; figure; digit

◇ 2. 数学 shùxué　　　　　*n.*　　math

例句1: Tā de háizi yǐjing huì shǔ yìxiē jiǎndān de shùzì le. / 他的孩子已经会数一些简单的数字了。/

His child can count a few numbers now.

例句2: Zhè cì kǎoshì, Xiǎo Wáng kǎole quán bān dàoshǔ dì-yī míng. /

这次考试,小王考了全班倒数第一名。/

Xiao Wang got the first from the bottom in our class for the examination.

qīn 亲 (親) 九画 【部首】丶 / 立 Ⓨ parent; relative; dear

◇ 1. 亲戚 qīnqi　　　　　*n.*　　relative; kinsman; kinswoman

◇ 2. 亲爱 qīn'ài　　　　　*a.*　　dear; beloved

◇ 3. 亲切 qīnqiè　　　　　*a.*　　cordial; kind

◇ 4. 亲自 qīnzì　　　　　*adv.*　　personally

例句: Qīnqi péngyou dōu lái cānjiā tāmen de hūnlǐ. / 亲戚朋友都来参加他们的婚礼。/

All the relatives and friends came to attend their wedding.

xīn 新 十三画 【部首】丶 / 斤 (形声字)SI Ⓨ new; up to date; newly

◇ 1. 新闻 xīnwén　　　　　*n.*　　news

◇ 2. 新鲜 xīnxiān　　　　　*a.*　　fresh; new

◇ 3. 新年 xīnnián　　　　　*n.*　　new year

◇ 4. 新娘 xīnniáng　　　　　*n.*　　bride

例句: Èr-líng-líng-yī nián zuì dà de xīnwén shì Měiguó de "jiǔ-yāo-yāo" shìjiàn. /

2001年最大的新闻是美国的"9·11"事件。/

The biggest news for the year 2001 was the September 11 Event in US.

pí 皮 五画 【部首】皮 Ⓨ skin; leather

◇ 1. 皮肤 pífū　　　　　*n.*　　skin

◇ 2. 皮鞋 píxié　　　　　*n.*　　leather shoes

pō 坡 八画 【部首】土 (形声字)SI Ⓨ slope

◇ 1. 山坡 shānpō　　　　　*n.*　　mountainside; hillside

◇ 2. 上坡 shàng pō　　　　　　　upgrade

bōli 玻璃 九画 / 十四画 【部首】王 （形声字）IS Ⓨ glass

◇ 玻璃　bōli　　　*n.*　　　glass

pò 破 十画 【部首】石 （形声字）IS Ⓨ broken; break; damage

◇ 1. 打破　dǎpò　　*v.*　　break; smash
◇ 2. 破坏　pòhuài　*v.*　　destroy; damage; break
◇ 3. 破产　pòchǎn　*v.*　　go bankrupt; become insolvent

例句：Bēizi pò le, shì shéi dǎpò de? / 杯子破了,是谁打破的？/ The cup is broken, Who did it?

pī 披 八画 【部首】扌 （形声字）IS Ⓨ drape over; wrap around; open

◇ 披着大衣　pīzhe dàyī　　have an overcoat draped over one's shoulder

pí 疲 十画 【部首】疒 （形声字）IS Ⓨ tired; exhausted; rundown

◇ 疲劳　píláo　　*a.*　　tired; weary; fatigued

bèi 被 十画 【部首】衤 （形声字）IS Ⓨ quilt; a preposition; a auxiliary word

◇ 1. 被子　bèizi　　*n.*　　quilt
◇ 2. 被动　bèidòng　*a.*　　passive

dòng 动 （動） 六画 【部首】力 Ⓨ act; move; use; stir

◇ 1. 动身　dòng shēn　　　set out
◇ 2. 动作　dòngzuò　*n.*　　action
◇ 3. 主动　zhǔdòng　*a.*　　active; initiative

例句：Nǐ shénme shíhou dòng shēn qù Běijīng? / 你什么时候动身去北京？/

When are you going to start out to Beijing?

dù 度 九画 【部首】广 （形声字）IS Ⓨ a unit of measurement for temperature, alcohol, angles, etc; degree; limit; spend; pass

◇ 1. 程度　chéngdù　*n.*　　level; degree; extent
◇ 2. 温度　wēndù　　*n.*　　temperature
◇ 3. 度蜜月　dù mìyuè　　pass honeymoon

例句: Tā de wénhuà chéngdù bú tài gāo. / 他的文化程度不太高。/

His level of education is not very high.

dù **渡** 十二画 【部首】氵 (形声字)IS **义** cross (a river, the sea, etc); tide over

◇ 1. 渡口 dùkǒu   *n.*   ferry crossing

◇ 2. 偷渡 tōudù   *v.*   run a blockade

chuán **船** 十一画 【部首】舟 (形声字)IS **义** boat; vessel

◇ 1. 划船 huá chuán   row a boat

◇ 2. 坐船 zuò chuán   travel by ship

◇ 3. 轮船 lúnchuán   *n.*   steamboat

例句: Tā cháng gēn nǚ péngyou qù Xī Hú huá chuán. / 他常跟女朋友去西湖划船。/

He often goes boating with his girlfriend in the Western Lake.

bì **必** 五画 【部首】心 (形声字)IS **义** certainly; surely; must; have to

◇ 1. 必须 bìxū   *aux./adv.*   must; have to

◇ 2. 必要 bìyào   *a.*   requisite; necessary; indispensable

例句: Shí'èr diǎn yǐqián nǐ bìxū gǎndào fēijīchǎng. / 十二点以前你必须 赶到飞机场。/

You must get to the airport before twelve o'clock.

xū **须** (須) 九画 【部首】彡 / 页 **义** beard; must

◇ 胡须 húxū   *n.*   beard

例句: Qǐng nǐ xiān kàn yí biàn rùxué xūzhī. / 请你先看一遍入学须知。/

Please read the notice of school enrollment.

mì **蜜** 十四画 【部首】宀 / 虫 (形声字)S/I **义** honey; sweet; honeyed

◇ 1. 蜂蜜 fēngmì   *n.*   honey

◇ 2. 蜜月 mìyuè   *n.*   honeymoon

mì **密** 十一画 【部首】宀 / 山 (形声字)S/I **义** secret; intimate; close

◇ 1. 亲密 qīnmì   *a.*   close; intimate

◇ 2. 保密 bǎo mì   maintain secret; keep sth. secret.

mì 秘 十画 【部首】禾 (形声字)IS 义 secret; keep sth. secret

◇ 1. 秘密 mìmì　　　　　*n./a.*　　secret; confidential
◇ 2. 秘书 mìshū　　　　　*n.*　　　secretary

 ## 汉字知识（41）　　Chinese Character Introduction (41)

草书　　**Caoshu (Cursive Script)**

在汉代通行隶书的同时,人们在写草稿时为了提高速度而草率行笔,于是又就出现了草书。草书的特点是大量使用连笔,字体轮廓(lúnkuò)与隶书相似,但是减少了其中一些笔画。(In Han dynasty when lishu was popular, to raise the speed, people tended to write draft perfunctorily, so caoshu turned out. Its style is that a few strokes are often connected as one. The outline of a character looks like lishu, but strokes are fewer.)

草书分为章草、今草和狂草。章草是隶书的草写体,东汉章帝时盛(shèng)行。章草保存了汉隶的波折,虽有连笔,但字字独立。今草产生于东汉末年,是从章草变化来的。写得更加草率,字字相连,偏旁互相假借,一笔到底,一气呵(hē)成,书写虽快,却很难辨认。现在人们一般都把晋(jìn)朝书法家王羲(xī)之的草书作为今草的代表。到了唐朝,书法家张旭(xù)、怀素等人把今草写得更加龙飞凤舞、变化多端,极难辨认,很少有实用价值,成了纯粹(chúncuì)的艺术品。(Caoshu contains Zhangcao, Jincao and Kuangcao. Zhangcai was prevailing in the period when Zhangdi ruled East Han dynasty. Although some strokes are connected, zhangcao has preserved the basic stroke characteristics in Hanli and characters are separated with one another. Appearing at the end of East Han dynasty, Jincao derived directly from Zhangcao. Perfunctorily written characters are connected with one another, forming an unity, which is hard to read. Nowadays, the work of Wang Xizhi, a calligraphist in Jin dynasty, is regarded as the masterwork of Jincao. In Tang dynasty, calligraphists like Zhang Xu and Huai Su pushed jincao to the extreme. Characters, with their enormous vitality, become lines flying wildly in its own way. They are hardly recognizable and are treated as absolute work of art.)

我们今天使用的简化汉字,很多就来源于古代的草书。(Many of the simplified characters derived from caishu.)

Hànzì Tūpò

dì-sìshí'èr kè xiǎo cǎi
第四十二课　小彩

Xiǎocǎi de nán péngyou Wáng Jiàn yòu piàoliang yòu nénggàn.
小彩 的 男 朋友 王 建 又 漂亮 又 能干。
Xiao cai's boy fiend is handsome and capable.

蔬**菜**

踩水　　　　　　　飘**扬**

采用　　　　　车**票**

小彩的男朋友王**建**又**漂**亮又**能干**。

健**康**　　　　栏**杆**

关**键**　　　　肝**脏**

赶**紧**

---

cǎi 采　八画 【部首】爪／木　义　pick; adopt; select

◇ 1. 采访　cǎifǎng　　　*v.*　　　(of a reporter) gather material

◇ 2. 采用　cǎiyòng　　　*v.*　　　adopt; employ; use

cǎi 彩　十一画 【部首】彡　(形声字)SI　义　color; colored

◇ 1. 彩色　cǎisè　　　*a.*　　　multicolor; color

◇ 2. 彩虹　cǎihóng　　　*n.*　　　rainbow

◇ 3. 丰富多彩　fēngfùduōcǎi　　　rich and varied; rich and colorful

例句 : Nǐ xǐhuan hēibái zhàopiàn háishì cǎisè zhàopiàn? / 你喜欢黑白照片还是彩色照片？/
Which do you like, black and white photo or colored photo?

cǎi 踩　十五画 【部首】足　(形声字)　义　step on; trample

◇ 踩脚　cǎi jiǎo　　　　　　step on (other's) toe

cài 菜　十一画 【部首】艹　(形声字)I/S　义　vegetable; food; dish

◇ 1. 菜单　càidān　　　*n.*　　　menu; bill of fare

Hànzì Tūpò

◇ 2. 蔬菜 shūcài   *n.*   vegetable
◇ 3. 青菜 qīngcài   *n.*   green vegetable

例句：Zhè shì càidān, qǐng nín diǎn cài. / 这是菜单，请您点菜。/
This is the menu, please order your dishes.

jiàn 建 八画 【部首】廴 ㊥ build; construct; establish; set up
◇ 1. 建议 jiànyì   *v./n.*   propose; suggest; recommend
◇ 2. 建筑 jiànzhù   *n./v.*   building; build; construct
◇ 3. 建设 jiànshè   *v./n.*   build; construct

例句：Wǒ jiànyì nǐmen qù Běijīng kànkan Zhōngguó de gǔ jiànzhù. /
我建议你们去北京看看中国的古建筑。/
I suggest you go to Beijing to look at the ancient Chinese buildings.

jiàn 健 十画 【部首】亻 （形声字）IS ㊥ healthy; strong; strengthen
◇ 1. 健康 jiànkāng   *n./a.*   in good health; be healthy
◇ 2. 健壮 jiànzhuàng   *a.*   healthy and strong
◇ 3. 健身 jiàn shēn   exercise; body-building

例句：Jiànkāng bǐ jīnqián gèng zhòngyào. / 健康比金钱更重要。/
Health is more important than money.

kāng 康 十一画 【部首】广 （形声字）I/S ㊥ health
◇ 1. 康复 kāngfù   *v.*   recovery; recuperate
◇ 2. 小康 xiǎokāng   *n.*   comparatively well-off

例句：Tā de shēntǐ yǐjing wánquán kāngfù le. / 他的身体已经完全康复了。/
He has fully restored to health.

jiàn 键 （鍵） 十三画 【部首】钅 （形声字）IS ㊥ key
◇ 1. 关键 guānjiàn   *n./a.*   key; hinge
◇ 2. 键盘 jiànpán   *n.*   keyboard

zhī 之 三画 【部首】丶 ㊥ *used between an attribute and the word it modifies*; go
◇ 1. 之前 zhīqián   before; prior to; ago
◇ 2. 总之 zǒngzhī   in a word; in short; in brief

◇ 3. 百分之百 bǎifēnzhī bǎi   hundred-percent; out and out; absolutely

例句 : Zài xué Hànzì zhīqián yào xiān xuéhuì pīnyīn. / 在学汉字之前要先学会拼音。/

One should learn pinyin before learning Chinese characters.

yòu 又   二画 【部首】又 (形声字)P

1. Indicating sth. given or done in addition to what has been
   given or done.

例句 : Tā zuótiān qù mǎi dōngxi, jīntiān yòu qù mǎi dōngxi le. /
他昨天去买东西,今天又去买东西了。

He went to shopping yesterday and went to shopping today.

2. Indicating the simultaneous existence of several conditions or characteristics. Ex:

例句 : Tā yòu cōngming yòu piàoliang. / 她又聪明又漂亮。/ She is clever and beautiful.

piào 票   十一画 【部首】西 / 示 义 ticket

◇ 1. 车票 chēpiào   n.   train or bus ticket
◇ 2. 门票 ménpiào   n.   admission ticket
◇ 3. 发票 fāpiào   n.   bill; receipt

例句 : Qù Běijīng de fēijīpiào bǐ huǒchēpiào guì de duō. / 去北京的飞机票 比火车票贵得多。/

Going to Beijing by air is much more expensive than going by train.

piāo/piǎo/piào 漂   十四画 【部首】氵 (形声字)IS 义 float

◇ 1. 漂亮 piàoliang   a.   handsome; beautiful; pretty; brilliant
◇ 2. 漂流 piāoliú   v.   drift
◇ 3. 漂白 piǎobái   v.   bleach

例句 : Tā zhǎng de hěn piàoliang, Hànyǔ yě shuōde hěn piàoliang. /
她长得很漂亮,汉语也说得很漂亮。

She is very beautiful and speaks Chinese beautifully too.

liàng 亮   九画 【部首】亠 义 bright; loud and clear; enlightened

◇ 1. 明亮 míngliàng   a.   light; bright; shinning; clear
◇ 2. 天亮 tiān liàng   daybreak; dawn
◇ 3. 响亮 xiǎngliàng   a.   loud and clear

例句 : Zhè háizi yǒu yì shuāng míngliàng de yǎnjing . / 这孩子有一双明亮的眼睛。/

The child has a pair of bright eyes.

piāo 飘 (飄) 十五画 【部首】风 (形声字)SI ㊥ float in the air; flutter
◇ 飘扬 piāoyáng   v.   flutter; wave

gān 杆 七画 【部首】木 (形声字)IS ㊥ pole; staff
◇ 1. 栏杆 lángān   n.   railing; banisters; balustrade
◇ 2. 电线杆 diànxiàngān   n.   pole for telephone or electric power line, etc.

gān 肝 七画 【部首】月 (形声字)IS ㊥ liver
◇ 1. 心肝 xīngān   n.   conscience; darling; dear
◇ 2. 肝炎 gānyán   n.   hepatitis

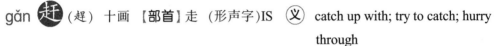

gǎn 赶 (趕) 十画 【部首】走 (形声字)IS ㊥ catch up with; try to catch; hurry through
◇ 1. 赶快 gǎnkuài   adv.   at once; quickly
◇ 2. 赶上 gǎnshàng   catch up with; run into; be in time for

jǐn 紧 (緊) 十画 【部首】糸 ㊥ tight; close; urgent
◇ 1. 紧张 jǐnzhāng   a.   nervous; tense; tight
◇ 2. 紧急 jǐnjí   a.   urgent
◇ 3. 赶紧 gǎnjǐn   adv.   lose no time; proceed apace; hasten

例句: Wǒ yí dào hēi'àn de dìfang jiù jǐnzhāng. / 我一到黑暗的地方就紧张。/
I am nervous in the dark.

hàn 汗 六画 【部首】氵 (形声字)IS ㊥ sweat; perspiration
◇ 1. 出汗 chū hàn   sweat; perspire
◇ 2. 汗衫 hànshān   n.   undershirt

汉字知识 （42） Chinese Character Introduction (42)

楷书和行书
Kaishu (a style of characters written regularly) and Xingshu (running hand)

楷(kǎi)书又叫真书、正书,"楷"是规矩(guīju)整齐、可为楷模(kǎimó)的意思。楷书是东汉时期在隶书的基础上发展起来的,到了东晋开始盛行,一直沿用到今天,是通用时间最长的标准字体。(Kaishu refers to the style of characters written regularly. It was developed on the base of Lishu and it has been popular ever since East Jin dynasty. It is the style that has been applied for the longest time.)

楷书的基本结构同隶书大致相同, 主要区别是笔形不同。楷书把隶书的波、挑笔势改为横平竖直的写法,字形方正,端庄匀称(yúnchèn),书写起来也比较简便。(Kaishu and lishu have similar basic structures. The major difference between them lies in the shape of strokes. Kaishu turned the slightly slanting line into horizontal line so that characters looked regular and square, which facilitated writing.)

楷书端正工整,往往记录一些庄重的内容。在日常生活中,为了书写方便快捷(jié)而又不致像草书那样令人难以辨认,于是出现了介于楷书和草书之间的行书。行书是把楷书写得随便一些,不求工整规矩,但也不潦草(liáocǎo)难认。行书这种切合实用的特点使它成为历来最被人喜欢使用的书写体。晋朝王羲之的行书字被视为行书艺术中最具有欣赏价值的典范。(Owing to its regularity, kaishu was applied in some grand situations, while in daily life there appeared xinshu, a style between kaishu and caishu, for the purpose of writing easily but not hard to read. This practicability made it the most popular style for handwriting. The work of Wang Xizhi in Jin dynasty is regarded to have reached the pinnacle of the calligraphy art in this respect.)

dì-sìshísān kè　　bái píng

第四十三课　白平

Bái Píng shì　yí ge yǒnggǎn, zhèngzhí, chéngshí, fùzé　de　rén.

白平 是 一个 勇敢、正直、诚实、负责 的 人。

Bai Ping is brave, fair-minded and honesty.

害 怕	征 服	
被 迫	政 府　成 功	
球 拍	证 明 长 城	认 识

白 平 是 一 个 勇 敢、正　直、诚实、负 责 的 人。

苹 果	通 过	值 班
评 论　水 桶		植 物
痛 苦　设 置		

pāi 拍　八画 【部首】扌 (形声字)IS 义 clap; bat; take (a picture)

◇ 1. 拍照　pāizhào　　*v.*　　take a picture; have a picture taken
◇ 2. 拍手　pāi shǒu　　　clap one's hands; applaud
◇ 3. 球拍　qiúpāi　　*n.*　　racket; bat

例句: Kànle Zhōngguó zájì biǎoyǎn, dàjiā pāi shǒu jiàohǎo. /
看了中国杂技表演，大家拍手叫好。/
All the audience clapped and shouted "bravo" after watching Chinese acrobatics.

pò 迫　八画 【部首】辶 (形声字)IS 义 compel; force; coerce

◇ 1. 被迫　bèipò　　*v.*　　be compelled; be forced
◇ 2. 强迫　qiǎngpò　　*v.*　　force; compel; coerce

pà 怕　八画 【部首】忄 (形声字)IS 义 tdread; be afraid of; I am afraid; perhaps

◇ 1. 害怕　hàipà　　*a./v.*　　be afraid; be scared
◇ 2. 可怕　kěpà　　*a.*　　fearful; frightful; terrible
◇ 3. 恐怕　kǒngpà　　*adv.*　　I am afraid; perhaps; I think

例句：Wǎnshang qù nà ge dìfang, wǒ zhēn hàipà. / 晚上去那个地方，我真害怕。/
I am really scared to go there in the evening.

píng 平 五画 【部首】一 义 flat; peaceful; equal; common
- 1. 平安 píng'ān *a.* safe and sound; arrive without mishap
- 2. 平时 píngshí *n.* at ordinary times; in normal times; usually
- 3. 平等 píngděng *a./n.* equality
- 4. 和平 hépíng *n./a.* peace

例句：Zhù nǐmen yílùpíng'ān. / 祝你们一路平安！/ May you have a good trip!

píng 苹 (蘋) 八画 【部首】艹 (形声字)I/S 义 apple
- 苹果汁 píngguǒzhī *n.* apple juice

例句：Nà ge háizi de liǎn yuányuán de, xiàng kě'ài de hóng píngguǒ. /
那个孩子的脸圆圆的，像可爱的红苹果。/ The kid's face looks like a round red apple.

píng 评 (評) 七画 【部首】讠 (形声字)IS 义 comment ; criticize; judge; appraise
- 1. 评价 píngjià *v./n.* appraise; evaluate; assess
- 2. 批评 pīpíng *v./n.* criticize; criticism
- 3. 评论 pínglùn *v./n.* comment on; discuss

例句：Wǒmen yīnggāi zhèngquè píngjià zhè jiàn shì. / 我们应该正确评价这件事。/
We should appraise this thing correctly.

lùn 论 (論) 六画 【部首】讠 (形声字)IS 义 discuss; in terms of; statement; talk about; theory
- 1. 不论 búlùn *conj.* no matter what; whether
- 2. 讨论 tǎolùn *v.* discuss; talk over
- 3. 理论 lǐlùn *n.* theory

例句：Jiàqian méi guānxi, búlùn duōshao qián dōu mǎi. / 价钱没关系，不论多少钱都买。/
It doesn't matter about the price; buy it, whatever it costs.

yǒng 勇 九画 【部首】力 (形声字)S/I 义 brave; courageous; valiant
- 勇敢 yǒnggǎn *a.* brave; courageous

gǎn 十一画 【部首】攵 义 dare; be certain; bold; courageous

◇ 1. 敢说 gǎn shuō dare to speak
◇ 2. 敢于 gǎnyú *v.* dare to; have the courage to; be bold in

例句：Rúguǒ fùmǔ cuò le, nǐ gǎn bù gǎn pīpíng tāmen? /
如果父母错了,你敢不敢批评他们? /
Do you dare to criticize your parents if they were wrong?

tōng 十画 【部首】辶 (形声字)IS 义 lead to; notify; communicate; through

◇ 1. 通知 tōngzhī *v./n.* notify; inform; notice; circular
◇ 2. 交通 jiāotōng *n.* traffic
◇ 3. 通过 tōngguò *prep./v.* by means of; pass through; pass
◇ 4. 通讯 tōngxùn *n.* communication

例句：Qǐng tōngzhī dàjiā xiàwǔ xuéxiào kāi dàhuì. / 请通知大家下午学校开大会。/
Please notify everyone there is a school meeting this afternoon.

tǒng 十一画 【部首】木 (形声字)IS 义 tub; pail; bucket; barrel

◇ 水桶 shuǐtǒng *n.* pail; bucket

tòng 十二画 【部首】疒 (形声字) I/S 义 ache; sorrow; extremel

◇ 1. 痛快 tòngkuai *a.* very happy; delighted; to one's heart's content
◇ 2. 痛苦 tòngkǔ *a.* pain; suffering; agony
◇ 3. 痛恨 tònghèn *v.* hate bitterly; utterly detest
◇ 4. 头痛 tóutòng *v./a.* trouble; have a headache

例句：Shàng ge xīngqītiān wǒmen wán de hěn tòngkuai. / 上个星期天我们玩得很痛快。/
We had a wonderful time last Sunday.

zhí 直 八画 【部首】十 义 straight; direct; continuously

◇ 1. 一直 yìzhí *adv.* straight; continuously; all along
◇ 2. 直接 zhíjiē *a.* direct; immediate

例句：Bú yào guǎi, yìzhí wǎng qián zǒu. / 不要拐,一直往前走。/ Don't turn, go straight ahead.

zhí **值** 十画 【部首】亻 (形声字)IS Ⓨ value; be worth; be on duty; happen to

◇ 1. 值得 zhídé　　*adv./a.*　　be worth; merit; deserve

◇ 2. 价值 jiàzhí　　*n.*　　value; worth; price

◇ 3. 值钱 zhíqián　　*a.*　　valuable; costly

例句：Zhè běn shū suīrán bǐjiào guì, dànshì zhídé mǎi. / 这本书虽然比较贵,但是值得买。/ This book is worth buying although it's a little expensive.

zhí **植** 十二画 【部首】木 (形声字)IS Ⓨ plant; grow

◇ 1. 植物 zhíwù　　*n.*　　plant; flora

◇ 2. 植树 zhí shù　　　plant trees

zhì **置** 十三画 【部首】罒 (形声字)I/S Ⓨ place; put; arrange

◇ 1. 位置 wèizhi　　*n.*　　place; seat; position

◇ 2. 设置 shèzhì　　*v.*　　set up; install

zhèng **证** (證) 七画 【部首】讠 (形声字)IS Ⓨ prove; certificate; evidence

◇ 1. 证明 zhèngmíng　　*v./n.*　　prove; testify; certificate; identification

◇ 2. 证书 zhèngshū　　*n.*　　certificate; credentials

zhèng **政** 九画 【部首】攵 (形声字)IS Ⓨ politics; political affairs; certain administrative of government

◇ 1. 政治 zhèngzhì　　*n.*　　politics; political affairs

◇ 2. 政府 zhèngfǔ　　*n.*　　government

◇ 3. 政策 zhèngcè　　*n.*　　policy

◇ 4. 政党 zhèngdǎng　　*n.*　　political party

例句：Nǐ duì zhèngzhì gǎn xìngqù ma? / 你对政治感兴趣吗? / Are you interested in politics?

zhēng **征** (徵) 八画 【部首】彳 (形声字)IS Ⓨ go on an expedition; ask for

◇ 1. 征求 zhēngqiú　　*v.*　　solicit; seek; ask for

◇ 2. 征服 zhēngfú　　*v.*　　conquer; subjugate

zhěng 整 十六画 【部首】攵 / 一 （形声字）I/S 义 whole; full; orderly; tidy

◇ 1. 整齐 zhěngqí *a.* orderly; in good order; tidy; even
◇ 2. 整理 zhěnglǐ *v.* put in order; straighten out; sort out
◇ 3. 整个 zhěnggè *a.* whole; entire

例句：Nǚtóngxué de fángjiān dōu hěn zhěngqí gānjìng. / 女同学的房间都很整齐干净。/
The girl students' rooms are all in orderly condition.

chéng 成 六画 【部首】戈 义 accomplish; become; result; achievement

◇ 1. 成绩 chéngjì *n.* result; achievement
◇ 2. 成功 chénggōng *a.* succeed; successful
◇ 3. 成为 chéngwéi *v.* become; turn into

例句：Tā de Hànyǔ kǎoshì chéngjì hěn hǎo. / 她的汉语考试成绩很好。/
Her Chinese examination results are very good.

chéng 城 九画 【部首】土 （形声字）IS 义 city wall; city; town

◇ 1. 城市 chéngshì *n.* town; city
◇ 2. 长城 Chángchéng *n.* the Great Wall

例句：Shànghǎi shì shìjiè shang rénkǒu zuì duō de chéngshì zhīyī. /
上海是世界上人口最多的城市之一。/
Shanghai is one of the most populous cities in the world.

chéng 诚 （誠） 八画 【部首】讠 （形声字）IS 义 sincere; honest

◇ 1. 诚实 chéngshí *a.* honest
◇ 2. 诚恳 chéngkěn *a.* true-hearted; cordiality

shí 实 （實） 八画 【部首】宀 义 true; real; reality; fact

◇ 1. 实现 shíxiàn *v.* realize; achieve; bring out
◇ 2. 真实 zhēnshí *a.* true; real; authentic
◇ 3. 实际 shíjì *n./a.* reality; real; practical
◇ 4. 实事求是 shíshìqiúshì seek truth from facts

例句：Tā zhōngyú shíxiànle zìjǐ de yuànwàng. / 她终于实现了自己的愿望。/
She fulfilled her wishes finally.

zé **责** （責） 八画 【部首】贝 （形声字）I/S ⊗义 duty; responsibility; demand; question
closely

◇ 1. 责任 zérèn　　　　　*n.*　　　　responsibility; duty
◇ 2. 负责 fùzé　　　　　*v./a.*　　　be responsible for; be in charge of; conscientious

例句： Bǎohù huánjìng, rénrén yǒu zé. ╱ 保护环境，人人有责。╱
It is everybody's duty to protect our environment.

rèn **认** （認） 四画 【部首】讠 （形声字）IS ⊗义 recognize; know; make out; identify

◇ 1. 认识 rènshi　　　　*v./n.*　　　know; understand; recognize
◇ 2. 认真 rènzhēn　　　　*a.*　　　　conscientious; earnest; serious
◇ 3. 认为 rènwéi　　　　 *v.*　　　　think; consider; hold; deem
◇ 4. 确认 quèrèn　　　　 *v.*　　　　confirm; affirm; acknowledge

例句： Dì-yī cì jiàn miàn shí rénmen cháng shuō:" Rènshi nǐ, wǒ hěn gāoxìng." ╱
第一次见面时人们常说："认识你，我很高兴。" ╱
People often say, "I'm very glad to know you." When they meet for the first time.

shí **识** （識） 七画 【部首】讠 （形声字）IS ⊗义 recognize; know; make out; identify

◇ 1. 识字 shí zì　　　　　　　　　　　become literate
◇ 2. 知识 zhīshi　　　　*n.*　　　　knowledge
◇ 3. 常识 chángshí　　　*n.*　　　　general knowledge

例句： Wénmáng jiùshì bù shí zì de rén. ╱ 文盲就是不识字的人。╱
An illiterate person is a person who can't read.

汉字知识 (43)　　　Chinese Character Introduction (43)

汉字与汉语的关系
The Relationship between Chinese Characters and Chinese Language

　　文字是记录语言的符号体系。总的说来,汉字基本上是符合汉语特点的。这表现在：(Characters are a system of symbols of language. Generally speaking, Chinese characters fit the traits of Chinese language.)

　　第一,汉语的语素以单音节为主,汉字一字一音,一个汉字记录一个语素,二者完全对应。另外,汉语中的同音语素多,书写形式不同的汉字可以把同音语素区别开来。比如，"south"在汉语中发音是 nán，而"difficult"的发音也是 nán，但它们对应的汉字不一样：前者是"南"，后者是"难"。(Chinese morpheme has mainly single syllable and characters have one syllable each, hence it's a good match that one character has one morpheme. In addition, some morphemes are homophonic, but their different corresponding characters can help to distinguish them. For example,"南"(south) and "难"(difficult) share one sound but they have different characters.)

第二，汉语语素不断地发生变化，汉字也能不断地发生变化，以适应语素的变化。例如，单音字可以变为多音字，单义字可以变为多义字，单字可以分化可以合并，可以增加可以减少。(Chinese morphemes change constantly, and characters may follow suit to adapt to these changes. For example, a single-sound character may turn out to bear more than one sound and a single-meaning character may turn out to bear more than one meaning. A single character can be divided into two, or in turn, two different characters can be united as one, hence the number of characters can increase or decrease.)

第三，汉字有 3000 多年悠久的历史，隶变定型之后也有 2000 多年了，汉字在一定程度上可以超越时间的限制，便于阅读无比丰富的古代文献典籍，继承文化遗产。(Chinese characters have a history over 3,000 years, and it has been over 2,000 years after character were basically fixed after lishu appeared. Chinese characters have the advantage of surpassing the limitation of time and space, and enabling people to read numerous ancient books and records and to inherit the cultural legacy.)

第四，汉语自古至今存在着比较严重的方言分歧，如果使用拼音文字，很难实现方言之间的交际。作为语素文字的汉字具有一定的超方言性，使得操不同方言的中国人可以利用汉字进行交际。(There have been a great variety of dialects of Chinese throughout the history of Chinese. Alphabetic writing makes the communication between dialects difficult, while Chinese characters may be applied by people speaking different dialects to communicate.)

第五，汉字体现出来的汉文化特点，和汉语所负载的文化特点、汉民族的文化特点基本符合。(The characteristics of Chinese culture reflected by characters are basically consistent with the characteristics that the Chinese language and the Han nation carry.)

当然，汉字记录汉语也存在不完全适应的一面。比如，汉字和语素并不完全是一对一的关系。一个汉字(比如"开")常常表示许多语素。同时，也有两个汉字只表示一个语素的情况(比如"葡萄")。此外，汉字结构复杂，笔形多样，形似字多,不易分辨、记忆和书写;还存在表音表义系统不完备,口语和书面语存在一定距离等问题。(Of course, Chinese characters may not fit the language in some aspects. For example, one character may not be definitely one morpheme. One character may serve as a few morphemes, such as "开", and meanwhile two characters may be one morpheme, such as "葡萄". Besides, the complexity of structure, the variety of strokes and the similarity in form of many characters add up to the great difficulty for remembering and writing. Also, neither the sound nor the meaning system is fully developed and there is some distance between oral and the written language.)

第四十四课 小静

dì-sìshísì kè   xiǎojìng

Xiǎojìng zhùzài yóujú fùjìn, huánjìng tǐnghǎo.

小静 住在 邮局 附近，环境 挺好。

Xiǎojìng's home is near a post office, and the environment is very good.

```
                袖 子
      睁 眼    抽 烟
  干 净    石 油
      争 取    由 于            家 庭
小 静 住 在 邮 局 附 近，环 境 挺 好。
      主 人        付 款    竟 然
      注 意    吩 咐        竞 赛
      政 府            镜 子
              符 号
          豆 腐
```

---

zhēng 争 六画 【部首】刀 义 argue; dispute; contend

◇ 1. 争论 zhēnglùn   v./n.   argument; controversy; dispute; debate
◇ 2. 争取 zhēngqǔ   v.   strive for; fight for; win over

qǔ 取 八画 【部首】耳 / 又 义 take

◇ 1. 取得 qǔdé   v.   gain; acquire; obtain
◇ 2. 取消 qǔxiāo   v.   cancel; call off; abolish

例句：Zhǐyǒu búduàn nǔlì xuéxí cái néng qǔdé hǎo chéngjì. /

只有不断努力学习才能取得好成绩。/

The good result can only be obtained by constant hard working.

提示：左耳,右手(又, 𠂇 𠂇)。古代战士每杀死一个敌人便割下他的左耳来报功。/

Taking the left ear "耳" with the right hand "又", In ancient time, a soldier, after killing an enemy, would cut off the enemy's left ear and reported as a battle achievement.

jìng 静 十四画 【部首】青 (形声字)IS 义 quiet; silent

◇ 1. 安静 ānjìng   *a.*   quiet; peaceful
◇ 2. 冷静 lěngjìng   *a.*   sober; calm
◇ 3. 平静 píngjìng   *a.*   quiet; calm

例句: Yīnyuèhuì kāishǐ de shíhou, guānzhòngmen dōu ānjìng xialai le. /
音乐会开始的时候观众们都安静下来了。/
The audience quieted down when the concert began.

jìng 净 (淨) 八画 【部首】冫 (形声字)IS 义 clean; net

◇ 干净 gānjing   *a.*   clean; neat and tidy

例句: Nà jiàn chènyī zāng le, zhèr yǒu gānjing de. / 那件衬衣脏了,这儿有干净的。/
That shirt is dirty, here is a clean one.

zhēng 睁 十一画 【部首】目 (形声字)IS 义 open (the eyes)

◇ 睁眼 zhēng yǎn   open ones' eyes

yǎn 眼 十一画 【部首】目 (形声字)IS 义 eye; look;
a small hole

◇ 1. 眼睛 yǎnjing   *n.*   eye; eyes
◇ 2. 眼镜 yǎnjìng   *n.*   eyeglasses; spectacles
◇ 3. 亲眼 qīnyǎn   *adv.*   with one's own eyes

例句: Wǒ yòu yǎn kàn bù qīngchu le, wǒ yào pèi yí fù yǎnjìng. /
我右眼看不清楚了,我要配一副眼镜。/
I can't see the blackboard with my right eye, so I'll have my eyesight tested for a pair of glasses.

zhǔ 主 五画 【部首】丶 (形声字)IS 义 host; main

◇ 1. 主意 zhǔyi   *n.*   idea; plan; decision
◇ 2. 主要 zhǔyào   *a.*   main; chief; principal; major
◇ 3. 主人 zhǔrén   *n.*   host; owner
◇ 4. 民主 mínzhǔ   *n./a.*   democracy; democratic rights; democratic

例句: Qìchē huài le, qù bù chéng le, nǐ yǒu shénme hǎo zhǔyi? /
汽车坏了,去不成了,你有什么好主意? /
The car is broken, so we can not get there, and do you have a better idea?

zhù 住 七画 【部首】亻 (形声字)IS Ⓨ live; stay; stop; used after some verbs as a compliment indicating a halt or stillness

◇ 1. 住(在) zhù(zài)   *v.*   live; stay
◇ 2. 记住 jì zhù   bear in mind

例句: Nǐ zhù nǎr? —Wǒ zhù zài Hépíng Jiē shí hào. / 你住哪儿? ——我住在和平街十号。/
Where do you live? —I reside at 10 Peace Street.

zhù 注 八画 【部首】氵 (形声字)IS Ⓨ concentrate; annotate; register

◇ 1. 注意 zhùyì   *v.*   pay attention to; take note to
◇ 2. 注册 zhùcè   *v.*   register
◇ 3. 关注 guānzhù   *v.*   pay close attention to

例句: Qǐng zhùyì zhè ge Hànzì de xiěfǎ. / 请注意这个汉字的写法。/
Please pay attention to the writing of this Chinese character.

yóu 邮 (郵) 七画 【部首】阝 (形声字)SI Ⓨ post; mail; postal

◇ 1. 邮局   yóujú   *n.*   post office
◇ 2. 邮票   yóupiào   *n.*   stamp; postage stamp
◇ 3. 邮政编码 yóuzhèng biānmǎ   post code; zip code

例句: Wǒ qù yóujú jì yì fēng xìn, shùnbiàn mǎi xiē yóupiào. / 我去邮局寄一封信,顺便买些邮票。/
I go to the post office to send a letter and buy some stamps.

jú 局 七画 【部首】尸 Ⓨ office; bureau; game; set

◇ 1. 公安局 gōng'ānjú   *n.*   security bureau
◇ 2. 局部   júbù   *n.*   part

例句: Xiàwǔ wǒ qù gōng'ānjú bàn jūliúzhèng. / 下午我去公安局办居留证。/
I'll go to the security bureau to deal with my Residence Permit this afternoon.

yóu 油 八画 【部首】氵 (形声字)IS Ⓨ oil; fat; grease

◇ 1. 油画 yóuhuà   *n.*   oil painting
◇ 2. 汽油 qìyóu   *n.*   petrol; gasoline; gas
◇ 3. 加油 jiā yóu   make an extra effort; come on

Hànzì Tūpò

例句：Nǐ xǐhuan yóuhuà háishi Zhōngguóhuà? / 你喜欢油画还是中国画？/

Which do you like, oil painting or traditional Chinese painting?

chōu 抽 八画 【部首】扌 (形声字)IS 义 take out (from in between); obtain by drawing, etc.

◇ 1. 抽烟 chōu yān   smoke (a cigarette or pipe)
◇ 2. 抽空 chōu kòng   manage to find time

例句：Chōu yān duì nǐ de shēntǐ bù hǎo, shǎo chōu diǎn! / 抽烟对你的身体不好，少抽点！/

Smoking cigarettes will harm your health. Don't smoke so much!

xiù 袖 十画 【部首】衤 (形声字)IS 义 sleeve

◇ 1. 袖子 xiùzi   *n.*   sleeve
◇ 2. 领袖 lǐngxiù   *n.*   leader

fù 付 五画 【部首】亻 义 pay

◇ 1. 付款 fù kuǎn   pay a sum of money; disburse
◇ 2. 付出 fùchū   *v.*   pay out; expend

fù 附 七画 【部首】阝 (形声字)IS 义 get close to; be near; attach

◇ 1. 附近 fùjìn   *n.*   nearby; close to; in the vicinity
◇ 2. 附录 fùlù   *n.*   appendix
◇ 3. 附件 fùjiàn   *n.*   appendix; enclosure

例句：Wǒ jiù zhùzài nà zuò dàlóu fùjìn. / 我就住在那座大楼附近。/

I live in the neighborhood of this building.

fù 咐 八画 【部首】口 (形声字)IS

◇ 1. 吩咐 fēnfù   *v.*   tell; bid; order; instruct
◇ 2. 嘱咐 zhǔfù   *v.*   enjoin; exhort; tell

fǔ 府 八画 【部首】广 (形声字)IS 义 mansion; government office; official residence

◇ 1. 政府 zhèngfǔ   *n.*   government
◇ 2. 首府 shǒufǔ   *n.*   capital

例句 : Jìhuà shēngyù shì zhèngfǔ de juédìng. / 计划生育是政府的决定。/

The birth planning is the government's determination.

fú 符 十画 【部首】⺮ (形声字)I/S 义 symbol; tally with; accord with

◇ 1. 符合 fúhé　　　　　v.　　　accord with; tally with; conform to; be in keeping with

◇ 2. 符号 fúhào　　　　　n.　　　symbol; mark; sign

fǔ 腐 十四画 【部首】广 (形声字)S/I 义 rotten; putrid; bean curd

◇ 1. 豆腐 dòufu　　　　　n.　　　bean curd

◇ 2. 腐败 fǔbài　　　　　a.　　　rotten; putrid;

　　　　　　　　　　　　　　　　　decayed; corrupt

shī 师 (師) 六画 【部首】丨/巾 义 master; teacher

◇ 1. 老师 lǎoshī　　　　　n.　　　teacher

◇ 2. 律师 lǜshī　　　　　n.　　　lawyer

◇ 3. 工程师 gōngchéngshī　　n.　　engineer

例句 : Wáng lǎoshī shì yí wèi hěn yǒu jīngyàn de jiàoshī. / 王老师是一位很有经验的教师。/

Teacher Wang is good experienced teacher.

fù 傅 十二画 【部首】亻 (形声字)IS 义 assist teach; instruct

◇ 师傅 shīfu　　　　　n.　　　master in trade, business or any troupe who undertakes to teach skills to pupils; polite form to address to people who has skill or specialized knowledge

jìng 竟 十一画 【部首】立 义 unexpectedly; actually

◇ 1. 竟然 jìngrán　　　　adv.　　unexpectedly; to one's surprise; go so far as to

◇ 2. 究竟 jiūjìng　　　　adv.　　actually; exactly; after all; in the end

rán 然 十二画 【部首】灬 (形声字)S/I 义 however; so; like that

◇ 1. 然后 ránhòu　　　　conj.　　then; after that

◇ 2. 虽然 suīrán　　　　conj.　　although

◇ 3. 突然 tūrán　　　　　a.　　　suddenly; inexpertly

例句：Tā xǐle ge zǎo, ránhòu shuì jiào le. / 他洗了个澡，然后睡觉了。/

He had a bath and then went to bed.

---

huán 环 （環） 八画 【部首】王 义 ring; surround; encircle

◇ 1. 环境 huánjìng   n.   environments; circumstance

◇ 2. 耳环 ěrhuán   n.   earring

---

jìng 境 十四画 【部首】土 （形声字）IS 义 border; boundary; territory; condition

◇ 1. 出入境 chū rù jìng   enter and leave the country

◇ 2. 环境 huánjìng   n.   environment

---

jìng 竞 （競） 十画 【部首】立 义 compete; contest

◇ 1. 竞赛 jìngsài   n.   contest; competition; race

◇ 2. 竞争 jìngzhēng   v.   compete; competition

---

jìng 镜 （鏡） 十六画 【部首】钅 （形声字）IS 义 looking glass; mirror

◇ 镜子 jìngzi   n.   mirror; looking glass

---

tǐng 挺 九画 【部首】扌 （形声字）IS 义 straight; straighten up; every

◇ 1. 挺好 tǐng hǎo   very good; quite good

◇ 2. 挺胸 tǐng xiōng   throw out one's chest; square one's shoulders

例句：Tā jiǎng de nà ge gùshi tǐng yǒuyìsi. / 他讲的那个故事挺有意思。/

The story that he told was very interesting.

---

tíng 庭 九画 【部首】广 （形声字）IS 义 hall; law court

◇ 1. 家庭 jiātíng   n.   family; household

◇ 2. 法庭 fǎtíng   n.   law court

◇ 3. 庭院 tíngyuàn   n.   court; courtyard; yard

例句：Wǒ de jiātíng shì ge dà jiātíng, yígòng yǒu shí'èr kǒu rén. /

我的家庭是个大家庭，一共有十二口人。/

My family is a big family of 12 members.

汉字知识（44）　Chinese Character Introduction (44)

字与词
Character and Word

　　字是记录语言的符号，是书写的单位。在汉语中，汉字基本上是和语言中的音节相对应的，一般情况下，一个汉字记录着一个音节。汉字是由部件或笔画构成的。(Characters are the symbols of the written language, the unit of writing. They are basically correspondent with the syllables,　generally,　one character with one syllable. Characters are made up of components or strokes.)

　　词是造句的单位，词是由语素（也叫词素）构成的。什么是语素呢？语素是语言中最小的音义结合体。例如"书"，是一个语素，它的语音形式是"shū"，它的意义是"成本的著作"；"马虎"也是一个语素，它的语音形式是"mǎhu"，意义是"不认真"。它们都是最小的音义结合体，它们不能分解成更小的有意义的单位。(Word, the unit for making sentences, is made up of morphemes. So what is morpheme? It is the minimum unit of sound and meaning. For instance, "书"is a morpheme, with the sound "shū" and the meaning"book"；"马虎"is also a morpheme with the sound "马虎" and the meaning "careless". Both of them are the minimum unit of sound and meaning, which bear no further separation.)

　　因此，凡是单音节语素或者只由一个单音节语素构成的词，都是用一个字来表示。这时，词、语素、字三者是一致的。多音语素或多音词，因为它们的每一个音节都需要由一个字来表示，所以情况就比较复杂，而且词、语素和字也往往是不完全一致的。例如"彷佛"、"雅加达"都是由一个语素组成的词，却要用两个或三个字来表示；"汉语"、"葡萄干"、"巧克力糖"都是由两个语素组成的词，却分别要用两个、三个、四个字来表示；"电视机"是由三个语素组成的词，同时也是用三个字来表示的。(Therefore, all the single-syllable morphemes or all the words made up of single-syllable morphemes are expressed by one character each. In this case, word, morpheme and character are in one form. It is in different case for multi-syllable morphemes and multi-syllable words,　owing to the fact that each syllable must have one character.　That is to say,　the word,　morpheme and character may not be equal in number. For example, both "彷佛" and "雅加达" have just one morpheme,　but they have two and three characters respectively."汉语","葡萄干" and "巧克力糖" have two morphemes each,　but they have two, three, and four characters respectively. "电视机" has three morphemes and also three characters.)

　　以上是语言学的定义,在日常生活中,人们常常以字代语素、以字代词。例如:"你说的这个字是什么意思?"/"你一个字一个字慢慢说!"/"我的回答就是一个字:'不行!'"(The above are linguistic definitions. In daily life, character is used to refer to morpheme or word. Look at these sentences: "What do you mean by this character?" /"Please speak slowly character by character." /"My answer is just one character '不行(No.)'.")

dì-sìshíwǔ kè　　　　tā　jīngcháng　qí
第四十五课　他 经 常 骑

Yán Rúmín jīngcháng qí zìxíngchē shàng bān.
颜 如民 经常 骑 自行车上　班。
Yan Rumin often goes to work by bicycle.

	轻 松					
干	劲		咱们			
颜 如 民	**经 常**	**骑**	**自**	**行**	**车**	**上 班。**
高 尚	奇 怪					
食 堂	寄 信					
党 员	椅 子					
手 掌						
躺 下						
趟 过						

yán **颜**（顏）十五画　【部首】页　(形声字)SI　义　color; face

◇ 1. 颜色　　　yánsè　　　　*n.*　　　color
◇ 2. 五颜六色　wǔyán-liùsè　　　　　of various colors; multicolored; colorful

例句：Lánsè, hóngsè hé zǐsè dōushì wǒ xǐ'ài de yánsè. / 蓝色、红色和紫色都是我喜爱的颜色。/
Blue, red and purple are all my favorite colors.

rú **如**　六画　【部首】女　(形声字)IS　义　like; if

◇ 1. 如果　rúguǒ　　　*conj.*　　if; whether
◇ 2. 如意　rúyì　　　　*a.*　　　as one wish
◇ 3. 如何　rúhé　　　　*pron*.　　how (written language)

例句：Rúguǒ nǐ yǒu shénme wèntí, qǐng jíshí gàosu wǒ. / 如果你有什么问题，请及时告诉我。/
If you have any problems, please tell me in time.

mín 民　五画　【部首】氏　义　civilian; the people; folk

　◇　1. 民族　mínzú　　　　　*n.*　　　　nationality
　◇　2. 农民　nóngmín　　　　*n.*　　　　peasant; farmer
　◇　3. 人民　rénmín　　　　　*n.*　　　　the people

例句：Zhōngguó yígòng yǒu wǔshíliù ge mínzú. / 中国一共有五十六个民族。/
There are altogether 56 nationalities in China.

jīng 经 (經)　八画　【部首】纟　(形声字)IS　义　constant; pass through; as a result of

　◇　1. 经常　jīngcháng　　　*adv./a.*　　frequently; constantly; constant; frequent
　◇　2. 经验　jīngyàn　　　　　　　　　　experience
　◇　3. 经济　jīngjì　　　　　　*n.*　　　　economy; economic; thrifty

例句：Wǒ rènshi tā, dànshì wǒmen bù jīngcháng láiwǎng. / 我认识他，但是我们不经常来往。/
I know him, but I don't have many dealings with him.

jìn 劲 (勁)　七画　【部首】力　(形声字)SI　义　strength

　◇　使劲　shǐ jìn　　　　　　　　　　　put forth one's strength

qīng 轻 (輕)　九画　【部首】车　(形声字)IS　义　light; easy; small in degree

　◇　1. 年轻　niánqīng　　　　*a.*　　　　young
　◇　2. 轻松　qīngsōng　　　　*a.*　　　　light; relaxed

例句：Niánqīngrén hé niánjì dà de rén xiǎngfa chángcháng bù yíyàng. /
年轻人和年纪大的人想法常常不一样。/
Young people and older people do not always agree.

shàng 尚　八画　【部首】小　(形声字)I/S　义　worship; revere

　◇　1. 高尚　gāoshàng　　　　*a.*　　　　noble; lofty
　◇　2. 和尚　héshang　　　　　*n.*　　　　Buddhist monk

táng 堂　十一画　【部首】小 / 土　(形声字)S/I　义　a hall for a specific purpose

　◇　1. 食堂　shítáng　　　　　*n.*　　　　dinning hall; canteen
　◇　2. 礼堂　lǐtáng　　　　　　*n.*　　　　assembly hall; auditorium
　◇　3. 课堂　kètáng　　　　　　*n.*　　　　classroom; schoolroom

◇ 4. 天堂　tiāntáng　　　　*n.*　　　paradise; heaven

例句：Zhè ge dàxué li yǒu xuésheng shítáng ma? / 这个大学里有学生食堂吗？/

Are there any dinning halls for students in this university?

dǎng 党 （黨）十画 【部首】儿 / 小 （形声字）S/I　Ⓧ political party; party

◇ 1. 政党　zhèngdǎng　　　*n.*　　　political party

◇ 2. 党员　dǎngyuán　　　　*n.*　　　party member

yuán 员 （員）七画 【部首】口 / 贝　Ⓧ member; a person engaged in some field of

activity

◇ 1. 员工　　yuángōng　　　*n.*　　　staff; personnel

◇ 2. 售货员　shòuhuòyuán　*n.*　　　shop assistant; salesclerk

◇ 3. 演员　　yǎnyuán　　　　*n.*　　　actor or actress; performer

例句：Quán xiào shīshēng yuángōng míngtiān shàngwǔ kāi dàhuì. / 全校师生员工明天上午开大会。/

All the teachers, students, administrative personnel and workers of the school will have a

meeting tomorrow morning.

zhǎng 掌 十二画 【部首】手 （形声字）SI　Ⓧ palm; hold in one's arm; control

◇ 1. 掌握　zhǎngwò　　　*v.*　　　grasp; master; know well

◇ 2. 手掌　shǒuzhǎng　　*n.*　　　palm

◇ 3. 鼓掌　gǔ zhǎng　　　　　　　clap one's hands; applaud

例句：Wǒmen shàng kè xué de Hànzì tā dōu zhǎngwò le. / 我们上课学的汉字他都掌握了。/

He has grasped all the characters we have learned in class.

tǎng 躺 十五画 【部首】身 （形声字）IS　Ⓧ lie; recline

◇ 1. 躺着　tǎngzhe　　　　　　　be lying

◇ 2. 躺下　tǎngxià　　　　*v.*　　　lie down

例句：Wǒ qù kàn tā de shíhou, tā zhèng tǎngzài chuángshang kàn shū. /

我去看他的时候，他在床上躺着看书。/

Lying on the bed, he was reading a book when I went to see him.

tàng 趟 十五画 【部首】走 （形声字）IS　Ⓧ one round trip; times

◇ 去一趟北京　qù yí tàng Běijīng　　　make a trip to Beijing

qí 奇 八画 【部首】大 义 strange; surprise; unexpected

◇ 1. 奇怪 qíguài   *a.*   strange; odd; surprising
◇ 2. 好奇 hàoqí   *a.*   be curious

jì 寄 十一画 【部首】宀 (形声字)I/S 义 post; send; mail

◇ 1. 寄信 jì xìn   post a letter
◇ 2. 寄钱 jì qián   remit money
◇ 3. 邮寄 yóujì   *v.*   send by post

例句：Wǒ zuótiān gěi tā jìle yì fēng hángkōngxìn. / 我昨天给他寄了一封航空信。/
I sent him a letter by air mail yesterday.

yǐ 椅 十二画 【部首】木 (形声字)IS 义 chair

◇ 椅子 yǐzi   *n.*   chair

例句：Yǐzi bú gòu, nǐ qù gěi wǒmen bān jǐ bǎ lái ba. / 椅子不够,你去给我们搬几把来吧。/
Chairs are not enough, would you like getting several chairs for us.

qí 骑 (騎) 十一画 【部首】马 (形声字)IS 义 ride (esp. on animal or bicycle, etc.)

◇ 骑马 qí mǎ   ride a horse

例句：Tā měi tiān qí zìxíngchē shàng bān. / 他每天骑自行车上班。/
He goes to work by bicycle everyday.

zán 咱 九画 【部首】口 (形声字)IS 义 we (including both the speaker and the person
or persons spoken to)

◇ 1. 咱们 zánmen   *pron.*   we
◇ 2. 咱俩 zánliǎ   *pron.*   we two

例句：Zánmen yìqǐ qù kàn diànyǐng ba. / 咱们一起去看电影吧。/
Let's go to movie together.

bān 班 十画 【部首】王 义 class; shift; duty; *measure word* (for regular communications
service)

◇ 1. 上班 shàng bān   go to work
◇ 2. 加班 jiā bān   work overtime; work an extra shift
◇ 3. 班长 bānzhǎng   *n.*   class monitor; squad leader

例句：Nǐ chángcháng shénme shíhou qù shàng bān? / 你常常什么时候去上班？/

When do you often go to work?

汉字知识（45） Chinese Character Introduction (45)

字义与词义
Character Meaning and Word Meaning

汉语的词汇以双音节词为主，一个双音节词由两个汉字组成，每个汉字通常代表的是一个词素（语素）。大部分双音节词的意义都和构词汉字的意义有联系。我们来看一下字义和词义的关系。(Two -syllable words are predominant in Chinese. They have two characters, each character usually being one morpheme. The meaning of most of the words has something to do with the meaning of the characters that composed them. Let's look at the relationship between the meaning of characters and the meaning of words.)

一、重叠式的词(Double Character Pairs)

1. 词义就是字义，完全相同。如：爸爸、妈妈、哥哥、妹妹、姑姑、舅舅、娃娃、星星等。(The word meaning and the character meaning are identical, such as "爸爸，妈妈，哥哥，妹妹，姑姑，舅舅，娃娃，星星" etc.)

2. 词义与字义基本相同。如：刚刚、常常、渐渐、轻轻、高高、狠狠等。(The word meaning and the character meaning are basically the same, such as "刚刚, 常常, 渐渐, 轻轻, 高高, 狠狠" etc.)

3. 词义与字义有联系，但不相同。如：家家、天天、时时、处处等。(The word meaning is related to the character meaning, but not the same, such as "家家, 天天, 时时, 处处" etc.)

二、并列式的词(Coordination)

并列式的词的词义不等于两个语素义的简单相加，通常情况下会产生新义，词义与字义的关系从而变得复杂了。例如"春秋"原指两个季节，凝固成复合词后泛指时间，进而指年龄。许多词不仅有基本义，还有引伸义、比喻义、文化义等等。下面我们来看并列式复合词以及其他类型复合词中字义与字义的组合关系。(The meaning of coordinate word is not simply the combination of the meaning of the two morphemes. The relationship between the character meaning and the word meaning is more complicated, for words tend to bear new meanings. For example, "春秋"used to refer to two seasons, but after it has become a fixed word, it refers to period of time, and then age. Apart from literal meaning, many words have extended meaning, figurative meaning and cultural meaning etc. The following are the relationship between meanings of coordinate characters of a word.)

1. 字义与字义相同或相近。如：出现、重复、等待、美丽、思想、完全、道路、运动等等。(The same or similar meaning of the two characters, e.g. "出现, 重复, 等待, 美丽, 思想, 完全, 道路, 运动"etc.)

2. 字义与字义相反。如：左右、上下、前后、买卖、呼吸、开关等等。(Opposite meaning of the two characters, e.g."左右, 上下, 前后, 买卖, 呼吸, 开关"etc.)

3. 字义与字义相关。如：父母、子女、土地、门窗、钟表、讲解、聪明等。(Related in meaning of the two characters, e.g." 父母, 子女, 土地, 门窗, 钟表, 讲解, 聪明"etc.)

三、连接式的词（Compounding）

1. 前面字义修饰限制后面的字义。如：飞机、红旗、鲜花、动物、微笑、迟到、茶杯、黑板、散步等等。(The first character modifies the second, e.g. "飞机, 红旗, 鲜花, 动物, 微笑, 迟到, 茶杯, 黑板, 散步" etc.)

2. 后面字义补充前面的字义。如：提高、降低、学会、变成、放大、缩小等。(The second character tells the degree of the first, e.g. "提高, 降低, 学会, 变成, 放大, 缩小"etc.)

3. 后面字义陈述前面的字义。如：年轻、性急、心慌、胆小、眼红、手巧等。(The second character narrates about the first, e.g. "年轻, 性急, 心慌, 胆小, 眼红, 手巧" etc.)

4. 前面的字义支配后面的字义。如：讲话、唱歌、录音、照相、结果等。(The first character manipulates the second, e.g. 讲话, 唱歌, 录音, 照相, 结果etc.)

四、附加式的词（Derivative）

1. 前面字义为辅，后面字义为主。如：老师、老虎、阿姨、阿爸等。(The main idea is in the first character, somewhat like a word with prefix, e.g. "老师, 老虎, 阿姨, 阿爸" etc.)

2. 前面字义为主，后面字义为辅。如：桌子、木头、车辆、人口、花朵等。(The main idea is in the second character, somewhat like a word with suffix, e.g. "桌子, 木头, 车辆, 人口, 花朵" etc.)

dì-sìshíliù kè 第四十六课　愿意 陪 我
yuànyì péi wǒ

Nǐ yuànyì péi wǒ jiǎnchá yíxiàr zhè jǐ fèn shìjuàn ma?
你 愿意 陪我 检查 一下 这 几份 试卷 吗?
Are you willing to check up those examination papers with me?

```
                      检 验
        资 源          危 险
          原 因           脸                      式 样
        你 愿 意 陪 我 检 查 一 下 这 几 份 试 卷 吗?
              加 倍              飞 机
              赔 偿
```

yuán **原** 十画 【部首】厂 **义** original; former; excuse; level; plain

◇ 1. 原谅　yuánliàng　　　　*v.*　　　excuse; forgive; pardon
◇ 2. 原来　yuánlái　　　　　*a.*　　　original; former; it turns out
◇ 3. 原因　yuányīn　　　　　*n.*　　　cause; reason

例句: Qǐng yuánliàng, wǒ méiyǒu tīng qīngchu nín de yìsi. / 请原谅，我没有听清楚您的意思。/
I am sorry, I didn't quite catch your meaning.

yuán **源** 十三画 【部首】氵 (形声字)IS **义** river head or source; source

◇ 1. 水源　shuǐyuán　　　　*n.*　　　the source of a river; headwaters; source of water
◇ 2. 能源　néngyuán　　　　*n.*　　　energy resource

yuàn **愿** (願) 十四画 【部首】心 (形声字)S/I **义** hope; wish; be willing to

◇ 1. 愿意　yuànyì　　　　　*aux./v.*　　be willing to; be ready; wish; want
◇ 2. 愿望　yuànwàng　　　　*n.*　　　desire; wish; aspiration
◇ 3. 宁愿　nìngyuàn　　　　*conj.*　　would rather; prefer

例句: Tā nìngyuàn zìjǐ xīnkǔ yìdiǎnr, yě bú yuànyì máfan biéren. /

他宁愿自己辛苦一点儿,也不愿意麻烦别人。/

He would rather leave the hard work for himself than trouble others.

---

yì 意 十三画 【部首】立 / 心 **义** meaning; expect; wish

◇ 1. 意思 yìsi　　　　　　*n.*　　　meaning; opinion; interest

◇ 2. 意见 yìjiàn　　　　　　*n.*　　　idea; view; objection; different opinion

◇ 3. 满意 mǎnyì　　　　　　*a.*　　　satisfied; pleased

◇ 4. 意义 yìyì　　　　　　　*n.*　　　meaning; sense; significance; importance

例句: Nǐ zhèyàng shuō shì shénme yìsi? / 你这样说是什么意思? /

What do you mean by saying that?

提示: "意"就是我们"心"中的声"音"。/ "意" *means the sound (音) in our heart (心)*.

---

péi 陪 十画 【部首】阝 *(形声字)*IS **义** accompany; keep sb. company

◇ 1. 陪同 péitóng　　　　　*v*　　　acompany

◇ 2. 陪伴 péibàn　　　　　　*v.*　　　keep sb. company

---

bèi 倍 十画 【部首】亻 *(形声字)*IS **义** times; -fold; double; twice as much

◇ 1. 十倍 shí bèi　　　　　　　　　　ten times

◇ 2. 百倍 bǎibèi　　　　　　*a.*　　　a hundred fold; a hundred times

◇ 3. 加倍 jiābèi　　　　　　　　　　double; redouble

例句: Xǔduō dōngxi bǐ shí nián yǐqián guìle hǎo jǐ bèi. / 许多东西比十年以前贵了好几倍。/

Many things now cost many times what they did ten years ago.

---

péi 赔 (赔) 十二画 【部首】贝 *(形声字)*IS **义** compensate; stand a loss

◇ 1. 赔本 péi běn　　　　　　　　　sustain losses in business; lose one's capital

◇ 2. 赔偿 péicháng　　　　　*v.*　　　compensate; pay for

---

jiǎn 检 (检) 十一画 【部首】木 *(形声字)*IS **义** check up; inspect; examine

◇ 1. 检查 jiǎnchá　　　　　*v./n.*　　check up; inspect; examine

◇ 2. 体检 tǐjiǎn　　　　　　*v./n.*　　have a general check-up; have a physical examination

◇ 3. 检讨 jiǎntǎo　　　　　*v./n.*　　examine; self-criticism

例句: Tā mǎi zhè liàng chē yǐqián zǐxì jiǎnchále yí biàn. / 他买这辆车以前仔细检查了一遍。/
He inspected the car carefully before he bought it.

chá 查 九画 〔部首〕木 (形声字)I/S 义 check; investigate; look up (in a
dictionary, etc.)

◇ 1. 查词典 chá cídiǎn　　　　　look up a word in dictionary

◇ 2. 调查 diàochá　　*v./n.*　　investigate; survey

◇ 3. 搜查 sōuchá　　*v.*　　search; ransack

例句: Yùdào shēngcí zuìhǎo xiān xiǎngyixiǎng zài chá cídiǎn. / 遇到生词最好先想一想再查词典。/
It's better to guess the meaning of a new word before looking it up in dictionary.

liǎn 脸 (臉) 十一画 〔部首〕月 (形声字)IS 义 face; front of certain things, such as
a door, shoes

◇ 1. 脸红 liǎn hóng　　　　　blush with shame; flush with anger; get excited

◇ 2. 丢脸 diūliǎn　　*a./v.*　　lose face; be disgraced

◇ 3. 愁眉苦脸 chóuméi-kǔliǎn　　wear a worried look

例句: Tīngle tāmen de zànyáng, tā liǎn hóng le. / 听了他们的赞扬，他脸红了。/
He blushed at their praises.

wēi 危 六画 〔部首〕厄 义 danger; endanger

◇ 1. 危险 wēixiǎn　　*a./n.*　　dangerous; danger

◇ 2. 危机 wēijī　　*n.*　　crisis; crash

◇ 3. 危害 wēihài　　*n./v.*　　harm; endanger

例句: Jiǔ hòu kāi chē shífēn wēixiǎn. / 酒后开车十分危险。/
It's very dangerous to drive tipsily.

xiǎn 险 (險) 九画 〔部首〕阝 (形声字)IS 义 danger; risk

◇ 1. 保险 bǎoxiǎn　　*a./n.*　　insurance; safe

◇ 2. 惊险 jīngxiǎn　　*a.*　　alarmingly dangerous; breathtaking

◇ 3. 冒险 màoxiǎn　　*v./a.*　　take a risk

例句: Tā zài yí ge bǎoxiǎn gōngsī gōngzuò. / 他在一个保险公司工作。/
He works for an insurance company.

yàn 验 （验） 十画 【部首】马 （形声字）IS （义） examine; check; test

◇ 1. 经验 jīngyàn   *n.*   experience
◇ 2. 实验 shíyàn   *v./n.*   make a test; experiment
◇ 3. 测验 cèyàn   *v./n.*   quiz
◇ 4. 考验 kǎoyàn   *v./n.*   test; trail

例句：Lín lǎoshī jiāole èrshí nián shū, jiàoxué jīngyàn hěn fēngfù. /
林老师教了二十年书，教学经验很丰富。/
Having taught for 20 years, Mr. Wang has very rich teaching experience.

jǐ/jī 几 （幾） 二画 【部首】几 （义） how many; a few; some

◇ 1. 好几遍   hǎo jǐ biàn
◇ 2. 几乎   jīhū   *adv.*   nearly; almost; practically

例句1：Zhè piān wénzhāng wǒ yǐjing dúguo hǎo jǐ biàn le. / 这篇文章我已经读过好几遍。/
I've read the article several times.

例句2：Jīhū yǒu sānfēnzhī yī de xuésheng zài shǔjià qījiān dǎ gōng. /
几乎有三分之一的学生在暑假期间打工。/
Almost a third of the students were working during the summer vacation.

jī 机 （機） 六画 【部首】木 （形声字）IS （义） machine; plane; chance; opportunity

◇ 1. 机会 jīhuì   *n.*   chance; opportunity
◇ 2. 机器 jīqì   *n.*   machine; machinery; apparatus
◇ 3. 机关 jīguān   *n.*   office; organ; body

例句：Zhè shì yìshēng zhōng nándé de jīhuì, nǐ bù yīnggāi cuòguò. /
这是一生中难得的机会，你不应该错过。/
It's the chance of a lifetime. You shouldn't miss it.

fèn 份 六画 【部首】亻 （形声字）IS （义） share; portion

◇ 身份证 shēnfènzhèng *n.*   identification card; ID

shì 式 六画 【部首】工／弋 （形声字）SI （义） type; style; model; ceremony

◇ 式样 shìyàng   *n.*   type; style; model

shì **试**（試） 八画 【部首】讠 （形声字）IS **义** try; test; attempt; examination

◇ 1. 考试 kǎoshì　　　　v./n.　　examine; examination; test
◇ 2. 试验 shìyàn　　　　v./n.　　trial; experiment; test
　 3. 口试 kǒushì　　　　n.　　　oral test; oral exam

例句：Tā xiǎng cānjiā wǔyuèfèn de Hànyǔ shuǐpíng kǎoshì. / 她想参加五月份的汉语水平考试。/ She wants to take part in the HSK next May.

juǎn/juàn **卷** 八画 【部首】八 / 卩 （形声字）S/I **义** cylindrical mass of sth.; roll

◇ 1. 胶卷 jiāojuǎn　　　　n.　　　rol film
◇ 2. 试卷 shìjuàn　　　　n.　　　examination paper

汉字知识（46） Chinese Character Introduction (46)

汉字总量与常用字
The Total Number of Characters and the Frequently Used Characters

　　自古至今，汉字的总数一共有多少？让我们看一看历代有影响的字书所收录的字数。(How many characters are there, taking consideration of all of them created in different periods of the history? Look at the number of characters in some influential dictionaries in history.)

　　最近，北京国安资讯设备公司汉字字库收录的汉字超过了 9 万个，是目前收录汉字最全的字库。当然，在 9 万多个汉字中，大多数都是已不再使用的死字、音义不详字和异体字。(The character bank made recently by Beijing Guo'an Communication Equipment Company includes over 90,000 entries, the largest bank in this field. Of course, the majority of the characters are variants or those that are no longer used or are vague in sound or meaning.)

　　现代通用汉字有多少？1981 年国家标准局发布 GB2312－80《信息交换用汉字编码字符集》收字 6763 个；1988 年，国家新闻出版署、国家语委发布《现代汉语通用字表》，收字 7000 个。这可以看作现代汉语通用的汉字。(How many characters are frequently used? There are 6,763 characters in GB2312－80 The Collection of Characters for Communication issued by the National Bureau of Standards in 1981. And the List of Frequently Used Characters in Modern Chinese issued by the National Press Publishing Office includes 7,000 characters. These characters can be regarded frequently used .)

时间	编著者	书名	数字
东汉	许慎	说文解字	9353 个（小篆）
南朝·梁	顾野王	玉篇	22726
宋	陈彭年等	广韵	26194
明	梅膺祚	字汇	33179
清	张玉书等	康熙字典	47035
1968	编委会	中文大辞典	49905
1990	徐中舒等	汉语大字典	54678
1994	冷玉龙等	中华字海	85568

现代汉语常用字有多少？国家语委和国家教委 1988 年发布的《现代汉语常用字表》收字 3500 个，其中常用字 2500 个，次常用字 1000 个。对 300 万字语料的检测结果是：2500 常用字覆(fù)盖率达 97.97%，1000 次常用字覆盖率达 1.51%，3500 字合计覆盖率达 99.48%。实际上，1000 个最常用字的覆盖率已经达到 90%。(But how many characters are generally used? The List of Generally Used Characters issued by Chinese Language Committee and the National Education Department in 1988 includes 3,500 characters, of which 2,500 characters are regarded as the frequently used characters while the left 1,000 less frequently used characters. The 3-million character corpus shows that 2,500 characters may cover 97.9% of the total amount of characters while the 1,000 less frequently used characters cover 1.51%, that is to say, the 3,500 characters cover 99.48%. Actually, the 1,000 most frequently used characters even cover 90%.)

一个人如果认识 3000 左右的汉字，阅读一般的书籍报刊时，可能遇到的生字还不到 1%。据统计，中国六年制小学语文教材的生字总量为 3189 个。据统计，孙中山所著《三民主义》只用了 2134 个不同的字；老舍的《骆驼祥子》也只用了 2413 个不同的字。国家汉办汉语水平考试部 1992 年发布的《汉字等级大纲》共收字 2905 个，这是外国留学生来华学习四年汉语所应当掌握的汉字总量，与中国小学生毕业时掌握的汉字总量相当。在这 2905 字中，又分为甲级字 800 个，乙级字 804 个，丙级字 601 个，丁级字 700 个。(If a person knows about 3,000 characters, the new characters he encounters when reading ordinary books or magazines may just account for 1%. Statistics show that there are totally 3,189 new characters in the Chinese textbooks in the six-year primary school, while The Three Principles of the People by Sun Yat-sen used 2,134 and The Camel Xiangzi used 2,413. The Chinese Character Grade Outline issued by the department of Chinese Level Examination, the National Chinese Language Office in 1992 includes 2,905 characters, close to the total number the foreign students should master during the four-year study in China The 2,905 characters are divided into four grades, the first grade 800, the second 804, the third 601 and the fourth 700.)

dì-sìshíqī kè　　xiǎozhū tiào jí
第四十七课　小珠跳级

Xiǎozhū tiào jí kǎo shàng le　Jìnán Dàxué, huòdé fēngfù de jiǎngpǐn.

小珠跳级考上了暨南大学，获得丰富的奖品。

Xiaozhu has skipped a grade to enter the Jinan university and got a lot of awards.

垃 **圾**

极 其　　　　　　　　　　　果 **酱**

株 **及** 格　　　　　　　　　　　**将** 来

小 珠 跳 级 考 上 了 **暨** 南 大 学，获 得 了 **丰 富** 的 **奖 品**。

挑 选　　　**既** 然　　　**蜜 蜂**

逃 跑　　立 **即**　　　相 **逢**

---

zhū 十画 【部首】王 （形声字）IS 义 　pearl; bead

◇ 1. 珠宝 zhūbǎo　　　　　*n.*　pearls and jewels; jewelry

◇ 2. 珍珠 zhēnzhū　　　　*n.*　pearl

zhū 十画 【部首】木 （形声字）IS 义 　plant (used for trees)

◇ 守株待兔 shǒuzhūdàitù　　Stand by a stump waiting for more hares to come and dash themselves against it—trust to chance and windfalls.

tiāo 九画 【部首】扌（形声字）IS 义 　choose; select; pick faults

◇ 1. 挑选　tiāoxuǎn　　　*v.*　choose; select; pick out

◇ 2. 挑毛病 tiāo máobing　　　pick faults; find faults

táo 九画 【部首】辶（形声字）IS 义 　run away; escape; avoid

◇ 1. 逃跑 táopǎo　　　　*v.*　escape; flee

◇ 2. 逃学 táo xué　　　　　play truant; cut class

jí 三画 【部首】丿 义 　reach; in time for; and

◇ 1. 及时 jíshí　　　　　*a.*　timely; in good time; without delay

237

◇ 2. 以及 yǐjí   *conj.*   as well as; along with; and

◇ 3. 及格 jígé   *v.*   pass test, examination, etc.

◇ 4. 来得及 láidejí   there's still time; be able to do in time

例句: Xuéxí shang yǒule wèntí zuìhǎo jíshí jiějué. / 学习上有了问题最好及时解决。/

If you have any problem with your study, you'd better solve it without delay.

---

jí **级** (级) 六画 【部首】纟 (形声字)IS (义) level; grade; course; class

◇ 1. 高级 gāojí   *a.*   senior; high-ranking; high-grade

◇ 2. 年级 niánjí   *n.*   grade; year

◇ 3. 升级 shēng jí   go up (one's grade); escalate

例句: Nǐ xiǎng jìn Hànyǔ chūjíbān, zhōngjíbān, háishi gāojíbān? /

你想进汉语初级班、中级班,还是高级班? /

Which Chinese class do you want to be in? Beginning, intermediate or advanced?

---

jí **极** (極) 七画 【部首】木 (形声字)IS (义) the utmost point; extremely; pole

◇ 1. 极其 jíqí   *adv.*   most; extremely; exceedingly

◇ 2. 积极 jījí   *a.*   positive; active; energetic

◇ 3. 极力 jílì   *adv.*   do one's utmost; spare no effort

例句: Tā de huà ràng wǒ gǎndòng jí le. / 他的话让我感动极了。/

I was extremely moved with his words.

---

jī **圾** 六画 【部首】土 (形声字)IS

◇ 1. 垃圾 lājī   *n.*   garbage; rubbish

◇ 2. 垃圾箱 lājīxiāng   *n.*   dustbin; garbage can

---

kǎo **考** 六画 【部首】耂 / 十 / 一 (形声字)I/S (义) give or take an examination; check; study

◇ 1. 考试 kǎoshì   *v./n.*   examine; examination; test

◇ 2. 考虑 kǎolǜ   *v.*   think over; consider

◇ 3. 思考 sīkǎo   *v.*   think carefully

例句: Wǒmen shénme shíhou kěyǐ nádào kǎoshì chéngjì? /

我们什么时候可以拿到考试成绩? /

When shall we receive the examination reports?

jì 既 九画 【部首】艮 / 乙 (义) since; as; now that
- 1. 既然 jìrán   *conj.*   since; as; now that
- 2. 既…又 / 也… jì... yòu/ yě...   *conj.*   both... and; as well as

jí 即 七画 【部首】卩 / 艮 (义) immediately; at once; even if
- 1. 立即 lìjí   *adv.*   immediately; at once
- 2. 即使 jíshǐ   *conj.*   even; even if

huò 获 (獲) 十画 【部首】艹 / 犬 (义) obtain; win; reap
- 1. 获得 huòdé   *v.*   gain; acquire; win
- 2. 收获 shōuhuò   *v./n.*   gather in the crops; harvest; results; gains

fēng 丰 (豐) 四画 【部首】丨 / 一 (义) abundant; plentiful
- 1. 丰富 fēngfù   *a./v.*   rich; abundant; enrich
- 2. 丰满 fēngmǎn   *a.*   full and round; well-developed
- 3. 丰盛 fēngshèng   *a.*   sumptuous feast

例句: Zhǐyǒu búduàn xuéxí cái néng huòdé fēngfù de zhīshi. /
只有不断学习才能获得丰富的知识。
Only continuous study can enrich one's knowledge.

fù 富 十二画 【部首】宀 (形声字)I/S (义) rich; wealthy; abundant
- 1. 财富 cáifù   *n.*   wealth; riches
- 2. 富人 fùrén   *n.*   the rich man
- 3. 富强 fùqiáng   *a.*   prosperous and strong

例句: Bǐ cáifù gèng zhòngyào de dōngxi shì shénme ne? / 比财富更重要的东西是什么呢? /
What do you think is more important than being rich?

fēng 蜂 十三画 【部首】虫 (形声字)IS (义) bee; wasp
- 1. 蜜蜂 mìfēng   *n.*   honeybee
- 2. 蜂蜜 fēngmì   *n.*   honey

féng 逢 十画 【部首】辶 （形声字）IS Ⓨ meet; com upon
◇ 相逢 xiāngféng　　*v.*　　come across; meet (by chance)

jiāng/jiàng 将 （將） 九画 【部首】丬 / 寸 （形声字）SI Ⓨ be going to; will; shall
◇ 1. 将来 jiānglái　　*n.*　　future
◇ 2. 将军 jiāngjūn　　*n.*　　mil. General
◇ 3. 将帅 jiàngshuài　　*n.*　　General

jiàng 酱 （醬） 十三画 【部首】酉 （形声字）S/I Ⓨ a hick sauce made from soybeans, flour, etc.; jam
◇ 1. 酱油 jiàngyóu　　*n.*　　soy sauce
◇ 2. 果酱 guǒjiàng　　*n.*　　jam

jiǎng 奖 （奬） 九画 【部首】大 （形声字）S/I Ⓨ encourage; praise; award; prize
◇ 1. 奖品 jiǎngpǐn　　*n.*　　prize; award; trophy
◇ 2. 奖学金 jiǎngxuéjīn　　*n.*　　scholarship; exhibition

pǐn 品 九画 【部首】口 Ⓨ article; good; product
◇ 1. 食品 shípǐn　　*n.*　　foodstuff; food
◇ 2. 日用品 rìyòngpǐn　　*n.*　　daily necessities; articles of daily use

汉字知识（47）　Chinese Character Introduction (47)

错字和别字
Wrong Characters and Wrongly Chosen Characters

　　汉字使用错误的情况在音形义三个方面都可能发生。以下是一些常见的形近字。(Concerning using characters, mistakes are likely to be made in three aspects: sound, form and meaning.)

　　第一种是读错字,指把字音念错,例如把"破绽"念成"破 dìng";把"忏悔"念成"qiān 悔";把"波浪"念成"pō 浪";把"参差"念成"cānchā"等等。(First, mispronounce the character, for example, read the word"破绽","破 dìng","忏悔",

"qiān 悔","波浪","pō 浪", and "参差","cānchā" etc.)

　　第二种是写错字,又可分为错字和别字。错字是指写得不成字,也就是字典里查不出的字,例如:含(含)、染(染)、步(步)、试(试)等等。别字,也叫"白字",指把该写的字写成别的字,写成字典里虽有但用错了地方的字。例如:把"再见"写成"再贝"、把"刻苦"写成"克苦"、把"一般"写成"一船"、把"厉害"写成"历害"等等。有些别字是因为读错音而随之写错的,如"负偶(把'隅'误读为 ǒu,因而写错)顽抗"、"辣(当为棘 jí)手"等。(Second, make mistakes in writing characters. They can be wrong characters that actually do not exist in dictionary, such as: 含(含), 染(染), 步(步), 试(试), or characters wrongly chosen, change"再见"into "再贝","刻苦" into"克苦","一般" into"一船","厉害"into"历害"etc. In addition, some characters are wrongly chosen because they are wrongly pronounced first, such as "负偶('隅'is mispronounced as 'ǒu', hence replacing it by"偶"in mistake)顽抗"、"辣(it should be 棘 jí)手".)

　　第三种是释错义,例如把"好恶"解释为"好坏",其实"好恶"读做"hàowù",意思是"喜好和厌恶,指兴趣"。对字义理解错误,常常表现为读错、写错汉字。(Third, misunderstand the word. For example, misunderstand the word "好恶"as "good and bad", which actually reads "hàowù", meaning "likes and dislikes". Misunderstanding a word often results in mistakes in pronunciation or writing.)

　　产生错别字的原因有主观的,也有客观的,主观原因是自己不重视,认字不细心,不会写也不问别人,不查字典。客观原因是汉字本身很复杂,难认、难写、难记。(There are subjective as well as objective reasons for mistakes in writing characters. The former includes negligence, carelessness and laziness in looking up the dictionary. The latter refers to the complexity of Chinese characters and the corresponding difficulties it brings in reading, writing and memorizing.)

　　一个人随便写字,别人不认识,或者引起误会,难就失去了文字的交际作用,甚至给工作带来损失。我们一定要认真地学习汉字,一笔一画地写好汉字,注意纠正错别字。(Wrong characters made out of carelessness are likely to be misleading and even affect your work. You are supposed to learn to write Chinese characters carefully, and try to avoid any possible mistakes.)

第三单元

dì-sìshíbā kè　　　　cí　diào　liàng　shè
第四十八课　词　调　谅　设

cí 词	diào/tiáo 调	liàng 谅	shè 设	ràng 让
tán 谈	yánzìpáng 言字旁			wù 误
sù 诉	讠			xǔ 许
yì 谊	yì 译	shī 诗	wèi 谓	xùn 训

cí 词 （词）　七画　【部首】讠　（形声字）IS　义　word; term; speech

◇ 1. 生词　shēngcí　　　　n.　　　　new word
◇ 2. 词典　cídiǎn　　　　　n.　　　　dictionary
◇ 3. 词语　cíyǔ　　　　　　n.　　　　words and expressions

例句: Kèwén li shēngcí tàiduō le, wǒ kàn bù dǒng. / 课文里生词太多了,我看不懂。/
I can't understand the text because there are too many new words in it.

diào/tiáo 调 （调）　十画　【部首】讠　（形声字）IS　义　transfer; tone; tune

◇ 1. 声调　shēngdiào　　n.　　　tone; the tone of a Chinese character
◇ 2. 调查　diàochá　　　　v.　　　investigate; survey
◇ 3. 单调　dāndiào　　　　a.　　　monotonous; dull
◇ 4. 空调　kōngtiáo　　　　n.　　　air-condition; air conditioning
◇ 5. 调整　tiáozhěng　　　v.　　　aust; regulate; revise

242

例句：Hànyǔ shēngdiào bǐjiào nán, dànshì hěn zhòngyào. / 汉语声调比较难，但是很重要。/

The tones of Chinese language is very important, though it is somewhat difficult to learn.

---

liàng 谅（諒）十画 【部首】讠（形声字）IS 义 excuse; forgive

◇ 1. 原谅 yuánliàng　　　v.　　　excuse; forgive; pardon
◇ 2. 谅解 liàngjiě　　　　 v.　　　forgive; understand

例句：Rúguǒ nǐ wàngjìle tā de shēngri, tā huì yuánliàng nǐ ma? /

如果你忘记了她的生日，她会原谅你吗？/

If you have forgotten her birthday, would she forgive you?

---

shè 设（設）六画 【部首】讠（形声字）IS 义 set up; establish; plan

◇ 1. 设计 shèjì　　　　v./n.　　design; plan
◇ 2. 建设 jiànshè　　　v.　　　built; construct
◇ 3. 设备 shèbèi　　　 n.　　　equipment; installation; facility

例句：Shìjiè shang xǔduō yǒumíng de jiànzhù dōu shì Bèi xiānsheng shèjì de. /

世界上许多有名的建筑都是贝先生设计的。/

Many world-known buildings were designed by Mr.Pei.

---

ràng 让（讓）五画 【部首】讠（形声字）IS 义 let; allow; ask; give way to

◇ 1. 让座 ràng zuò　　　　　　offer one's seat to
◇ 2. 让开 ràngkāi　　　v.　　　get out of the way
◇ 3. 让步 ràngbù　　　 v./n.　　give in; make a
　　　　　　　　　　　　　　　concession; give way

例句：Māma ràng háizi gěi nà wèi lǎorén ràng zuò. /

妈妈让孩子给那位老人让座。/

The mother let her kid offering his seat to the old man.

---

sù 诉（訴）七画 【部首】讠（形声字）IS 义 tell; inform; complain; charge

◇ 1. 告诉 gàosu　　　　v.　　　tell; inform
◇ 2. 诉说 sùshuō　　　 v.　　　tell; relate; recount

例句：Zhè jiàn shì hái méi dìng xialai, xiān bié gàosu tā. / 这件事还没定下来，先别告诉他。/

Don't tell him now since we haven't decided yet.

tán 谈 (談) 十画 【部首】讠 (形声字)IS 义 talk; chat

◇ 1. 谈话　tánhuà　　v./n.　talk; conversation; chat
◇ 2. 谈判　tánpàn　　v./n.　negotiate; talk
◇ 3. 谈恋爱 tán liàn'ài　　be in love

例句：Tāmen tánhuà tánle hěn cháng shíjiān. / 他们谈话谈了很长时间。/ They talked for a long time.

wù 误 (誤) 九画 【部首】讠 (形声字)IS 义 mistake; error; miss

◇ 1. 误会　wùhuì　　v./n.　misunderstand; mistake; misunderstanding
◇ 2. 错误　cuòwù　　n.　mistake; error
◇ 3. 误解　wùjiě　　v.　misread; misunderstand; misunderstanding

例句：Nǐ kěnéng wùhuìle wǒ de huà. / 你可能误会了我的话。/ You maybe misunderstand me.

xǔ 许 (許) 六画 【部首】讠 (形声字)IS 义 permit; allow; perhaps; probably

◇ 1. 许多　xǔduō　　a.　many; much; a lot of
◇ 2. 也许　yěxǔ　　adv.　perhaps; probably
◇ 3. 允许　yǔnxǔ　　v.　permit; allow

例句：Wǒmen xǔduō rén dōu qùguo Bālí Dǎo. / 我们许多人都去过巴厘岛。/ Most of us have been to Bali island.

yì 谊 (誼) 十画 【部首】讠 (形声字)IS 义 friendship

◇ 1. 友谊　yǒuyì　　n.　friendship
◇ 2. 情谊　qíngyì　　n.　friendly feelings
◇ 3. 交谊　jiāoyì　　n.　friendly relations

例句：Tāmen zhījiān yǒu shēnhòu de yǒuyì. / 他们之间有深厚的友谊。/ There is a profound friendship between them.

yì 译 (譯) 七画 【部首】讠 (形声字)IS 义 translate; interpret

◇ 1. 翻译　fānyì　　v./n.　translate; interpret; translator; interpreter
◇ 2. 译文　yìwén　　n.　translated text; translation
◇ 3. 译员　yìyuán　　n.　translator; interpreter

例句：Zhè běn shū yǐjīng fānyì chéng Hànyǔ le, yì de hěn hǎo. / 这本书已经翻译成汉语了，译得很好。/ The book has been well translated into Chinese.

Hànzì Tūpò

shī **诗** （詩） 八画 【部首】讠 （形声字）IS **义** poetry; verse

◇ 1. 一首诗 yì shǒu shī　　　　a poem
◇ 2. 诗人　shīrén　　　 *n.*　 poet

xùn **训** （訓） 五画 【部首】讠 （形声字）IS **义** teach; train

◇ 1. 训练 xùnliàn　　　 *v.*　 train; drill
◇ 2. 教训 jiàoxùn　　　 *v./n.*　 teach sb. a lesson; lesson; moral

wèi **谓** （謂） 十一画 【部首】讠 （形声字）IS **义** say; call; mean

◇ 1. 所谓　suǒwèi　　　 *a.*　 what is called; so-called
◇ 2. 无所谓 wúsuǒwèi　　 *v./a*　 indifferent; not matter; can not be called

汉字知识（48）　　 Chinese Character Introduction (48)

形近字　Similar-form Characters

　　形近字是指笔画、部件或结构轮廓(lúnkuò)相近似的字,汉字中形近字较多,如果不注意辨析,很容易写错、念错。(Similar-form characters refer to those with similar strokes,　components or structures.　There are a large number of such characters in Chinese that need careful distinction, or mistakes are likely to be made in both reading and writing.)

　　以下是一些常见的形近字。(The following are some common similar-form characters:)

　　1. 笔画增减(one stroke added or missing)：日—目,大—天,更—史,竞—竟,万—方,持—特,亨—享,兔—免,扰—拢,休—体

　　2. 笔画变化(different strokes)：贝—见,千—干,仓—仑,天—夭,士—土,己—已,气—乞,末—未,抢—抡

　　3. 笔画位置变化(same strokes in different positions)：玉—主,太—犬,庄—压,厌—庆,由—甲,牛—午,占—古,刀—力

　　4. 部件改变(change of component)：蓝—篮,拔—拨,没—设,即—既,历—厉,课—棵—颗,快—块,简—简,辨—辩—辫,偷—愉,住—往,问——向,密—蜜,练—炼,杨—扬

　　5. 轮廓相近(similar outline)：乃—及,使—便,爪—瓜,园—圆,冠—寇,

汉字突破

叚—段,换—挽,具—县,辛—幸,崇—崇,戊—戌—戍—成

　　避免形近字写错的方法是多做对比、组合、构词、释义的练习。如上面最后一组形近字就分别位于这组词语中:茂盛—诬蔑(wūmiè)—越南—城市。

第四十九课　啊 告 哈 喊

a	gào	hā	hǎn	hào
啊	告	哈	喊	号
ké/hāi	kǒuzìpáng 口字旁			lā
咳				啦
sòu	口			chuī
嗽				吹
ng	wèi	xiǎng	ya	qì
嗯	喂	响	呀	器

 a 啊　　十画 【部首】口 （形声字)IS （义） a modal particle; exclamation

◇ 1. Used at the end of a sentence to convey a feeling of admiration or an undertone of warning:

Duō měi de huār a! / 多美的花儿啊！/ How beautiful the flower is!

◇ 2. Used before a pause in order to attract attention:

Nǐ a, wèi shénme bù zǎo gàosu wǒ? / 你啊，为什么不早告诉我？/

Why didn't you tell me earlier?

◇ 3. Used after each item of a series of things:

Píngguǒ a, táo a, lí a, shénme dōu yǒu. / 苹果啊，桃啊，梨啊，什么都有。/

We have all sorts of fruit, apples, peaches, pears, and so on.

第四十九课

247

gào 告 七画 【部首】口 义 tell; inform; accuse; declare

◇ 1. 报告 bàogào　　　　v./n.　　report; talk; lecture

◇ 2. 广告 guǎnggào　　　　n.　　advertisement

例句：Gàosu wǒ fāshēngle shénme shì. /
告诉我发生了什么事。/
Tell me what happened.

hā 哈 九画 【部首】口 (形声字)IS 义 breath out (with the mouth open)

◇ 1. 哈哈 hāhā　　　　intj.　　Aha (indicating complacency or satisfaction)

◇ 2. 打哈欠 dǎ hāqian　　　　give a yawn

例句：Hāhā, wǒ cāidàole zhè ge míyǔ. / 哈哈，我猜到了这个谜语。/
Aha, I have guessed the riddle.

hǎn 喊 十二画 【部首】口 (形声字)IS 义 shout; cry out; call (a person)

◇ 1. 喊声 hǎnshēng　　　　n.　　yell; shouting

◇ 2. 叫喊 jiàohǎn　　　　v.　　shout; yell

◇ 3. 喊叫 hǎnjiào　　　　v.　　shout; cry out

例句：Nǐmen zǒu de shíhou qǐng hǎn wǒ yì shēng. / 你们走的时候请喊我一声。/
Please give me a shout when you go.

hào 号 (號) 五画 【部首】口 义 date; size; mark

◇ 1. 号码　　hàomǎ　　　n.　　number

◇ 2. 口号　　kǒuhào　　　n.　　slogan

◇ 3. 大号　　dàhào　　　n.　　large size (of shoes, clothes, etc.)

◇ 4. 几月几号　jǐ yuè jǐ hào　　which month which date

例句：Nǐ zhīdao tā de fángjiān hàomǎ ma? / 你知道他的房间号码吗？/
Do you know his room number?

ké/hāi 咳 九画 【部首】口 (形声字)IS 义 cough

sòu 嗽 十四画 【部首】口 (形声字)IS 义 cough

◇ 咳嗽　　késou　　*v.*　　　　cough

例句：Nà ge háizi késoule yí ge wǎnshang. / 那个孩子咳嗽了一个晚上。/
The child was coughing all night.

ńg/ňg/ǹg 嗯 十三画 【部首】口 (形声字)IS

◇ 1. 嗯 ńg　　　　　*intj.*　　　used for having words repeated when not heard:
　　Ńg, nǐ shuō shénme? / 嗯,你说什么? / What did you say?

◇ 2. 嗯 ňg　　　　　*intj.*　　　used to indicating surprise:
　　Ňg, zěnme yòu bú jiàn le? / 嗯,怎么又不见了? /Hay! it's gone again.

◇ 3. 嗯 ǹg　　　　　*intj.*　　　indicating response:
　　Tā ǹgle yì shēng, jiù zǒu le. / 他嗯了一声,就走了。/
　　He merely mumbled "Hum", and went away.

wèi 喂 十二画 【部首】口 (形声字)IS 义 hello; hey; feed;

例句：1. Wèi, nǐ shàng nǎr qù? / 喂,你上哪儿去? / Hey, where are you going?
　　　2. Tā zhèngzài gěi háizi wèi fàn. / 她正在给孩子喂饭。/ She is feeding the baby.

xiǎng 响 (響) 九画 【部首】口 (形声字)IS 义 sound; make a sound; loud

◇ 1. 影响　yǐngxiǎng　　*v./n.*　　　influence
◇ 2. 响亮　xiǎngliàng　　*a.*　　　　loud and clear
◇ 3. 响应　xiǎngyìng　　*v.*　　　　respond; answer

例句：Dàjiā dōu tánle zìjǐ de kànfǎ, nǐ wèi shénme yì shēng bù xiǎng? /
大家都谈了自己的看法,你为什么一声不响? /
Everybody has given his opinion, but why did you keep silent?

yā/ya 呀 七画 【部首】口 (形声字)IS

◇ 1. 呀 yā　　　　　*intj.*　　　(indicating surprise) ah; oh:
　　Yā, xià yù le. / 呀,下雨了。/ Oh, it's raining.

◇ 2. 呀 ya　　　　　*aux.*　　　equivalent to "啊"
　　Nǐ shì shuí ya? / 你是谁呀? / Who are you?

la 十一画 【部首】口 （形声字）IS Ⓧ *a model particle* (the representation of the combination "le" and "a", expressing exclamation, interrogations, etc.)

例句：Tā zhēn lái la! / 他真来啦！/ He has turned up, indeed.

chuī 吹 七画 【部首】口 Ⓧ blow; boast; break off

◇ 1. 吹了 chuīle   (of a couple of sweet heart) broken up
◇ 2. 吹牛 chuī niú   boast; brag

例句：Tā chuīmièle zuìhòu yì gēn làzhú. / 他吹灭了最后一根蜡烛。/
He blow out the last candle (on his birthday party).

qì 器 十六画 【部首】口 Ⓧ utensil; implement; appliance

◇ 1. 电器 diànqì   *n.*   electrical appliance
◇ 2. 机器 jīqì   *n.*   machine; machinery; apparatus
◇ 3. 乐器 yuèqì   *n.*   musical instrument

例句：Zài dà shāngdiàn li, nánren ài kàn diànqì, nǚren ài kàn fúzhuāng. /
在大商店里，男人爱看电器，女人爱看服装。/
In the department store, men are interested in electrical appliances and women in clothing.

汉字知识（49）   Chinese Character Introduction (49)

同音字   Homonym

　　汉语中存在着大量的同音字，这是由于汉语中只有1303个带调的不同音节，而通用汉字有7000个，平均每个音节会有5．37个同音字。其中，拥有最多同音字的音节是yì，共有63个同音字，如：易、亿、意、义、议、译、艺、谊、忆、异、益、毅……拥有40以上同音字的音节还有xī(53)、bì(45)、yù(45)、lì(43)、zhì(41)、fú(40)和jì(40)。(There is a large quantity of homonyms in Chinese, for there are only 1,303 syllables with tones but there are 7,000 general characters, which means every syllable has 5.37 homonyms on average. The syllable that represents most characters is "yì", exactly 63 characters in total, such as "易，亿，意，义，议，译，艺，谊，忆，异，益，毅……". Syllables that represent over 40 characters are as follows:"xī (53)、bì (45)、yù (45)、lì (43)、zhì (41)、fú (40)" and "jì (40)".)

　　同音字的不同写法能使同音语素在书面上区分得清清楚楚，但在口语交际

Hànzì Tūpò

中,如果只说一个音节,别人就不容易明白你说的是哪个字。比如学生问老师"lì"字怎么写?老师常常会反问:"哪个lì?"所以,我们最好这样问:"老师,美丽(lì)的丽(lì)怎么写?"(Different characters of homonyms make it easy for people to distinguish them in written form, but in oral communication if you just say one character, you are likely to confuse your listener which character you refer to. For example, if a student asks a teacher how to write the character "lì", the teacher may ask which "lì" he refers to. So, the best way to ask this question is, "How to write 'lì' in 'měilì'? ")

我们在口语交际中,通常是用不同的词来区别同音字的。例如:"皮带的带,不是口袋的袋。"/"我姓章,文章的章"。"他姓余,节余的余。"有时也通过描述汉字的笔画结构来区分同音字,例如:"她姓张,是弓长张。""我叫谢明,言身寸谢,日月明。"(In oral communication, we usually apply different words to distinguish homonyms. For example, "It's "带" in "皮带",not in "口袋", "My surname is "章" in "文章"; his surname is "余" in "节余." Sometimes we distinguish homonyms by telling their components or structures. For example,"Her surname is "张", the one made of "弓" and "长". "My name is "谢明", "谢" made of "言", "身" and "寸", "明" made of "日" and "月".)

遇到同音词怎么办?那就需要进一步用短语、句子、解释意思或汉字写法等手段来区别了。偶尔碰到容易混淆(hùnxiáo)的同音词,通常换用同义词的办法,例如,"期终考试"易与"期中考试"相混淆,现在人们一般用"期末考试"来取代"期终考试";用"中断"取代"中止",以避免与"终止"相混;"shòujiǎng"可能指"授奖",也可能指"受奖",现在多把前者说成"颁(bān)奖"或"发奖",后者改为"获奖"或"得奖"。(But how to distinguish words with the same sound? We may apply such methods as using phrases or sentences, explaining the meaning or telling how to write the character etc. Occasionally we may encounter some characters with the same sound that are confusing to us, and in this case applying synonyms to replace the confusing one is a good solution. For example, "期终考试" and "期中考试" are confusing, so we tend to replace "期终考试" by "期末考试"; replace "中止" by "中断" to distinguish with "终止"; "shòujiǎng" may mean "授奖" (present reward) or "受奖" (be awarded), and we tend to refer to the former as "颁(bān)奖" or "发奖" and the latter as "获奖" or "得奖".)

dì-wǔshí kè   bǎi   bān   bào   bō
第五十课　　摆　搬　报　播

bǎi	bān	bào	bō	cā	zhǎo	tái
摆	搬	报	播	擦	找	抬
cāo						zhǐ
操			tíshǒupáng			指
chí			提手旁			lā
持			扌			拉
diào						wò
掉						握
guà	huàn	jì	jiē	pái	shí	
挂	换	技	接	排	拾	

zhǎo **找**　七画　【部首】扌　义　look for; give change; quest; seek

◇ 1. 找钱　zhǎo qián　　　　　give back a change; exchange money

◇ 2. 找人　zhǎo rén　　　　　look for a person

◇ 3. 寻找　xúnzhǎo　　v.　　look for; search for

例句：Duìbuqǐ, nǐ hái méi zhǎo wǒ qián ne. / 对不起，你还没找我钱呢。/

Excuse me, you haven't given me back the change.

提示：比较"找"和"我"两字的结构。/

Compare the difference in composition between "找" and "我".

bǎi 摆（擺） 十三画 【部首】扌 （形声字）IS 义 put; place; arrange; sway

◇ 1. 摆放 bǎifàng　　　　*v.*　　　　put; place
◇ 2. 摇摆 yáobǎi　　　　　*v.*　　　　sway; swing; rock
◇ 3. 摆手 bǎi shǒu　　　　　　　　　　sway; wave

例 句：Kèrén lái yǐqián qǐng nǐ bǎ zhèxiē dōngxi bǎifàng hǎo. /
客人来以前请你把这些东西摆放好。/
Please put them in order before the guests come.

bān 搬 十三画 【部首】扌 （形声字）IS 义 take away; move; remove

◇ 1. 搬家 bān jiā　　　　　　　　　move
◇ 2. 搬走 bān zǒu　　　　　　　　　move away

例 句：Wǒmen dǎsuan xià xīngqī bān jiā. / 我们打算下星期搬家。/
We're going to move next week.

bào 报（報） 七画 【部首】扌 义 report; announce; newspaper; periodical

◇ 1. 报名 bào míng　　　　　　　enter one's name; sign up
◇ 2. 报纸 bàozhǐ　　　　　*n.*　　　newspaper
◇ 3. 画报 huàbào　　　　　*n.*　　　pictorial

例 句：Nǐ bào míng cānjiā bǐsài le ma? / 你报名参加比赛了吗？/
Have you entered your name for the game?

bō 播 十五画 【部首】扌 （形声字）IS 义 broadcast

◇ 1. 广播 guǎngbō　　　　*v./n.*　　be on the air; broadcast
◇ 2. 传播 chuánbō　　　　*v.*　　　spread; disseminate; propagate
◇ 3. 播送 bōsòng　　　　　*v.*　　　broadcast; transmit

例 句：Zhè jiā Zhōngwén diàntái měi tiān guǎngbō shíliù ge xiǎoshí. /
这家中文电台每天广播 16 个小时。/
This Chinese radio station broadcasts 16 hours every day.

cā 擦 十七画 【部首】扌 （形声字）IS 义 rub; clean; wipe

◇ 1. 擦汗 cā hàn　　　　　　　　　wipe the sweat away
◇ 2. 擦掉 cādiào　　　　　　　　　wipe off; rub out

例 句：Nǐ xiān bǎ zhuōzi cā gānjing ba. / 你先把桌子擦干净吧。/
You please wipe the table clean first.

Hànzì Túpò

cāo 操 十六画 【部首】扌 (形声字)IS Ⓨ act; do operate; drill

◇ 1. 操场 cāochǎng　　　*n.*　　playground; sports ground
◇ 2. 操心 cāoxīn　　　　*v./a.*　worry about; trouble about
◇ 3. 操作 cāozuò　　　　*v.*　　operate; manipulate
◇ 4. 体操 tǐcāo　　　　　*n.*　　gymnastics

例句：Hěn duō xuésheng zài cāochǎng shang pǎo bù. / 很多学生在操场上跑步。/
Many students are running about in the playground.

chí 持 九画 【部首】扌 (形声字)IS Ⓨ keep; maintain; manage; hold

◇ 1. 坚持 jiānchí　　　*v.*　　persist in; persevere in; insist on
◇ 2. 保持 bǎochí　　　　*v.*　　keep; maintain; dominate
◇ 3. 支持 zhīchí　　　　*v.*　　assist; support; deal with

例句：Tā jiānchí yāoqiú hé wǒmen yìqǐ lái. / 他坚持要求和我们一起来。/
He insisted on his coming with us.

diào 掉 十一画 【部首】扌 (形声字)IS Ⓨ fall; drop; lose

◇ 1. 掉下去 diào xiaqu　　　fall off; drop off
◇ 2. 扔掉　rēngdiào　　　　throw away

例句：Nà běn shū cóng zhuōzi shang diào xiaqu le. / 那本书从桌子上掉下去了。/
The book fell off the desk.

guà 挂 (掛) 九画 【部首】扌 (形声字)IS Ⓨ hang; put up; hitch; ring off

◇ 1. 挂号　　guà hào　　　　register (at a hospital, etc.); send by registered mail
◇ 2. 挂念　　guàniàn　　*v.*　worry about sb. who is absent; miss
◇ 3. (电话)挂了 (diànhuà) guà le　(of telephone) hung up

例句：Tā bǎ huà guà zài qiángshang le. / 他把画挂在墙上了。/
He has hanged the painting on the wall.

huàn 换 (換) 十画 【部首】扌 (形声字)IS Ⓨ exchange; change

◇ 1. 换钱　　huàn qián　　　change money
◇ 2. 交换　　jiāohuàn　　*v.*　exchange; swap
◇ 3. 换衣服 huàn yīfu　　　　change one's clothes

例句：Tā qù yínháng bǎ měiyuán huànchéng rénmínbì. / 他去银行把美元换成人民币。/
He went to a bank to change US dollars for RMB.

jì 技 七画 【部首】扌 (形声字)IS 义 skill; technique; trick

◇ 1. 科技 kējì　　　　　 n.　　 science and technology
◇ 2. 技巧 jìqiǎo　　　　　 n.　　 skill; technique; craftsmanship
◇ 3. 杂技 zájì　　　　　　 n.　　 acrobatics

例句: Zuìjìn èrshí nián kējì fāzhǎn hěn kuài. / 最近二十年科技发展很快。/
The science and technology have been developed very fast in the last 20 years.

jiē 接 十一画 【部首】扌 (形声字)IS 义 receive; meet; take hold of

◇ 1. 接人　 jiē rén　　　　　　　 meet; welcome sb.
◇ 2. 迎接　 yíngjiē　　　　 v.　　 meet; welcome; greet
◇ 3. 接受　 jiēshòu　　　　 v.　　 accept; take; embrace
◇ 4. 接电话 jiē diànhuà　　　　　 answer a phone call

例句: Tā qù fēijīchǎng jiē yí ge péngyou le. / 他去飞机场接一个朋友了。/
He went the airport to meet a friend.

tái 抬 (擡) 八画 【部首】扌 (形声字)IS 义 (of two or more person) carry; lift; raise

◇ 1. 抬起来 tái qilai　　　　　 lift up; raise
◇ 2. 抬头　 tái tóu　　　　　 raise one's head

例句: Zhè ge xiāngzi tài zhòng, tāmen liǎng ge rén tái bù qilai. /
这个箱子太重,他们两个人抬不起来。/
The box is too heavy for them to lift.

zhǐ 指 九画 【部首】扌 (形声字)IS 义 finger; point at; point out

◇ 1. 指出 zhǐchū　　　　 v.　　 indicate; point out
◇ 2. 指导 zhǐdǎo　　　　 v./n.　 guide; direct
◇ 3. 手指 shǒuzhǐ　　　 n.　　 finger
◇ 4. 指南 zhǐnán　　　　 n.　　 guide (book)

例句: Tā zhǐzhe qiánfāng shuō:"Jiù zài nàr." /
他指着前方说:"就在那儿。"/
He pointed forward and said: "Just over there."

汉字突破

pái 排 十一画 【部首】扌 (形声字)IS 义 line up; arrange in order; row

◇ 1. 排队 pái duì   queue up; stand in a line

◇ 2. 排球 páiqiú   *n.*   volleyball

例句：Qǐng dàjiā pái duì shàng chē. / 请大家排队上车。/ Please queue up for the bus.

shí 拾 九画 【部首】扌 (形声字)IS 义 pick up (from the ground); gather; ten (used for the numeral "十" on checks, banknotes, etc. to avoid mistake or alterations)

◇ 1. 拾起 shíqǐ   pick up

◇ 2. 收拾 shōushi   *v.*   put in order; get things ready; repair

例句：Tā shíqǐ gāngbǐ fàng dào zhuōzi shang. / 他拾起钢笔放到桌子上。

He picked up the pen and put it on the desk.

wò 握 十二画 【部首】扌 (形声字)IS 义 hold; grasp

◇ 1. 握手 wò shǒu   shake hands; clasp hands

◇ 2. 掌握 zhǎngwò   *v.*   grasp; master; take into one's hands

◇ 3. 把握 bǎwò   *v./n.*   hold; grasp; assurance

例句：Tā wòzhe wǒ de shǒu shuō:" Xièxie nǐ! " / 他握着我的手说："谢谢你！"/

He held my hands and said:"Thank you!"

lā 拉 八画 【部首】扌 (形声字)IS 义 pull; draw; drag; empty the bowels

◇ 1. 拉开   lākāi   pull open; space out

◇ 2. 拉小提琴 lā xiǎotíqín   play violin

◇ 3. 拉肚子   lā dùzi   suffering from diarrhea

◇ 4. 拉拉队   lālāduì   *n.*   cherring squad; rooters

例句：Tā lākāi chōutì qǔchū yìxiē qián. / 他拉开抽屉取出一些钱。/

He opened the drawer and took out some money.

汉字知识 （50）　　Chinese Character Introduction (50)

多音字　　Multi-sound Characters

多音字是指一个字有两种以上的读音。多音字按意义是否相同分为多音多义字和多音同义字两类。在 7000 通用字中有多音字 625 个，约占 9%，但其中 2/3 是常用字。同一个字具有多种读音和多种意义，好处是一字身兼数任，减少了书写单位。缺点是容易混淆，给学习者带来不便。多音字是汉字的难点之一，我们必须特别重视。(Multi-sound characters refer to those with more than one sound. They can be divided into two kinds according to whether different sounds have different meanings or the same meaning. Among the 7,000 general characters, there are 625 multi-sound characters, accounting for 9%, and among them two third are frequently used. The advantage of one character having more than one sound and meaning is that writing units are reduced, while the disadvantage is that the complexity may bring learners confusion and difficulties. As they are tough, multi-sound characters need our special attention.)

读音的改变有四种情况：一是改变声调，如"舍"，在"屋舍、宿舍、校舍"中读 shè，在"舍弃，舍不得"中读 shě；二是改变声母，如"奇"，在"奇怪、奇特、神奇"中读 qí，在"奇数、五十有奇"中读 jī；三是改变韵母，如"没"在"没有、没关系"中读 méi，在"沉没、出没、淹没"中读 mò；四是声韵都发生了改变，如"乐"在"音乐、乐器、交响乐"中读 yuè，在"快乐、欢乐、乐于"中读 lè。(There are four cases in the change of sound: the first is the change of tone, for example, "舍" reading "shè" in "屋舍, 宿舍, 校舍", but "shě" in "舍弃, 舍不得"；the second is the change of consonant, for example, "奇" reading "qí" in "奇怪, 奇特, 神奇", but "jī" in "奇数, 五十有奇"；the third is the change of vowel, for example, "没" reading "méi" in "没有, 没关系", but "mò" in "沉没, 出没, 淹没"；the fourth is the change both in consonant and vowel, for example, "乐" reading "yuè" in "音乐, 乐器, 交响乐", but "lè" in "快乐, 欢乐, 乐于".)

多数多音字有两种读音，也有少数字具有三种、四种、甚至六种读音。在"这的确不是他的目的"这句话中，"的"字就分别读做 dí、de、dì。四种读音的如"着"：说着(zhe)、这着(zhāo)棋、着(zháo)急、穿着(zhuó)。六种读音的如"和"：和(hé)平、唱和(hè)、暖和(huo)、和(huó)面、和(huò)点糖、打麻将和(hú)了。(Most of the multi-sound characters have two sounds, and just a minority of them have three, four, even six. For example, "的" reads "dí、de、dì" in the sentence "这的确不是他的目的"，"着" has four sounds in "说着(zhe), 这着(zhāo)棋, 着(zháo)急", and "穿着

(zhuó)"；"和" has six sounds in "和(hé)平，唱和(hè)，暖和(huo)，和(huó)面，和(huò)点糖"and "打麻将和(hú)了".)

　　多音同义字往往是由于书面语和口语的差异或由于普通话与方言的不同造成的异读。如"血"在"血统、流血牺牲"中读 xuè，在"鼻血、流血了"中读 xiě；"削"在"削弱"中读 xuē，在"削铅笔"中读 xiāo；"薄"在"轻薄"中读 bó，在"被子很薄"中读 báo；"巷"在"小巷"中读 xiàng，在"巷道"中却读做 hàng。(The fact that characters have more than one sound but share the same meaning can be attributed to the difference between formal reading and casual oral speaking,　and also between the standard Chinese and dialects. For example, "血" reads "xuè" in "血统、流血牺牲", but "xiě" in "鼻血、流血了"；"削" reads "xuē" in "削弱"，but "xiāo" in "削铅笔"；"薄" reads "bó" in "轻薄"，but "báo" in "被子很薄"；"巷"reads "xiàng" in "小巷", but "hàng" in "巷道".)

第五十一课　流 满　派 漱

liú	mǎn	pài	shù	yǒng	yǎn
流	满	派	漱	泳	演
zǎo	sāndiǎnshuǐpáng 三点水旁				yán
澡					沿
zhì	氵				dòng
治					洞
jiǔ	xiāo	cè	jiàn	chí	wēn
酒	消	测	渐	池	温

liú 流 十画 【部首】氵 义 flow; stream of water; spread

◇ 1. 流泪 liú lèi　　　　　　shed tears
◇ 2. 流利 liúlì　　　a.　　　fluent; smooth
◇ 3. 流行 liúxíng　　v./a.　 popular; prevalent; fashionable

例句: Tā yì tīng dào zhè ge huài xiāoxi, jiù liú lèi le. / 她一听到这个坏消息,就流泪了。/ Her tears flowed fast at the bad news.

mǎn 满 (满) 十三画 【部首】氵 (形声字)IS 义 full; satisfied; completely

◇ 1. 满意 mǎnyì　　　a.　　　satisfied; pleased
◇ 2. 不满 bùmǎn　　　v./a.　　dissatisfy; dissatisfied
◇ 3. 满足 mǎnzú　　　v./a.　　satisfy; meet; satisfied; contented

例句：Kèrén gāoxìng de shuō: " Wǒ duì nǐmen de fúwù hěn mǎnyì." /

客人高兴地说:"我对你们的服务很满意。" /

"I'm very satisfied with your service." The guest said, with smiling all over his face.

提示：注意左上角是"艹",左下角是"两"。/

Note the upper left component of this character is "艹", while the lower is "两 (liǎng)."

---

pài 派 九画 【部首】氵 (形声字)IS ㊥ send; assign; faction

◇ 1. 气派 qìpài   *n./a.*   manner; style; air

◇ 2. 左派 zuǒpài   *n.*   the left wing; leftist

例句：Tā yǐjing pài rén qù qǐng Wáng jīnglǐ le. / 她已经派人去请王经理了。/

She has sent for Mr. Wang, the manager.

---

shù 漱 十四画 【部首】氵 (形声字)IS ㊥ rinse

◇ 1. 漱口 shù kǒu   gargle; rinse out the mouth

◇ 2. 洗漱 xǐshù   *v.*   wash

---

yǒng 泳 八画 【部首】氵 (形声字)IS ㊥ swim

◇ 1. 游泳 yóuyǒng   *v.*   swim

◇ 2. 蛙泳 wāyǒng   *n.*   breaststroke

◇ 3. 游泳池 yóuyǒngchí   *n.*   swimming pool

例句：Shàng ge yuè wǒ zhǐ yóuguo liǎng cì yǒng. /

上个月我只游过两次泳。/

I only swam twice last month.

---

zǎo 澡 十六画 【部首】氵 (形声字)IS ㊥ bath

◇ 洗澡 xǐ zǎo   take a bath; take a shower

例句：Tā měi tiān zǎo wǎn dōu xǐ zǎo. /

他每天早晚都洗澡。/

He takes a shower in the morning and another in the evening.

---

zhì 治 八画 【部首】氵 (形声字)IS ㊥ treat; rule; control

◇ 1. 治病 zhì bìng   cure the sickness

◇ 2. 治理 zhìlǐ   *v.*   administer; govern

3. 统治 tǒngzhì　　　　　v.　　　rule; control

例句：Nà ge yīshēng zhìhǎole tā de wèibìng. / 那个医生治好了他的胃病。/
The doctor cured his gastric diseases.

jiǔ 酒　十画　【部首】氵（形声字）IS　义　alcoholic; drink; wine; spirit

1. 啤酒 píjiǔ　　　　　n.　　　beer
2. 酒店 jiǔdiàn　　　　n.　　　hotel
3. 酒杯 jiǔbēi　　　　　n.　　　wineglass

例句：Xià bān yǐhòu tā chángcháng qù jiǔbā hē liǎng bēi píjiǔ. /
下班以后他常常去酒吧喝两杯啤酒。/
He often has several cups of beer in the bar after daily work.

xiāo 消　十画　【部首】氵（形声字）IS　义　disappear; eliminate; need

1. 消息 xiāoxi　　　　　n.　　　news; information
2. 消费 xiāofèi　　　　　v.　　　consume
3. 取消 qǔxiāo　　　　　v.　　　cancel; abolish

例句：Bìyè yǐhòu wǒ hǎojiǔ méiyǒu tā de xiāoxi le. / 毕业以后我好久没有他的消息了。/
There is no news from him after his graduation.

yǎn 演　十四画　【部首】氵（形声字）IS　义　perform; play; act

1. 表演 biǎoyǎn　　　　v./n.　　perform; play; demonstration
2. 演出 yǎnchū　　　　　n./v.　　performance; perform; put on a show
3. 演员 yǎnyuán　　　　n.　　　actor; actress
4. 演唱会 yǎnchànghuì　　n.　　　vocal concert

例句：Xià yí ge jiémù zájì yǎnyuán biǎoyǎn shénme ne? / 下一个节目杂技演员表演什么呢？/
What is the next acrobatic performance?

yán 沿　八画　【部首】氵（形声字）IS　义　along

1. 沿着 yánzhe　　　　　　　　along
2. 沿海 yánhǎi　　　　　n.　　　along the coast

dòng 洞　九画　【部首】氵（形声字）IS　义　cave; hole

山洞 shāndòng　　　　n.　　　cave; carven

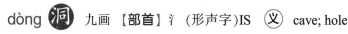

wēn 温 十二画 【部首】氵 (形声字)IS 义 warm; temperature

◇ 1. 温度 wēndù　　　　　*n.*　　　temperature
◇ 2. 温暖 wēnnuǎn　　　　*a.*　　　warm

cè 测 (測) 九画 【部首】氵 (形声字)IS 义 survey; measure; conjecture

◇ 测验 cèyàn　　　　　*v./n.*　　test; quiz

jiàn 渐 (漸) 十一画 【部首】氵 (形声字)IS 义 gradually; little by little; progressively

◇ 1. 渐渐 jiànjiàn　　　　*adv.*　　gradually; little by little; step by step
◇ 2. 逐渐 zhújiàn　　　　*adv.*　　gradually; little by little

chí 池 六画 【部首】氵 (形声字)IS 义 pool; pond

◇ 1. 电池 diànchí　　　　*n.*　　　battery
◇ 2. 池塘 chítáng　　　　*n.*　　　pond

汉字知识（51） Chinese Character Introduction (51)

容易读错的字
Characters Easy to be Mispronounced

　　有些汉字,读的时候受到声旁或已知词语等的影响,容易念错。这些字有的是多音字(多),在不同的词语中有不同的发音;有的是统一读法的单音字(统)。我们在朗读、说话的时候都要特别注意:(Some characters are likely to be mispronounced owing to the influence of their components or other words already learned.　Some of these characters are multi-sound characters (abbreviated as "多"), some are characters with just one regulated sound　(abbreviated as　"统").　Special attentions to them are needed when reading and talking.)

不禁——jīn	（多）	参与——yù	（多）
抄袭——xí	（统）	称职——chèn	（多）
处理——chǔ	（多）	答应——dā	（多）
当作——dàng	（多）	堵塞——sè	（多）
符合——fú	（统）	供给——gōngjǐ	（多）
骨头——gǔ	（多）	间断——jiàn	（多）

尽快——jǐn （多）   角色——jué （多）

几乎——jī （多）   强迫——qiǎng （多）

似的——shì （多）   侮辱——wǔ （统）

亚洲——yà （多）   塑料——sù （统）

燕京——yān （多）   载体——zài （多）

暂时——zàn （统）   恶劣——liè （统）

第五十二课　　传 候 例 俩

chuán/zhuàn	hòu	lì	liǎ	xiàng
传	候	例	俩	像
rèn	dānrénpáng			zuò
任	单人旁			做
shǐ				biàn/pián
使	亻			便
tíng	wěi	tōu	xiū	réng
停	伟	偷	修	仍

chuán/zhuàn 传 (傳) 六画 【部首】亻 (形声字)IS 义 pass; hand down; transmit; infect; biography

◇ 1. 传统 chuántǒng　　*n.*　　tradition
◇ 2. 传染 chuánrǎn　　*v.*　　infect; be contagious
◇ 3. 传真 chuánzhēn　　*n.*　　fax; facsimile
◇ 4. 传记 zhuànjì　　*n.*　　biography

例句 : Chūn Jié shì Zhōnghuá Mínzú de chuántǒng jiérì. /
春节是中华民族的传统节日。/
Spring Festival is a traditional festival for Chinese people.

hòu 候 十画 【部首】亻 (形声字)IS Ⓧ wait; send one's regards; time; season

◇ 1. 时候 shíhou　　　　　*n.*　　　when; (a point in) time; moment
◇ 2. 等候 děnghòu　　　　　*v.*　　　wait
◇ 3. 气候 qìhòu　　　　　　*n.*　　　climate
◇ 4. 问候 wènhòu　　　　　*v.*　　　send one's regards; extend greetings to

例句：Qī-bā yuè shì Guǎngzhōu zuì rè de shíhou. / 七八月是广州最热的时候。/
July and August are the hottest time of Guangzhou.

lì 例 八画 【部首】亻 (形声字)IS Ⓧ example; instance

◇ 1. 例子 lìzi　　　　　　*n.*　　　example; instance
◇ 2. 举例 jǔ lì　　　　　　　　　　give a example

例句：Nǐ kěyǐ yòng rènhé liǎng zhǒng yánsè, lìrú hóngsè hé huángsè. /
你可以用任何两种颜色，例如红色和黄色。/
You can use any two colors— for example, red and yellow.

liǎ 俩 九画 【部首】亻 (形声字)IS Ⓧ two; some; several

◇ 1. 咱俩 zánliǎ　　　　　　　　　we two
◇ 2. 兄弟俩 xiōngdìliǎ　　　　　　the brothers of two

例句：Zánliǎ yìqǐ qù jiē tā ba. / 咱俩一起去接她吧。/
Let's go to meet her together.

rèn 任 六画 【部首】亻 (形声字)IS Ⓧ appoint; no matter

◇ 1. 任何 rènhé　　　　　　*pron.*　　any; whatever
◇ 2. 任务 rènwù　　　　　　*n.*　　　task; mission
◇ 3. 信任 xìnrèn　　　　　　*v./n.*　　trust; have confidence in

例句：Rènhé rén dōu bù kěnéng chángshēngbùlǎo. / 任何人都不可能长生不老。/
No one can live forever and never grow old.

shǐ 使 八画 【部首】亻 (形声字)IS Ⓧ use; send; envoy; if

◇ 1. 使用 shǐyòng　　　　　*v.*　　　make use of; use
◇ 2. 天使 tiānshǐ　　　　　　*n.*　　　angel
◇ 3. 大使馆 dàshǐguǎn　　　　*n.*　　　embassy

例句：Zhè zhǒng jīqì zěnme shǐyòng? /这种机器怎么使用？/ How do you use this machine?

Hànzì Túpò

tíng 停 十一画 【部首】亻 (形声字)IS 义 stop; pause; be parked

◇ 1. 停车　　tíng chē　　　　　　　　stop; pull up

◇ 2. 停止　　tíngzhǐ　　　　*v.*　　stop; cease; halt; suspend

◇ 3. 停车场　tíngchēchǎng　　*n.*　　car park; parking area

例句：Yǔ yì tíng wǒmen jiù chūfā le. /

雨一停我们就出发了。/

We started out as soon as the rain had stopped.

wěi 伟 (偉) 六画 【部首】亻 (形声字)IS 义 great

◇ 1. 伟大　wěidà　　　　　　*a.*　　great; mighty

◇ 2. 伟人　wěirén　　　　　　*n.*　　a great man

◇ 3. 雄伟　xióngwěi　　　　　*a.*　　grand; magnificent

例句：Bèiduōfēn shì yí wèi wěidà de yīnyuèjiā. / 贝多芬是一位伟大的音乐家。/

Beethoven was a great musician.

xiàng 像 十三画 【部首】亻 (形声字)IS 义 portrait; picture; be like; seem

◇ 1. 好像　hǎoxiàng　　　*adv.*　　seem; be like

◇ 2. 画像　huàxiàng　　　　*n.*　　figure

◇ 3. 录像机　lùxiàngjī　　　*n.*　　video recorder

◇ 4. 不像话　bú xiànghuà　　　　　unreasonable; improper

例句：Tā zhǎng de hěn xiàng tā māma. / 她长得很像她妈妈。/

She takes after her mother.

zuò 做 十一画 【部首】亻 义 do; make; cook

◇ 1. 做客　zuò kè　　　　　　　　　be a guest

◇ 2. 做法　zuòfǎ　　　　　　*n.*　　way of doing or making a thing

◇ 3. 做生意　zuò shēngyi　　　　　do business

例句：Huānyíng nǐ lái wǒ jiā zuò kè. / 欢迎你来我家做客。/

You're welcome to be my guest.

biàn/pián 便 九画 【部首】亻 义 convenient; informal

◇ 1. 顺便　shùnbiàn　　　　*adv.*　　in passing; by the way

◇ 2. 便宜　piányi　　　　　　*a.*　　cheap

3. 方便 fāngbiàn   *a.*   convenient

例句: Nǐ jiàn dào tā de shíhou, qǐng shùnbiàn bǎ zhè ge jiāogěi tā. /

你见到他的时候，请顺便把这个交给他。/

When you meet him, please hand this to him.

tōu 偷 十一画 【部首】亻 (形声字)IS 义 steal

   1. 偷东西 tōu dōngxi   steal (sth.)

   2. 小偷 xiǎotōu   *n.*   thief

xiū 修 九画 【部首】亻 (形声字)IS 义 repair; mend; build

   1. 修理 xiūlǐ   *v.*   repair; mend; overhaul; fix

   2. 修改 xiūgǎi   *v./n.*   revise; modify; amend

réng 仍 四画 【部首】亻 (形声字)IS 义 remain; still; yet

   1. 仍然 réngrán   *adv.*   still; yet

   2. 仍旧 réngjiù   *adv.*   remain the same; still; yet

汉字知识（52）   Chinese Character Introduction (52)

容易用错的字
Characters Easy to be Wrongly Chosen

在词语尤其是成语中,有些字常常被写成别字。下表中加点的字是正确的字,括号里的是别字。(Some characters are likely to be wrongly chosen when they appear in words, especially in idioms. The following characters emphasized are right while those in brackets are wrong.)

安(按)装机器	英雄辈(倍)出	明辨(辩)是非
按部(步)就班	川(穿)流不息	一筹(愁)莫展
披星戴(带)月	管理档(挡)案	欢度(渡)春节
反(翻)复无常	浪费(废)金钱	英雄气概(慨)
明知故(固)犯	阴谋诡(鬼)计	随声附和(合)
声音洪(宏)亮	丢掉幻(幼)想	迫不及(急)待
不计(记)其数	刻(克)苦学习	滥(烂)竽充数

汉字突破

利(厉)害得失　　再接再厉(励)　　锻炼(练)身体
军事训练(炼)　　漫(满)山遍野　　入场券(卷)
任(忍)劳任(忍)怨　礼尚(上)往来　　首(手)屈一指
铤(挺)而走险　　神态安详(祥)　　异(一)口同声
绿树成阴(荫)　　反映(应)情况　　天气干燥(躁)

第五十三课　村 楚 概 树

cūn	chǔ	gài	shù	jú
村	楚	概	树	橘

qiáo	mùzìpáng		lóu
桥	木字旁		楼
zhuō			kùn
桌	木		困

jí	shā	shù	lí	lǐ
集	杀	束	梨	李

cūn 村　七画　【部首】木　(形声字) IS　义　village

◇ 1. 村子　　　cūnzi　　　　*n.*　　　village
◇ 2. 农村　　　nóngcūn　　　*n.*　　　countryside
◇ 3. 度假村　dùjiàcūn　　　*n.*　　　tourist place to spend one's holidays

例句：Zhè ge cūnzi yǒu yìbǎi duō kǒu rén. / 这个村子有一百多口人。/
There are more than one hundred inhabitants in this village.

chǔ 楚　十三画　【部首】木　(形声字) I/S　义　clear; neat

◇ 1. 清楚　　　qīngchu　　　*a.*　　　clear; distinct; be clear about
◇ 2. 一清二楚　yìqīng'èrchǔ　　　　perfectly clear

例句：Zhè jiàn shìqing de qǐyīn wǒ bú tài qīngchu. / 这件事情的起因我不太清楚。/
I don't know much about the cause of this matter.

gài 概 十三画 【部首】木 （形声字）IS 义 without exception; categorically

◇ 1. 大概 dàgài   *adv./n.*   most likely; main idea; general

◇ 2. 概括 gàikuò   *v.*   summarize; generalize; briefly

◇ 3. 概念 gàiniàn   *n.*   concept

例句: Tā dàgài bú huì tóngyì nǐ de kànfǎ. / 他大概不会同意你的看法。/

It is very likely that he will not be agree with you.

shù 树 （樹） 九画 【部首】木 （形声字）I/S 义 tree; set up; establish

◇ 1. 树立 shùlì   *v.*   set up; establish

◇ 2. 树木 shùmù   *n.*   trees

◇ 3. 果树 guǒshù   *n.*   fruit tree

例句: Tā wèi wǒmen shùlìle yí ge hǎo bǎngyàng. /

他为我们树立了一个好榜样。/

He set up a fine example to all of us.

jú 橘 十六画 【部首】木 （形声字）IS 义 orange; tangerine

◇ 1. 橘汁 júzhī   *n.*   orange juice

◇ 2. 橘黄 júhuáng   *n.*   orange (color)

例句: Zhè zhǒng júzi duōshǎo qián yì jīn? / 这种橘子多少钱一斤？/

How much is *per* jin of this tangerine?

qiáo 桥 （橋） 十画 【部首】木 （形声字）IS 义 bridge

◇ 1. 桥梁 qiáoliáng   *n.*   bridge

◇ 2. 立交桥 lìjiāoqiáo   *n.*   viaduct; overpass

◇ 3. 人行天桥 rénxíngtiānqiáo   *n.*   foot bridge

例句: Nà tiáo hé shang yǒu jǐ zuò qiáo? / 那条河上有几座桥？/

How many bridges are there across the river?

zhuō 桌 十画 【部首】木 （形声字）S/I 义 table; desk

◇ 1. 桌子 zhuōzi   *n.*   table; desk

◇ 2. 饭桌 fànzhuō   *n.*   dinning table

◇ 3. 书桌 shūzhuō   *n.*   desk; writing table

例句: Yǒu rén chángcháng bǎ shūzhuō jiàozuò xiězìtái. / 有人常常把书桌叫做写字台。/

Some Chinese southerners often call a desk writing table.

jí **集** 十二画 【部首】木 义 gather; collect; collection
- ◇ 1. 集合 jíhé   *v.*   gather; call together
- ◇ 2. 集体 jítǐ   *n.*   collective
- ◇ 3. 集中 jízhōng   *v.*   concentrate

例句：Wǒmen míng zǎo bā diǎn zài xuéxiào ménkǒu jíhé. / 我们明早八点在学校门口集合。/
We shall assemble at the gate at 8 tomorrow morning.

lóu **楼** （樓） 十三画 【部首】木 （形声字）IS 义 a storied building; story; floor
- ◇ 1. 楼房 lóufáng   *n.*   a building of two or more storeys
- ◇ 2. 楼梯 lóutī   *n.*   stairs; staircase; stairway

例句：Chéngshì lóufáng duō, nóngcūn píngfáng duō. / 城市楼房多，农村平房多。/
There are more multi-storey buildings in the city while more single-storey houses in the
country.

kùn **困** 七画 【部首】囗 义 be stranded; be hard passed; tired; weary
- ◇ 1. 困难 kùnnan   *n./a.*   difficulty; difficult
- ◇ 2. 很困 hěn kùn   feel sleepy
- ◇ 3. 贫困 pínkùn   *a.*   poverty-stricken

例句：Nǐ xuéxí Hànyǔ yǒu shénme kùnnan ma? /
你学习汉语有什么困难吗？/
Do you have any difficulty with Chinese?

shā **杀** （殺） 六画 【部首】木 / 丿 义 kill
- ◇ 1. 杀人 shā rén   kill a person; murder
- ◇ 2. 自杀 zìshā   *v.*   commit suicide; take one's own life

lǐ **李** 七画 【部首】木 义 plum; surname
- ◇ 1. 李子 lǐzi   *n.*   plum
- ◇ 2. 行李 xíngli   *n.*   luggage; baggage

lí **梨** 十一画 【部首】木 （形声字）S/I 义 pear
- ◇ 梨树 líshù   *n.*   pear (tree)

shù 束　七画　【部首】木　(形声字)AC　义　bundle up; control; bundle

◇　1. 结束　jiéshù　　　*v./n.*　　　end; finish
◇　2. 一束花　yíshù huā　　　　　a bunch of flowers

例句：Wǎnhuì yìzhí dào bànyè cái jiéshù. / 晚会一直到半夜才结束。/
The party did not end until midnight.

汉字知识(53)　　　Chinese Character Introduction (53)

汉字中的文化信息(1)　　Culture Conveyed by Characters (1)

　　文化和语言的关系非常密切,语言既是文化的重要载体,又是文化的重要组成部分。汉字作为汉语的书写形式,已经不间断的使用了三千多年,汉字中蕴含着丰富的文化信息。通过对典型汉字的形音义分析,我们可以了解到古代文化的一些风貌。(As its carrier and one of the important components, language is closely related to culture. Chinese characters, as the written form of the language that has been used for over 3,000 years, contains rich information of culture. We can see some sparkles of ancient culture through the analysis of the form, sound and meaning of some characters.)

好(good)

　　"好"字为什么由"女、子"二字组成?有人说,女子就是女人,在英文中女人也被称为"better half";有人猜测(cāicè)"女、子"指女人、男子,男女结合为好;还有人认为"女、子"即子女,有女儿、有儿子才好。(Why "好" is made of "女" and "子"? Some people say the "女" and "子" refer to woman, and likewise, woman is called "better half" in English; some people guess "女"," 子" refer to man and woman respectively and the union of man and woman is "好". Others think "女" and "子" mean daughter and son, so it is only good when a family has daughter and son.)

　　这些说法其实都不正确,中国最早的字典是东汉许慎(shèn)编的《说文解字》,它对"好"字的解释是"好,美也,从女子"。原来,"好"的本义是"美","好"并不与"坏"相对,而是与"丑"相对。"好"是一个会意字,"女"和"子"为什么能表示"美"的意义? 这一点许慎没有说清楚。(None of these speculations are well-grounded. The earliest dictionary complied by Xu Shen in East Han dynasty explained that "好" means beautiful. So we can conclude that the original meaning is beautiful, and it's opposite to "丑"rather than "坏". "好" is an associative character, and even Xu Shen could not explain why "女" and "子" united can mean "美" (beautiful).)

　　在最古老的甲骨文中,"好"字的写法是这样的:"好",左边是一个成年女人,右边是一个婴孩(yīnghái),表示女人有了孩子。这表明在古人心目中,美的重要标准就是能生育。因为在远古时代,人口少,野兽多,生存条件严酷,人口的发展非常重要,所以能生育后代的妇女才是美好的。(In" the ancient jiaguwen inscripts, "好" was 好, the left being a mature woman, and the right being a baby. This means a woman who could bear a child is good,　one notion in the ancient times when the increase in population was vital for survival,　for there were great threats of wild animals that outnumbered human beings.)

第五十四课   懂 感 惯 念

dǒng	gǎn	guàn	niàn	zǒng
懂	感	惯	念	总
sī				hū
思	xīnpángzì 心旁字			忽
tài	心 / 忄			jí
态				急
zhì	xī	chóu	huāng	yú
志	息	愁	慌	愉

dǒng 懂 十五画 【部首】忄 (形声字)IS 义 understand; know

◇ 1. 看懂 kàndǒng   understand what one read

◇ 2. 懂事 dǒngshì   *a.*   sensible; intelligent

例句: Tā néng kàndǒng Fǎwén, dànshì bú huì shuō Fǎyǔ. / 我能看懂法文，但是不会说法语。/ I can read French but I can't speak it.

gǎn 感 十三画 【部首】心 (形声字)S/I 义 feel; be grateful; be affected; feeling

◇ 1. 感冒 gǎnmào   *v./n.*   catch a cold; cold; flu.

◇ 2. 感谢 gǎnxiè   *v.*   thank; be grateful

◇ 3. 感到 gǎndào   *v.*   feel; perceive

◇ 4. 感情 gǎnqíng   *n.*   emotion; feeling; sentiment

例句: Shēntǐ bù hǎo de rén dōngtiān hěn róngyì gǎnmào. / 身体不好的人冬天很容易感冒。/ People of poor health are very prone to colds in winter.

274

guàn 惯 （慣） 十一画 【部首】忄 （形声字）IS 义 get used to; spoil

◇ 1. 习惯　xíguàn　　　　　*v./n.*　　get used to; be in habit of; habit

◇ 2. 惯孩子　guài háizi　　　　　　spoil the child

◇ 3. 看不惯　kànbuguàn　　　　　dislike; hate to see

例 句：Nǐ xíguàn Běijīng dōngtiān hánlěng de tiānqì ma? / 你习惯北京冬天寒冷的天气吗？ /

Do you get used to the cold winter weather in Beijing?

niàn 念 八画 【部首】心 （形声字）S/I 义 read aloud; miss; attend school

◇ 1. 想念　xiǎngniàn　　　　*v.*　　miss; remember fond

◇ 2. 纪念　jìniàn　　　　　　*v./n.*　commemorate; souvenir

◇ 3. 念书　niàn shū　　　　　　　attend school; study

例 句：Zài wàiguó liú xué de shíhou, wǒ hěn xiǎngniàn qīnrén hé péngyou. /

在外国留学的时候，我很想念亲人和朋友。/

I missed my family and friends very much when I studied abroad.

sī 思 九画 【部首】心 义 think; think of

◇ 1. 意思　yìsi　　　　　*n.*　　meaning; opinion; interest

◇ 2. 思念　sīniàn　　　　*v.*　　think of; long for; miss

◇ 3. 思想　sīxiǎng　　　　*n.*　　thought; thinking; idea

例 句：Zhè piān wénzhāng de zhǔyào yìsi shì shénme? /

这篇文章的主要意思是什么？/

What's the central thought of this article?

tài 态 （態） 八画 【部首】心 （形声字）S/I 义 form; state; condition

◇ 1. 态度　tàidu　　　　　*n.*　　attitude; manner; bearing

◇ 2. 形态　xíngtài　　　　*n.*　　form; shape

◇ 3. 姿态　zītài　　　　　*n.*　　posture; attitude

例 句：Rénmen duì zhè jiàn shì de tàidu hěn bù yíyàng. /

人们对这件事的态度很不一样。/

People's attitude towards the things varies widely.

yú 愉 十二画 【部首】忄 （形声字）IS 义 pleased; happy; joyful

◇ 愉快　yúkuài　　　　　*a.*　　happy; joyful; cheerful

例句：Tā yúkuài de jiēshòule wǒmen de yāoqǐng. / 他愉快地接受了我们的邀请。/

He accepted our invitation pleasantly.

huāng 慌 十二画 【部首】忄 （形声字）IS ⊗ nervous; flustered

◇ 1. 慌忙 huāngmáng　　*a.*　　in a great rush; hurriedly

◇ 2. 惊慌 jīnghuāng　　*a.*　　alarmed; scared

zhì 志 七画 【部首】心 （形声字）S/I ⊗ aspiration; ambition; records

◇ 1. 杂志 zázhì　　*n.*　　magazine

◇ 2. 同志 tóngzhì　　*n.*　　comrade

◇ 3. 意志 yìzhì　　*n.*　　will

例句：Tā cháng qù yuèlǎnshì kàn Yīngwén zázhì. / 他常去阅览室看英文杂志。/

He often goes to the reading room to read magazines in English.

zǒng 总 （總） 九画 【部首】心 ⊗ sum up; general; total

◇ 1. 总共 zǒnggòng　　*adv.*　　in all; altogether

◇ 2. 总是 zǒngshì　　*adv.*　　always; invariably

◇ 3. 总统 zǒngtǒng　　*n.*　　president

例句：Zuótiān lái chī fàn de rén zǒnggòng yǒu èrshí wèi. / 昨天来吃饭的人总共有二十位。/

There were altogether 20 people at dinner yesterday.

hū 忽 八画 【部首】心 （形声字）S/I ⊗ suddenly; neglect

◇ 1. 忽然 hūrán　　*adv.*　　suddenly

◇ 2. 忽视 hūshì　　*v.*　　ignore; overlook

例句：Hūrán yǒu rén hǎn:"Zháo huǒ le! Zháo huǒ le!" / 忽然有人喊："着火了！着火了！"/

Suddenly someone shouted:"fire! fire!"

jí 急 九画 【部首】心 ⊗ worry; impatient; urgent; urgency

◇ 1. 着急 zháojí　　*a.*　　worry; feel anxious

◇ 2. 急忙 jímáng　　*adv.*　　in a hurry

◇ 3. 急事 jíshì　　*n.*　　urgency; emergency

例句：Háizi késou de hěn lìhai, māma zháojí de bùdeliǎo. / 孩子咳嗽得很厉害，妈妈着急不得了。/

The child has a bad cough and it rather worries his mother.

xī 息 十画 〖部首〗心 义 breath; news; rest

◇ 1. 休息 xiūxi　　　　*v./n.*　　　take a rest; rest
◇ 2. 消息 xiāoxi　　　　*n.*　　　　news; information; tidings
◇ 3. 信息 xìnxī　　　　　*n.*　　　　information; message

例句 : Wǒmen yì zhōu gōngzuò wǔ tiān, xiūxi liǎng tiān. / 我们一周工作五天,休息两天。/ We work 5 days and have 2 days off in a week.

chóu 愁 十三画 〖部首〗心 (形声字)S/I 义 worry; be anxious

◇ 1. 发愁　　fāchóu　　*v.*　　　worry; feel gloomy; in low spirit
◇ 2. 愁眉苦脸 chóuméi-kǔliǎn　　wear a worried look; pull a long face

汉字知识(54)　　　Chinese Character Introduction (54)

汉字中的文化信息(2)
Culture Conveyed by Characters

女(female)

　　“女”字甲骨文的写法是 或 ,这是一个妇女双臂反绑(bǎng)跪倒的形状,我们可以想见古代妇女的奴隶地位。学者闻一多认为:“女字和奴字,在古代不但声音一样,意义也相同,本来是一个字,只是有时多加了一只手(奴字右边的‘又’表示右手)牵着女而已。”(“女”in jiaguwen inscriptions was or , a picture of a woman kneeing on the floor with hands tied behind, which reflects the inferiority of the woman's social status. The scholar Wen Yiduo claimed that “女” and “奴” used to be the same character with the same sound and meaning; that the only difference was “奴” had an additional hand leading the woman (“又” in “奴” indicates “hand”).)

　　女子应该呆在家里,这样才“安”。两个女人在一起,称为“姕”(sòng),同“讼”,意思是争论、争吵;三个女人在一起就是“姦”(jiān,简化字同奸),意思是邪(xié)恶、奸诈(zhà)。一定对女人要严加管束:“妥”字上边是手(),意思是管住女人才安妥。(A woman staying at home is “安”(safe). Two women makes “姕”(sòng), same as “讼”, meaning arguing or fighting. Three women makes “姦”(“jiān”, simplified as “奸”), meaning evil or crafty. “妥”(peace) has a hand () on the top, indicating strict control of woman brings peace.)

　　有很多表示贬(biǎn)义的字都带有女字旁,比如“嫉妒、奴婢、奸佞、娼妓、妖媚、贪婪、妨碍、嫌弃、妄想"等等，甚至"淫(yín)、懒(lǎn)"原本都是女字旁(婬、嬾)。有人统计，这类反映女性社会地位低下、鄙(bǐ)视妇女的字一共有 168 个。(Many derogatory characters have "女" as the radical, such as "嫉妒，奴婢，奸佞，娼妓，妖媚，贪婪，妨碍，嫌弃，妄想" etc. "淫(yín)，懒(lǎn)" used to have this radical too (婬、嬾). Statistics show there are totally 168 characters that reflect the inferiority of women's social status or the contempt on women.)

也有人争论说，汉字中有不少女旁字是表示美好的，如"好、妙、婉、娟、娥、娴、婀娜、妩媚"等。其实，这些字或赞扬女子动人的体态，或称道女子美好的妇德，体现的是男人对妇女的评价，全是男性的口味、男性的标准。换个角度来说，这些字仍然是妇女地位低下的标记。(It's also argued that some characters with 女 as the radical are commendatory, such as "好，妙，婉，娟，娥，娴，婀娜，妩媚" etc. In fact, all these characters, which praise either the physical attractiveness or the moral virtues, virtually demonstrate the man's taste and standards of judgment over women. In other words, they symbolize the women's inferiority from a different perspective.)

有些古老的姓氏都带有"女"字，如"姜、姚、姬、嬴"等，这些字都是母系社会的痕迹(hénjì)，体现了女权制时代女性的至高地位。在远古更早的传说中，创造人类的是一位女神，名字叫"女娲"(Nǚwā)。(Some ancient surnames have this radical, such as "姜，姚，姬，嬴" etc, which, as the relics of matriarchal society, embody the superiority of their positions. According to a legend in the remote antiquity, the creator of human beings was a goddess named "Nǚwā".)

从"女"字和女旁字中，我们可以发现其中蕴含的丰富文化。(We can dig out the rich culture in the character "女" and characters with "女" as the radical.)

第五十五课　祝 福 视 神

zhù 祝	fú 福	shì 视	shén 神	yùn 运
shè 社	shì yǔ zǒu "示"与"走" 礻/辶			chí 迟
lǐ 礼				shì 适
yù 遇	yíng 迎	tuì 退	sòng 送	lián 连

---

zhù 祝 九画 【部首】礻 （义） express good wish; wish

◇ 1. 祝贺 zhùhè   v./n.   congratulate; congratulation
◇ 2. 庆祝 qìngzhù   v.   celebrate
◇ 3. 祝愿 zhùyuàn   n./v.   wish

例句：Zhù nǐ xīnnián kuàilè、shēntǐ jiànkāng. / 祝你新年快乐、身体健康。/
I wish you a happy New Year and good health.

fú 福 十三画 【部首】礻 （形声字）IS （义） good fortune; happiness

◇ 1. 幸福 xìngfú   a./n.   (of one's personal life) happy; happiness
◇ 2. 福利 fúlì   n.   welfare
◇ 3. 祝福 zhùfú   v./n.   blessing; benediction .

例句: Tāmen de shēnghuó hěn xìngfú. / 他们的生活很幸福。/ They have a happy life.

shì 视 (視) 八画 【部首】礻 义 look at; treat; look upon

◇ 1. 重视 zhòngshì　　　*v.*　　　attach importance; pay attention to
◇ 2. 近视 jìnshì　　　*a./n.*　　　shortsighted; shortsightedness
◇ 3. 电视 diànshì　　　*n.*　　　TV

例句: Zhōngguó de fùmǔ fēicháng zhòngshì zǐnǚ de jiàoyù. / 中国的父母非常重视子女的教育。/
Chinese parents pay great attentions to the education of their children.

shén 神 九画 【部首】礻 (形声字)IS 义 god; magical; spirit

◇ 1. 精神 jīngshén　　　*n.*　　　spirit; mind
◇ 2. 精神 jīngshen　　　*a.*　　　vigor; lively
◇ 3. 神话 shénhuà　　　*n.*　　　myth; fairy tale
◇ 4. 神秘 shénmì　　　*a.*　　　mysterious; mystical

例句: Māma shuō: "Shén huì bǎoyòu wǒmen." /
妈妈说："神会保佑我们。"/
Mother said, "God will bless and protect us."

shè 社 七画 【部首】礻 义 society; agency

◇ 1. 社会　　shèhuì　　　*n.*　　　society
◇ 2. 旅行社　lǚxíngshè　　　*n.*　　　travel service

例句: Zài Zhōngguó shénme rén shèhuì dìwèi gāo? / 在中国什么人社会地位高？/
Who have higher social positions in China?

lǐ 礼 (禮) 五画 【部首】礻 义 ceremony; manners; gift

◇ 1. 礼物 lǐwù　　　*n.*　　　gift; present
◇ 2. 婚礼 hūnlǐ　　　*n.*　　　wedding
◇ 3. 礼貌 lǐmào　　　*n./a.*　　　polite

例句: Zhè shì tā sònggěi wǒ de shēngri lǐwù. / 这是他送给我的生日礼物。/
This is the birthday gift he sent to me.

yùn 运 (運) 七画 【部首】辶 (形声字)I/S 义 movement; transport; use; fortune

◇ 1. 幸运 xìngyùn　　　*a.*　　　lucky

◇ 2. 运气 yùnqi   *n.*   fortune; luck

◇ 3. 运动 yùndòng   *n./v.*   sports; movement; exercise

例句：Wǒ zhēn xìngyùn, mǎidàole zuìhòu yì zhāng jīpiào. / 我真幸运, 买到了最后一张机票。/
I was lucky enough to get the last air ticket.

---

chí 迟 （遲）七画 【部首】辶 （形声字）I/S （义） late

◇ 1. 迟到 chídào   *v.*   be late; come late

◇ 2. 推迟 tuīchí   *v.*   put off; postpone

例句：Tā jīntiān yòu chídàole wǔ fēnzhōng. / 他今天又迟到了五分钟。/
He was five minutes late again today.

---

shì 适 （適）九画 【部首】辶 （形声字）S/I （义） fit; suitable; proper; just; go

◇ 1. 适合 shìhé   *v.*   suit; fit

◇ 2. 合适 héshì   *a.*   suitable; right; appropriate

◇ 3. 适应 shìyìng   *v.*   suit; adapt to; aust to

例句：Zhè běn Hànyǔ jiàocái shìhé chūxuézhě yòng ma? / 这本汉语教材适合初学者用吗？/
Is this Chinese textbook suitable for beginners?

---

lián 连 （連）七画 【部首】辶 （义） link; in succession; even

◇ 1. 一连 yìlián   *adv.*   in a row; in succession

◇ 2. 连续 liánxù   *adv.*   continuous; successive

◇ 3. 连忙 liánmáng   *adv.*   promptly; at once

例句：Yìlián xiàle sān tiān yǔ. / 一连下了三天雨。/ It rained for three days running.

---

sòng 送 九画 【部首】辶 （义） give as a present; see sb. off or out; deliver

◇ 1. 送行 sòngxíng   *v.*   see sb. off; give a send-off party

◇ 2. 送礼 sòng lǐ   give a present

◇ 3. 欢送 huānsòng   *v.*   see off

例句：Māma shēngri de shíhou, nǐ sòng tā shénme lǐwù? /
妈妈生日的时候, 你送她什么礼物？/
What gift did you give to your mother for her birthday?

tuì 退 九画 【部首】辶 义 move back; return

◇ 1. 倒退 dàotuì　　　*v.*　　　go backwards; fall back
◇ 2. 早退 zǎotuì　　　*v.*　　　leave earlier than one should; leave early
◇ 3. 后退 hòutuì　　　*v.*　　　draw back

例句: Dàfēng guā de wǒ dàotuìle hǎo jǐ bù. / 大风刮得我倒退了好几步。/
The strong wind pushed me a few steps backwards.

yíng 迎 七画 【部首】辶 (形声字)IS 义 go to meet; welcome; move towards

◇ 1. 迎接 yíngjiē　　　*v.*　　　go to meet; welcome; greet
◇ 2. 欢迎 huānyíng　　　*v.*　　　welcome; greet year

例句: Wǒmen míngtiān qù huǒchēzhàn yíngjiē tāmen. / 我们明天去火车站迎接他们。/
We'll meet them at the railway station tomorrow.

yù 遇 十二画 【部首】辶 (形声字)I/S 义 meet; encounter; treat

◇ 1. 遇到 yùdào　　　*v.*　　　run into; encounter; come cross
◇ 2. 遇见 yùjiàn　　　*v.*　　　meet; come cross
◇ 3. 机遇 jīyù　　　*n.*　　　favorable circumstances; opportunity
◇ 4. 待遇 dàiyù　　　*n.*　　　treatment; salary

例句: Tā gāngcái yùdàole yí ge lǎo tóngxué. / 他刚才遇到了一个老同学。/
He ran into an old schoolmate just now.

汉字知识（55） Chinese Character Introduction (55)

汉字中的文化信息（3）
Culture Conveyed by Characters (3)

婚

　　表示结婚、婚姻的"婚"字,古时候写成"昏"字。先秦(Qín)古老的《诗经》中有"宴(yàn)尔新昏",《仪礼》中有《士昏礼》一篇,记载士大夫阶级的结婚习俗。文中明确地说到:"士娶妻之礼,以昏为期,因而名焉(yān)。"意思是说男子娶妻的礼节仪式,是定在昏暗的夜晚,因此叫"昏"。("婚", which means marriage, used to be "昏" (dusk). In Book of Odes written before the Qin dynasty, there is the sentence "宴

Hànzì Tūpò

(yàn) 尔新昏" (newly married); in Etiquette there is an article entitled 《士昏礼》, which recorded the customs of marriage of the scholar-officials in imperial times, and it points out (clearly that the wedding ceremony between a man and a woman is at the dark night, hence it got the name "昏".)

在古文中"昏"字的写法是 昏，即"日下"，也就是太阳落山的时候。后来写作"民"十"日"，表示看不见太阳，与"眠"（由于昏暗而不见事物）属于同一个系列。这本是一个形声字，"民"表示声旁，后来声母由 m 演变为 h，发音也变为 hūn 了。("昏" used to be 昏, that is "日下" (the sunset). Later, it became "民"十"日", meaning no sight of sun, close to the word "眠"(unable to see owing to darkness). It is a idea-sound character, with "民" as the sound component. Later, the consonant of "民" turned "m" into "h", and the sound of the character turned into "hūn" accordingly.)

那么，"民"字什么时候变成了"氏"呢?唐太宗名叫李世民,他当了皇帝之后,觉得他的名字"民"包含在表示昏暗、糊涂的"昬"字中,太不好了,就下令"将民改为氏",后世就一直把这个字写成了"昏"。(Then, when did "民" turn into "氏"? The name of the first emperor of Tang dynasty is "李世民" (Li Shimin). He ordered to replace "民" by "氏"because he thought the character "昬", meaning "dim or foolish", used one of the characters in his name (民), which is against his wish.)

为什么要用昏暗的"昏"字表示结婚呢?原来,在原始社会,男子是趁着昏暗(即黑夜)来抢婚的。至今一些原始部落中还保留了这种野性的习俗。抢婚时代过去之后,青年男女也沿袭(yánxí)旧俗,把婚礼定在晚上。在过去父母包办婚姻的时代,新郎要熬(áo)到"洞房花烛(zhú)夜"才能看见新娘的真面目。(Why "昏"is used to refer to marriage? It is traced back to the primitive society when men caught wives by force at night. Some primitive tribes still retain this custom till now. For a long time since then, wedding ceremony had been held at night. In the time when marriage was manipulated by parents, the bridegroom could not see the bride until the very night after the wedding ceremony was over.)

dì-wǔshíliù kè · bán jīn liǎng shuāng

第五十六课　半　斤　两　双

bàn 半	jīn 斤	liǎng 两	shuāng 双	jiàn 件	wèi 位	cì 次
hù 户		shùliàng cí 数　量　词				fēng 封
jiǎo 角						shǒu 首
jié 节	yè 页	kè 刻	kè 克	máo 毛	tiáo 条	zhī 支

bàn 半　五画【部首】八 / 丨 / 丶　义 half

- ◇ 1. 半天　　　　bàntiān　　　　　　　half of the day; a long time
- ◇ 2. 半夜　　　　bànyè　　　　*n.*　　midnight
- ◇ 3. 半（个）小时　bàn (ge) xiǎoshí　　half an hour
- ◇ 4. 一个半月　　yí ge bàn yuè　　　　one and half months

例句：Zhè ge píngguǒ wǒliǎ yì rén chī yí bàn. / 这个苹果我俩一人吃一半。/
We two each has a half of the apple.

jīn 斤　四画【部首】斤　义 half a kilogram

- ◇ 1. （市）斤　(shì) jīn　　*m.*　　half a kilogram
- ◇ 2. 公斤　　　gōngjīn　　*m.*　　kilogram

例句：Qǐng wèn, zhè zhǒng píngguǒ duōshao qián yì jīn? / 请问,这种苹果多少钱一斤? /

Excuse me, how much does this kind of apple cost one jin?

liǎng 两 (兩) 七画 【部首】一 义 two; both; a Chinese unit of weight (ten *liang* make a *jin*)

◇ 1. 两边　　liǎngbiān　　　　　*n.*　　　　both sides; either side
◇ 2. 两口子　liǎngkǒuzi　　　　　*n.*　　　　couple; husband and wife

例句：Lù liǎngbiān zhòngzhe hěn duō shù. / 路两边种着很多树。/

There are many trees planted at both sides of the road.

提示："两"字中间有两个人。/ *There are two persons in the middle of* "两".

shuāng 双 (雙) 四画 【部首】又 义 pair; two; double

◇ 1. 双手　　　shuāngshǒu　　　　*n.*　　　both hands
◇ 2. 双方　　　shuāngfāng　　　　*n.*　　　both sides
◇ 3. 双人房间　shuāngrén fángjiān　　　　　a double-bedded room

例句：Tā jīntiān mǎile yì shuāng píxié. / 他今天买了一双皮鞋。/

He bought a pair of leather shoes today.

jiàn 件 六画 【部首】亻 义 *measure word* (used for clothes, matters, things)

◇ 1. 证件　　　zhèngjiàn　　　　　*n.*　　　certificate; credentials
◇ 2. 电子邮件　diànzǐ yóujiàn　　　　　　　e-mail

例句：Tā chuānzhe yí jiàn piàoliang de hóng máoyī. / 她穿着一件漂亮的红毛衣。/

She is on a beautiful red sweater.

wèi 位 七画 【部首】亻 义 *measure word* (used for persons); place; position

◇ 1. 哪位　nǎ wèi　　　　　　　　　which person; who
◇ 2. 坐位　zuòwèi　　　　　*n.*　　　　seat
◇ 3. 地位　dìwèi　　　　　　*n.*　　　　social position; status
◇ 4. 位置　wèizhi　　　　　*n.*　　　　location; seat; place

例句：Nǎ wèi yuànyì gěi zhè wèi lǎorén ràng ge zuòwèi? / 哪位愿意给这位老人让个坐位? /

Who is willing to give his seat to this aged person?

cì 次 六画 【部首】冫/欠 (形声字)IS 义 *measure word* (time); order

◇ 1. 下次　xiàcì　　　　　　　　　　next time

◇ 2. 每次 měicì   *n.*   every time

◇ 3. 次品 cìpǐn   *n.*   substandard products

例句：Zhè ge wèntí nǐ yǐjing wènguo wǒ liǎng cì le. / 这个问题你已经问过我两次了。/
You've asked me this question twice.

hù 户 四画 【部首】户 ⊗ *measure word* (household; family); door

◇ 1. 窗户   chuānghu   *n.*   windows

◇ 2. 用户   yònghù   *n.*   consumer

◇ 3. 家家户户 jiājiāhùhù   each and every family

例句：Zhè dòng lóu měi céng yǒu sì hù. / 这栋楼每层有四户。/
There are four families on each floor in this building.

jiǎo 角 七画 【部首】角 ⊗ *measure word* (a fraction unit of money in China); corner;
horn; angle

◇ 1. 五角   wǔ jiǎo   fifty cents (of RMB)

◇ 2. 墙角   qiángjiǎo   *n.*   corner of a wall

◇ 3. 牛角   niújiǎo   *n.*   ox horn

◇ 4. 五角星   wǔjiǎoxīng   *n.*   five pointed star

例句：Gōnggòngqìchēpiào měi zhāng yì yuán wǔ jiǎo. / 公共汽车票每张一元五角。/
The bus ticket is one yuan and fifty cents each.

jié 节 （節）五画 【部首】艹 （形声字）I/S ⊗ joint; *measure word* (section; length);
festival; item

◇ 1. 节日 jiérì   *n.*   festival; holiday

◇ 2. 过节 guò jié   celebrate a festival; observe a festival

◇ 3. 节目 jiémù   *n.*   program; item (on a program)

例句：Tāmen měi tiān zǎoshang yǒu sì jié kè. / 他们每天早上有四节课。/
They have four classes every morning.

yè 页 （頁）六画 【部首】页 ⊗ *measure word* (page; leaf)

◇ 1. 页数 yèshù   page number

◇ 2. 页码 yèmǎ   *n.*   page number

例句：Qǐng dàjiā dǎkāi shū, fāndào dì-shí yè. / 请大家打开书,翻到第十页。/
Please open your books and turn to the tenth page.

kè 刻 八画 【部首】刂 (形声字)SI 义 *measure word* (a quarter of an hour); moment; inthe highest degree

◇ 1. 一刻钟 yí kèzhōng   a quarter (time)
◇ 2. 立刻 lìkè   *adv.*   immediately; at once
◇ 3. 刻苦 kèkǔ   *a.*   hardworking; painstaking
◇ 4. 深刻 shēnkè   *a.*   deep; profound

例句：Yì diǎn yí kè wǒmen néng dào nàr ma? / 一点一刻我们能到那儿吗？/ Can we get there on a quarter past one?

kè 克 七画 【部首】十 / 儿 义 gram(g); overcome

◇ 1. 千克 qiānkè   *n.*   kilogram(kg)
◇ 2. 克服 kèfú   *v.*   surmount; overcome; put up with
◇ 3. 攻克 gōngkè   *v.*   capture; surmount

例句：Zài Zhōngguó, wǔbǎi kè jiùshì yí shìjīn. / 在中国，五百克就是一市斤。/ Five hundred grams equals to a Chinese *jin*.

máo 毛 四画 【部首】毛 义 *measure word* (a fraction unit of money in China)

◇ 1. 毛病 máobing   *n.*   illness; trouble; shortcoming
◇ 2. 毛笔 máobǐ   *n.*   writing brush

例句：Zhè jiàn máoyī jiǔshíjiǔ kuài bā máo qián. / 这件毛衣九十九块八毛钱。/ This sweater costs 99 *kuai* and 8 *mao*.

tiáo 条 (條) 七画 【部首】木 / 夂 义 *measure word* (used for a long arrow things, e.g. skirt, ship, fish, road, street, rope, line); a long arrow piece; item

◇ 1. 面条 miàntiáo   *n.*   noodles
◇ 2. 条件 tiáojiàn   *n.*   condition; requirement

例句：Tā mǎile yì tiáo niúzǎikù. / 他买了一条牛仔裤。/ He bought a pair of jeans.

fēng 封 九画 【部首】寸 (形声字)SI 义 *measure word* (used for letters, etc); envelope

◇ 1. 信封 xìnfēng   *n.*   envelope
◇ 2. 封锁 fēngsuǒ   *v.*   block or seal off; blockade

例句：Tā zuótiān shōudàole māma yì fēng xìn. / 她昨天收到了妈妈一封信。/ She received a letter from her mother yesterday.

第五十六课

shǒu 首 九画 〔部首〕八 义 *measure word* (used for poems and songs) head; first

◇ 1. 首先　shǒuxiān　　　*adv.*　　　first
◇ 2. 一首诗　yì shǒu shī　　　　　a poem
◇ 3. 首都　shǒudū　　　*n.*　　　capital

例句：Shǒuxiān qǐng Zhāng xiǎojiě gěi dàjiā chàng yì shǒu gē. / 首先请张小姐给大家唱一首歌。/
First let's invite Miss Zhang sing a song for us.

zhī 支 四画 〔部首〕十 / 又 义 *measure word* (used for things in the shape of a shaft or for songs, etc.); support; pay money

◇ 1. 支出　zhīchū　　　*v./n.*　　pay; expend; expenses
◇ 2. 支持　zhīchí　　　*v.*　　　hold out; bear; support
◇ 3. 支票　zhīpiào　　　*n.*　　　check; cheque

例句：Zhè zhī gāngbǐ shì péngyou sònggěi wǒ de shēngri lǐwù. /
这支钢笔是朋友送给我的生日礼物。/
The pen was a birthday gift that my friend gave to me.

汉字知识（56）　　Chinese Character Introduction (56)

汉字中的文化信息（4）
Culture Conveyed by Characters（4）

即和既

　　"即"和"既"这两个字字形和发音都相近,人们常常混用、错用。这两个字为什么这样写?许慎的《说文解字》认为这两字都是形声字。从东汉到清末,学者们都没有提出合理的解释。直到甲骨文发现之后,才使我们找到解开这两个汉字之谜的钥匙。("即" and "既"share similar form and sound, the reason why they are often mixed. How were they invented? The Analysis of Words by Xu Shen claimes that both of them are idea-sound characters. No scholar had ever worked out this problem from the East Han dynasty to the end of Qing dynasty. Actually, the problem had not been solved until jiaguwen was unearthed.)

　　"即"字甲骨文的写法是🝣,这个字的左边画的是盛放食品的器具,右边画的是一个坐着的人。古人就餐时规矩的坐法就是双膝着席,臀部坐在脚后跟上。"即"字表现的是一个人对着食具等待进食或张嘴就食。所以,"即"表示时间就有了正在、当下、眼前的意思,如"即日、即时、即刻、立即、成功在即"等;表示空间就有了走近、靠近、接触的含义,如"即席、若即若离、可望不可即"等;用做副词,意为就、便,表示时间很短促,如"一触即发、召之即来"等。(In jiaguwen, "即" appeared as 卻, the left side being a sort of food container and the right a man kneeing on a mat with the bottom on the heels, a standard sitting posture when dinning at the ancient time. "即"conveys the idea that a man is sitting in front of the food, ready to eat. Therefore, "即"means "right now" when referring to time, such as "即日, 即时, 即刻, 立即, 成功在即"; it means "approach, close or contact" when referring to space, such as "即席, 若即若离, 可望不可即"; it means "immediately or in a short time" when used as a adverb, e.g. "一触即发, 召之即来"etc.)

"既"的甲骨文写法是 皀, 左边是同样的食物,右边的是一个张口掉头面向后方的人形,表示的是他已经吃完了。所以"既"表示时间已经过去,动作已经完成或已经具有的意思。如"食既、言已既、既成事实、既然、既来之则安之、既好又快、既要……也要……"等。("既"appeared as 皀 in jiaguwen, the left side being food, just like 即, the right side being a person with his mouth open and his head turning back, which means he has finished eating. Hence, "既"indicates that time has passed, an act has been finished or something has been acquired, e.g. "食既, 言已既, 既成事实, 既然, 既来之则安之, 既好又快, 既要……也要……"etc.)

从甲骨文的结构来看,这两个字应算是会意字。这两个字的读音一样吗?二字同音不同调:"即"念 jí,"既"念"jì"。(The structures of these two characters in jiaguwen indicate that they are both associative characters. What about their sound? They have the same syllable but different tone: "即" reads "jí" and "既" reads"jì".)

第四单元

dì-wǔshíqī kè　　　rìjì　　zhīyī
第五十七课　日记 之一

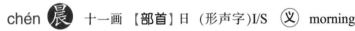

6月18日

早晨,宿舍窗外光线明亮,我从床上爬起来,喝了一杯牛奶,开始复习功课。我听录音、查字典、翻译句子。中午,小雪做了糖醋鱼和炒鸡蛋,味道都很好,尤其是糖醋鱼。我做了一碗红烧猪肉,味道一般。下午我们去游泳,晚上觉得头疼,有点儿发烧,我去看病,医生给了我一些药片。今天晚上,我要好好睡一觉。

---

chén **晨** 十一画 【部首】日 (形声字)I/S **义** morning

◇ 1. 早晨 zǎochen　　　　　*n.*　　　　morning

◇ 2. 清晨 qīngchén　　　　　*n.*　　　　early morning

---

sù/xiǔ **宿** 十一画 【部首】宀 (形声字)I/S **义** stay overnight; long-standing

◇ 1. 宿舍 sùshè　　　　　　*n.*　　　　dormitory; hostel; living quarters

◇ 2. 住一宿 zhù yì xiǔ　　　　　　　　stay for one night

例句: Nǚshēng sùshè bǐ nánshēng sùshè gānjìng. / 女生宿舍比男生宿舍干净。/

The girl's dormitory is cleaner than boy's.

---

shě/shè **舍** 八画 【部首】人 (形声字)I/S **义** give up; abandon; house; shed; hut

◇ 1. 舍不得　shěbude　　　　　　　hate to part with or use

◇ 2. 依依不舍 yīyībùshě　　　　　　be reluctant to part

例句: Zài Měiguó liú xué de shíhou, tā shěbude luàn huā yì fēn qián. /

在美国留学的时候,他舍不得乱花一分钱。/

He hated to waste a single cent when he studied in the United States.

chuāng 窗 (窻) 十二画 【部首】穴 (形声字)I/S 义 window

◇ 1. 窗户 chuānghu   *n.*   window; casement
◇ 2. 窗帘 chuānglián   *n.*   window curtain
◇ 3. 窗台 chuāngtái   *n.*   windowsill

例句 : Wūli kōngqì bù hǎo, qǐng nǐ dǎkāi chuānghu. / 屋里空气不好, 请你打开窗户。/
The air in the room is not good, please open the windows.

guāng 光 六画 【部首】小 / 儿 义 light; bright; all gone

◇ 1. 光线 guāngxiàn   *n.*   light; ray
◇ 2. 阳光 yángguāng   *n.*   sunlight; sunshine
◇ 3. 光荣 guāngróng   *a./n.*   honorable; glorious; glory

例句 : Bié zài guāngxiàn bù hǎo de dìfang kàn shū. / 别在光线不好的地方看书。/
Don't read in poor light.

pá 爬 八画 【部首】爪 (形声字)IS 义 crawl; creep; climb; clamber

◇ 1. 爬山 pá shān   climb mountain
◇ 2. 爬树 pá shù   climb a tree

例句 : Tāmen jìhuà xià xīngqīsì pá Huáng Shān. / 他们计划下星期四爬黄山。/
They planed to climb the Yellow Mountain next Thursday.

shǐ 始 八画 【部首】女 (形声字)IS 义 begin; start

◇ 1. 开始 kāishǐ   *v.*   begin; start
◇ 2. 始终 shǐzhōng   *adv.*   from beginning to end; throughout

例句 : Nǐ shénme shíhou kāishǐ yòng diànnǎo de? / 你什么时候开始用电脑的？/
When did you start using computer?

fù 复 (複/復) 九画 【部首】丿 / 夊 (形声字)S/I 义 again; duplicate; turn over; recover

◇ 1. 复杂 fùzá   *a.*   complicated
◇ 2. 复印 fùyìn   *v.*   xerox; duplicate
◇ 3. 重复 chóngfù   *v.*   repeat; duplicate

例句 : Zhè ge diànyǐng de gùshi qíngjié fēicháng fùzá. / 这个电影的故事情节非常复杂。/
The story of this film is very complicated.

lù 录（錄） 八画 【部首】彐 义 record; write down; copy

◇ 1. 录音 lù yīn　　　　　　　　　record (sound)

◇ 2. 记录 jìlù　　　　　v./n.　　take notes; keep the minutes; records

◇ 3. 录取 lùqǔ　　　　　v.　　　enroll; recruit; admit

◇ 4. 目录 mùlù　　　　　n.　　　contents; catalogue

例句：Xuéxí wàiyǔ yào duō tīng lùyīn, duō kàn lùxiàng. / 学习外语要多听录音, 多看录像。/

One should listen to a lot of tape recordings and watch a lot of video-recordings while learning a foreign language.

yīn 音 九画 【部首】立 / 日 义 sound; voice; news

◇ 1. 音乐 yīnyuè　　　　n.　　　music

◇ 2. 声音 shēngyīn　　　n.　　　sound

◇ 3. 发音 fāyīn　　　　　v./n.　　pronounce; enunciate

例句：Bàba xǐhuan tīng gǔdiǎn yīnyuè, wǒ xǐhuan tīng liúxíng yīnyuè. /

爸爸喜欢听古典音乐, 我喜欢听流行音乐。/

My father likes classic music and I like pop music.

diǎn 典 八画 【部首】八 义 standard; law; ceremony

◇ 1. 字典 zìdiǎn　　　　n.　　　character dictionary

◇ 2. 词典 cídiǎn　　　　n.　　　dictionary

◇ 3. 典型 diǎnxíng　　　n./a.　　typical

◇ 4. 古典 gǔdiǎn　　　　a./n.　　classical; classical allusion; classic

例句：Míngtiān shàngwǔ wǒmen jǔxíng chá zìdiǎn bǐsài. / 明天上午我们举行查字典比赛。/

We are going to have a using dictionary contest tomorrow morning.

fān 翻 十八画 【部首】羽 (形声字)SI 义 turn upside down or inside out; reverse;

　　　　　　　　　　　　　　　　　　　　　　translate

◇ 1. 翻译 fānyì　　　　　v./n.　　translate; translator; interpreter

◇ 2. 翻开 fānkāi　　　　　　　　　turn (pages of a book)

例句：Tā xiān bǎ Yīngwén fānyì chéng Yìnníwén, zài fānyì chéng Zhōngwén. /

他先把英文翻译成印尼文, 再翻译成中文。/

He translated English into Indonesian first, and then into Chinese.

xuě 雪 十一画 【部首】雨 (形声字) I/S 义 snow

◇ 1. 下雪 xià xuě　　　　　　to snow
◇ 2. 滑雪 huá xuě　　　　　　ski
◇ 3. 雪白 xuěbái　　*a.*　　　snow-white
◇ 4. 雪糕 xuěgāo　　*n.*　　　ice-cream

例句：Zuótiān wǎnshang xià xuě le, wǒmen qù huá xuě ba. / 昨天晚上下雪了,我们去滑雪吧。/
It snowed last night, let's go to ski.

táng 糖 十六画 【部首】米 (形声字) IS 义 sugger; sweets; candy

◇ 1. 糖果 tángguǒ　　*n.*　　　sweets; candy
◇ 2. 白糖 báitáng　　*n.*　　　white sugar
◇ 3. 喜糖 xǐtáng　　*n.*　　　wedding candies

例句：Chīduōle tángguǒ duì yáchǐ bù hǎo. / 吃多了糖果对牙齿不好。/
Eating too much sweets is harmful to your teeth.

jī 鸡 (鷄) 七画 【部首】又 / 鸟 (形声字) SI 义 chicken

◇ 1. 鸡蛋 jīdàn　　*n.*　　　(hen's) egg
◇ 2. 公鸡 gōngjī　　*n.*　　　cock; rooster
◇ 3. 母鸡 mǔjī　　*n.*　　　hen
◇ 4. 鸡肉 jīròu　　*n.*　　　chicken (as food)

例句：Tā xǐhuan chī jīròu, dàn bù xǐhuan chī jīdàn. / 他喜欢吃鸡肉,但不喜欢吃鸡蛋。/
He likes to have chicken, but not eggs.

dàn 蛋 十一画 【部首】虫 义 egg; an egg-shaped thing

◇ 1. 蛋白 dànbái　　*n.*　　　egg white; albumen
◇ 2. 蛋黄 dànhuáng　　*n.*　　　yolk
◇ 3. 蛋糕 dàngāo　　*n.*　　　cake

dōu/dū 都 十画 【部首】阝 (形声字) SI 义 all; even; already; capital; big city

◇ 1. 都是 dōu shì　　　　　　all; (or show the cause)
◇ 2. 首都 shǒudū　　*n.*　　　capital
◇ 3. 都市 dūshì　　*n.*　　　a big city; metropolis

例句：Nǐ diǎn cài ba, wǒ chī shénme dōu xíng. / 你点菜吧,我吃什么都行。/
You please order food, and anything will do for me.

yóu 尤 四画 【部首】尢 义 particularly; fault

◇ 尤其 yóuqí　　　　　*adv.*　　especially

wǎn 碗 十三画 【部首】石 (形声字)IS 义 bowl

◇ 1. 饭碗 fànwǎn　　　　*n.*　　rice bowl; job
◇ 2. 碗筷 wǎnkuài　　　　*n.*　　bowls and chopsticks

shāo 烧 (燒) 十画 【部首】火 (形声字)IS 义 burn; cook; run a fever

◇ 1. 烧饭 shāo fàn　　　　　　　cook food
◇ 2. 烧烤 shāokǎo　　　*v.*　　barbecue
◇ 3. 发烧 fāshāo　　　　*v.*　　run a fever; have a temperature

例句：Māma měi tiān zài jiā shāo fàn, shāo cài, zuò jiāwù. / 妈妈每天在家烧饭、烧菜, 做家务。/
Mother cooks meal and does housework at home everyday.

zhū 猪 (豬) 十一画 【部首】犭 (形声字)IS 义 pig; hog; swine

◇ 1. 猪肉 zhūròu　　　　*n.*　　pork
◇ 2. 猪排 zhūpái　　　　*n.*　　pork chop

ròu 肉 六画 【部首】冂 / 丨 义 meat; flesh

◇ 1. 牛肉 niúròu　　　　*n.*　　beef
◇ 2. 羊肉 yángròu　　　*n.*　　lamb; mutton

例句：Tā shì Mùsīlín, chī niú-yángròu, cóng bù chī zhūròu. / 他是穆斯林, 吃牛羊肉, 从不吃猪肉。/
He is a Moslem. He eats beef and mutton, but never eats pork.

tóu 头 (頭) 五画 【部首】丶 / 大 义 head; first; chief; leader; (noun suffix)

◇ 1. 头发 tóufa　　　　*n.*　　hair
◇ 2. 头脑 tóunǎo　　　*n.*　　brains; mind
◇ 3. 头儿 tóur　　　　*n.*　　leader; head; chief

例句：Wǒ de tóufa tài cháng le, gāi lǐ fà le. / 我的头发太长了, 该理发了。/
My hair is too long, and I should get a haircut.

téng 疼 十画 【部首】疒 (形声字)IS (义) ache; have a pain; love dearly

◇ 1. 心疼 xīnténg   *n./v.*   love dearly; feel sorry; heart ache
◇ 2. 疼痛 téngtòng   *n.*   pain; ache; soreness
◇ 3. 头疼 tóuténg   *n./v.*   headache

例句: Xīn mǎi de zhàoxiàngjī nònghuài le, tā xīnténg jí le. / 新买的照相机弄坏了,他心疼极了。/
He felt so sorry because his newly-bought camera was broken.

fā/fà 发 (發/髮) 五画 【部首】又 / 乙 (义) send out; utter; issue; hair

◇ 1. 出发 chūfā   *v.*   set out; start off
◇ 2. 发现 fāxiàn   *v./n.*   discover; discovery
◇ 3. 发展 fāzhǎn   *v.*   develop; grow
◇ 4. 头发 tóufa   *n.*   hair
◇ 5. 发烧 fāshāo   *v./a.*   have a fever; run a temperature

例句: Míngtiān wǒmen qù Duōbā Hú, jǐ diǎn chūfā? /
明天我们去多巴湖,几点出发? /
We are going to Duobahu Lake tomorrow, and when shall we set off?

bìng 病 十画 【部首】疒 (形声字)IS (义) disease; illness; sick; ill

◇ 1. 病人 bìngrén   *n.*   patient; sick person
◇ 2. 看病 kàn bìng   see a doctor (or a patient)
◇ 3. 病假 bìngjià   *n.*   sick leave
◇ 4. 生病 shēng bìng   fall ill; contract a disease

例句: Zhè jiā yīyuàn yīshēng bú gòu, bìngrén tài duō. / 这家医院医生不够,病人太多。/
This hospital has not enough doctors and too many patients.

xiē 些 八画 【部首】止 / 二 (义) some; a few; a little

◇ 1. 一些 yìxiē   *pron.*   some; a little
◇ 2. 有些 yǒuxiē   *pron.*   some; somewhat
◇ 3. 这些 zhèxiē   *pron.*   these
◇ 3. 某些 mǒuxiē   *pron.*   certain; some

例句: Wǒ qù Xīnjiāpō gěi nǐ mǎile yìxiē kāfēi. / 我去新加坡给你买了一些咖啡。/
I bought you some coffee when I went to Singapore.

yào **药** （藥） 九画 【部首】艹 （形声字）I/S Ⓨ medicine; drug; remedy

◇ 1. 药店 yàodiàn   *n.*   drugstore; pharmacy
◇ 2. 药片 yàopiàn   *n.*   tablet
◇ 3. 中药 zhōngyào   *n.*   traditional Chinese medicine

例句：Nǐ zhīdào nǎ jiā yàodiàn mài zhōngyào? / 你知道哪家药店卖中药？/

Do you know which drugstore is selling traditional Chinese medicine?

piān/piàn **片** 四画 【部首】片 Ⓨ a flat, thin piece; slice; part of a place; tablets

◇ 1. 名片   míngpiàn   *n.*   name card; business card
◇ 2. 相片儿 xiàngpiānr   *n.*   photo
◇ 3. 影片   yǐngpiàn   *n.*   film; movie

例句：Wáng xiānsheng, zhè shì wǒ de míngpiàn, yǐhòu duō liánxì. /

王先生，这是我的名片，以后多联系。/

Mr. Wang, here is my visiting card, let's keep in touch.

汉字知识（57）   Chinese Character Introduction (57)

汉字应用文化
Culture of Character Application

    提到由于汉字的应用而塑造的文化现象,人们首先会想到书法和篆刻。从甲骨文开始,汉字的书写就形成了一门艺术,再经过历代书法家不懈地探索,书法早已成为汉字文化圈人民喜闻乐见的艺术样式了。中国人认为"书画同源",因为古代象形字就是原始的图画。在中国人的心目中,诗、书（书法）、画、印（篆刻）,是相互联系、不分高低的艺术作品。书写和篆刻成为艺术,这是汉字的独特现象。中国人甚至进一步认为,书为心画,字如其人。认为一个人的思想品格会体现在他所写的字上,这种认识也是与其他民族不同的文化现象。

(Concerning the cultural phenomena born in the application of Chinese characters, calligraphy and seal cutting take the lead. Calligraphy has become an art ever since jiaguwen was created, and through calligraphists' constant pursuit over different dynasties, it has been popular in the circle of people speaking Chinese regardless of their nationalities. The Chinese think calligraphy and drawing share the same origin, since the ancient pictographic characters are pictures themselves. To the Chinese, poetry, calligraphy, drawing and seal-cutting are closely connected with each other and equal in the realm of art. Calligraphy and seal-cutting are the unique arts of Chinese characters. The Chinese may even think that a person's handwriting is like a mirror of his personality, a concept that can rarely be found in other cultures.)

汉语中有许多熟语都是以汉字字形为依据构成的。如"人言为信"、"止戈为武"、"八字没一撇"、"心字头上一把刀（忍）"等等。(A lot of idioms in Chinese derived from characters, e.g. "人言为信", "止戈为武", "八字没一撇", "心字头上一把刀(忍)"etc.)

对联是汉语单音节特点所造就的文学形式,对联不仅要求上下联字数相等,还要词性相同、平仄相对。对联中有拆字联,如"二人土上坐,一月日边明";回文联,如"客上天然居,居然天上客;人过大佛寺,寺佛大过人";双关联,如"清风有意难留我,明月无心自照人"。(清、明暗指朝代名);叠字联,如"海水朝朝朝朝朝朝朝落,浮云长长长长长长长消"等等。(Antithetical couplet is an art characteristic of single syllables in Chinese. It demands the two antithetical sentences have the same number of characters, and the antithetical words have the same part of speech and balanced tone. Some couplets are formed by separating characters, e.g. "二人土上坐,一月日边明". (Two people are sitting on a mound and one moon is shining near the sun), some are formed by reading one sentence from left to right and then from right to left, e.g. "客上天然居,居然天上客;人过大佛寺,寺佛大过人". (A guest ascends the teahouse and becomes the guest in heaven; a person passes the Temple of Buddha and appears inferior to the statue.) Some couplets are pun themselves, e.g."清风有意难留我,明月无心自照人". (The breeze is affectionate but unable to embrace me, the moon is indifferent but embracing me in its light , "清" and "明" indicate Qing dynasty and Ming dynasty); some couplets use characters repeatedly, e.g."海水朝朝朝朝朝朝朝落,浮云长长长长长长长消". (Tides rise and fall every morning; clouds assemble and depart now and then.))

在中国的风景名胜、文化古迹、商店酒楼等地,到处都可以见到名人或书法家的题词、牌匾、楹联。汉字的应用文化还有很多,如诗词、字谜、拆字、拼字、名号、广告、游戏等等。(Celebrity's or calligraphists' inscriptions, tablets or couplets prevail in places like scenic spots, historic sites, stores or pubs. The culture of character application can be observed in many other aspects, such as poetry, character riddles, character-separating, character-building, name, advertisement, game etc.)

第五十八课　日记 之 二

6月 19 日

今天天**阴**,小雪上**街**买了一**篮**子苹果和**香蕉**,又忙着洗**鞋袜**和**脏**衣服,我觉得**舒**服多了,看见**屋子**里很**杂乱**,就帮**助**她收拾。我下午给小雪画了一张画,她**展**开画,举起一看,笑了,说腿画得太长了,脚画得还可以,眉眼都像她,画得最好的部分是**嘴**,她很喜欢这张图画。晚上,我的感**冒**全好了,我们**决**定到**室**外**散**步,顺便买些**磁带**和白**纸**。

---

yīn 阴（陰）6画 【部首】阝　义　cloudy; shade; the moon

◇ 1. 阴历　yīnlì　　　　n.　　　lunar calendar
◇ 2. 阴天　yīntiān　　　n.　　　heavy weather; cloudy day

例句: Yīnlì (nónglì) yīyuè yī rì shì Zhōngguó de Chūn Jié. / 阴历（农历）一月一日是中国的春节。/
The Chinese Spring Festival is on the first day of the first Lunar month.

---

jiē 街　十二画 【部首】彳 (形声字)SI　义　street

◇ 1. 上街　shàng jiē　　　　　　go into the street; go shopping
◇ 2. 街上　jiēshang　　n.　　　on the street
◇ 3. 街道　jiēdào　　　n.　　　row; street; street scene

例句: Zhōumò jiēshang rén hěnduō, nǐ zuìhǎo bú yào shàng jiē. / 周末街上人很多,你最好不要上街。/
You'd better not go into the street on weekend,　because there are too many people on the street .

---

lán 篮（籃）十六画 【部首】人 (形声字)I/S　义　basket; basketry

◇ 1. 篮球　lánqiú　　n.　　　basketball
◇ 2. 篮子　lánzi　　　n.　　　basket

例句: Tā lánqiú dǎ de hěnhǎo. / 他篮球打得很好。/ He is a good basketball player.

xiāng 香 九画 【部首】禾 义 fragrant; savory; perfume

◇ 1. 香水 xiāngshuǐ　*n.*　perfume
◇ 2. 香味 xiāngwèi　*n.*　bouquet; sweet smell; fragrance
◇ 3. 香皂 xiāngzào　*n.*　fancy soap

例句：Xiānggǎngrén xǐhuan zhè zhǒng xiāngshuǐ. / 香港人喜欢这种香水。/
This kind of perfume is very popular in Hong Kong.

jiāo 蕉 十五画 【部首】艹 (形声字)I/S 义 any kind of certain broadleaf plants like *bajiao* banana

◇ 香蕉 xiāngjiāo　*n.*　banana

例句：Wǒ xǐhuan chī xiāngjiāo wèi de xuěgāo. / 我喜欢吃香蕉味的雪糕。/
I like the ice cream of banana flavor.

xié 鞋 十五画 【部首】革 (形声字)I/S 义 shoes

◇ 1. 皮鞋 píxié　*n.*　leather shoes
◇ 2. 凉鞋 liángxié　*n.*　sandals
◇ 3. 运动鞋 yùndòngxié　*n.*　sports shoes
◇ 4. 高跟鞋 gāogēnxié　*n.*　high-heel shoes

例句：Dìdi yídìng yào mǎi míngpái yùndòngxié. / 弟弟一定要买名牌运动鞋。/
The younger brother made up his mind to buy a pair of famous brand sports shoes.

wà 袜 (襪) 十画 【部首】衤 (形声字)I/S 义 socks

◇ 袜子 wàzi　*n.*　socks; hose; stockings

例句：Zhè shuāng wàzi yánsè zěnme bù yíyàng? / 这双袜子颜色怎么不一样？/
Why are this pair of socks in different colors?

zāng/zàng 脏 (髒) 十画 【部首】月 (形声字)I/S 义 dirty; viscera

◇ 1. 脏衣服 zāng yīfu　dirty clothes
◇ 2. 弄脏 nòngzāng　make dirty
◇ 3. 脏话 zānghuà　*n.*　dirty words
◇ 4. 心脏 xīngzàng　*n.*　heart

例句：Nàxiē zāng yīfu yǐjing xǐ gānjìng le. / 那些脏衣服已经洗干净了。/
Those dirty clothes has been washed clean.

Hànzì Tūpò

shū 舒　十二画　【部首】舌　(形声字)I/S　义　easy; leisurely

◇　1. 舒服　shūfu　　　*a.*　　be well; comfortable
◇　2. 舒适　shūshì　　　*a.*　　comfortable

例句：Tā jīntiān bú tài shūfu, suǒyǐ méiyǒu lái. / 他今天不太舒服，所以没有来。/
He didn't come, because he wasn't well today.

wū 屋　九画　【部首】尸　义　house; room

◇　1. 屋子　wūzi　　　*n.*　　room
◇　2. 同屋　tóngwū　　*n.*　　roommate

例句：Nǐ de wūzi li yǒu shén me jiājù? / 你的屋子里有什么家具？/
What kinds of furniture are there in your room?

zá 杂（雜）六画　【部首】木　义　miscellaneous; mixed; mix

◇　1. 杂志　zázhì　　　*n.*　　journal; magazine; periodical
◇　2. 复杂　fùzá　　　*a.*　　complex; complicated

例句：Wáng lǎoshī xǐhuan kàn Zhōngwén zázhì. / 王老师喜欢看中文杂志。/
Mr. Wang likes to read magazines written in Chinese.

luàn 乱（亂）七画　【部首】乙　义　disorderly; confused; random

◇　1. 乱说　　　luàn shuō　　　　speak carelessly; gossip
◇　2. 忙乱　　　mángluàn　　*a.*　busy and flurried
◇　3. 乱七八糟　luànqībāzāo　　at sixes and sevens; in great disorder

例句：Wǒ xīnli hěnluàn, ràng wǒ yí ge rén dāi yíhuìr ba. / 我心里很乱，让我一个人呆一会儿吧。/
My mind is in confused state, please leave me alone.

zhù 助　七画　【部首】力　(形声字)S/I　义　aid; assist; help

◇　1. 帮助　bāngzhù　　*v.*　help; assistant
◇　2. 助理　zhùlǐ　　　*n.*　assistant; deputy
◇　3. 助学金　zhùxuéjīn　*n.*　(student) grant

例句：Zài línjūmen de bāngzhù xià, dàhuǒ zhōngyú pūmiè le. / 在邻居们的帮助下，大火终于扑灭了。/
With the help of the neighbors the fire was at last extinguished.

huà 画 （畫） 八画 【部首】田 义 draw; paint; stroke

◇ 1. 图画 túhuà　　　　 *n.*　　　 picture; drawing; painting
◇ 2. 画报 huàbào　　　 *n.*　　　 morning
◇ 3. 画家 huàjiā　　　　 *n.*　　　 painter; artist

例句：Tā cóng xiǎo jiù xǐhuan huà huàr. / 他从小就喜欢画画儿。/
He was fond of drawing picture from very young age.

zhǎn 展 十画 【部首】尸 （形声字）I/S 义 open up; exhibition; put to good use

◇ 1. 展开　　 zhǎnkāi　　　 *v.*　　 open up; spread out; unfold
◇ 2. 展览　　 zhǎnlǎn　　　 *v./n.*　 put on display; show; exhibition
◇ 3. 展览馆 zhǎnlǎnguǎn　 *n.*　　 exhibition center (or hall)

例句：Nǐ zhǎnkāi dìtú, wǒmen zhǎozhao zhǎnlǎnguǎn zài nǎr. / 你展开地图，我们找找展览馆在哪儿。/
Please unfold the map, and we'll find out the location of the exhibition center.

jǔ 举 （舉） 九画 【部首】丶 （形声字）S/I 义 lift; elect; whole

◇ 1. 举行 jǔxíng　　　 *v.*　　 hold (a meeting, a ceremony, etc.)
◇ 2. 选举 xuǎnjǔ　　　 *v.*　　 elect
◇ 3. 举例 jǔ lì　　　　　　　　 sample
◇ 4. 举手 jǔ shǒu　　　　　　 put up one's hand(s)
◇ 5. 举重 jǔzhòng　　　 *n.*　　 weight lifting

例句：Jǔzhòng bǐsài jiāng zài zhèr jǔxíng. / 举重比赛将在这儿举行。/
The weight lifting match is going to be held here.

tuǐ 腿 十三画 【部首】月 （形声字）I/S 义 leg; a leg shaped support

◇ 1. 大腿 dàtuǐ　　　　　 *n.*　　 thigh
◇ 2. 火腿 huǒtuǐ　　　　 *n.*　　 ham
◇ 3. 桌子腿儿 zhuōzituǐr　 *n.*　　 legs of a chair

例句：Pá shān yǐhòu wǒ juéde dàtuǐ suānténg. / 爬山以后我觉得大腿酸疼。/
My thighs were sore after climbing the hill.

jiǎo 脚 （腳） 十一画 【部首】月 （形声字）I/S 义 foot; (of things) base;

◇ 1. 脚步 jiǎobù　　　　 *n.*　　 step; pace
◇ 2. 脚印 jiǎoyìn　　　　 *n.*　　 footprint

例句: Kuài chídào le, wǒmen yào jiākuài jiǎobù. /
快迟到了,我们要加快脚步。/
We'll be late, let's quicken our pace.

zuì 最 十二画 【部首】日 义 most
◇ 1. 最好 zuìhǎo   a./adv.   best; the first rate; had better
◇ 2. 最近 zuìjìn   n.   recent
◇ 3. 最后 zuìhòu   n.   final; last

例句: Zhè shì wǒ zuì xǐhuande, yě shì zuìhǎode. / 这是我最喜欢的,也是最好的。/
I like this the most, and it is the best.

zuǐ 嘴 十六画 【部首】口 (形声字)I/S 义 mouth; anything shaped or functioned like a
                                                              mouth
◇ 1. 嘴唇 zuǐchún   n.   lip
◇ 2. 亲嘴 qīn zuǐ   kiss
◇ 3. 嘴巴 zuǐba   n.   mouth

例句: "Qǐng bǎ zuǐ zhāngdà yìdiǎnr." yīshēng shuō. / "请把嘴张大一点儿。"医生说。/
"Open your mouth wider, please." the doctor asked.

tú 图 (圖) 八画 【部首】口 (形声字)IS 义 picture; plan; purse
◇ 1. 图片   túpiàn   n.   picture; photograph
◇ 2. 图书馆 túshūguǎn   n.   library
◇ 3. 地图   dìtú   n.   map

例句: Tā xiàwǔ chángcháng qù túshūguǎn kàn shū. / 他下午常常去图书馆看书。/
He often goes to the library in the afternoon.

mào 冒 九画 【部首】日 义 emit; rashly; risk
◇ 1. 冒险   màoxiǎn   v./a.   adventure; take a risk; venture
◇ 2. 冒烟   mào yān   fume
◇ 3. 重感冒 zhònggǎnmào n.   heavy cold

例句: Tā shì yí ge xǐhuan màoxiǎn de rén. / 他是一个喜欢冒险的人。/
He is a person who likes to take chances.

jué **决** (決) 六画 【部首】冫 (形声字)I/S ㊥ decision

◇ 1. 决定 juédìng   *v./n.*   decide; determine; decision

◇ 2. 决心 juéxīn   *n./v.*   determination; make a resolution

◇ 3. 解决 jiějué   *v.*   resolve; dispose of

◇ 4. 坚决 jiānjué   *a.*   firm; determined

例句: Tāmen yǐjing juédìng zài Guǎngzhōu jǔxíng juésài. / 他们已经决定在广州举行决赛。/
They have decided that the finals should be held in Guangzhou.

shì **室** 九画 【部首】宀 ㊥ room; a room as an administrative unit

◇ 1. 室外 shìwài   *n.*   outdoor; outside

◇ 2. 教室 jiàoshì   *n.*   classroom

◇ 3. 卧室 wòshì   *n.*   bedroom

◇ 4. 办公室 bàngōngshì   *n.*   office

例句: Shìnèi kōngqì bù hǎo, zánmen qù shìwài huódòng huódòng. /
室内空气不好,咱们去室外活动活动。/
The air in this room is not good, let's go outside to do some exercises.

săn/sàn **散** 十二画 【部首】攵 (形声字)SI ㊥ break up; dispel

◇ 1. 散步 sàn bù   take a walk; walk out; go for a stroll

◇ 2. 散会 sàn huì   be over; meeting terminate

◇ 3. 散文 sǎnwén   *n.*   essay prose

例句: Jīntiān tiānqì búcuò, zánmen chūqu sànsan bù ba. / 今天天气不错,咱们出去散散步吧! /
It's a fine day, let's go for a short walk.

cí **磁** 十四画 【部首】石 (形声字)IS ㊥ magnetism

◇ 1. 磁带 cídài   *n.*   magnetic tape

◇ 2. 磁铁 cítiě   *n.*   magnet

例句: Zhè zhǒng cídài kěyǐ lù yīn yìbǎi èrshí fēnzhōng. / 这种磁带可以录音一百二十分钟。/
The magnetic tape can record sounds of 120 minutes.

zhǐ **纸** (紙) 七画 【部首】纟 (形声字)IS ㊥ paper; sheet

◇ 1. 报纸 bàozhǐ   *n.*   newspaper; newsprint

◇ 2. 纸巾 zhǐjīn   *n.*   paper towel

例句: Zhè ge xiāoxi tā shì zài zuótiān de bàozhǐ shang kàndào de. /

这个消息他是在昨天的报纸上看到的。/

He learned the news from yesterday's newspaper.

汉字知识（58） Chinese Character Introduction (58)

汉字的简化
Character Simplification

　　汉字字数多,笔画结构比较繁杂,不便于学习和使用,历代都有简化汉字的实践和呼声。中国近代以来对汉字进行了大量的研究和整理工作。汉字的整理包括两个内容:一个是简化笔画,一个是精简字数。(The myriad of characters as well as the complexity of structures leads to the inconveniences in learning and using them, and the work of character simplification has been advocated throughout ages. Tremendous research and modification have been conducted in two respects in modern times: one is the stroke simplification, the other character reduction.)

　　1956 年国务院公布了《汉字简化方案》,1986 年重新公布《简化字总表》时又对个别汉字作了调整,2000 年《中华人民共和国国家通用语言文字法》公布施行。该法规定:"国家推广普通话,推行规范汉字。"作为规范汉字的重要组成部分就是简化字。(In 1956 the state council issued the List of Simplified Characters, and in 1986 the state council issued the second version, in which some particular characters were adapted. In 2000, the Law of Chinese Language and Characters in People's Republic of China was promulgated and enforced, which regulates "the nation popularizes standard Chinese and advocates standardized characters." No doubt, simplified characters are standardized.)

　　《简化字总表》共收简化字 2235 个,这些字绝大多数都是历史上已有的,而且多为常用字。《总表》分为三表:第一表是"不做简化偏旁用的简化字",共有 350 字;第二表是"可作简化偏旁用的简化字和简化偏旁",共收简化字 132 个和简化偏旁 14 个;第三表是"应用第二表所列简化字和简化偏旁得出来的简化字",共有 1753 个。(The General List of Simplified Characters includes 2,235 characters in total, most of which are frequently used. The general list covers three sub-lists: the first sub-list includes 350 simplified characters that can not be used as simplified components; the second 132 characters that can be used as simplified components and 14 simplified components; the third 1,753 simplified characters that are derived from the second list.)

简化的方法主要有以下几种 : (The methods of simplification are mainly as follows:)

1. 简化偏旁,如"言"简化为"讠","長"简化为"长",这样就可以类推简化一系列繁体字。前者如"说、讲、谈、记⋯⋯",后者如"怅、张、帐、涨、胀⋯⋯"。(Simplifying components, for example, "言"→"讠" and "長"→"长", thus a group of characters sharing this component are simplified. Characters with "讠": 说, 讲, 谈, 记⋯⋯; characters with "长": 怅, 张, 帐, 涨, 胀⋯⋯.)

2. 同音代替,既减少了字数,也突出了表音特点,如"嚮→向;穀→谷"。(Replacement by characters with the same sound. The number of characters is reduced, and the phonetic characteristic is emphasized.)

3. 草书楷化,把草书的写法用工整的楷书笔法固定下来,如"书、长、专、为"等字原本都是楷书写法。(Some characters adopting the style of Kaishu: 书, 长, 专, 为.)

4. 换用简单的符号,如:漢→汉;鷄→鸡;鄧→邓;環→环。(Replacement by simple symbols: 漢→汉;鷄→鸡;鄧→邓;環→环.)

5. 保留特征和轮廓,如:聲→声;飛→飞;龜→龟;齊→齐。(Keeping the features or outlines: 聲→声;飛→飞;龜→龟;齊→齐.)

6. 构成新的形声字或会意字,如:補→补;驚→惊;筆→笔;淚→泪。(Constructing new idea-sound or associative characters: 補→补;驚→惊;筆→笔;淚→泪.)

简化字已成为联合国汉语文件的法定工作文字,也是新加坡的法定汉字。简化字目前在中国大陆和全世界华人聚集区广泛使用。(Simplified characters have been accepted as the standardized characters by UN as well as Singapore. They are widely applied in the mainland of China and areas where Chinese descendants live.)

第五十九课　日记 之三

7月4日

　　下午**突**然**碰**到了**熟**人周原，她是小雪的同学。现在他**戴**着少数民**族**的**帽**子，留了小胡子，开着一**辆卡**车，我们**差**点认不出来了。问他在哪个单位工作，他告诉我们他**办**了一家公司，每天**往省**城运**输**农产品，**再**把**啤**酒、**酸奶**、花**布**等生活必需品运到农村。他的太太章小云在家照顾孩子。他见到我们非常高兴，一再**邀**请我们去他家做客。

---

tū 突　九画 【部首】穴　义　dash forward; suddenly

◇ 1. 突然　tūrán　　*a.*　　sudden; unexpected; abrupt
◇ 2. 突出　tūchū　　*v./a.*　　lay stress on; outstanding
◇ 3. 冲突　chōngtū　　*v.*　　conflict; clash

例句：Tā bìng de hěn tūrán, zuótiān tā hái hǎohāode. / 她病得很突然，昨天她还好好的。/
Her illness was very sudden, she was very well yesterday.

---

pèng 碰　十三画 【部首】石　(形声字)I/S　义　touch; meet; take once chance

◇ 1. 碰见　pèngjiàn　　*v.*　　run into
◇ 2. 碰巧　pèngqiǎo　　*a.*　　by chance
◇ 3. 碰杯　pèng bēi　　　　clink glasses with

例句：Wǒ shì zài huí jiā de lùshang pèngjiàn tā de. / 我是在回家的路上碰见他的。/
It was on the way home that I ran into him.

---

shú/shóu 熟　十五画 【部首】灬　(形声字)S/I　义　ripe; cooked; familiar; skilled

◇ 1. 成熟　chéngshú　　*v./a.*　　ripe; mature; opportune
◇ 2. 熟悉　shúxi　　*v./a.*　　know sth. or sb. well
◇ 3. 熟人　shúrén　　*n.*　　acquaintance

例句：Zhè zhǒng shuǐguǒ wánquán chéngshúle cái hǎochī. / 这种水果完全成熟了才好吃。/
This fruit tastes good only when fully ripe.

zhōu 周 八画 【部首】冂 义 week; circumference; all over

- ◇ 1. 四周 sìzhōu　　　　*n.*　　all round; on all sides
- ◇ 2. 周围 zhōuwéi　　　　*n.*　　around; about
- ◇ 3. 周末 zhōumò　　　　　*n.*　　weekend

例句：Yìndùníxīyà de sìzhōu dōu shì dàhǎi. / 印度尼西亚的四周都是大海。/
Indonesia is surrounded by the sea

dài 戴 十七画 【部首】戈 (形声字)S/I 义 wear; put on

- ◇ 1. 戴帽子 dài màozi　　　　put on one's hat; call sb. bad names
- ◇ 2. 戴眼镜 dài yǎnjìng　　　　wear glasses
- ◇ 3. 穿戴　chuāndài　　*n.*　　wear

例句：Nǐ rènshi nà wèi dài yǎnjìng de nán qīngnián ma? / 你认识那位戴眼镜的男青年吗？/
Do you know the young man wearing a pair of glasses?

zú 族 十一画 【部首】方 义 nationality; clan; a class of things with common features

- ◇ 1. 民族 mínzú　　　　*n.*　　nationality
- ◇ 2. 贵族 guìzú　　　　*n.*　　noble
- ◇ 3. 汉族 Hànzú　　　　*n.*　　Han nationality

例句：Zhōngguó yǒu wǔshíliù ge mínzú, Hànzú rénkǒu zuìduō. /
中国有五十六个民族，汉族人口最多。/
There are 56 nationalities in China; Han nationality is the largest in population.

mào 帽 十二画 【部首】巾 (形声字)I/S 义 hat; (儿) cap-like cover for sth.

- ◇ 1. 帽子 màozi　　　　*n.*　　hat; brand; label
- ◇ 2. 草帽 cǎomào　　　　*n.*　　straw hat

例句：Nà wèi xiǎojiě shēn chuān piàoliang yīfu, tóu dài huálì màozi. /
那位小姐身穿漂亮衣服，头戴华丽帽子。/
The young lady was beautifully dressed and hatted.

liú 留 十画 【部首】田 (形声字)I/S 义 stay; reserve; leave

- ◇ 1. 留学生 liúxuéshēng　　*n.*　　student studying abroad
- ◇ 2. 留坐位 liú zuòwèi　　　　reserve a seat for sb.
- ◇ 3. 留言　liú yán　　　　leave one' comments; leave word; leave a essage

例句：Yǒu de liúxuéshēng xiǎng bìyè yǐhòu liú zài zhèr gōngzuò. /

有的留学生想毕业以后留在这儿工作。/

Some of the foreign students want to stay and work here after graduation.

liàng 辆（輛）十一画 【部首】车 （形声字）I/S **义** *measure word for vehicles*

◇ 1. 一辆汽车　yí liàng qìchē　　　　an automobile

◇ 2. 车辆　　　chēliàng　　*n.*　　vehicle; cart; wagonsn

例句：Tā kāi yí liàng hóngsè de xiǎo qìchē. / 他开一辆红色的小汽车。/ He is driving a red car.

kǎ/qiǎ 卡　五画 【部首】卜 **义** *card*

◇ 1. 卡片　kǎpiàn　　　*n.*　　card

◇ 2. 卡车　kǎchē　　　　*n.*　　truck

◇ 3. 卡通　kǎtōng　　　　*n.*　　cartoon

◇ 4. 发卡　fàqiǎ　　　　*n.*　　hairpin

例句：Yòng shēngcí kǎpiàn xué Hànzì shì ge hǎo bànfǎ. / 用生词卡片学汉字是个好办法。/

It is a good method to learn Chinese characters by using new words cards.

chà/chā/chāi 差　九画 【部首】工 **义** *differ from; short of; not up to standard*

◇ 1. 差不多　chàbuduō　　*adv.*　almost; about the same;

◇ 2. 差点　　chàdiǎnr　　*adv.*　almost; nearly

◇ 3. 差别　　chābié　　　*n.*　　difference; disparity

◇ 4. 出差　　chū chāi　　　　　be on a business trip

例句1：Wǒmen de chǎnpǐn zhìliàng yìdiǎnr yě búchà. / 我们的产品质量一点儿也不差。/

The quality of our products is not bad at all.

例句2：Zhè liǎng ge cí yǒu shénme chābié ne? / 这两个词有什么差别呢？/

What's the difference between these two words?

例句3：Tā chángcháng qù Běijīng chū chāi. / 他常常去北京出差。/

He often goes to Beijing on business.

dān 单（單）八画 【部首】八 **义** *single; sheet; bill*

◇ 1. 单独　dāndú　　　*adv.*　alone; by oneself ; independent

◇ 2. 简单　jiǎndān　　　*a.*　　simple; oversimplified; ordinary

◇ 3. 单位　dānwèi　　　*n.*　　unit

4. 单身汉　dānshēnhàn　　　　　*n.*　　single man; bachelors

例句：Wǒ xiǎng dāndú gēn tā tántan. / 我想单独跟他谈谈。/ I want to talk to him alone.

bàn 办（辦）四画 【部首】力 ⊘ handle; manage; attend to

◇ 1. 办法　bànfǎ　　　　*n.*　　way; means; measure
◇ 2. 办事　bàn shì　　　　　　handle affairs; work
◇ 3. 办理　bànlǐ　　　　*v.*　　handle; conduct; do; transact

例句：Tāmen zhèngzài bàngōngshì shāngliang jiějué wèntí de bànfǎ. /
他们正在办公室商量解决问题的办法。/
They are discussing the way of tackling the problem.

wǎng 往 八画 【部首】彳 ⊘ go; toward; past

◇ 1. 来往　láiwǎng　　　　*v.*　　come and go; contact; intercourse
◇ 2. 往往　wǎngwǎng　　　*adv.*　　often; more often than not
◇ 3. 往前看　wǎng qián kàn　　　　look forward

例句：Jiēshang xíngrén láiláiwǎngwǎng. / 街上行人来来往往。/
Many people come and go on the street.

shěng 省 九画 【部首】目 ⊘ save; province; economize; leave out

◇ 1. 省钱　shěngqián　　　*v./a.*　　save money; be economical
◇ 2. 节省　jiéshěng　　　　*v.*　　economize; save; spare
◇ 3. 广东省　Guǎngdōng Shěng　　　　Guangdong Province

例句：Zài shítáng chī fàn shěng shì shěng qián yòu shěng shíjiān. / 在食堂吃饭省事、省钱又省时间。/
Having meals in the canteen saves us a lot of trouble, money and time.

提示：上边是"少"，少用就是节省。下边是"目"也是看着钱的意思。/
The upper part is "少" (less), implying spending less; while the lower part is "目", indicating "watch carefully the spending".

shū 输（輸）十三画 【部首】车 （形声字）I/S ⊘ lose; transport; convey

◇ 1. 输血　shū xuè　　　　　　blood transfusion
◇ 2. 运输　yùnshū　　　　*v.*　　transport; convey
◇ 3. 认输　rèn shū　　　　　　admit defeat

例句: Wǒmen guójiāduì zhè cì zúqiú bǐsài yòu shū le. /

我们国家队这次足球比赛又输了。/

Our national team lost the football match again.

nóng 农 (農) 六画 【部首】宀 / 丶 义 farming; peasant

◇ 1. 农业　　nóngyè　　　　　*n.*　　agriculture; farming

◇ 2. 农村　　nóngcūn　　　　 *n.*　　countryside

◇ 3. 农民　　nóngmín　　　　 *n.*　　peasant; farmer

◇ 4. 农产品　nóngchǎnpǐn　　 *n.*　　agricultural products

例句: Zhōngguó de nóngyè rénkǒu hěn duō. / 中国的农业人口很多。/

Chinese agricultural population is very large.

chǎn 产 (產) 六画 【部首】立 义 give birth to; produce; yield; product

◇ 1. 生产　　shēngchǎn　　　*v.*　　produce; give birth to

◇ 2. 产品　　chǎnpǐn　　　　 *n.*　　product; produce

◇ 3. 产量　　chǎnliàng　　　 *n.*　　output; yield

◇ 4. 土特产　tǔtèchǎn　　　　*n.*　　local product

例句: Zhèli zhǔyào shēngchǎn fúzhuāng, shǒubiǎo hé wánjù. / 这里主要生产服装、手表和玩具。/

The main products produced here are clothes, watches and toys.

zài 再 六画 【部首】一 义 again

◇ 1. 再见　　zàijiàn　　　　*v.*　　good-bye; good-by

◇ 2. 再说　　zàishuō　　　 *conj./v.*　besides; say again; hold over

◇ 3. 再三　　zàisān　　　　*adv.*　　again and again

例句: Wǒ zàisān xiàng tāmen biǎoshì gǎnxiè. / 我再三向他们表示感谢。/

We expressed our gratitude to him again and again.

pí 啤 十一画 【部首】口 (形声字)IS 义 beer

◇ 1. 啤酒　　píjiǔ　　　　　*n.*　　beer

◇ 2. 生啤酒　shēngpíjiǔ　　 *n.*　　draught beer

suān 酸 十四画 【部首】酉 (形声字)I/S 义 morning

◇ 1. 酸辣汤　suān-làtāng　　*n.*　　sour and spicy soup

Hànzì Tūpò

◇ 2. 辛酸 xīnsuān   *a.*   sad; bitter; miserable

◇ 3. 酸奶 suānnǎi   *n.*   yogurt; sour milk

例句：Nǐ xǐhuan hē suān-làtāng ma? / 你喜欢喝酸辣汤吗？/

Do you like sour and spicy soup?

---

bù 布   五画 【部首】巾 （形声字）S/I ⟨义⟩ cloth; declare; assign

◇ 1. 棉布 miánbù   *n.*   cotton cloth

◇ 2. 宣布 xuānbù   *v.*   declare; proclaim; announce

◇ 3. 布置 bùzhì   *v.*   make arrangements for; assign; furnish

例句：Chuān miánbù shuìyī shuìjiào hěn shūfu. / 穿棉布睡衣睡觉很舒服。/

It is very comfortable to wear cotton nightclothes sleeping.

---

děng 等   十二画 【部首】⺮ ⟨义⟩ wait; equal; grade

◇ 1. 等候 děnghòu   *v.*   wait

◇ 2. 高等 gāoděng   *a.*   higher

◇ 3. 等于 děngyú   *v.*   equal to; equivalent to

◇ 4. 等等 děngděng   and so on; wait a minute

例句：Děng rén, děng chē de shíhou dōu kěyǐ jì Hànzì. / 等人、等车的时候，都可以记汉字。/

You can memorize the characters while waiting for somebody or a bus.

---

xū 需   十四画 【部首】雨 ⟨义⟩ need; necessaries

◇ 1. 需要 xūyào   *v.*   need; require; demand

◇ 2. 必需 bìxū   *v.*   be essential; be indispensable

◇ 3. 急需 jíxū   *v.*   be badly in need of

例句：Tā mǎile hěnduō zìjǐ bìng bù xūyào de dōngxi. /

她买了很多自己并不需要的东西。/

She bought many things that she wouldn't need.

---

zhāng 章   十一画 【部首】立 ⟨义⟩ seal; rules; chapter

◇ 1. 文章 wénzhāng   *n.*   article; essay

◇ 2. 规章 guīzhāng   *n.*   rules; regulations

例句：Nǐ xuéle yì qiān ge Hànzì jiù néng kàndǒng zhè piān wénzhāng. /

你学了一千个汉字就能看懂这篇文章。/

You can read this article if you have learned 1000 characters.

yún 云 （雲） 四画 〔部首〕二 义 cloud; (written) say

◇ 多云　duōyún　　　　　*a.*　　cloudy

例句：Jīntiān báitiān duōyún, yèjiān yīn, yǒu xiǎoyǔ. / 今天白天多云，夜间阴、有小雨。/
Today, cloudy at daytime, overcast and light rain at night.

gù 顾 （顧） 十画 〔部首〕页 （形声字）S/I 义 look at; attend to; visit; customer

◇ 1. 顾客　gùkè　　　　*n.*　　customer; client; shopper
◇ 2. 照顾　zhàogù　　　*v.*　　take care of
◇ 3. 顾问　gùwèn　　　　*n.*　　adviser; consultant

例句：Zhème duō gùkè nǐ yí ge rén gù de guolai ma? / 这么多顾客你一个人顾得过来吗？/
Can you manage so many customers by yourself?

xìng/xīng 兴 （興） 六画 〔部首〕八 义 mood; desire; become popular

◇ 1. 兴趣　xìngqù　　　*n.*　　interest
◇ 2. 高兴　gāoxìng　　　*a.*　　glad
◇ 3. 兴奋　xīngfèn　　　*a.*　　be excited
◇ 4. 时兴　shíxīng　　　*a.*　　fashionable

例句1：Tā duì nǐ de xiǎngfǎ hěn gǎn xìngqù. / 他对你的想法很感兴趣。/
He has been very interested in your ideas.

例句2：Háizimen xīngfèn de chāikāi tāmen de lǐwù. / 孩子们兴奋地拆开他们的礼物。/
The excited children were opening their presents.

汉字知识（59）　　Chinese Character Introduction (59)

汉字的标准化　　Character Standardization

　　汉字的规范化和标准化是现代信息社会对汉字使用的要求。汉字标准化要求对汉字进行四定，即定量、定形、定音、定序。(Character standardization is a demand of this modern society in this information age. Its work covers four aspects: quantity, form, pronunciation and order.)

　　1. 定量，是指规定现代汉语用字的数量，以便于汉字的学习和运用，尤其是有利于汉字的计算机处理。(Quantity. It refers to fixing the quantity of characters for the sake of learning and application, particularly it facilitates character computer programming.)

1965年公布的《印刷通用汉字字形表》收字6196个;1981国家标准局发布GB2312—80《信息交换用汉字编码字符集》(基本集)收字6763个;1988年国家新闻出版署、国家语委发布《现代汉语通用字表》收字7000个;作为国际标准的CJK大字符集,把目前中国大陆、台湾、日本、韩国电脑用汉字字符合并在一起,共收字20902个。(The List of Generally Used Characters for Printing issued in 1965 includes 6,196 characters. The Collection of Chinese Characters for Information Exchange, GB2312—80 (basic collection) issued by the National Bureau of Standards in 1981 includes 6,763 characters; The List of Generally Used Characters in Modern Chinese issued by the National Office of Press and Publication and the National Chinese Language Committee includes 7,000 characters; The General CJK Character Collection, with the credit of international standard, includes 20,902 characters in total, obtained through collecting the characters used by computer in the mainland of China, Taiwan, Japan and South Korea.)

2. 定形,是指规定现代汉语用字的标准字形。今后将对简化汉字笔画的工作采取审慎态度,保持字形的稳定性。同时,还要进一步整理异体字和异体词,规定汉字笔画的种类、名称和具体写法。(Form. It means regulating the standard form of modern Chinese characters. From now on, focus is shifted to keeping the present system of characters stable. A prudent attitude towards the work of character simplification is advocated. Meanwhile, further work should be done on arranging variants of characters or words, and on regulating stroke classification, names and definite forms.)

3. 定音,是指规定现代汉语用字的标准读音。有些汉字的读音不确定,例如"庇"读 bì,又读 pì。1985年国家语委、国家教委、广播电视部发布了《普通话异读词审音表》,确定了异读词的标准读音。如"庇"只读 bì。(Pronunciation. Some characters do not have standard pronunciation, for example, "庇"reading both "bì" and "pì". In 1985 the State Language Work Committee, the State Education Commission and the Ministry of Radio, Film and Television issued the List of standard pronunciations of words with variant sounds, which fulfilled the standardization of these words. For example, the pronunciation of"庇" is no other than "bì".)

4. 定序,是指规定现代汉语用字的排列顺序。工具书的编写、档案、资料索引的编排,计算机汉字字库的编制都要求汉字有定序。(Order. It means regulating the character order. Fixed order is needed for compiling books, files, data index, or making computer character bank.)

汉字的排列顺序主要有音序法和形序法。音序法指按照汉语拼音字母的顺序排列。由于与英文字母的排列顺序一致,使用方便,是目前字典、电脑中文输入等最重要的汉字排列顺序。(Character order mainly contains alphabetic order and form order. The former refers to arranging characters in the order of the initial letter of their pinyin. It is the most important character order applied by dictionaries and computer Chinese input.）

　　形序法主要有笔画法、部首法和号码法,便于我们对只知字形不知读音的汉字进行检索。(Form order mainly includes stroke order, radical order and code order, all of which are applicable for looking up characters that we are able to write but not read.)

　　随着汉字标准化工作的深入进行,我们对汉字发展的前景持非常乐观的态度。在信息化社会中,古老的汉字仍然生机勃勃,显示了旺盛的生命力。(As the work of simplification goes forward, Chinese characters, which have gone through a long history of evolution, are showing a bright perspective. They are thriving and prospering with vitality in this information age.)

第六十课　日记 之四
dì-liùshí kè　　rìjì　zhīsì

7月 11 日

　　今天去周原家做客,他的住**所**是一幢三层小楼,**围**墙内有一个小花园。吃过午饭,我们**划**了船,游了泳,还**踢**了一会儿球。小镇上的东西,**除**了牛奶,都**特**别便**宜**,小雪在街上逛了很久,**虽**然买的东西不**算**多,还丢了一包**铅**笔,但是她的心情很好。周原比我大一岁,**确**切地说,只大 10 个月,可是他比我成熟得多,责任感强。他说现在全家**团圆**,平平安安,他觉得很知足,再**辛**苦一点他也愿意,小云每天料理家**务**,**教**育孩子,**辅**助丈夫,也觉得很**幸**福。

---

suǒ　**所**　八画 【部首】户 (形声字)SI　义　place; used before a verb as the agent of the action

◇　1. 住所 zhùsuǒ　　　　　　n.　　dwelling place; residence
◇　2. 所以 suǒyǐ　　　　　　conj.　so; therefore
◇　3. 厕所 cèsuǒ　　　　　　n.　　water closet
◇　4. 所有 suǒyǒu　　　　　　a./v.　all; own; possess

例句 : Zuìhǎo de zhùsuǒ yìbān dōu zài jiāowài. / 最好的住所一般都在郊外。/
The best dwelling places are generally in the suburban districts.

---

céng　**层** (層)　七画 【部首】尸 (形声字)I/S　义　floor; layer; stratum

◇　1. 五层楼 wǔcénglóu　　　　a five-stored building
◇　2. 上层 shàngcéng　　　n.　　upper strata; upper level
◇　3. 双层 shuāngcéng　　a.　　double deck

例句 : Tā zhù zài yí zuò wǔcénglóu de sìcéng. /
他住在一座五层楼的四层。/
He lives on the fourth floor of a five-stored building.

wéi 围 (圍) 七画 【部首】囗 (形声字)SI 义 surround; encircle

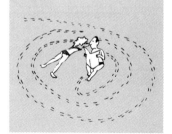

◇ 1. 周围 zhōuwéi   *n.*   around; about
◇ 2. 范围 fànwéi   *n.*   scope; range
◇ 3. 包围 bāowéi   *v.*   surround; encircle

例句: Tā wǎng zhōuwéi kàn le kàn, dàn nà rén yǐjing bú zài le. /
他往周围看了看,但那人已经不在了。/
He looked around but the man was already gone.

qiáng 墙 (牆) 十四画 【部首】土 (形声字)IS 义 wall

◇ 1. 墙上 qiángshang   on the wall
◇ 2. 围墙 wéiqiáng   *n.*   wall; enclosure

例句: Tā yǐjing bǎ huàr guàzài qiángshang le. / 他已经把画儿挂在墙上了。/
He has hanged the picture on the wall.

huà/huá 划 (劃) 六画 【部首】刂 义 divide; plan; paddle

◇ 1. 计划 jìhuà   *v./n.*   plan; design; program; project
◇ 2. 划分 huàfēn   *v.*   divide
◇ 3. 划船 huá chuán   paddle a boat; row a boat

例句: Tā de lǚxíng jìhuà dìng de hěn xiángxì. / 他的旅行计划订得很详细。/
He planned a detailed trip.

tī 踢 十五画 【部首】足 (形声字)IS 义 kick

◇ 1. 踢足球 tī zúqiú   play football
◇ 2. 踢开 tīkāi   *v.*   kick away

例句: Tā zúqiú tī de hěn hǎo. / 他足球踢得很好。/ He is a good football player.

chú 除 九画 【部首】阝 (形声字)IS 义 get rid of ; divide; except

◇ 1. 除了 chúle   *prep.*   except; besides
◇ 2. 除非 chúfēi   *conj.*   only if; only when; unless
◇ 3. 除夕 chúxī   *n.*   the New Year's eve
◇ 4. 开除 kāichú   *v.*   expel; dismiss

例句: Tā měi tiān chúle jiē diànhuà yǐwài, hái yào dǎ zì. / 她每天了接电话以外,还要打字。/
She does typing besides answering telephone call.

tè 特 十画 【部首】牛 （形声字）IS 义 happiness; good fortune

◇ 1. 特别 tèbié　　　　　*a./adv.*　　special; particular; especially
◇ 2. 特点 tèdiǎn　　　　　*n.*　　special feature; characteristic
◇ 3. 特殊 tèshū　　　　　　*a.*　　special; particular; peculiar; exceptional

例句： Zuìjìn zhè jǐ ge xīngqī tā tèbié máng. / 最近这几个星期他特别忙。/

He has been especially busy in the past few weeks.

yí 宜 八画 【部首】宀 义 appropriate; suitable

◇ 1. 适宜 shìyí　　　　　*a.*　　appropriate; proper
◇ 2. 不宜 bùyí　　　　　　*a.*　　not suitable; inappropriate

例句： Nǐ juéde zìjǐ zuì shìyí zuò shénme gōngzuò? / 你觉得自己最适宜做什么工作？/

What job do you think is most suitable for you?

suī 虽 （雖） 九画 【部首】虫 义 although; even if

◇ 虽然 suīrán　　　　　*conj.*　　even if; though; although; even so

例句： Suīrán tiānqì hěnlěng, kěshì tā méi chuān dàyī jiù chūqu le. /
虽然天气很冷,可是他没穿大衣就出去了。/

It was so cold; but he went out without an overcoat.

suàn 算 十四画 【部首】⺮ 义 calculate

◇ 1. 算了 suànle　　　　　　　　　　forget it
◇ 2. 计算 jìsuàn　　　　　*v./n.*　　calculate; calculation
◇ 3. 打算 dǎsuan　　　　　*v./n.*　　plan

例句： Wǒmen gāngcái suàncuò le, zài suàn yí biàn ba. / 我们刚才算错了,再算一遍吧./

We miscalculated it; let's count it again.

diū 丢 六画 【部首】一 / 丿 义 lose; mislay

◇ 1. 丢失 diūshī　　　　　*v.*　　lose; loss
◇ 2. 丢掉 diūdiào　　　　　　　　lose; throw away
◇ 3. 丢人 / 脸 diūrén/liǎn　　*v./a.*　　lose face; shame

例句： Tā gāng diūle wǔbǎi kuài qián, xiànzài hěn shāngxīn. / 她刚丢了五百块钱,现在很伤心。/

She had just lost 500 kuài, she is very sad now.

Hànzì Tūpò

qiān 铅 （鉛） 十画 【部首】钅 （形声字）IS ⊗ lead

◇ 铅笔 qiānbǐ   n.   pencil

例句： Kěyǐ yòng qiānbǐ tiān biǎo ma? / 可以用铅笔填表吗？/ May I fill in the form with pencil?

què 确 （確） 十二画 【部首】石 （形声字）IS ⊗ true; real; indeed

◇ 1. 确实 quèshí   a./adv.   true; reliable; really; indeed
◇ 2. 确定 quèdìng   v./a.   define; fix; determine; definite
◇ 3. 确认 quèrèn   v.   affirm; confirm

例句： Wǒ quèshí bù míngbai nǐ de yìsi. / 我确实不明白你的意思。/
      I really don't understand what you mean.

qiē/qiè 切 四画 【部首】刀 （形声字）SI ⊗ cut into parts; slice

◇ 1. 一切 yíqiè   a./pron.   whole; entire; all
◇ 2. 亲切 qīnqiè   a.   cordial; kind; intimate
◇ 3. 切菜 qiē cài   cut up vegetables

例句： Wǒ yào kèfú yíqiè kùnnan xuéhǎo Hànyǔ. / 我要克服一切困难学好汉语。/
      I must overcome all the difficulties to learn Chinese well.

zhǐ/zhī 只 （衹/隻） 五画 【部首】口 ⊗ a measure word; only; just; merely

◇ 1. 只有 zhǐyǒu   conj.   only; alone
◇ 2. 只得 zhǐdé   adv.   have no alternative but to
◇ 3. 只要 zhǐyào   conj.   if only; as long as
◇ 4. 只好 zhǐhǎo   adv.   have to; be forced to

例句： Nǐ zhǐyǒu zhèyàng zuò, cái kěnéng chénggōng. / 你只有这样做，才可能成功。/
      Only by doing this way can you succeed.

tuán 团 （團） 六画 【部首】口 ⊗ round; unite; group

◇ 1. 团圆 tuányuán   v.   reunion
◇ 2. 团结 tuánjié   v.   unite; rally
◇ 3. 旅行团 lǚxíngtuán   n.   touring party

例句： Chūn Jié shì quán jiā rén tuányuán de rìzi. / 春节是全家人团圆的日子。/
      The Spring Festival is an occasion for family reunion.

yuán 圆 (圓) 十画 【部首】囗 (形声字)SI 义 circular; satisfactory

◇ 1. 圆满　yuánmǎn　*a.*　satisfactory
◇ 2. 圆珠笔 yuánzhūbǐ　*n.*　ball-point pen

例句 : Jīntiān shì Zhōngqiū Jié, yuèliang yuán le. / 今天是中秋节,月亮圆了。/

It is Mid-autumn Festival today and we have a full moon.

zhī 知 八画 【部首】矢 义 know; be aware of ; knowledge

◇ 1. 知道 zhīdào　*v.*　know
◇ 2. 知识 zhīshi　*n.*　knowledge
◇ 3. 通知 tōngzhī　*v./n.*　notify; notice; circular

例句 : Tā yǐwéi wǒ bù zhīdào zhè jiàn shì, qíshí wǒ zhīdào. / 他以为我不知道这件事,其实我知道。/

He thought that I didn't know about this matter; as a matter of fact I know.

xīn 辛 七画 【部首】辛 义 hard; suffering

◇ 1. 辛苦 xīnkǔ　*u./v.*　hard; work hard
◇ 2. 辛勤 xīnqín　*a.*　hardworking; industrious

例句 : Duìbuqǐ, zhè shì hái děi xīnkǔ nǐ zài qù yí tàng. / 对不起,这事还得辛苦你再去一趟。/

I'm sorry to bother you, but you'll have to make another trip.

wù 务 (務) 五画 【部首】力 义 affair; go in for

◇ 1. 服务 fúwù　*v.*　serve; give serve to
◇ 2. 任务 rènwù　*n.*　assignment; task
◇ 3. 家务 jiāwù　*n.*　house-hold; housework

例句 : Fúwùyuán de gōngzuò jiùshì wèi kèrén fúwù. / 服务员的工作就是为客人服务。/

The job of a waiter is to serve the guest.

jiāo/jiào 教 十一画 【部首】攵 (形声字)SI 义 teach; instruct; religion

◇ 1. 教师 jiàoshī　*n.*　teacher
◇ 2. 教室 jiàoshì　*n.*　classroom schoolroom
◇ 3. 教堂 jiàotáng　*n.*　church

例句 : Yí ge hěn yǒu jiàoxué jíngyàn de jiàoshī jiāo tāmen Hànyǔ. /

一个很有教学经验的教师教他们汉语。/

An experienced teacher teaches them to learn Chinese.

yù **育** 八画 【部首】月 (义) educate; give birth to; raise

◇ 1. 教育 jiàoyù *n./v.* education; teach; educate
◇ 2. 体育 tǐyù *n.* physical education

例句: Tā zài yì suǒ hěnhǎo de xuéxiào li shòuguo jiàoyù. / 他在一所很好的学校里受过教育。/ He was educated at a very good school.

fǔ **辅** (辅) 十一画 【部首】车 (形声字)IS (义) assist; complement; supplement

◇ 1. 辅导 fǔdǎo *v.* direct; tutor; give guidance
◇ 2. 辅助 fǔzhù *v.* assist

例句: Yí wèi Zhōngguó péngyou fǔdǎo wǒ xuéxí Hànyǔ. / 一位中国朋友辅导我学习汉语。/ One of my Chinese friends tutored me in Chinese studying.

xìng **幸** 八画 【部首】干 (义) happiness; good fortune

◇ 1. 幸福 xìngfú *a.* (of one's personal life) happy
◇ 2. 幸好 xìnghǎo *adv.* luckily
◇ 3. 幸运 xìngyùn *a.* good fortune
◇ 4. 不幸 búxìng *a.* unfortunate; bad (ill) luck; sad

例句: Dàjiā dōu zhùyuàn tāmen de hūnyīn xìngfú měimǎn. / 大家都祝愿他们的婚姻幸福、美满。/ Everybody wishes they had a happy marriage.

汉字知识(60)　　Chinese Character Introduction (60)

汉字书法艺术　　The Art of Chinese Calligraphy

　　汉字书法是最具中国特色的艺术形式之一，仅凭方块汉字的线条变化就能成为一种流传数千年的书法艺术，实在令人惊叹。其实书法与绘画同出一源，最早的象形字就是描摹自然界的各种形象的,例如山、水、鱼、羊。书法的主要工具是毛笔、墨和宣纸,这与中国传统绘画的工具几乎完全相同。当然,最根本的原因是汉字的结构平衡均匀,线条流畅而富于变化,本身就具有自然之美和人文之美的内涵，为书法家的创作提供了艺术想像的天地。(Chinese calligraphy is one of the arts with the richest Chinese characteristics. It is amazing that the simple lines of square characters could magically create the art that has been overwhelmingly popular for thousands of years.　In fact,　calligraphy and painting derived from the same source, for the pictographic characters are virtually the pictures of varies images in nature, such as "山，水，鱼，羊". The main tools of calligraphy are brush, ink and rice paper, the same tools that the traditional Chinese painting needs. Of course, the essence of the charm lies in the natural beauty and the artificial polish reflected in the balance in structure, the smoothness and fanciful alteration of lines, which provide calligraphists with infinite space of inspiration.）

书法艺术源远流长，从甲骨文就开始了，商周时代的金石文字，呈现了一种古朴的美感。秦代的小篆，笔画粗细均匀，结构环抱紧密，给人以整齐的美，至今仍广泛用于印章的制作。汉代是书法艺术成熟的时期，隶书定型了，草书、行书和楷书都产生了。（The beginning of calligraphy was traced back to jiaguwen, and shiguwen started to show a sort of simple beauty. Xiaozhuan in Qin dynasty looks dapper with well-distributed strokes in compact structure, which accounts for its popularity in seal-cutting. During the Han dynasty calligraphy was fully developed: Lishu became widespread and all of caoshu, xinshu and kaishu had taken shape.）

到了魏晋南北朝时期，各种书体日臻完善，产生了一大批优秀的作品。这一时期的大书法家有钟繇、王羲之等。王羲之被后人尊为"书圣"，他的儿子王献之也是书法大家，二人并称"二王"，对后世影响很大。（In the period of Wei, Jin and North-south dynasty, all of the styles were fully developed and a lot of good works were created by famous calligraphists like Zhong Yao and Wang Xizhi etc. Wang Xizhi is credited with being the "calligraphy saint". His son named Wang Xianzhi was also a calligraphist. The father and the son were called "two Wangs" and they had a great influence on calligraphy.）

唐代国力强盛，也是书法艺术最鼎盛的阶段，著名的书法家很多，如虞世南、欧阳询、褚遂良、李邕、张旭、颜真卿、柳公权、怀素等等。其中颜真卿和柳公权的楷书代表了盛唐气象，最受后人推崇。（Calligraphy reached its peak in the prosperous Tang dynasty, when a lot of calligraphists appeared, such as Yu Shinan, Oyang Xun, Chu Suiliang, Li Yi, Zhang Xu, Yan Zhenqing, Liu Gongquan, Huai Su etc. Yan Zhenqing and Liu Gongquan were prominent at that time and gained appreciation and respect by followers.）

宋代四大家是苏轼、黄庭坚、米芾和蔡襄。宋徽宗皇帝的"瘦金书"也为人称道。元代最有名的大书法家是赵孟頫，可与唐代的"颜、柳"比肩。（The four elites in Song dynasty are Su Shi, Huang Tingjian, Mi Fu and Cai Xiang. The most famous calligraphist in Yuan dynasty is Zhao Mengfu, who has equal fame with Yan Zhenqing and Liu Gongquan in Tang dynasty.）

明清的书法家数不胜数，如祝枝山、文征明、董其昌、米万钟、郑板桥、邓石如、何绍基、吴昌硕等等，都有突出的成就。（There were numerous calligraphists in

第六十课

Ming dynasty; those with great achievement include Zhu Zhishan, Wen Zhenming, Dong Qichang, Mi Wanzhong, Zhen Banqiao, Deng Shiru, He Shaoji, Wu Changshuo etc.)

　　到了现代,毛笔书法之外又产生了硬笔书法和其他形式的书法作品。在使用汉字的日本、韩国和广大的海外华人世界中,书法艺术也受到普遍的喜爱和欢迎。练习书法不仅能给人以美的熏陶,还能培养品格、健体强身。(Nowadays, apart from brush calligraphy, there are other forms with other tools, like calligraphy with pen. Calligraphy is also popular in Japan, South Korea where Chinese characters are used, as well as places where overseas Chinese live. Learning calligraphy not only elevates taste of art but also cultivates personality and enhances health.)

第六十一课 日记 之五

dì-liùshíyī kè　　rìjì　zhīwǔ

7月11日

小云为我们**预**备了一顿丰盛的晚**宴**。吃饭时,周原对小雪说:"**当初**你成**绩**优秀,**基础**扎实,老师都**希**望你去做**研究**工作,没想到现在成了**舞装**设计师。"小雪笑了笑说:"**或许世坚**该**朝**学者的方向努力,我早就**解脱**了。"小云的儿子**增增**还表演了一个节目,**赢**得了大家的掌声。十点半晚宴才结束,我和小雪告**辞离**去,分手时,我们**互**道珍**重**,并说一定要**永**远保持**联**系。到家时,已经快十二点了,今天的时间过得**飞**快。

---

yù 预 (預)　十画　【部首】页 (形声字)SI　义 beforehand; in advance

◇ 1. 预订　　yùdìng　　v.　　subscribe; book
◇ 2. 预防　　yùfáng　　v.　　prevent; precautions against
◇ 3. 预习　　yùxí　　v.　　(of students) prepare lessons before class
◇ 4. 天气预报 tiānqì yùbào　　forecast of weather

例句: Wǒmen zài Zhōngguó Dàjiǔdiàn wèi nín yùdìngle fángjiān. /
我们在中国大酒店为您预定了房间。/
We has booked you in at the China Hotel.

---

dùn 顿 (頓)　十画　【部首】页 (形声字)SI　义 pause; *measure word* (used for meals, beatings)

◇ 1. 停顿　　tíngdùn　　v.　　pause
◇ 2. 三顿饭　sāndùnfàn　　three meals

例句: Tā tíngdùnle yíxià, ránhòu yòu dú xiaqu le. / 他停顿了一下,然后又读下去了。/
He made a pause and then went on reading.

---

yàn 宴　十画　【部首】宀 (形声字)I/S　义 banquet

◇ 宴会　yànhuì　　　　n.　　banquet; feast; dinner party

例句: Jīntiān de yànhuì fēicháng fēngshèng. / 今天的宴会非常丰盛。/
Today's banquet is very sumptuous.

323

dāng/dàng 当 (當) 六画 【部首】 丷 / 彐 义 work as; ought to; just at (a time, place)

◇ 1. 当时 dāngshí *n.* then; at that time

◇ 2. 应当 yīngdāng *aux.* ought to should

◇ 3. 当然 dāngrán *a.* of course; certainly

◇ 4. 当做 dàngzuò *v.* treat as; regard as

例句 1 : Dāngshí tā zài nàr dāng lǎoshī, zhè jiàn shì tā dāngrán zhīdao. /

当时他在那儿当老师，这件事他当然知道。

He knows the thing certainly, because he work there as a teacher then.

例句 2 : Tā bǎ tā dàngzuò zìjǐ de érzi. / 她把他当做自己的儿子。/

She treats him as her own son.

chū 初 七画 【部首】 衤 / 刀 义 at the beginning of; early; elementary; first; original

◇ 1. 最初 zuìchū initial; original; the very beginning

◇ 2. 初级 chūjí elementary; primary

◇ 3. 当初 dāngchū *n.* originally; at that time

例句 : Zhè zuò fángzi zuìchū de zhǔrén shì shéi? / 这座房子最初的主人是谁？/

Who was the original owner of this house?

jì 绩 (績) 十一画 【部首】 纟 (形声字)IS 义 accomplishment; achievement; positive result

◇ 1. 成绩 chéngjì *n.* achievement; success

◇ 2. 功绩 gōngjì *n.* merits and achievements

例句 : Xuéshengmen dōu hěn guānxīn zìjǐ de xuéxí chéngjì. / 学生们都很关心自己的学习成绩。/

Every student pays great attention to their school record.

jī 基 十一画 【部首】 土 (形声字)S/I 义 foundation; base; basic

◇ 1. 基本 jīběn *a.* basic; fundamental; main; essential

◇ 2. 基因 jīyīn *n.* gene

◇ 3. 基督教 Jīdūjiào *n.* Christianity; the Christian faith

例句 : Chī fàn, chuān yī shì rénmen shēnghuó de jīběn xūyào. / 吃饭、穿衣是人们生活的基本需要。/

Food and dress are essential need of our life.

Hànzì Tūpò

chǔ 础 (礎) 十画 【部首】石 (形声字)IS 义 plinth; stone base of a column

◇ 1. 基础 jīchǔ *n.* foundation; base; basis
◇ 2. 打基础 dǎ jīchǔ lay a foundation

例句：Nǔlì xuéxí hé gōngzuò shì tā chénggōng de jīchǔ. / 努力学习和工作是他成功的基础。/
Studying and working hard was the foundations of his success.

xī 希 七画 【部首】巾 义 hope; rare; scarce

◇ 1. 希望 xīwàng *v./n.* hope; wish; expect
◇ 2. 希(稀)奇 xīqí *a.* rare; strange

例句：Yīshēng shuō zhè wèi lǎorén de bìng méiyǒu xīwàng le. / 医生说这位老人的病没有希望了。/
The doctor said the old man's condition was hopeless.

yán 研 九画 【部首】石 (形声字)IS 义 study; grind

◇ 1. 研究 yánjiū *v./n.* study; research; consider
◇ 2. 研讨 yántǎo *v.* go deeply into; deliberate; discuss
◇ 3. 研究生 yánjiūshēng *n.* postgraduate

例句：Tā zài yí ge jīngjì yánjiūsuǒ gōngzuò. / 她在一个经济研究所工作。/
He is engaged in economic research institute.

jiū 究 七画 【部首】穴 (形声字)I/S 义 study careful; go into

◇ 1. 究竟 jiūjìng *adv.* exactly; after all
◇ 2. 讲究 jiǎngjiu *v./a.* pay attention to; careful study

例句：Qǐng gàosu wǒ tā jiūjìng zhù zài nǎr. / 请告诉我她究竟住在那儿。/
Tell me exactly where she lives.

wǔ 舞 十四画 【部首】夕 (形声字)I/S 义 dance; flourish; wave

◇ 1. 跳舞 tiào wǔ dance
◇ 2. 舞会 wǔhuì *n.* ball; dancing party
◇ 3. 舞台 wǔtái *n.* stage; arena
◇ 4. 鼓舞 gǔwǔ *v.* inspire; hearten

例句：Wǒ néng qǐng nín tiào xià yí ge wǔ ma? /
我能请您跳下一个舞吗？/
May I have the next dance with you?

325

zhuāng 装（裝）十二画 【部首】衣（形声字）S/I （义）dress; dress up; pretend; install

◇ 1. 服装 fúzhuāng　　*n.*　　dress; clothes; costume
◇ 2. 假装 jiǎzhuāng　　*v.*　　pretend; make believe
◇ 3. 安装 ānzhuāng　　*v.*　　install; fix

例句：Tā duì chuántǒng de mínzú fúzhuāng hěn yǒu yánjiū. / 她对传统的民族服装很有研究。/
She did a lot of researches into the traditional national costumes.

huò 或 八画 【部首】戈 （义）perhaps; maybe; or; either

◇ 1. 或者 huòzhě　　*conj./adv.*　　or; perhaps; maybe
◇ 2. 或许 huòxǔ　　*adv.*　　perhaps; maybe

例句：Qǐng bǎ zhè jiàn shì gàosu Zhāng xiānsheng huòzhě tā tàitai. /
请把这件事告诉张先生或他太太。/
Please tell this thing to Mr. or Mrs. Zhang.

shì 世 五画 【部首】一 （义）lifetime; generation; age; world

◇ 1. 世纪 shìjì　　*n.*　　century
◇ 2. 世界 shìjiè　　*n.*　　word
◇ 3. 去世 qùshì　　　　pass away; die

例句：Zhè zuò qiáo shì èrshí shìjì bāshí niándài jiànchéngde. / 这座桥是二十世纪八十年代建成的。/
The bridge was built in the eighties of the twentieth century.

jiān 坚（堅）七画 【部首】土 （形声字）S/I （义）hard; solid; firmly

◇ 1. 坚决 jiānjué　　*a.*　　firm; resolute; determined
◇ 2. 坚持 jiānchí　　*v.*　　persist in; persevere in; insist on
◇ 3. 坚强 jiānqiáng　　*a.*　　strong; firm; strengthen

例句：Tā xiǎng gāozhōng bìyè yǐyòu bú shàng dàxué, tā fùmǔ jiānjué fǎnduì. /
他想高中毕业以后不上大学,她父母坚决反对。/
He planed not go to university after graduation from high school, but his parents resolutely opposed.

cháo/zhāo 朝 十二画 【部首】月 （义）facing; towards; dynasty

◇ 1. 朝前走 cháo qián zǒu　　　　go ahead
◇ 2. 朝代 cháodài　　*n.*　　dynasty

例句：Yìzhí cháo qián zǒu, bú yào cháo xià kàn. / 一直朝前走，不要朝下看。/
Go strait ahead and don't look down.

zhě 者 八画 【部首】耂 （义）*nominal suffix* (used after an aective or verb as substitution
for a person or a thing)

◇ 1. 记者 jìzhě   *n.*   reporter; correspondent
◇ 2. 作者 zuòzhě   *n.*   author; writer

例句：Wǒ de lǐxiǎng shì dāng yì míng shèyǐng jìzhě. / 我的理想是当一名摄影记者。/
Being a press photographer is my dream.

jiě 解 十三画 【部首】角 （义）separate; untie; explain

◇ 1. 解决 jiějué   *v.*   solve; resolve; settle
◇ 2. 解释 jiěshì   *v.*   explain
◇ 3. 解答 jiědá   *v.*   answer; explain

例句：Tāmen yǐjing zhǎodàole jiějué wèntí de fāngfǎ. / 他们已经找到了解决问题的方法。/
They have found a solution to solve the problem.

tuō 脱 十一画 【部首】月 （形声字）IS （义）take off; get out of

◇ 1. 脱鞋 tuō xié   take off shoes
◇ 2. 脱离 tuōlí   *v.*   break away; isolate oneself from

例句：Jìnlai de shíshou qǐng tuō xié. / 进来的时候请脱鞋。/
Please take off your shoes before coming in.

zēng 增 十五画 【部首】土 （形声字）IS （义）increase; grow in number or quality

◇ 1. 增加 zēngjiā   *v.*   increase; add; raise
◇ 2. 增长 zēngzhǎng   *v.*   increase; grow; rise
◇ 3. 增多 zēngduō   *v.*   multiply; increase

例句：Tā hěn dānxīn zìjǐ de tǐzhòng zài zēngjiā. / 她很担心自己的体重再增加。/
She worries about putting on weight any more.

yíng 赢 （赢）十七画 【部首】贝 （义）win

◇ 1. 赢得 yíngdé   *v.*   win; gain an advantage; obtain
◇ 2. 输赢 shūyíng   *n.*   win or loss; money won or lost in gamble

例句：Wǒmen duì jīnnián xiàtiān yǐjing yíngle wǔ chǎng. / 我们队今年夏天已经赢了五场。/
Our team has had five wins this summer.

提示：赢字可以拆分为"亡、口、月、贝、凡"五字。/
"赢" can be dismembered for 5 characters "亡, 口, 月, 贝, 凡".

lí 离 (離) 十画 【部首】亠 义 leave; off; away

- ◇ 1. 离开 líkāi　　v.　　leave; clear off; depart from
- ◇ 2. 离婚 lí hūn　　　　divorce
- ◇ 3. 距离 jùlí　　n./v.　　distance; be apart from

例句：Tā jīntiān líkāi Guǎngzhōu huí guó. /
她今天离开广州回国。/
She leaves Guangzhou for going back her country.

hù 互 四画 【部首】一 (形声字)P 义 each other; mutual

- ◇ 互相 hùxiāng　　adv.　　each other

例句：Péngyou zhījiān yīngdāng hùxiāng zūnzhòng. / 朋友之间应当相互尊重。/
There should be mutual respect between friends.

dào 道 十二画 【部首】辶 (形声字)IS 义 road; say; morals

- ◇ 1. 道歉 dào qiàn　　　　apologize to; make apology
- ◇ 2. 道路 dàolù　　n.　　road; way; path
- ◇ 3. 道理 dàoli　　n.　　principle; reason; argument
- ◇ 4. 道德 dàodé　　n.　　morals; morality
- ◇ 5. 味道 wèidao　　n.　　taste

例句：Wǒ yīnwèi cǎile tā de jiǎo ér xiàng tā dào qiàn. / 我因为踩了她的脚而向她道歉。/
I apologized to her for stepping on her foot.

zhòng/chóng 重 九画 【部首】里 义 heavy; important; serious

- ◇ 1. 重要 zhòngyào　　a.　　important
- ◇ 2. 重视 zhòngshì　　v./a.　　pay great attention to; think highly of
- ◇ 3. 重量 zhòngliàng　　n.　　weight
- ◇ 4. 重复 chóngfù　　v.　　repeat; duplicate

例句1：Hànyǔ li shēngdiào fēicháng zhòngyào. / 汉语里声调非常重要。/
Tones are very important in Chinese language.

例句2: Nǐ néng bǎ zhè ge wèntí chóngfù yíxià ma? / 你能把这个问题重复一下吗？/ Could you repeat the question?

yǒng 永 五画 【部首】水 义 forever

◇ 1. 永远 yǒngyuǎn *adv.* always; forever
◇ 2. 永久 yǒngjiǔ *a.* permanent; everlasting; perpetual
◇ 3. 永恒 yǒnghéng *a.* eternal; constant

例句: Tā xīwàng nánpéngyou duì tā yǒngyuǎn bú biànxīn. / 她希望男朋友对她永远不变心。/ She hopes that her boyfriend remains loyal to her till his dying day.

lián 联 (聯) 十二画 【部首】耳 义 join; link

◇ 1. 联系 liánxì *v./n.* get in touch with; contact
◇ 2. 联欢 liánhuān *v.* have a get-together
◇ 3. 联合 liánhé *v.* unite; ally
◇ 4. 联合国 Liánhéguó *n.* the United Nations

例句: Bìyè yǐhòu tā hái gēn hěnduō tóngxué bǎochí liánxi. / 毕业以后他还跟很多同学保持联系。/ He still kept in touch with several classmates after graduation.

fēi 飞 (飛) 三画 【部首】乙 义 fly

◇ 1. 飞机 fēijī *n.* airplane
◇ 2. 起飞 qǐfēi *v.* flying-off; take off
◇ 3. 飞快 fēikuài *a.* rapidly; be very fast

例句: Zhè jià fēijī zhèngzài qǐfēi. / 这架飞机正在起飞。/ This plane is taking off now.

汉字知识（61） Chinese Character Introduction（61）

书法艺术欣赏 Works of Calligraphy

1. 甲骨文

2. 金文

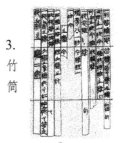

3. 竹简

4. 小篆

5. 隶书

6. 王羲之

7. 颜真卿

8. 柳公权

9. 赵孟頫

10. 邓石如

11. 沈尹默

中国国家汉办规划教材

北大版新一代对外汉语教材·汉字教程系列

英文注释本

汉字突破

（练习）

主　编　周　健

编　著　周　健　王汉卫

　　　　王收奇　朱湘燕

英　译　苏印霞

北京大学出版社

PEKING UNIVERSITY PRESS

目 录

第一单元

第一课　一二三四

一、在汉字练习本上按照下列笔顺抄写汉字（Copy the Following Characters According to the stroke Order Given）

字	笔顺					
一 ₁	一					
二 ₂	一	二				
三 ₃	一	二	三			
四 ₅	丨	冂	罒	四	四	
五 ₄	一	丁	五	五		
六 ₄	丶	亠	六	六		
七 ₂	一	七				
八 ₂	丿	八				
九 ₂	丿	九				
十 ₂	一	十				
百 ₆	一	一	丆	百	百	百
千 ₃	丿	二	千			
万 ₃	一	丆	万			

汉字突破

亿 ₃	ノ	亻	亿

2. 词语抄写 (Copy the Words)

yídìng 一定　　　　yígòng 一共　　　　èryuè 二月　　　　xīngqī' èr 星期二

zàisān 再三　　　　sìzhōu 四周　　　　wǔguān 五官　　　　liù kǒu rén 六口人

qīshàng-bāxià 七上八下　　bāyuè 八月　　　shífēn 十分　　　　bǎifēnzhī bǎi 百分之百

qiānwàn 千万　　　　wànsuì 万岁　　　　yìwàn 亿万

二、描出下列汉字中的指定笔画 (Trace over the Stroke Designated of Each Character)

1. 撇 / piě （　）　　千　欠　力　久　化　狡　磨

2. 捺 / nà （　）　　入　定　各　运　廷　吝　盒

3. 勾 / gōu （　）　　于　水　拟　心　代　打　射

4. 折 / zhé （　）　　刁　门　区　乃　弓　词　编

三、给下列汉字注音、组词 (Write Pinyin and Form Two Words for Each Character)

例：四（ sì ）四周　四月

1. 十 （　）＿＿＿　＿＿＿　　　2. 百 （　）＿＿＿　＿＿＿

3. 千 （　）＿＿＿　＿＿＿　　　4. 万 （　）＿＿＿　＿＿＿

四、形音义填写 (Fill in the Blanks with Character, Pronunciation or Meaning)

四	＿＿	九	＿＿	＿＿	＿＿	七	＿＿
sì	bǎi	qiān		yì	wàn		
four			six				five

五、根据拼音写汉字，并想想它们的意思 (Write Characters According to the Pinyin Given and Recall Their Meanings)

1. yídìng （　　　）　　　2. èryuè 　（　　　）

3. wǔguān （　　　）　　　4. shífēn 　（　　　）

5. yíwàn （　　　）　　　6. bǎifēnzhī bǎi（　　　）

六、翻译句子 (Translate the Following Sentences into Chinese)

1. I must study well Chinese characters.

2. He looked around.

3. There six members in my family.

4. China has a population of 1.3 billion.

七、根据拼音提示填空 (Fill in Blanks with Characters According to the Pinyin Given)
1. 老师_____(zàisān)说:"汉字重要。"
2. 他哥哥_____(wǔguān)端正。
3. 孩子不在家,妈妈心里_____(qīshàng-bāxià)的。
4. 过马路_____(qiānwàn)要小心。

八、把下列汉字按从少到多的笔画数排列,并注明笔画数 (Arrange the Following Characters by the Number of Strokes From Small to Large, Mark the Number as Well)

定 千 考 汉 圆 高 人 孩 五

人(2) _____

九、填拼音,写汉字 (Fill in Each Blank with Pinyin and Character)

例:wàn (万)

1. b _____ (   )   2. l _____ (   )   3. w _____ (   )
4. q _____ (   )   5. s _____ (   )   6. sh _____ (   )

十、用汉字表示下列数字 (Write the Following Numbers in Chinese Way)

例:407—四百零七

1. 28—   2. 69—
3. 150—   4. 608—
5. 1,295—   6. 2,310—
7. 87,654—   8. 40,550—
9. 300,000—   10. 283,497,025—

十一、每课一谜 (Character Riddle)

十字头上歪戴帽,一下扩大一百倍。 (The number of ten enlarged 100 times suddenly by wearing a little slanting hat.)

(猜本课生字一 / *one of the new characters in this lesson*)

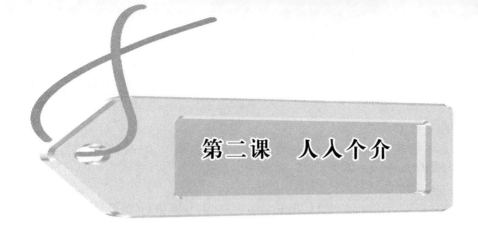

第二课　人人个介

一、抄写（Copy）

　　1. 单字抄写（Copy the Single Characters）

人₂	丿	人			
入₂	丿	入			
个₃	丿	人	个		
介₄	丿	人	个	介	
大₃	一	大	大		
太₄	一	大	大	太	
天₄	一	二	亍	天	
夫₄	一	二	丰	夫	
从₄	丿	人	从	从	
众₆	丿	人	个	众	众	众

　　2. 词语抄写（Copy the Words）

nánren 男人　　　rùmén 入门　　　jièshào 介绍　　　dàxué 大学

jīntiān 今天　　　zhàngfu 丈夫　　　cónglái 从来　　　zhòngduō 众多

二、把下面的汉字按结构分类填空 (Classify the Following Characters According to Their Patterns of Structure)

人 入 个 介 天 夫 从 旦 木 本 未 来 分 休 体 术 林 昌

1. 独体字(single characters) _____

2. 左右结构(left-right structure) _____

3. 上下结构(top-bottom structure) _____

三、给下列汉字注音组词 (Write Pinyin and Form Words Each)

例：人 (rén) 人口 人才 男人 女人

大 ( ) ____ ____ ____ ____

天 ( ) ____ ____ ____ ____

夫 ( ) ____ ____ ____ ____

从 ( ) ____ ____ ____ ____

太 ( ) ____ ____ ____ ____

四、形音义填写 (Fill in the Blanks with Character, Pronunciation and Meaning)

人		个			众
rén	rù	jiè		fū	
man		sky		from	

五、根据拼音写出汉字并想一想它们的意思 (Write Characters According to the Pinyin Given and Recall Their Meanings)

1. nǚren ( ) 2. jīntiān ( ) 3. fūren ( ) 4. tàiyáng ( )

六、找汉英对应词语 (Match English Words with Their Chinese Counterparts)

1. 从此   2. 众   3. 观众   4. 从前   5. 大夫
6. 春天   7. 天气   8. 太阳   9. 人们   10. 大家

a. spring   b. ever since   c. audience   d. doctor   e. people
f. sun   g. weather   h. before   i. a lot   j. everybody

七、把下列汉字按笔画数排列 (Arrange the Follow Characters According to Their Stroke Numbers)

门 们 口 才 男 女 学 介 绍 家 阳 平 空 气 天 夫 妇 前 来

3 画 _____ 4 画 _____ 5 画 _____

6 画 _____   7 画 _____   8 画 _____

9 画 _____

八、请写出包含"人"(亻)的字 (Write Characters with Part "人"or 亻)

1. 人 _____

2. 亻 _____

九、根据拼音填空,然后译成英语 (Fill in the Blanks With Characters According to the Pinyin Given, Then Translate into English)

1. 电影院里(zuò)____满了(guānzhòng)____。

2. 今天(tiānqì)____好极了。

3. 自我(jièshào)____一下,我叫王汉文。

4. (Dàjiā)____好,很高兴认识你们。

5. 你的汉语已经(rùmén)____了。

十、猜字谜 (Character Riddle)

1. 人有(yǒu)它(tā)大,天没(méi)它大。(A man with it becomes big, and sky without it becomes big too. What is it?)

(猜第一课生字一 / one of the new characters in Lesson one)

2. 镜(jìng)中(zhōng)人。(What is man in a mirror?)

(猜本课生字一 / one of the new characters in this lesson)

第三课　木本未来

一、抄写 (Copy)

1. 单字抄写（Copy the Single Characters）

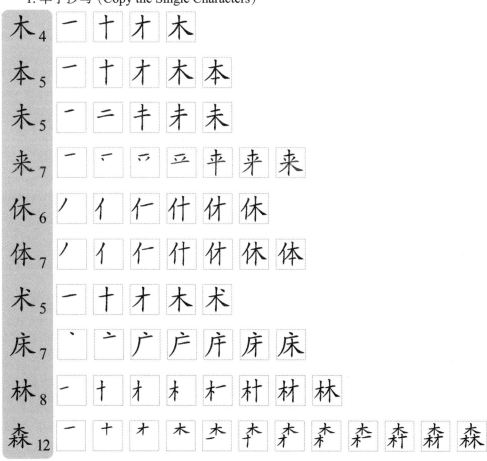

2. 词语抄写（Copy the Words）

mùtou 木头	běnlái 本来	wèibì 未必	huílái 回来
xiūxi 休息	shēntǐ 身体	yìshù 艺术	qǐ chuáng 起床
shùlín 树林	sēnlín 森林		

二、 把下面的汉字按结构分类填空 (Classify the Following Characters According to Their Patterns of Structure)

木 本 未 来 休 体 术 床 林 森 口 回 中 合 同 向 问 言 可 占

1. 独体字 (single character) _____
2. 左右结构 (left-right structure) _____
3. 上下结构 (top-bottom structure) _____
4. 左上包围 (upper-left enclosure) _____
5. 右上包围 (upper-right enclosure) _____
6. 三面包围 (three-side enclosure) _____
7. 四面包围 (four-side enclosure) _____

三、 给下列的汉字各加上一笔构成一个新字,并注音组词 (Add One Stroke to Form a New Character, Then Write Pinyin and Form Words)

十 _____

大 _____ _____

木 _____

四、 为下列偏旁字配上合适的部首并注音组词 (Find the Right Radical for Each Component and Form New Word with the Character Formed)

例:木: 休 (xiū) 休息

木:___ ( )_____   本:___ ( )_____   体:___ ( )_____

五、 从"夫"字中可以找到"一、二、人、大"等字,下面请你把"来"中的字找出来写在横线上 ("夫"can be Separated into Several Characters of "一、二、人、大",write the Characters that "来"can be Separated into)

来: ____ ____ ____ ____ ____

六、 为下列汉字注音组词 (Write Pinyin and Form Words for Each Character)

例:语 (yǔ) 语言 汉语

木 ( ) ____ ____

本 ( ) ____ ____

未 ( ) ____ ____

来 ( ) ____ ____

林 ( ) ____ ____

七、形音义填写 (Fill in the Blanks with Character, Pronunciation or Meaning)

休		百		亿
xiū	tǐ	chuáng		wàn
rest	skill		thousand	

八、根据拼音写出汉字并想一想它们的意思 (Write Characters According to the Pinyin Given and Recall their Meanings)

běnzi (　　　)　　wèilái (　　　)　　cónglái (　　　)

wǔxiū (　　　)　　tǐyù (　　　)　　wǔshù (　　　)

sēnlín (　　　)　　shàng chuáng (　　　)

九、找英汉对应词语 (Match English Words with Their Chinese Counterparts)

1. 麻木　　2. 基本　　3. 未曾　　4. 起来　　5. 天才
6. 个人　　7. 介意　　8. 太阳　　9. 从前　　10. 大家

a. numb　　　b. talent　　c. mind　　d. not yet　　e. sun
f. all　　　　g. before　　h. basic　　i. rise　　　j. individual

十、把下列句子翻译成汉语并熟读 (Translate the Following Sentences into Chinese, Then Memorize Them)

1. He gets up at 6 o'clock every morning.

2. Let's have a rest.

3. My future is not a dream.

4. Are you from the Art University?

5. This is doctor Zhang.

十一、每课一谜 (Character Riddle)

自己 (oneself)

(猜本课生字一 / one of the new characters in this lesson)

第四课　口回中合

一、抄写（Copy）

1. 单字抄写（Copy the Single Characters）

2. 词语抄写（Copy the Words）

kǒuyǔ 口语　　　huílái 回来　　　Zhōngguó 中国　　　héshì 合适

tóngxué 同学　　　fāngxiàng 方向　　　qǐng wèn 请问　　　yǔyán 语言

kěyǐ 可以　　　zhànyǒu 占有

二、下列汉字一共多少"口"(How Many "口" Are There in the Following Characters)

口 回 中 合 同 向 问 言 可 占

答案:_____个

三、请你拆分下列汉字中的部件 (Separate the Characters into Parts)

支（　　　　　） 陪（　　　　　） 有（　　　　　）

兄（　　　　　） 边（　　　　　） 刑（　　　　　）

飘（　　　　　） 整（　　　　　） 器（　　　　　）

嬴（　　　　　）

四、把下面的汉字按结构分类 (Classify the Following Characters According to Their Patterns of Structure)

日 旧 早 是 白 时 间 唱 田 由 电

1. 独体字(single character) _____

2. 左右结构 (left-right structure) _____

3. 上下结构 (top-bottom structure) _____

4. 三面包围 (three-side enclosure structure) _____

五、给下列汉字注音组词 (Write Pinyin and Form Words of Each Character)

例:休 (xiū) 休息　午休

体（　　）_____　_____

未（　　）_____　_____

床（　　）_____　_____

可（　　）_____　_____

向（　　）_____　_____

同（　　）_____　_____

中（　　）_____　_____

问（　　）_____　_____

六、按笔画多少重新排列下列汉字 (Arrange the Following Characters by the Number of Strokes from Small to Large)

口 回 中 合 同 向 问 言 可 占

3 画 _____ 　　4 画 _____

5 画 _____ 　　6 画 _____

7 画 _____

七、据拼音写出词语并想一想它们的意思 (Write Characters According to the Pinyin Given and Recall Their Meanings)

kǒushì (　　)　huídá (　　)　zhōngwǔ (　　)　hélǐ (　　)

tóngyì (　　)　kěshì (　　)　fāngxiàng (　　)　kě'ài (　　)

八、形音义填写 (Fill in the Blanks with Character, Pronunciation and Meaning)

口	___	___	向	___	可	___
kǒu	huí	___	hé	___	wèn	yán	___	zhàn
mouth	middle	same				

九、用下面的多音字注音组词 (Write Pinyin and Form Words with Each Multi-sound Character)

大{　　　　中{　　　　占{

十、填上合适的字使之与左右的字能分别组成词 (Fill in the Blank with Character that Can Form Words with Characters on Either Side)

例：大 人 口 (大人,人口)

未 ___ 回　　中 ___ 绍

口 ___ 言　　中 ___ 休

集 ___ 适　　学 ___ 答

可 ___ 人　　身 ___ 育

十一、把同声调的字填写在一起 (Classify the Characters According to their Tones)

口 回 中 合 同 向 问 言 可 占 人 入 介 太 天 夫 从 众

第一声：中 _____

第二声：回 _____

第三声：口 _____

第四声：向 _____

十二、根据拼音填空并熟读句子 (Fill in the Blanks with Words and Memorize the Sentences)

1. 他的汉语口语____(fēicháng)好。

2. 请代我向他____(wèn hǎo)。

3. 她是一个____(kě'ài)的女孩。

4. 我们是大学____(tóngxué)。

十三、每课一谜 (Character Riddle)

没人信。

(猜本课生字一 / *one of the new characters in this lesson*)

第五课　日旧早是

一、抄写 (Copy)

1. 单字抄写 (Copy the Single Characters)

日 4	丨	冂	月	日						
旧 5	丨	刂	旧	旧	旧					
早 6	丶	冂	日	日	旦	早				
是 9	丨	冂	日	日	旦	早	早	昰	是	
白 5	丿	亻	白	白	白					
时 7	丨	冂	日	日	旷	时	时			
间 7	丶	冂	门	门	问	问	间			
唱 11	丨	口	口	叮	叩	叩	吧	唱	唱	唱
田 5	丨	冂	日	田	田					
由 5	丨	冂	日	由	由					
电 5	丨	冂	日	日	电					

2. 词语抄写 (Copy the Words)

rìcháng 日常　　　xīnjiù 新旧　　　zǎochen 早晨　　　shìfēi 是非

báitiān 白天　　　xiǎoshí 小时　　　fángjiān 房间　　　chàng gē 唱歌

tiándì 田地　　　　yóuyú 由于　　　　diànhuà 电话　　　gōngzuò 工作

guójiā 国家

二、按笔画给下列汉字分类（Classify the Characters According to the Number of Their Strokes）

日 旧 早 是 白 时 间 唱 田 由 电

4 画 _____　　　　5 画 _____　　　　6 画 _____

7 画 _____　　　　9 画 _____　　　11 画 _____

三、从学过的字中选择符合要求的字填入横线（Fill in the Blanks with Proper Characters That Have Been Learned）

1. 左右结构：(left-right structure) ☐☐（例：你）_____ _____

2. 上下结构：(top-bottom structure) ☐（例：息）_____ _____

3. 左右（上下）结构：(left-right [top-bottom]structure) ☐☐（例：指）_____ _____

4. 上下（左右）结构：(top-bottom [left-right]structure) ☐☐（例：聂）_____ _____

四、给下列汉字注音组词（Write Pinyin and Form Words with Each Character）

例：休 (xiū) 休息 午休

　　日（　）_____ _____　　　　早（　）_____ _____

　　是（　）_____ _____　　　　白（　）_____ _____

　　回（　）_____ _____　　　　问（　）_____ _____

　　言（　）_____ _____　　　　口（　）_____ _____

五、"电"可以构成很多常用词，请把下面的词语抄写两遍（"电" Is Able to Form Many Frequently-used Words. Copy the Words Twice）

1. (electric lamp) diàndēng 电灯 _____ _____

2. (telephone) diànhuà 电话 _____ _____

3. (computer) diànnǎo 电脑 _____ _____

4. (television) diànshì 电视 _____ _____

5. (refrigerator) diànbīngxiāng 电冰箱 _____ _____

6. (hair-drier) diànchuīfēng 电吹风 _____ _____

7. (electric fan) diànshàn 电扇 _____ _____

8. (tramcar) diànchē 电车 _____ _____

六、形音义填写 (Fill in the Blacks with Character, Pronunciation or Meaning)

唱		间		早		床	
chàng	yóu		shí			lái	
sing		white		same			day

七、根据拼音写汉字 (Write Characters According to Pinyin)

Rìběn（ ） chízǎo （ ） shìde （ ） shídài（ ） báisè（ ）

lǐyóu（ ） chàngpiān（ ） gōngzī（ ） xǐshǒujiān（ ）

八、填上合适的字使之与左右的字能分别组成词 (Fill in the Blanks with Characters Which Form Words with Characters on Either Side)

例：大_学_习（大学/学习）

1. 农___径　　　2. 小___代　　　3. 白___空　　　4. 不___非

5. 迟___餐　　　6. 新___货　　　7. 星期___常　　　8. 理___于

九、把下列古象形字与现代汉字、释义用线连起来 (Draw a Line to Match Each Pictographic Character with Its Modern Version as Well as the English Interpretation)

月	bull
心	moon
门	heart
牛	door
象	clothes
羊	man; husband
衣	tongue
夫	water
舌	elephant
水	goat

十、根据拼音填空并熟读句子 (Write words According to Pinyin and Memorize the Sentences)

1. 她的_____（fángjiān）里有一台_____（diànshìjǐ）。

2. 时间就是_____（jīnqián）。

3. 他_____（báibái）浪费了很多时间。

4. _____(dàbáicài)是中国的蔬菜(cabbage)。

十一、每课一谜 (Character Riddles)

1. 一口连一口,一共五个口。(Five "口" connected with one another.)

2. 开大门,进太阳。(The sun enters through the open door.)

3. 日字加一竖,不作旧字猜。(What is "日" and a vertical line besides "旧".)

(猜本课生字三 / *three characters in this lesson*)

第六课　工王土干

一、抄写（Copy）

　　1. 单字抄写（Copy the Single Characters）

工 3	一	丁	工			
王 4	一	二	干	王		
土 3	一	十	土			
干 3	一	二	干			
开 4	一	二	干	开		
山 3	丨	山	山			
儿 2	丿	儿				
不 4	一	丆	不	不		
有 6	一	𠂇	𠂇	右	有	有
无 4	一	二	干	无		
没 7	丶	冫	氵	氵	沪	汐	没
小 3	亅	小	小			
子 3	乛	了	子			

18

| 字 6 | ` | ` | 宀 | 宁 | 宁 | 字 |
| 也 4 | 乛 | 也 | 也 | 也 | | |

2. 词语抄写 (Copy the Words)

gōngzuò 工作　　wángguó 王国　　tǔdì 土地　　gānjìng 干净

kāishǐ 开始　　shānhé 山河　　érnǚ 儿女　　búbì 不必

xiǎoxué 小学　　yǒuyìsi 有意思　　háizi 孩子　　méi guānxi 没关系

wúguān 无关　　gàn shénme 干什么

二、写出下列汉字的笔画数及各字的笔顺 (Write the Number of Strokes and the Stroke Order of Each Character)

午（　）：＿＿＿＿＿＿＿＿＿＿＿＿＿＿

牛（　）：＿＿＿＿＿＿＿＿＿＿＿＿＿＿

马（　）：＿＿＿＿＿＿＿＿＿＿＿＿＿＿

乌（　）：＿＿＿＿＿＿＿＿＿＿＿＿＿＿

鸟（　）：＿＿＿＿＿＿＿＿＿＿＿＿＿＿

裹（　）：＿＿＿＿＿＿＿＿＿＿＿＿＿＿

三、把笔画数相同的汉字写在一起 (Classify the Characters According to the Number of Strokes)

| 工 | 王 | 干 | 开 | 山 | 儿 | 不 | 有 | 没 | 小 | 子 | 字 | 你 |
| 我 | 他 | 她 | 自 | 己 | 谁 | 这 | 那 | 哪 | 什 | 么 | 多 | 少 |

2 画 ＿＿＿＿＿＿＿＿＿＿＿　　　3 画 ＿＿＿＿＿＿＿＿＿＿＿

4 画 ＿＿＿＿＿＿＿＿＿＿＿　　　5 画 ＿＿＿＿＿＿＿＿＿＿＿

6 画 ＿＿＿＿＿＿＿＿＿＿＿　　　7 画 ＿＿＿＿＿＿＿＿＿＿＿

9 画 ＿＿＿＿＿＿＿＿＿＿＿　　　10 画 ＿＿＿＿＿＿＿＿＿＿＿

四、把下列汉字按结构类型分类 (Classify the Characters According to Their Structure Patterns)

| 工 | 王 | 土 | 干 | 开 | 山 | 儿 | 无 | 不 | 有 | 没 | 小 | 也 | 子 | 字 |
| 你 | 我 | 他 | 她 | 自 | 己 | 谁 | 这 | 那 | 哪 | 什 | 么 | 多 | 少 | |

独体字 (single character) ＿＿＿＿＿＿＿＿＿＿

上下结构 (top-bottom structure) ＿＿＿＿＿＿＿＿＿＿

左右结构 (left-right structure) ＿＿＿＿＿＿＿＿＿＿

左中右结构 (left-middle-right structure) ＿＿＿＿＿＿＿＿＿＿

五、给下列汉字注音组词 (Write Pinyin and Form Words with Each Character)

例：休 (xiū) <u>休息</u> <u>午休</u>

子 (　) ＿＿＿＿ ＿＿＿＿

字 (　) ＿＿＿＿ ＿＿＿＿

开 (　) ＿＿＿＿ ＿＿＿＿

有 (　) ＿＿＿＿ ＿＿＿＿

不 (　) ＿＿＿＿ ＿＿＿＿

早 (　) ＿＿＿＿ ＿＿＿＿

向 (　) ＿＿＿＿ ＿＿＿＿

来 (　) ＿＿＿＿ ＿＿＿＿

六、形音义填写 (Fill in the Blanks with Character, Pronunciation or Meaning)

工	没		旧		从
gōng	gàn	ér			huí
work		ask	come		

七、给下列汉字加部首构成新字 (Add Radical to Each Character to Form New Ones)

例：吾 → 语

子 → 　　　　昌 → 　　　　殳 → 　　　　日 → 　　　　木 →

八、根据拼音写汉字 (Write Characters According to Pinyin)

gāncuì (　) 　　kāifàng (　) 　　huǒshān (　) 　　nǚ'ér (　)

búdàn (　) 　　yǒudiǎnr (　) 　　diànnǎo (　) 　　tóngyì (　)

九、填上合适的字使之与左右的字能分别组成词 (Fill in the Blanks with Characters Which form Words with Characters on Either Side)

1. 国＿国 　　2. 女＿女 　　3. 小＿子

4. 江＿河 　　5. 没＿用 　　6. 汉＿母

十、找汉英对应词语 (Match the English Words with Their Chinese Counterparts)

1. 儿童 　　2. 工资 　　3. 干扰 　　4. 桌子

2. 字母 　　6. 有用 　　7. 不必 　　8. 不得了

a. desk 　　b. useful 　　c. clean 　　d. alphabet

e. salary 　　f. children 　　g. interrupt 　　h. unnecessary

十一、把下列句子翻译成汉语 (Translate the Sentences into Chinese)

1. What are you going to do this afternoon?

2. Her room is very clean.

3. There are many high mountains in China.

4. Chinese is useful and interesting as well.

5. Do you have a Chinese dictionary?

十二、每课一谜 (Character Riddle)

好像"十月",不是十月。(It looks like a "十" and a "月" put together, but doesn't mean October.)

(猜本课生字一 / *one of the new characters in this lesson*)

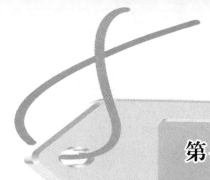

第七课　你我他她

一、抄写 (Copy)

1. 单字抄写 (Copy the Single Characters)

你 7	ノ	亻	亻	你	你	你	你			
我 7	一	二	于	手	我	我	我			
他 5	ノ	亻	亻	他	他					
她 6	乚	乆	女	如	如	她				
自 6	ノ	亻	白	白	自	自				
己 3	コ	コ	己							
谁 10	丶	讠	讠	讠	诈	计	诈	诈	谁	谁
这 7	丶	二	文	文	文	这	这			
那 6	刀	彐	彐	那	那	那				
哪 9	丨	口	口	叨	叨	叩	明	哪	哪	
什 4	ノ	亻	亻	什						
么 3	ノ	么	么							

2. 词语抄写 (Copy the Words)

tāmen 他们　　　zìjǐ 自己　　　zìyóu 自由　　　zìwǒ 自我

zhèli 这里　　　nàxiē 那些　　　nǎbian 哪边　　　shénme 什么

duōshao 多少　　　shàonǚ 少女

二、下列汉字的第一笔是什么笔画 (Find the First Stroke of Each Character)

我 他 她 自 己 谁 这 那 哪 母 么 多 少

_____

三、把下列汉字中属于左上包围的字找出来写在横线上 (Find the Characters that have the Upper-left Enclosure Structure)

上 下 左 右 东 西 南 北 里 外 正 反

_____

四、比一比，加拼音 (Compare the Characters and Write Pinyin)

己—已　　　不—木　　　小—少　　　田—由

休—体　　　问—间　　　同—向　　　天—夫

五、连接部首偏旁，然后把组成的字加拼音写在横线上 (Draw Lines to Match the Radicals and Components, then Write the Characters as Well as the Pinyin)

亻　　　　　　日
讠　　　　　　子
口　　　　　　隹
宀　　　　　　那
日　　　　　　木
亻　　　　　　十

1. _____ 2. _____ 3. _____ 4. _____ 5. _____ 6. _____

六、填上合适的字,使与左右的字分别能组成词 (Fill in the Blanks with Characters which Form Words with Characters on Either Side)

1. 他___民 2. 自___们 3. 各___己 4. 多___数

5. 男___女 6. 不___是 7. 江___河 8. 女___童

七、形音义填写 (Fill in the Blanks with Character, Pronunciation or Meaning)

自		哪			这	
zì	shéi			duō	kāi	
oneself			she			I

八、找英汉对应词语 (Match the English Words with Their Chinese Counterparts)

1. 他们   2. 自己   3. 自由   4. 其他   5. 自我

6. 这里   7. 那些   8. 哪边   9. 什么   10. 多少

a. what   b. oneself   c. those   d. they   e. other

f. how many(much) g. here   h. freedom   i. which side j. ego

九、按拼音写汉字 (Write Characters According to the Pinyin)

nǐmen （   ）   zìsī （   ）   zìwǒ （   ）   zhèyàng （   ）

nǎbiān （   ）   nàli （   ）   shàonián （   ）   zěnme （   ）

十、回答问题 (Answer the Questions)

1. 你喜欢吃什么?(What do you like eating?)

2. 他汉字写的好不好?(Is he good at writing Chinese characters?)

3. 谁是你的知己?(Who is your bosom friend?)

4. 你喜欢自由吗?(Do you like freedom?)

5. 请问,我应该往哪边走?(Excuse me, can you tell me which way I sould take?)

6. 你住在哪个城市?(Which city do you live in?)

7. 你觉得,谁是最可爱的人?(Who do you think is the most respectable?)

8. 这双鞋多少钱?(How much is this pair of shoes?)

十一、每课一谜 (Character Riddle)

下一个人又不是男的。(The next person is not a man either-She's also a woman.)

(猜本课生字一 / one of the new characters in this lesson)

第八课　上下左右

一、抄写 (Copy)

1. 单字抄写 (Copy the Single Characters)

上₃	丨	卜	上					
下₃	一	丁	下					
左₅	一	ナ	ナ	左	左			
右₅	一	ナ	オ	右	右			
东₅	一	七	午	东	东			
西₆	一	厂	门	両	西	西		
南₉	一	十	卉	冇	内	南	南	南	南
北₅	丨	十	扌	北	北			
里₇	丨	冂	日	日	旦	甲	里	
外₅	丿	夕	夕	列	外			
正₅	一	丁	下	止	正			
反₄	一	厂	反	反				

2. 词语抄写 (Copy the Words)

shàngwǔ 上午	xià kè 下课	zuǒshǒu 左手	yòumian 右面
dōngxī 东西	nánfāng 南方	Běijīng 北京	nǎli 哪里
wàiyǔ 外语	zhèngquè 正确	fǎnduì 反对	

二、下列汉字的最后一笔是什么笔画 (Write the Last Stroke of the Following Characters)

上 下 左 右 东 西 南 北 里 外 正 反

_____

三、把笔画相同的字写在一起 (Classify the Words According to the Number of Strokes)

上 下 左 右 东 西 南 北 里 外 正 反

3画 _____   4画 _____

5画 _____   6画 _____

7画 _____   9画 _____

四、写出下列词语的反义词 (Write the Antonyms of the Words)

上 下 左 右 东 西 南 北 里 外 正 反

上面→　　　　左手→　　　　东南→　　　　外公→

这里→　　　　东方→　　　　北面→　　　　同意→

五、把下列词语翻译成英文 (Translate the Following Words into Chinese)

上身　　　　下身　　　　上衣　　　　外衣

内衣　　　　内裤(nèikù)　　　　裤子

六、下面是几种常见的瓜，读一读，加拼音 (The Following Are a few Kinds of Common Melons. Read and Write Pinyin)

苦瓜　　　　木瓜　　　　黄瓜　　　　冬(dōng)瓜　　　　南瓜　　　　西瓜

七、把下面箭头上标的英文方向词翻译成汉语 (Translate the Direction Mark into Chinese Characters)

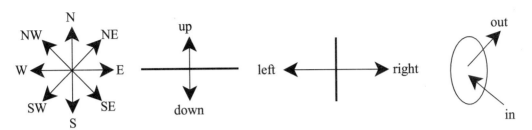

八、填上合适的字,使之与左右分别成为一个词 (Fill in the Blanks with Characters which Form Words with Characters on Either Side)

1.上___体 2.早___午 3.东___服 4.西___京 5.反___常

九、填空 (Fill in the Blanks)

1. 东南亚最大的国家是_____。

2. 日本在中国的_____。

3. 中国在_____半球。

4. 我最喜欢吃的瓜是_____。

5. 你为什么_____正确的决定(juédìng / decision)?

十、回答问题 (Answer the Questions)

你的外公外婆会说什么外语?你的爸爸妈妈会说什么外语?你想学习什么外语?

十一、以下是一些会意字,请你把它们与其英文意思用线连起来 (Match the Associative Characters with Their English Interpretation)

分   to put out fire

尖   good

尘   divide; separate

灭   point; tip

好   bad

泪   dust

孬   tears

信   to take; to hold

笔   letter

拿   pen; brush

十二、每课一谜 (Character Riddle)

不在东西北，口里装着人民币。(It is not in the worth, east, or west. It has RMB in the pocket.)

(猜本课生字一 / *one of the new characters in this lesson*)

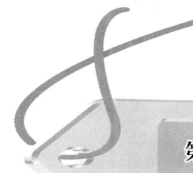

第九课　年月分秒

一、抄写 (Copy)

1. 单字抄写 (Copy the Single Characters)

年6	ノ	㇒	㇐	仁	午	年		
月4	ノ	刀	月	月				
分4	ノ	八	今	分				
秒9	㇒	二	千	禾	禾	利	利	秒	秒
前9	丶	丷	丷	产	产	首	前	前	前
昨9	丨	冂	冃	日	日	旷	昨	昨	昨
今4	ノ	人	亽	今				
明8	丨	冂	月	日	明	明	明	明
后6	一	厂	斤	斤	后	后		
星9	丶	口	日	旦	尸	早	旱	星	星
期12	一	十	廿	艹	甘	其	其	其	期 期 期 期
午4	ノ	㇒	二	午				
夜8	丶	亠	广	疒	疒	夜	夜	夜

晚 11 | 丨 冂 冃 日 日′ 日″ 旷 晗 晗 晲 晚

2. 词语抄写（Copy the Words）

niánjí 年级   yuèliang 月亮   fēnmiǎo 分秒   cóngqián 从前

zuótiān 昨天   jīnnián 今年   míngbai 明白   yǐhòu 以后

xīngqī 星期   yèwǎn 夜晚

二、从下列汉字中找出和结构图类似的汉字 (Classify the Characters According to Their Structure Patterns)

年 月 分 秒 前 昨 今 明 后 星 期 午 夜 晚

三、把下列汉字中的最后一笔找出来写在横线上 (Write the Last Stroke of Each Character)

年 月 分 秒 前 昨 今 明 后 星 期 午 夜 晚

_____

四、把笔画数相同的字写在一起 (Classify the Characters According to the Number of Their Strokes)

年 月 分 秒 前 昨 今 明 后 星 期 午 夜 晚

4 画 ___ ___ ___   6 画 ___ ___ ___

8 画 ___ ___ ___   9 画 ___ ___ ___

11 画 ___   12 画 ___

五、下列词是成序列的,请按时间先后完成下列时间序列词 (Some Words are in Series. Complete the Series of Words in Time Sequence)

1. 童年 → ___ → ___ 中年 → ___

2. 大前天 → 前天 → ___ 今天→ ___ → ___ → ___

3. 大前年 → ___ → 去年 → ___ → ___ → ___ 大后年

六、按由大到小的顺序填写时间词 (Fill in the Blanks with Words in Time Sequence from Long to Short)

世纪(shìjì / century)、年、___、___、___、___、___秒

七、填上合适的字,使之与左右的字都能组成词 (Fill in the Blanks with Characters Which Form Words with Characters on Either Side)

1. 青___轻   2. 蜜___亮   3. 从___后

4. 夜___上   5. 今___天   6. 明___天

八、找英汉对应词语 (Match the English Words with Their Chinese Counterparts)

1. 年纪   2. 蜜月   3. 过分   4. 目前   5. 明白

6. 以后   7. 星星   8. 假期   9. 中午   10. 夜晚

a. after   b. noon   c. age   d. star   e. honeymoon

f. night   g. excessive   h. present   i. holiday   j. understand

九、填空 (Fill in the Blanks)

1. _____是一个国家的未来。

2. 结婚(jiéhūn)后的第一个月叫_____。

3. 一小时有六十_____。

4. 一个人出生的那一天叫_____。

5. 著名(zhùmíng / famous)的电影演员(yǎnyuán / actor)叫_____。

6. 两个学期中间的时间叫_____。

7. 晚上十二点叫_____。

十、把下列句子翻译成汉语 (Translate the Sentences into Chinese)

1. There are twelve months in a year.

2. It rained yesterday.

3. I don't understand what you mean.

4. It is his birthday the day after tomorrow.

5. He works in the morning and studies Chinese in the afternoon everyday.

十一、确定以下合体字的结构类型 (Classify the Compound Characters According to Their Structure Patterns)

玩 画 普 边 华 圆 礼 司 展 培 美 难 起 移 艺 历

1. 左右结构 (left-right structure) _____

2. 上下结构 (top-bottom structure) _____

3. 半包围（half-enclosure structure）_____

4. 全包围（complete enclosure structure）_____

十二、每课一谜（Character Riddle）

生日（birthday）

（猜本课生字一 / *one of the new characters in this lesson*）

第十课　爷奶爸妈

一、抄写（Copy）

　　1. 单字抄写（Copy the Single Characters）

爷 6	ノ	八	父	父	谷	爷			
奶 5	く	女	女	奶	奶				
爸 8	ノ	八	父	父	谷	爸	爸	爸	
妈 6	く	女	女	奶	妈	妈			
哥 10	一	一	戸	戸	可	可	哥	哥	哥	哥
姐 8	く	女	女	如	如	如	姐	姐	
弟 7	、	`	当	当	兰	弟	弟		
妹 8	く	女	女	女	妇	妍	妹	妹	
叔 8	丨	上	上	才	才	求	叔	叔	
伯 7	ノ	亻	亻	们	伯	伯	伯		
姨 9	く	女	女	女	妇	妇	姨	姨	姨	
朋 8	丿	月	月	月	月	朋	朋	朋	
友 4	一	ナ	方	友					

33

2. 词语抄写 (Copy the Words)

niúnǎi 牛奶	māma 妈妈	xiǎojiě 小姐	xiōngdì 兄弟
jiěmèi 姐妹	gēge 哥哥	shūshu 叔叔	bóbo 伯伯
āyí 阿姨	péngyou 朋友	lǎoye 老爷	

 二、写出下列汉字的第二笔 (Write the Second Stroke of Each Character)

爷 奶 爸 妈 哥 姐 弟 妹 叔 伯 姨 朋 友

_____

三、把左右结构的字找出来,写在下面的横线上 (Fill in the Blank with Characters That Have Left-right Structure)

爷 奶 爸 妈 哥 姐 弟 妹 叔 伯 姨 朋 友

左右结构: _____

四、完成下面的亲属图 (Complete the Family Tree)

爷爷×奶奶

伯伯×____   爸爸×____   阿姨×____

姐姐×____   **我**×爱人   妹妹×____

五、问问老师,下面的亲属称谓叫什么 (Ask the Teacher How to Address These People)

1. 爷爷的爸爸叫什么?

2. 爸爸的姐姐和妹妹叫什么?

3. 爸爸的姐姐、妹妹的丈夫叫什么?

4. 妈妈的哥哥和弟弟叫什么?

5. 伯伯叔叔的儿子,比你大叫什么?

6. 伯伯叔叔的女儿,比你小叫什么?

7. 妈妈的哥哥弟弟姐姐妹妹的儿子,比你小叫什么?

8. 妈妈的哥哥弟弟姐姐妹妹的儿子,比你大叫什么?

9. 哥哥的妻子叫什么?

10. 姐姐的丈夫叫什么?

11. 爸爸的姐姐、妹妹的儿子,比你大叫什么?

12. 爸爸的姐姐、妹妹的儿子,比你小叫什么?

13. 爸爸的姐姐、妹妹的女儿,比你大叫什么?

14. 爸爸的姐姐、妹妹的女儿,比你小叫什么?

六、除了本课的词之外,我们在第七课还学过一些表示人称的词,请按要求把它们写在下面的横线上 (Besides the Characters in This Lesson, We have Learned some Words in Lesson 7 about How to Address People. Put Them in the Right Places)

第一人称：_____

第二人称：_____

第三人称：_____

疑问人称：_____

七、形音义填写 (Fill in the Blanks with Character, Pronunciation or Meaning)

爷			妈			姨	
yé	nǎi	měi		shū	gē		
grandpa				dad		sister	

八、为下列汉字画出结构示意图 (Please Draw a structural Stetch of Each Character)

街 音 习 庆 想 乌 斩 森 图 章 匠 赢 冈 赵

☐ ☐ ☐ ☐ ☐ ☐ ☐ ☐ ☐ ☐ ☐ ☐ ☐ ☐

九、阅读 (Read)

爷爷爱上奶奶,生下伯伯、叔叔、姑姑和爸爸。爸爸爱上妈妈,生下哥哥、姐姐、弟弟、妹妹和我。我爱上我老婆(lǎopó / wife)我说:"老婆哇,生几个孩子吧。"老婆说:"去你的! 要生你自己生,不管(bùguǎn / no matter)是儿子还是女儿,我只要一个就够(gòu / enough)啦！"

十、每课一谜 (Character Riddle)

1. 要一半,扔一半。(put together half "要" with half "扔")
2. February (二月)。(二月→两个"月"字)。

(猜本课生字二 / 2 characters in this lesson)

第十一课　手足耳目

一、抄写 (Copy)

1. 单字抄写（Copy the Single Characters）

手₄　一　二　三　手

足₇　丶　丨　口　口　口　足　足

耳₆　一　厂　丌　丌　耳　耳

目₅　丨　冂　月　月　目

心₄　丶　心　心　心

女₃　乀　女　女

水₄　亅　刀　水　水

火₄　丶　丷　少　火

草₉　一　十　艹　艹　芓　苩　苩　草　草

竹₆　丿　丿　牛　竹　竹　竹

2. 词语抄写（Copy the Words）

shǒubiǎo 手表　　zúqiú 足球　　ěrduo 耳朵　　mùdì 目的

xiǎoxīn 小心　　shuǐguǒ 水果　　fā huǒ 发火　　cǎodì 草地

zhúzi 竹子

二、一些字做偏旁时变形比较大(例如:手／扌／打,拉),请写出下列字做偏旁时的变化,并用偏旁分别组成字 (Some Characters Are Greatly Changed in Form When Used as Components, e.g. "手／扌／打" Write the Changed Form of the Components and Form Words with Them)

足 / ＿＿ / ＿＿ ＿＿　　　心 / ＿＿ / ＿＿ ＿＿

王 / ＿＿ / ＿＿ ＿＿　　　水 / ＿＿ / ＿＿ ＿＿

火 / ＿＿ / ＿＿ ＿＿　　　竹 / ＿＿ / ＿＿ ＿＿

人 / ＿＿ / ＿＿ ＿＿　　　木 / ＿＿ / ＿＿ ＿＿

言 / ＿＿ / ＿＿ ＿＿

三、请给下列汉字配上本课学的偏旁,并注音组词 (Add Components of this Lesson to the Characters below, then Write Pinyin and Form Words)

青 {　　　　　　　　包 {

白 {　　　　　　　　丁 {

四、形音义填写 (Fill in the Blanks with Character, Pronunciation or Meaning)

手	足	＿＿	火	＿＿	＿＿	＿＿	目
shǒu		cǎo		zhú	shuǐ		
hand		water			heart	ear	

五、根据拼音写汉字 (Write the Characters According to Pinyin)

shǒuzhǐ ＿＿＿＿　　zújì ＿＿＿＿　　mùbiāo ＿＿＿＿　　zháo huǒ ＿＿＿＿

cūxīn ＿＿＿＿　　shuǐguǒ ＿＿＿＿　　cǎotú ＿＿＿＿　　zhúzi ＿＿＿＿

六、请给下列汉字注音组词 (Write Pinyin and Form Words with Each Character)

手 (　　) ＿＿＿＿ ＿＿＿＿

足 (　　) ＿＿＿＿ ＿＿＿＿

耳 (　　) ＿＿＿＿ ＿＿＿＿

目 (　　) ＿＿＿＿ ＿＿＿＿

心 (　　) ＿＿＿＿ ＿＿＿＿

七、对应词语连线 (Draw Lines to Match the Words)

手足　　　　　woman

女子　　　　　procedure

水平　　　　　present

耳朵　　　　　mood

目前　　　　　grassland

目标　　　　　ear

草原　　　　　prothers

手续　　　　　level

心情　　　　　goal

八、填上合适的字,使之左右成词 (Fill in the Blanks with Characters that Form Words with Characters on Either Side)

1. 着___灾　　2. 女___女　　3. 草___方　　4. 喝___果

5. 节___前　　6. 双___表　　7. 耐___爱　　8. 朋___好

九、填空 (Fill in the Blanks)

1. 一只手有五个 _____。

2. 特别喜欢足球的人叫 _____。

3. "fruit"叫 _____。

4. "ear-phone" 叫 _____。

5. "lady" 叫 _____。

十、回答问题 (Answer the Questions)

1. 你是球迷吗？（Are you a football fan？）

2. 你学习汉语的目标是什么？（What is your goal of learning Chinese?）

3. 你们的哪个老师最有耐心？（Which teacher of yours is the most patient?）

4. 你爸爸常常对你发火吗？（Is your dad easy to be angry with you?）

5. 你家的四周有没有草地？（Is there lawn around your home?）

十一、每课一谜 (Character Riddle)

一个字像眼睛，不能说话只能听。(It looks like the character of eye, and it can only listen but not speak.)

(猜本课生字一)

第十二课　风雨金石

一、抄写（Copy）

　　1. 单字抄写（Copy the Single Characters）

风₄	丿	几	凡	风				
雨₈	一	厂	厃	丙	雨	雨	雨	雨
金₈	丿	人	人	今	全	全	余	金
石₅	一	丆	才	石	石			
阳₆	阝	阝	阳	阳	阳	阳		
马₃	乛	马	马					
牛₄	丿	上	牛	牛				
羊₆	丶	丷	羊	羊	兰	羊		
虫₆	丶	冂	口	中	虫	虫		
鱼₈	丿	夕	伛	刍	刍	角	鱼	鱼
鸟₅	丶	勹	勺	鸟	鸟			
衣₆	丶	亠	亣	衣	衣	衣		
食₉	丿	人	人	今	今	今	食	食	食

2. 词语抄写（Copy the Words）

fēngguāng 风光　　yǔsǎn 雨伞　　　jīnzi 金子　　shítou 石头

tàiyáng 太阳　　yángguāng 阳光　　mǎlù 马路　　niúzǎi 牛仔

yángròu 羊肉　　chóngzi 虫子　　　yīfu 衣服　　shípǐn 食品

二、写出下列汉字的第二笔（Write the Second Stroke of each Character）

风 雨 金 石 马 牛 羊 虫 鱼 鸟 衣 食 阳

_____

三、把笔画数相同的字写在一起（Classify the Characters According to the Number of Strokes）

风 雨 金 石 马 牛 羊 虫 鱼 鸟 衣 食 阳

3 画 _____　　　　4 画 _____

5 画 _____　　　　6 画 _____

8 画 _____　　　　9 画 _____

四、写出下列字做偏旁时的形态并组字（Write the Form of the Following Characters When Used as Components and Form Words with Them）

例：人 / 亻 / 休

雨 / ___ / ___

金 / ___ / ___

牛 / ___ / ___

衣 / ___ / ___

食 / ___ / ___

五、形音义填写（Fill in the Blanks with Character, Pronunciation or Meaning）

风 _____　　　马 _____　　　石 食 _____

fēng _____　　niǎo _____　　yǎng yú _____

wind　cothes　　　　gold　　　　　　　rain

六、给下列字注音并组词（Write Pinyin and form Words for Each Character）

风（ ） _____ _____

金（ ） _____ _____

马（ ） _____ _____

羊（ ） _____ _____

衣（ ） _____ _____

七、对应词语连线 (Match the English Words with Their Chinese Counterparts)

风俗   mutton

雨季   custom

金子   gold

马虎   petroleum

羊肉   snack

鳄鱼   clothes

衣服   careless

零食   crocodile

石油   rainy season

八、写出同音或近音(声调不同)的字,比一比,看谁写得多 (Write Characters with the Same or Similar Pronunciation (only different in tone). Compete to See Who Write the Most)

例:一   衣   姨   亿

食

雨

金

马

目

九

二

阳

九、回答问题 (Answer the Questions)

1. 你觉得中国哪儿的风光最美?(Do you know where is the most beautiful place in China?)

2. 你喜欢吃牛肉还是羊肉? (What do you prefer, beef or mutton?)

3. 你喜欢牛仔裤吗? (Do you like jeans?)

4. 你每天常吃什么食品? (What food do you usually eat every day?)

十、阅读 (Read)

经常下雨的季节叫雨季。中国南方的雨季在春天和夏天,北方的雨季在夏天和秋天。南方下雨多,北方下雨少。雨伞在南方很有用,在北方就不同,可能一年也用不着一次。

雨多,水就多,有水就有鱼,有水就有米,所以南方又叫"鱼米之乡"。北方雨少,水就少,没有鱼米,但有草原。草原上有牛羊,牛羊多,肉和奶就多。

生词 New words

春(天):	chūn	spring
夏(天):	xià	summer
秋(天):	qiū	atom
可能:	kěnéng	probably
奶:	nǎi	milk
用不着:	yòngbuzháo	unnecessary; useless
鱼米之乡:	yúmǐzhīxiāng	land rich in fish and rice

十一、把以下汉字的部首写在括号内 (Write the Radicals of Each Character)

昨 (   )　　秒 (   )　　星 (   )　　奶 (   )

伯 (   )　　爷 (   )　　草 (   )　　笔 (   )

雪 (   )　　铜 (   )　　被 (   )　　饿 (   )

鲤 (   )　　特 (   )　　地 (   )　　骏 (   )

海 (   )　　样 (   )　　说 (   )　　很 (   )

十二、每课一谜 (Character Riddle)

千条线,万条线,落到河里都不见。(Thousands of threads can be seen in the air, but all disappear when falling into the river.)

(猜本课生字一)

第十三课　厂广刀走

一、抄写 (Copy)

1. 单字抄写 (Copy the Single Characters)

厂 2	一	厂							
广 3	、	亠	广						
刀 2	𠃌	刀							
走 7	一	十	土	丰	卡	走	走		
车 4	一	七	车	车					
示 5	一	二	亍	示	示				
家 10	、	宀	宀	宀	宀	宇	宇	家	家	家
气 4	丿	𠂉	气	气					
立 5	、	二	六	立	立				
行 6	丿	彳	彳	彳	行	行			
父 4	丿	八	分	父					
母 5	乚	𠃌	母	母	母				

2. 词语抄写（Copy the Words）

gōngchǎng 工厂	guǎngchǎng 广场	dāorèn 刀刃	zǒu lù 走路
qìchē 汽车	biǎoshì 表示	jiātíng 家庭	tiānqì 天气
lìjí 立即	yínháng 银行	fùqin 父亲	mǔqin 母亲

二、写出下列汉字的第四个笔画（Write the Fourth Stroke of Each Character）

走 车 示 家 气 立 行 父 母

三、写出下列汉字的部首变形（Write the Form of the Characters When Used as Radicals）

刀 走 足 车 示 衣 牛

四、给下列汉字加一点变成另外一个字（Add One Dot to Each Character to Form New Ones）

刀 厂 乌 木 大 今

五、用下列汉字组词，越多越好（Form as Many Words as Possible with the Characters）

1. 父 _____   2. 母 _____   3. 家 _____

六、写出下列汉字中重复使用的部件（Find the Common Part of Each Pair of Characters）

家 字 晚 间 爷 爸 妈 姨

___ ___ ___ ___

七、形音义填写（Fill in the Blanks with Character, Pronunciation or Meaning）

刀	车		立	母
dāo	zǒu	jiā	fù	
knife	express	air	walk	

八、找汉英对应词语（Match the English Words with the Chinese Counterparts）

1. 广大	2. 走私	3. 火车	4. 表示	5. 家属
6. 气候	7. 立刻	8. 行李	9. 旅行	10. 继母

a. show   b. stepmother   c. smuggle   d. travel   e. family members
f. vast   g. luggage   h. immediately   i. train   j. climate

九、根据拼音写汉字 (Write Characters According to Pinyin)

1. mǔyǔ _____
2. yínháng _____
3. chénglì _____

4. biǎoshì _____
5. kāi chē _____
6. guǎngdōng _____

十、填空 (Fill in the Bblanks)

1. 中国最大的广场是北京的 _____ 广场。(Tian'anmen)
2. 我们每天每小时每分钟都需要的东西是 _____。(air)
3. 中华人民共和国 _____ 于 1949 年 10 月 1 日。(found)
4. 一个人从小就会说的语言是 _____。(mother tongue)
5. 爸爸的同义词(synonym)是 _____。(father)
6. 妈妈的同义词是 _____。(mother)

十一、请按要求写出含有下列部首或偏旁的汉字 (Write Characters That Contain the Following Radicals or Components)

1. 阝—在左边： 在右边：
2. 口—在左边： 在上边： 在中间：
3. 马—在左边： 在右边： 在下边：
4. 贝—在左边： 在右边： 在下边：
5. 立—在左边： 在右边： 在上边：

十二、每课一谜 (Character Riddle)

大街之中，搬走积土。(To remove the double 土 from the street.)

(猜本课生字一)

Hànzì Tūpò

第十四课　比信拿公

一、抄写 (Copy)

1. 单字抄写 (Copy the Single Characters)

比 4	一	𠂉	𠂉	比					
信 9	丿	亻	亻	亻	仁	信	信	信	信
拿 10	丿	人	人	合	合	合	合	拿	拿
公 4	丿	八	公	公					
男 7	丨	冂	日	田	田	男	男		
坐 7	丿	人	从	从	丛	坐	坐		
泪 8	丶	丶	氵	汩	汩	泪	泪	泪	
内 4	丨	冂	内	内					
看 9	一	二	三	手	禾	看	看	看	看
见 4	丨	冂	贝	见					
尖 6	丨	小	小	少	尖	尖			
灭 5	一	𠃌	灭	灭	灭				
笔 10	丿	𠂉	𠂉	竹	竹	竹	笔	笔	笔	笔

汉字突破

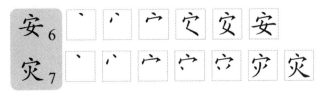

安 6   丶 丶 宀 宀 安 安
灾 7   丶 丶 宀 宀 宀 灾 灾

2. 词语抄写 (Copy the Words)

bǐjiào 比较	xiāngxìn 相信	náshǒu 拿手	fēnbié 分别
gōngpíng 公平	nánxìng 男性	yǎnlèi 眼泪	nèiróng 内容
kànjiàn 看见	jiānkè 尖刻	mièjué 灭绝	bǐhuà 笔画
píng'ān 平安	zāihài 灾害		

二、写出下列汉字的第五个笔画 (Write the Fifth Stroke Each Character)

拿 男 坐 泪 看 尖 灭 笔 安 灾

三、写出你学过的由"宀"组成的字,想想看,"宀"是什么意思 (Write the Characters Containing 宀 You've Ever Learned. Think About the Meaning of "宀")

四、连线成字,并把连成的字写在下面 (Match to Form Characters, Write Them Down)

亻   刀
八   力
田   言
一   女
合   手
宀   火

五、形音义填写 (Fill in the Blanks with Character, Pronunciation or Meaning)

比	信				灾
bǐ		zuò	nèi	kàn	
compare	fair		male	pen	safety

六、找英汉对应词语 (Match the English Words with Their Chinese Counterparts)

1. 比方　　2. 信心　　3. 信号　　4. 公里　　5. 内行
6. 看法　　7. 钢笔　　8. 安全　　9. 安静　　10. 笔记

a. point of view　　b. kilometer　　c. pen　　d. note　　e. confidence
f. quiet　　　　　g. for example　　h. safe　　i. connoisseur　　j. kilometer

七、根据拼音写汉字 (Write Characters According to Pinyin)

ānxīn_____　qiānbǐ_____　kānguǎn_____　nèibù_____　mièhuǒqì_____

xìnfēng_____　bǐsài_____　nánzǐhàn_____　gōnglǐ_____

八、填字,使左右成词 (Fill in the Blanks with Characters that form Words with Characters on either Side)

1. 比___向　　2. 信___情　　3. 过___别　　4. 平___心
5. 请___班　　6. 眼___水　　7. 好___见　　8. 钢___记

九、熟读下列句子 (Read the Sentences re Peatedly)

1. 这件事情你自己拿主意。
2. 政府办事要公平、公正、公开。
3. 高高兴兴上班去,平平安安回家来。
4. 祝你平安,祝你平安,你永远都幸福是我最大的心愿。

注释			
祝:	zhù	v.	wish
幸福:	xìngfú	n.	happiness
心愿:	xīnyuàn	n.	will

十、写出你知道的各种笔和各种灾害名称 (Write the Names of Pens and Disasters)

笔 {　　　　　　灾害 {

十一、确定下列偏旁字的作用,是表音偏旁 (S,Sound),还是表意偏旁 (I,Idea) (What do the Following Components Indicate, (S, Sound) or (I, Idea))

例:米 mǐ 在"迷"mí 中是表音[S];在糖(táng)中是表意[I]

1. 人 rén: 认 rèn [　] 们 men [　]
2. 马 mǎ: 驾 jià [　] 妈 mā [　]
3. 子 zǐ: 孙 sūn [　] 字 zì [　]
4. 父 fù: 爷 yé [　] 斧 fǔ [　]
5. 力 lì: 历 lì [　] 努 nǔ [　]
6. 口 kǒu: 吃 chī [　] 扣 kòu [　]
7. 土 tǔ: 肚 dù [　] 场 chǎng[　]
8. 山 shān: 峰 fēng [　] 汕 shàn [　]

十二、每课一谜 (Character Riddle)

1. 上面三画小,下面三画大。
2. 鼓掌 (clapping hands)
3. 果断有力 (断:duàn / to break)
(猜本课生字三)

一、抄写（Copy）

1. 单字抄写（Copy the Single Characters）

好 6	ㄑ	乜	女	奷	奵	好						
坏 7	一	十	土	圢	圷	坏	坏					
对 5	フ	又	又	对	对							
错 13	ノ	ノ	乍	乍	钅	钅	针	针	铅	错	错	错
哭 10	丶	叮	口	叩	吅	吧	巴	罗	哭	哭		
笑 10	ノ	ト	午	刉	竹	竹	竺	竺	笺	笑		
听 7	丨	叮	口	吖	听	听	听					
说 9	丶	讠	讠	订	说	讶	说	说	说			
读 10	丶	讠	讠	计	诗	诗	诗	读	读			
写 5	丶	冖	写	写	写							
记 5	丶	讠	记	记	记							
忘 7	丶	亠	亡	产	忘	忘	忘					
用 5	ノ	冂	月	月	用							

容 10	`	゛	宀	宀	宀	灾	突	突	容	容
易 8	丨	冂	日	日	月	杲	易	易		

2. 词语抄写 (Copy the Words)

àihào 爱好   huàidàn 坏蛋   cuòwù 错误   kūqì 哭泣

xiàohua 笑话   tīngshuō 听说   dū shū 读书   xiě zì 写字

wàngjì 忘记   róngyì 容易   yònggōng 用功

二、写出下列汉字的第六个笔画 (Write the Sixth Stroke of Each Character)

好 坏 错 哭 笑 听 说 读 忘 会

_____

三、把下列汉字按结构分类 (Classify the Characters According Their Structure Patterns)

好 坏 对 错 哭 笑 听 说 读 写 记 忘 用 会

1. 独体结构 (single-part structure)：_____

2. 左右结构 (left-right structure)：_____

3. 上下结构 (top-bottom structure)：_____

四、改正错字 (Rectify the Wrong Characters)

写 字 哭 笑 记 看 容易 公

五、形音义填写 (Fill in the Blanks with Character, Pronunciation or Meaning)

好	坏					玩
hǎo		cuò	kū		tīng	
good		right		laugh		speak	play

六、找英汉对应词语 (Match the English Words with Their Chinese Counterparts)

1. 社会   2. 用品   3. 忘记   4. 拼写   5. 微笑

6. 差错   7. 对比   8. 说明   9. 记者   10. 容许

a. forget   b. smile   c. reporter   d. error   e. articles for use

f. allow   g. explain   h. spell   i. society   j. contrast

七、根据拼音写汉字 (Write Characters According to Pinyin)

huàishì _____   duìxiàng _____   guòcuò _____   xiǎoróng _____

tīnghuà _____   shuōmíng _____   fèiyòng _____   róngyì _____

八、反义词连线 (Match the Characters with Their Antonyms)

好　　　　　错
对　　　　　母
哭　　　　　坏
忘　　　　　易
父　　　　　坐
立　　　　　走
难　　　　　笑
来　　　　　记

九、填字成词 (Fill in the Blanks to Form Words)

1. ___明　　2. 好___　　3. ___容　　4. 错___　　5. ___书
6. ___笑　　7. 写___　　8. ___记　　9. ___用　　10. ___泣

十、回答问题 (Answer the Questions)

1. 你认为第一有用的外语是什么？第二呢？第三呢？……

2. 记笔记有什么好处？

3. 对你来说，什么是好吃的？什么是好喝的？什么是好玩儿的？

4. 你觉得这本汉字书怎么样？

5. 你喜欢开玩笑吗？

6. 在"说不定会下雨"里，"说不定"是什么意思？

十一、每课一谜 (Character Riddle)

自言自语（say to oneself）

（猜本课生字一）

第十六课　进出去到

一、抄写 (Copy)

　　1. 单字抄写 (Copy the Single Characters)

进 7	一	二	𠄌	井	井	讲	进				
出 5	𠃌	凵	中	出	出						
去 5	一	十	土	去	去						
到 8	一	乙	云	至	至	至	到	到			
关 6	丶	丷	兰	兰	关	关					
打 5	一	十	扌	扣	打						
骂 9	丨	丨	口	曰	罒	罒	骂	骂	骂		
吃 6	丨	丨	口	叮	吃	吃					
喝 12	丨	丨	口	叮	呬	呬	呬	呬	喝	喝	喝	喝
想 13	一	十	才	木	札	机	相	相	相	相	想	想	想
要 9	一	一	覀	襾	西	西	要	要	要		
习 3	𠃌	习	习								
玩 8	一	二	三	干	王	玎	玗	玗	玩		

54

2. 词语抄写（Copy the Words）

jìnbù 进步	chūshēng 出生	qùshì 去世	dàochù 到处
guānxīn 关心	dǎsuan 打算	chījīng 吃惊	hē jiǔ 喝酒
xiǎngniàn 想念	zhòngyào 重要	xíguàn 习惯	wánjù 玩具

二、写出下列汉字的第八个笔画（Find the Eighth Stroke of Each Character）

到 骂 喝 想 要 玩

_____

三、按要求用"口"组字（Form Characters with "口" as Requested）

1. "口"在上：_____
2. "口"在下：_____
3. "口"在左：_____
4. "口"在右：_____
5. "口"在内：_____
6. "口"在外：_____

四、分析下列汉字的构字部件（Separate the Characters into Parts）

想：__ __ __   要：__ __   骂：__ __ __

拿：__ __   男：__ __   坐：__ __ __

五、形音义填写（Fill in the Blanks with Character, Pronunciation or Meaning）

进	出	___	___	___	___	___	___	骂
jìn			dào	guān		hē		
enter		go			hit		want	play

六、找英汉对应词语（Match the English Words with Their Chinese Counterparts）

1. 进来	2. 出口	3. 过去	4. 到底	5. 开关	6. 打球
7. 骂人	8. 吃醋	9. 喝酒	10. 理想	11. 次要	12. 习俗

a. to the end	b. play a ball game	c. jealous	d. swear	e. enter	f. custom
g. exit	h. drink	i. secondary	j. switch	k. ideal	l. past

七、根据拼音写汉字（Write Characters According to Pinyin）

liànxí _____ zhòngyào _____ sīxiǎng _____ chīxiāng _____

dǎkāi _____ guānyú _____ qùshì _____ chūzū _____

八、写出反义词 (Write the Antonyms)

进—   进去—   开门—   后退—   死—   里—   预习—

九、填空 (Fill in the Blanks)

1. 他＿＿＿＿(dǎsuan)明年结婚。

2. ＿＿＿＿(mà rén)是不文明行为。

3. 这个消息让大家都很＿＿＿＿(chījīng)。

4. 他喜欢＿＿＿(hē)茶,也喜欢＿＿＿(hē)咖啡。

5. 女人喜欢＿＿＿＿(chī cù),男人也喜欢＿＿＿＿(chī cù)。

十、阅读 (Read)

东东的大姨来到他家(jiā / home)做客(zuòkè / visit)。见到东东时对他说:"东东,我想送一件礼物(lǐwù / gift)给你,让你高兴高兴(gāoxìng / happy)!"

"太谢谢了! 大姨。"

"不过,给你礼物之前,我要问问你的学习成绩(chéngjì / result of study)如何(rúhé / how good)。"

"得了吧(déleba / that is enough)!"东东说,"如果你是真心让我高兴,就别(bié / don't)问我的成绩。"

十一、请把以下形声字按形声字的六种类型进行归类 (Classify the Following Idea-sound Characters According to the 6 Types in Structure)

例:证(zhèng)①IS;   政(zhèng)②SI;   整(zhěng)③I/S;

惩(chéng)④S/I;   围(wéi)⑤I[S];   闻(wén)⑥S[I];

站(zhàn)	问(wèn)	战(zhàn)	描(miáo)	宇(yǔ)
效(xiào)	切(qiē)	住(zhù)	姻(yīn)	红(hóng)
词(cí)	寄(jì)	梅(méi)	智(zhì)	致(zhì)
闻(wén)	固(gù)	景(jǐng)	影(yǐng)	按(àn)

十二、每课一谜 (Character Riddle)

丢失一撇 ("丢"lost a stroke of "piě".)

(猜本课生字一)

第十七课 长短高低

1. 单字抄写 (Copy the Single Characters)

长 4	ノ	一	七	长
短 12	ノ	亠	亡	午	矢	矢	矢	知	知	知	短	短
高 10	、	亠	六	亠	古	占	高	高	高	高
低 7	ノ	亻	亻	亻	伫	低	低
矮 13	ノ	亠	亡	午	矢	矢	矢	矢	矢	矢	矮	矮	矮
肥 8	ノ	刀	月	月	肌	肌	肌	肥
胖 9	ノ	刀	月	月	月	肝	肝	胖	胖
瘦 14	、	亠	广	广	疒	疒	疒	疒	疒	疒	瘦	瘦
	瘦
老 6	一	十	土	耂	耂	老
爱 10	、	、	、	爫	爫	兴	兴	受	爱	爱
恨 9	、	丶	忄	忄	忖	忊	恨	恨	恨
粗 11	、	丷	丷	半	米	米	籵	籵	粗	粗	粗

汉字突破

细 8	丿	纟	纟	纟	纲	纠	纲	细
买 6	乛	乛	乛	乛	买	买		
卖 8	一	十	土	吉	吉	吉	卖	卖

2. 词语抄写（Copy the Words）

Chángchéng 长城 duǎnquē 短缺 gāo'ǎi 高矮 jiàngdī 降低

féishòu 肥瘦 àiqíng 爱情 chóuhèn 仇恨 cūxì 粗细

mǎimai 买卖

二、按笔画给下列字归类（Classify the Characters According to the Number of Strokes）

把 爸 笔 长 错 打 到 低 对 肥 好 喝 恨 记 男 内 玩 习 用

1. 竖勾：＿＿＿＿＿＿＿＿＿＿

2. 竖提：＿＿＿＿＿＿＿＿＿＿

3. 竖弯勾：＿＿＿＿＿＿＿＿

4. 横折勾：＿＿＿＿＿＿＿＿

三、用下列偏旁组字（Form Characters with the Following Components）

月：＿＿＿＿＿ 忄：＿＿＿＿＿ 疒：＿＿＿＿＿ 纟：＿＿＿＿＿ 米：＿＿＿＿＿

四、用下列部件组字（Form Characters with the Following Parts）

巴：＿＿＿＿＿＿＿ 叟：＿＿＿＿＿＿＿

艮：＿＿＿＿＿＿＿ 且：＿＿＿＿＿＿＿

五、形音义填写（Fill in the Blanks with Character, Pronunciation or Meaning）

卖	＿	＿	＿	＿	＿	短
mài	mǎi	ài	shòu	dī	＿	＿
sell	hate		fat	tall	long	

六、找英汉对应词语（Match the English Words with Their Chinese Counterparts）

1. 生长 2. 短跑 3. 提高 4. 高级 5. 低级 6. 肥皂

7. 恋爱 8. 怨恨 9. 粗心 10. 细心 11. 购买 12. 出卖

a. careful b. improve c. hate d. betray e. dash f. love

g. careless h. inferior i. purchase j. soap k. grow l. superior

七、写出下列词语的反义词 (Write the Antonyms of the Words)

买方—　　　　粗心—　　　　细小—　　　　长—　　　　肥—

高级—　　　　提高—　　　　胖大—　　　　高—　　　　爱—

八、根据所给提示,把下列句子译成汉语 (Translate the Sentences into Chinese According to the Clues Given)

1. She has wide interests. (爱好)

2. This pair of shoes is too tight. (瘦)

3. Yangtze River is the longest river in China. (长)

4. She is very happy today. (高兴)

5. Mr. Wang is my teacher as well as boss. (老师、老板)

九、回答问题 (Answer the Questions)

1. 你昨天(前天、大前天、上个星期)买什么了?

2. 你有什么爱好?

3. 你认为胖一点好还是瘦一点好?

十、阅读 (Read)

　　小王是一个很帅(shuài / handsome)的小伙子,今年30岁了,他想找一个女朋友:身高要1.70,高了不行,矮了更不行;体重(tǐzhòng / weight)要55公斤,胖了不要,瘦了更不要;眼睛要大大的,睫毛(jiémáo / eyelash)要长长的。找来找去,一年也没有找到一个合适的。

　　一天,小王去商店买东西,看见一个美丽的姑娘。这个姑娘不高不矮不胖不瘦,眼睛大大的,睫毛长长的,脸上还带着迷人(mírén / charming)的微笑(wēixiào / smile)。

　　"太好了!"小王想,"今天晚上我要请她吃饭。"

　　"你好!"他说。小姐没有说话。

　　"你好!"他说。小姐还是没有说话。

　　"你……噢(ào)……"

问题：

1. 小王为什么找不到女朋友？
2. 猜猜看，他请那位小姐吃饭了吗？为什么？

十一、按括号内规定的数量写出含有下列部首的汉字 (Write Characters(the number in the parentheses) Containing the Following Radicals)

亻(10)：__ __ __ __ __ __ __ __ __ __

彳(4)：__ __ __ __

十二、每课一谜 (Character Riddle)

半月就发福 (be fat in half a month)

(猜本课生字一)

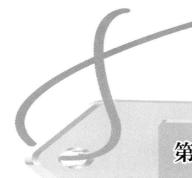

第十八课　跑跳快慢

一、抄写（Copy）

　1. 单字抄写（Copy the Single Characters）

跑	12	丶	㇇	口	㠯	㠯	足	足	趵	趵	跑	跑	跑
跳	13	丶	㇇	口	㠯	㠯	足	足	趴	跳	跳	跳	跳
快	7	丶	㇀	忄	忄	忙	快	快					
慢	14	丶	㇀	忄	忄	忙	忙	怛	悒	悒	悒	慢	慢
		慢											
忙	6	丶	㇀	忄	忄	忙	忙						
累	11	丶	口	田	田	甲	里	罗	罗	累	累	累	
冷	7	丶	冫	冫	次	冷	冷	冷					
热	10	一	十	扌	执	执	热	热	热	热	热		
深	11	丶	冫	氵	沪	沪	浿	浿	浐	深	深	深	
浅	8	丶	冫	氵	汇	泸	浅	浅	浅				
胜	9	丿	刀	月	月	月	肚	肚	胜	胜			
败	8	丨	冂	贝	贝	贝	败	败	败				

汉字突破

借 10 ノ イ イ 伫 伊 伫 佳 借 借 借

还 7 一 丁 不 不 不 还 还

更 7 一 一 一 一 百 更 更

2. 词语抄写 (Copy the Words)

pǎo bù 跑步 　　tiàogāo 跳高 　　kuàilè 快乐 　　mànchē 慢车

bāng máng 帮忙 　　láolèi 劳累 　　lěngqì 冷气 　　rèqíng 热情

shēnkè 深刻 　　qiǎnxiǎn 浅显 　　shèngbài 胜败 　　jiè qián 借钱

huán zhài 还债

二、选出含有指定笔画的字写在横线上 (Choose the Characters That Contain the Following Strokes)

跑 跳 快 慢 忙 累 冷 热 深 浅 胜 还

1. 含有"竖弯勾"的：＿＿＿＿＿＿　　2. 含有"横撇"的：＿＿＿＿＿＿

3. 含有"平捺"的：＿＿＿＿＿＿　　4. 含有"横折"的：＿＿＿＿＿＿

三、用下列偏旁组字 (Form Characters with the Components)

足(旁)：＿＿＿＿＿＿　　　　氵：＿＿＿＿＿＿

疒：＿＿＿＿＿＿　　　　灬：＿＿＿＿＿＿

辶：＿＿＿＿＿＿

四、用下列部件组字 (Form Characters with the Parts)

包：＿＿＿＿＿＿　　　　兆：＿＿＿＿＿＿

亡：＿＿＿＿＿＿　　　　戋：＿＿＿＿＿＿

生：＿＿＿＿＿＿

五、形音义填写 (Fill in the Blanks with Character, Pronunciation or Meaning)

跑	＿	＿	＿	＿	＿	短
pǎo	tiào	màn	máng	lěng		
run	fast		tied	hot	deep	

六、找英汉对应词语 (Match the English Words with their Chinese Counterparts)

1. 还价	2. 接口	3. 败兴	4. 名胜	5. 浅薄
6. 高深	7. 热闹	8. 寒冷	9. 急忙	10. 痛快

a. joyful	b. lively	c. scenic spot	d. hurry	e. disappointed
f. bargain	g. cold	h. interface	i. profound	j. superficial

七、写出下列词语的反义词 (Write the Antonyms of the Words)

快—   借钱—   深—   寒冷—

借—   快车—   胜—   热情—

热—   高深—   快乐—   慢跑—

八、填空 (Fill in the Blanks)

1. 他每天早晨_____(pǎo bù)。

2. _____(tiàoyuǎn)是他最喜欢的运动。

3. 他是一个_____(xīnzhí-kǒukuài)的人。

4. 先生,请您_____(bāngbāng máng)好吗?

5. 他待人很_____(rèqíng)。

6. ____(jiè)你的笔用一下。

九、阅读 (Read)

　　快乐的时候你会觉得时间过得很快,所以,快乐也叫快活。快活的人,一天、一个月、一年、两年很快就过去了,头发都白了,仍然(réngrán / still)觉得自己是个小孩。所以,快活的人就是活(huó / to live)一百岁也算(suàn / consider)是早死。不快乐的人就不同了,每一天、每一小时,甚至每一分钟都感觉(gǎnjué / feel)过得很慢。早晨盼(pàn / wait earnestly)中午,中午盼晚上,到了晚上又想:"今天怎么过得这么没意思?"所以,不快乐的人,就是二三十岁死,也算是活够(gòu / enough)了。

十、按括号内规定的数量写出含有下列部首的汉字 (Write Characters (the number in the parentheses) Containing the Following Radicals)

冫(4): ___ ___ ___ ___

氵(10): ___ ___ ___ ___ ___ ___ ___ ___ ___ ___

刀(3): ___ ___ ___

刂(6): ___ ___ ___ ___ ___ ___

十一、每课一谜（Character Riddle）

一手拿药丸，放在火上烤。（A hand holding a pill over a fire.）

（猜本课生字一）

第十九课　寒暖凉冻

一、抄写 (Copy)

1. 单字抄写 (Copy the Single Characters)

寒	12	宀	宀	宀	宀	宇	宝	宝	宲	寒	寒	寒
暖	13	丨	冂	日	日	旷	旷	旷	旷	暖	暖	暖
凉	10	丶	冫	冫	广	亠	亠	泞	凉	凉		
冻	7	丶	冫	冫	冲	冻	冻	冻				
远	7	一	二	亍	元	远	远	远				
近	7	一	厂	斤	斤	斤	近	近				
真	10	一	十	卞	市	古	直	直	真	真		
假	11	丿	亻	亻	仵	们	伊	作	假	假	假	假
春	9	一	二	三	声	夫	表	春	春	春		
夏	10	一	丆	丆	百	百	百	頁	夏	夏		
秋	9	丿	二	千	千	禾	禾	利	秋	秋		
冬	5	丿	夂	夂	冬	冬						
死	6	一	厂	歹	歹	死	死					

活₉ 丶 丶 氵 氵 汗 汗 汗 活 活

2. 词语抄写 (Copy the Words)

hánlěng 寒冷　　　wēnnuǎn 温暖　　　liángkuai 凉快　　bīngdòng 冰冻

yuǎnjìn 远近　　　zhēnjiǎ 真假　　　chūnfēng 春风　　xiàyǔ 夏雨

qiūyè 秋叶　　　dōngxuě 冬雪　　　sǐhuó 死活

二、按结构给下列字分类 (Classify the Characters According to Their Structure Patterns)

寒 暖 凉 冬 远 近 真 假 春 夏 秋 冬 死 活

1. 左右结构(left-right)：_____

2. 左中右结构(left-middle-right)：_____

3. 上下结构(top-bottom)：_____

4. 上中下结构(top-middle-bottom)：_____

5. 包围结构(enclosure)：_____

三、两个点表示寒冷，写出你学过的带有"冫"或"冬"的字 (Two dots Indicate Coldness write Characters Containing 冫 or 冬)

1. _____　2. _____　3. _____　4. _____　5. _____　6. _____

四、下面是一个温度计，请在有度数的下方分别标上冷热温凉等合适的字 (This is a Thermometer, Describe the Temperature with Proper Words like"冷，热，温，凉"and other Characters)

-10　0　10　20　30　℃

_____

五、填上你的国家的各季节月份和节日名称 (Fill the Blanks with the Months and Festivals of Each Season of Your Country)

季节	春	夏	秋	冬
月份				
节日				

六、写反义词 (Write the Antonyms)

寒—　　　　远—　　　　冷—　　　　真—　　　　死—

七、给下列多音字注音组词 (Write Pinyin and Form Words with Each Multi-sound Character)

行 ⎰　　好 ⎰　　假 ⎰　　还 ⎰　　长 ⎰

八、形音义填写 (Fill in the Blanks with Character, Pronunciation or Meaning)

寒								活
hán	nuǎn		dōng	dòng		jìn		
cold		cool			faraway		real	fauls

九、找英汉对应词语 (Match the Following English Words with Their Chinese Counterparts)

1. 生活	2. 死路	3. 冬天	4. 请假	5. 假期
6. 真实	7. 附近	8. 近来	9. 凉快	10. 温暖

a. ask for leave	b. cool	c. recently	d. warm	e. winter
f. impasse	g. real	h. vicinity	i. life	j. holiday

十、阅读 (Read)

中国地方大，四季很分明。
春天草木绿，夏天都很热，
秋天最舒服，冬天有冰雪。

热带东南亚，四季都一样。
鲜花处处开，水果种类多。
天天都很热，下雨才凉快。

注释

1. 分明	fēnmíng	clear; distinct
2. 草木	cǎomù	grass and trees
3. 舒服	shūfu	comfortable
4. 热带	rèdài	the tropics
5. 东南亚	Dōngnán Yà	Southeast Asia
6. 鲜花	xiānhuā	fresh flowers
7. 水果	shuǐguǒ	fruit
8. 种类	zhǒnglèi	kind; type

十一、按括号内规定的数量写出含有下列部首的汉字 (Write Characters (the number in the parentheses) Containing the Following Radicals)

口 (10)：___ ___ ___ ___ ___ ___ ___ ___ ___ ___

讠 (12)：___ ___ ___ ___ ___ ___ ___ ___ ___ ___ ___ ___

山 (4)：___ ___ ___ ___

石 (4)：___ ___ ___ ___

十二、每课一谜 (Character Riddle)

日出在泰山脚下。(Sunrise at the foot of "泰山" mountain.)

(猜本课生字一)

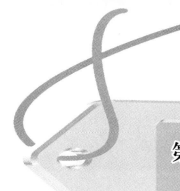

第二十课 的地得着

一、抄写（Copy）

1. 单字抄写（Copy the Single Characters）

的 8	ˊ	ˊ	白	白	白	的	的	的
地 6	一	十	土	圵	地	地		
得 11	ˊ	ˊ	彳	彳	彳	律	律	得 得
着 11	ˊ	ˊ	丷	一	兰	羊	关	着 着 着
了 2	フ	了						
过 6	一	寸	寸	寸	过	过		
才 3	一	十	才					
就 12	ˊ	亠	六	古	亨	京	京	京 就 就
红 6	ㄥ	纟	纟	纟	红	红		
粉 10	ˋ	ˋ	丷	斗	米	米	籵	粉 粉
黄 11	一	十	廿	共	艹	苔	苗	黄 黄
蓝 13	一	十	艹	芷	苎	萨	萨	莅 蓝 蓝 蓝
绿 11	ㄥ	纟	纟	红	纩	纾	纾	绿 绿 绿

69

黑 12 ｜ 冂 冂 冃 四 甲 甲 里 黒 黑 黑 黑

灰 6 一 ナ 大 太 灰 灰

紫 12 ｜ 卜 止 止 此 此 些 些 紫 紫 紫

2. 词语抄写 (Copy the Words)

díquè 的确　　　dìzhǐ 地址　　　dédào 得到　　　liǎojiě 了解

búguò 不过　　　cáinéng 才能　　　chéngjiù 成就　　　yǎnhóng 眼红

lántiān 蓝天　　　lǜshù 绿树　　　hēi'àn 黑暗

huīxīn 灰心

二、画出下列汉字的详细结构图 (Draw the Detailed Structure of Each Character)

例：蓝 ▢

的 得 着 就 红 黄 粉 黑 灰 紫

▢ ▢ ▢ ▢ ▢ ▢ ▢ ▢ ▢ ▢

三、有些笔画看似复杂,其实仍然是一笔,找出包含下列笔画的字 (Some Strokes Appear Very Complicated Though They Are Only One Stroke.　Find Characters Containing the Following Strokes)

1. 横折折折勾：

2. 横折弯勾：

3. 横撇弯勾：

4. 横折提：

5. 横折勾：

6. 竖弯勾：

7. 竖折折勾：

8. 撇折：

9. 撇点：

四、用下列偏旁组字 (Form Characters with the Components)

纟：＿＿＿＿＿＿＿＿＿＿

艹：＿＿＿＿＿＿＿＿＿＿

土：＿＿＿＿＿＿＿＿＿＿

五、给下列多音字注音组词 (Form Words with the Multi-sound Characters)

的 | 　　地 | 　　得 |

了 | 　　过 |

六、把下列颜色词和物体名词连起来 (Match the Objects with their Colors)

金　　　　　　　　红
雪　　　　　　　　黄
天　　　　　　　　蓝
灰烬　　　　　　　白
紫罗兰　　　　　　黑
树叶　　　　　　　绿
煤炭　　　　　　　紫
血　　　　　　　　灰

注释：

1. 灰烬　huījìn　*n.* ashes
2. 紫罗兰　zǐluólán　*n.* violet
3. 煤炭　méitàn　*n.* coal
4. 血　　xiě　*n.* blood

七、在圆圈中涂上合适的颜色 (Color the Eclipses)

红　黄　蓝　绿　粉　紫　灰　黑　白

八、找英汉对应词语 (Match the English Words with Their Chinese Counterparts)

| 1. 口红 | 2. 黄金 | 3. 地图 | 4. 觉得 | 5. 了解 | 6. 过时 |
| 7. 刚才 | 8. 眼红 | 9. 就是 | 10. 黑板 | 11. 灰心 | 12. 才能 |

a. feel　　　b. out-dated　　c. namely　　d.disappointed　　e. just now

f. gold　　　g. map　　　　h. jealous　　i. talent　　　　　j. blackboard

k. lipstick　　l. understand

九、填空 (Fill in the Blanks)

1. _____ (dìqiú) 是我们共同的家。

2. 我什么地方_____ (dézuì) 你了吗?

3. 看你_____ (zháojí) 的样子,有什么事吗?

4. 他真_____ (liǎobuqǐ)。

5. _____ (bùdéliǎo) 啦!着火啦!

6. 失败一百次也不要_____ (huīxīn)。

7. 他现在红的都_____ (fāzǐ) 了。

8. 这种样子的衣服太_____ (guòshí) 了。

9. 我_____ (juéde) 汉语不难学。

十、回答问题 (Answer the Questions)

1. 你希望自己有什么成就?

2. 你学汉语的目的是什么?

3. 你最喜欢什么颜色?

十一、按括号内规定的数量写出含有下列部首的汉字 (Write Characters (the number in the parentheses) Containing the Following Radicals)

扌(12): ___ ___ ___ ___ ___ ___ ___ ___ ___ ___ ___ ___

纟(8): ___ ___ ___ ___ ___ ___ ___ ___

土(6): ___ ___ ___ ___ ___ ___

广(6): ___ ___ ___ ___ ___ ___

十二、每日一谜 (Character Riddle)

"相""差"一半 (to put half "相" with half "差")

(猜本课生字一)

第二单元

第二十一课　先生贵姓

一、抄写（Copy）

1. 单字抄写（Copy the Single Characters）

先6	ノ	｜	牛	生	歩	先							
选9	ノ	｜	牛	生	歩	先	先	选	选				
洗9	丶	冫	氵	氵	汇	沪	泸	洴	洗				
赞16	'	ト	±	±	步	失	失	失	失	失	失	失	炔

赞 赞 赞

生5	ノ	┝	匕	牛	生			
贵9	丶	冖	口	中	虫	串	串	贵	贵
姓8	し	女	女	女	女	如	姓	姓
名6	ノ	ク	夕	夕	名	名		
性8	'	丷	忄	忄	忙	忙	性	性
牲9	ノ	┝	牛	牛	牛	牪	牪	牲	牲
利7	ノ	二	千	禾	禾	利	利	
会6	ノ	人	人	会	会	会		

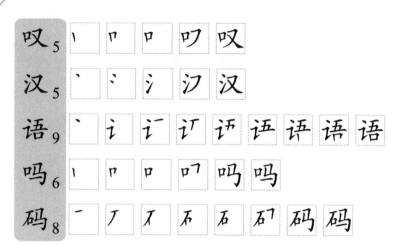

2. 词语抄写 (Copy the Words)

xiānsheng 先生　　xiānhòu 先后　　xuǎnzé 选择　　xǐ zǎo 洗澡

xǐyījī 洗衣机　　shēngri 生日　　shēngchǎn 生产　　shēng qì 生气

guì xìng 贵姓　　guìzhòng 贵重　　xìngmíng 姓名　　Hànyǔ 汉语

yǔfǎ 语法　　　yǔyán 语言　　yǔyīn 语音　　hǎo ma 好吗

gànmá 干吗　　hàomǎ 号码　　shènglì 胜利

二、给下面的汉字注音并组词 (Write Pinyin and Form Words with Each Character)

先（　）＿＿＿＿　＿＿＿＿　　生（　）＿＿＿＿　＿＿＿＿

语（　）＿＿＿＿　＿＿＿＿　　洗（　）＿＿＿＿　＿＿＿＿

码（　）＿＿＿＿　＿＿＿＿　　姓（　）＿＿＿＿　＿＿＿＿

马（　）＿＿＿＿　＿＿＿＿　　贵（　）＿＿＿＿　＿＿＿＿

赞（　）＿＿＿＿　＿＿＿＿　　汉（　）＿＿＿＿　＿＿＿＿

叹（　）＿＿＿＿　＿＿＿＿　　性（　）＿＿＿＿　＿＿＿＿

选（　）＿＿＿＿　＿＿＿＿　　吗（　）＿＿＿＿　＿＿＿＿

骂（　）＿＿＿＿　＿＿＿＿　　牲（　）＿＿＿＿　＿＿＿＿

胜（　）＿＿＿＿　＿＿＿＿　　利（　）＿＿＿＿　＿＿＿＿

说（　）＿＿＿＿　＿＿＿＿　　星（　）＿＿＿＿　＿＿＿＿

三、把下面的汉字按结构分类填空 (Classify the Characters According to Their Structure Patterns)

> 姓 扬 洗 码 骂 择 选 星 妈 语 进
> 胜 起 性 叹 别 性 感 法 字 利

1. 左右结构 (left-right structure) _____

2. 上下结构 (top-bottom structure) _____

3. 左下包围 (lower-left structure) _____

四、找汉英对应词 (Match the English Words with Their Chinese Counterparts)

> 1. 称赞　　2. 尺码　　3. 高贵　　4. 宝贵　　5. 语音
> 6. 法语　　7. 人类　　8. 选手　　9. 男性　　10. 电影明星

> a. pronunciation　　b. dignity　　c. invaluableness　　d.male　　e. measure
> f. film star　　g. French　　h. mankind　　i. player　　j. praise

五、形音义填写 (Fill in the Blanks with Character, Pronunciation or Meaning)

先 _____	汉 _____	码 _____	姓
xiān　　guì	_____	xuǎn	
first　　star	horse　　language	wash	

六、为下面的偏旁配上合适的部首,并且根据所给拼音组词 (Find Proper Radical for Each Component, Then Form Words According to Pinyin)

例:马:(女)(妈) 　妈妈 (māma)
　　己:(　)(　) _____ (qǐlái)
　　生:(　)(　) _____ (xìnggé)
　　先:(　)(　) _____ (xuǎnzé)
　　又:(　)(　) _____ (Hànyǔ)

七、填上合适的字,使之左右的字能分别组词 (Fill in the Blanks with Characters That Form Words with Characters on Either Side)

1. 姓___字　2. 汉___言　3. 星___期　4. 性___人
5. 马___午　6. 男___性　7. 先___日　8. 贵___要

八、连线成字,并把连成的字写在下面 (Match to form Characters and Write them Down)

女   先
氵   生
辶   马
讠   寸
石   吾
刂   禾

____ ____ ____ ____ ____ ____

九、给下面的汉字注音,把共同的声旁写在括号内 (Write Pinyin for each Character and Put the Common Sound-component in the Parentheses)

1. 选_____ 洗_____ 赞_____ 宪_____ ( )
2. 性_____ 姓_____ 胜_____ 星_____ ( )
3. 吗_____ 码_____ 骂_____ 妈_____ ( )
4. 场_____ 汤_____ 扬_____ 肠_____ ( )
5. 语_____ 悟_____ 捂_____ 晤_____ 梧_____ ( )

十、填字游戏。请在?处填上适当的字,使它能与上下左右组合成新字 (Write the Character That Can Form New Character with Characters Around It)

加															丆									大									大									日	
石	?	奇						丂	?	丩						氵	?	寸						其	?	生						忄	?	
								力									土										

十一、回答问题 (Answer the Questions in Chinese)

1. 请问,您贵姓?

2. 你会不会说英语?

3. 你的汉语老师姓什么?

4. 你的电话号码是多少?

5. 你的国家什么东西不贵?

十二、根据拼音提示填空 (Fill in the Blanks with Characters According to Pinyin)

1. ＿＿＿(xiān)生，您先＿＿＿(xiūxi)一＿＿＿(huì)儿吧。

2. 请问，宿舍(sùshè / dormitory)里有＿＿＿(xǐshǒujiān)吗?

3. 吃饭以前应该＿＿＿(xǐ shǒu).

4. 你妈妈(māma)的＿＿＿(shēngri)是几月几号?

5. 太＿＿＿(guì)了，＿＿＿(piányi)一点儿，＿＿＿＿(zěnmeyàng)?

6. 她＿＿＿＿(xìnggé)很好。

7. 你们的汉语老师＿＿＿(xìng)什么?

8. 他＿＿＿＿(zhèngzài)学习汉语，他＿＿＿(huì shuō)一点儿汉语。他＿＿＿(xǐhuan)汉语。

9. 你去那儿＿＿＿(gànmá)?

10. 你能(néng / can)告诉(gàosu / tell)我他的电话＿＿＿(hàomǎ)吗?

十三、按括号内规定的数量写出含有下列部首的汉字 (Write Characters (the number in the parentheses) Containing the Following Radicals)

木(12)：＿＿ ＿＿ ＿＿ ＿＿ ＿＿ ＿＿ ＿＿ ＿＿

禾(5)：＿＿ ＿＿ ＿＿ ＿＿ ＿＿

阝(在左,5)：＿＿ ＿＿ ＿＿ ＿＿ ＿＿

阝(在右,5)：＿＿ ＿＿ ＿＿ ＿＿ ＿＿

一(16)：＿＿ ＿＿ ＿＿ ＿＿ ＿＿

十四、每课一谜 (Character Riddle)

"女""生"集合 (Girl(女) students(生) are to gather.)

(猜本课生字一)

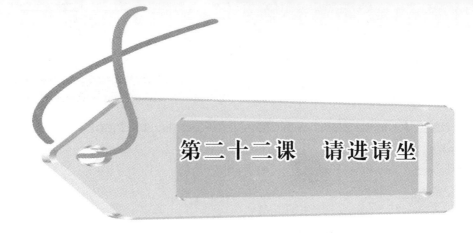

第二十二课　请进请坐

一、抄写（Copy）

1. 单字抄写（Copy the Single Characters）

青 8　一　二　㞢　丰　青　青　青

清 11　丶　冫　氵　汁　汁　汢　清　清　清

请 10　丶　讠　讠　讠　计　诗　请　请　请

晴 12　丨　冂　月　日　旷　旷　旷　晴　晴　晴　晴　晴

情 11　丶　忄　忄　忙　忙　忙　忏　情　情　情

况 7　丶　冫　冫　况　况　况　况

睛 13　丨　冂　月　日　旷　旷　旷　睛　睛　睛　睛　睛　睛

精 14　丶　丷　丷　半　米　米　米　籿　籿　精　精　精

精

讲 6　丶　讠　讠　讲　讲　讲

座 10　丶　亠　广　广　庐　庐　座　座　座

渴 12　丶　冫　氵　江　汩　汩　渴　渴　渴　渴

茶 9　一　一　艹　艹　艾　茭　苯　茶　茶

2. 词语抄写（Copy the Words）

qīngcài 青菜　　　qīngnián 青年　　　qīngchūn 青春　　　qǐng wèn 请问

qǐng jià 请假　　　qǐng kè 请客　　　qīngchu 清楚　　　qíngtiān 晴天

àiqíng 爱情　　　gǎnqíng 感情　　　qíngkuàng 情况　　　yǎnjing 眼睛

jīngcǎi 精彩　　　jīnglì 精力　　　jīngshén 精神　　　jiǎng huà 讲话

jiǎngzuò 讲座　　　jiǎngjiě 讲解　　　zuòtán 座谈　　　hē chá 喝茶

cháyè 茶叶　　　chábēi 茶杯

二、形音义填写（Fill in the Blanks with Character, Pronunciation or Meaning）

青　　　　　进　　　　　　　　　清

qīng　　　jìng　　　　qíng　　　　　　　　　hē

green　　　　　　　　　invite　　　tea

三、连线成字,并把连成的字写在下面（Match to Form Characters, then Write Them down）

辶　　　　青
讠　　　　坐
广　　　　各
口　　　　里
王　　　　曷
宀　　　　井

_____

四、找汉英对应词语（Match the English Words with Chinese Counterparts）

1. 清楚　　2. 精神　　3. 爱情　　4. 精彩　　5. 讲座

6. 青年　　7. 坐位　　8. 情况　　9. 眼睛　　10. 请假

a. wonderful　　　b. clear　　　c. spirit　　　d. seat　　　e. lecture

f. ask for leave　　g. love　　　h. situation　　i. youth　　j. eye

五、填字,使左右成词（Fill in the Blanks with Characters That Form Words with Characters on Either Side）

1. 喝 ___ 杯　　2. 讲 ___ 位　　3. 请 ___ 来　　4. 晴 ___ 气

5. 精 ___ 色　　6. 感 ___ 况　　7. 请 ___ 人　　8. 青 ___ 天

六、为形近的字注音组词 (Write Pinyin and Form Words for Characters Similar in Form)

例：快（kuài）快乐 ⟷ 块（kuài）五块

喝（　）＿＿＿ ⟷ 渴（　）＿＿＿

晴（　）＿＿＿ ⟷ 睛（　）＿＿＿

坐（　）＿＿＿ ⟷ 座（　）＿＿＿

讲（　）＿＿＿ ⟷ 进（　）＿＿＿

请（　）＿＿＿ ⟷ 清（　）＿＿＿

七、给下面的汉字注音，把共同的声旁写在括号内 (Write Pinyin and Put the Common Sound-component in the Parentheses)

1. 进＿＿＿ 讲＿＿＿ （　）

2. 选＿＿＿ 洗＿＿＿ 赞＿＿＿ （　）

3. 吗＿＿＿ 码＿＿＿ 骂＿＿＿ 妈＿＿＿ （　）

4. 姓＿＿＿ 胜＿＿＿ 星＿＿＿ 性＿＿＿ （　）

5. 情＿＿＿ 请＿＿＿ 晴＿＿＿ 清＿＿＿ 睛＿＿＿ 精＿＿＿ （　）

八、根据所给部首写若干个汉字，括号内的数字为所要求的数量 (Form Characters with the Radicals (the number in the parentheses))

1. 目(3) ＿＿ ＿＿ ＿＿　　　　2. 忄(5) ＿＿ ＿＿ ＿＿ ＿＿ ＿＿

3. 讠(6) ＿＿ ＿＿ ＿＿ ＿＿ ＿＿ ＿＿　　4. 氵(6) ＿＿ ＿＿ ＿＿ ＿＿ ＿＿ ＿＿

九、把下面形声字的读音、英译用线连起来 (Match the Idea-sound Characters with Their Pinyin and English Enterpretation)

hē	箭	boundary
hè	背	brown
bèi	褐	barefoot
jiàn	喝	back of the body
qīng	跣	drink
xiǎn	蜻	dragonfly
jiè	界	arrow
shēng	材	deaf
cái	笙	a reed pipe wind instrument
kuì	聩	timber

十、下面每个字各减两笔形成新字 (Remove two Strokes from Each Character to Form New Ones)

牛→十   右→   五→   车→   虫→   住→

可→   百→   正→   友→   什→   分→

十一、根据所给声旁写若干个形声字,括号内的数字为所要求的数量 (Form Ideal-sound Characters with the Sound Components (the number in the parentheses))

井(2) ___ ___   先(2) ___ ___

生(3) ___ ___ ___   青(5) ___ ___ ___ ___ ___

十二、朗读下面下列句子,并把它们译成英文 (Read the Sentences and Translate Them into English)

1. 请问,去火车站怎么走?

2. 你喜欢吃青菜吗?

3. 昨天的比赛精彩吗?

4. 你喜欢喝茶还是咖啡(kāfēi / coffee)?

5. 明天是晴天。

6. 请进,请坐,请喝茶。

十三、每课一谜 (Character Riddle)

一口吃了多一半。

(猜本课生字一)

第二十三课　谢谢你

一、抄写 (Copy)

1. 单字抄写 (Copy the Single Characters)

射 10	´	′	′	′	自	身	身	身	射	射	
谢 12	`	讠	讠	讠	诮	诮	诮	诮	谢	谢	谢
您 11	′	亻	亻	你	你	你	你	您	您	您	
杯 8	一	十	才	木	木	杄	材	杯			
否 7	一	丁	不	不	不	否	否				
定 8	`	′	宀	宁	宁	定	定	定			
各 6	′	ク	夂	冬	各	各					
客 9	`	′	宀	宀	岁	安	安	客	客		
格 10	一	十	才	木	杓	杦	柊	格	格	格	
胳 10	丿	刀	月	月	肔	肔	胗	胗	胳	胳	
搁 12	一	十	扌	扩	扩	扪	扪	挏	挏	搁	搁
起 10	一	十	土	卡	丰	走	走	起	起	起	
纪 6	∠	纟	纟	纪	纪	纪					

配 10 　一 　厂 　丌 　丙 　西 　西 　酉 　酉' 　酉² 　配

改 7 　丶 　丆 　己 　己' 　己² 　改 　改

系 7 　一 　乛 　至 　至 　乎 　系 　系

2. 词语抄写 (Copy the Words)

gǎnxiè 感谢	duō xiè 多谢	shèjī 射击	nín hǎo 您好
nín zǎo 您早	xièxie nín 谢谢您	gān bēi 干杯	fǒudìng 否定
āndìng 安定	gè zhǒng 各种	gè wèi 各位	kèqi 客气
zuò kè 做客	géwài 格外	gēbo 胳膊	duìbuqǐ 对不起
qǐ chuáng 起床	qǐlái 起来	niánjì 年纪	jìniàn 纪念
pèihé 配合	gǎibiàn 改变	gǎizhèng 改正	guānxi 关系
liánxì 联系			

二、把下列汉字按从少到多的笔画排列 (Arrange the Following Characters by the Number of Strokes from Small to Large)

反　行　纪　配　已　改　击　谢　客　您　杯

_____

三、形音义填写 (Fill in the Blanks with Character, Pronunciation or Meaning)

客 _____	谢 _____		配 _____
_____ qǐ	_____ nín	_____ gǎi	_____ fǒu
_____ tie	_____ each	_____ cup	

四、填字,使左右成词 (Fill in the Blanks with Characters That Form Words with Characters on Either Side)

1. 做___人　　2. 感___谢　　3. 年___念

4. 关___统　　5. 您___上　　6. 改___在

7. 格___边　　8. 干___子

Hànzì Tūpò

五、连线成字,并把连成的字写在下面 (Match to form Characters, Then Write Them Down)

讠	不
耳	己
酉	关
木	夂
心	各
宀	射
己	你

_____

六、找汉英对应词语 (Match the English Words with Their Chinese Counterparts)

1. 感谢　2. 干杯　3. 否定　4. 各种　5. 客人
6. 性格　7. 胳膊　8. 起床　9. 纪念　10. 联系

a. arm　　　b. all sorts of　　c. be grateful　　　d. cheers　　　e. guest
f.contact　　g. get up　　　h. commemorate　　i.nature　　　j.negative

七、根据拼音写汉字 (Write Characters According to Pinyin)

qǐfēi （　　） 　　bēizi （　　） 　　xièixie （　　）

guānxi （　　） 　　zuò kè （　　） 　　jìniàn （　　）

gè wèi （　　） 　　gǎibiàn （　　）

八、给下面的形声字注音,把共同的声旁写在括号内 (Write Pinyin for Each Idea-sound Character, Then Put the Common Sound-component in the Parentheses)

1. 谢____ （　　）
2. 杯____ 否____ （　　）
3. 格____ 搁____ 客____ 胳____ （　　）
4. 纪____ 起____ 改____ 配____ （　　）

九、朗读下面的形声字,并把它们的英译用线连起来 (Read the Idea-sound Characters and Match Them with Their English Interpretation)

xiè	榭	cackle
bù	钚	hilllock
gē	咯	hate
gǎng	岗	pavilion on a terrace
jì	忌	plutonium

十、根据所给声旁写若干个形声字,括号内的数字为所要求的数量 (Form Idea-sound Characters (the number in the parentheses) With the Sound-components)

井(2) ___ ___　　　　青(5) ___ ___ ___ ___ ___

各(3) ___ ___ ___　　己(4) ___ ___ ___ ___

十一、给下列汉字注音组词 (Write Pinyin and Form Words with Each Character)

各 ( ) ___ ___　　　　起 ( ) ___ ___

纪 ( ) ___ ___　　　　杯 ( ) ___ ___

系 ( ) ___ ___　　　　客 ( ) ___ ___

十二、朗读下列句子,并把它们译成英文 (Read the Sentences and Translate Them into English)

1. 太客气了。

2. 请给我一杯茶。

3. 谢谢你!——不用谢。

4. 太对不起您了。——没关系。

5. 各位女士、各位先生,晚上好!

6. 你爷爷今年多大年纪了?

十三、写出下列汉字的部首 (Write the Radical of Each Character)

历 ( )　　笔 ( )　　政 ( )　　廷 ( )

狼 ( )　　铜 ( )　　蛙 ( )　　痛 ( )

燃 ( )　　闩 ( )　　圆 ( )　　豺 ( )

耘 ( )　　盐 ( )　　弃 ( )　　虐 ( )

十四、每课一谜 (Character Riddle)

一边数,一边记。

(猜本课生字一)

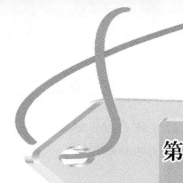

一、抄写 (Copy)

1. 单字抄写（Copy the Single Characters）

饿 10	丿	饣	饣	饣	饣	饦	饦	饿	饿	
提 12	一	寸	扌	扌	护	护	押	捍	捏	提
题 15	丨	冂	日	日	旦	早	早	是	是	是	题	题

| 题 | 题 |

印 5	丿	仁	匚	印	印	
尼 5	尸	尸	尸	尺	尼	
泥 9	丶	冫	氵	汀	沪	沪	沪	泥	
呢 8	丨	口	口	叮	叮	叨	叨	呢	
学 8	丶	丷	丷	丷	兴	学	学	
每 7	丿	亠	仁	与	每	每	每	
海 10	丶	冫	氵	沪	汇	汇	海	海	海	海
悔 10	丶	八	忄	忄	忙	忙	悔	悔	悔	悔
种 9	丿	二	千	禾	禾	禾	和	和	种	

2. 词语抄写（Copy the Words）

è 饿	jǐ'è 饥饿	tígāo 提高	tíwèn 提问
wèntí 问题	tímù 题目	yìnxiàng 印象	Yìnní 印尼
xuéxí 学习	xuésheng 学生	fùmǔ 父母	měi nián 每年
měi ge rén 每个人	hǎiyáng 海洋	hǎiguān 海关	hòuhuǐ 后悔
gè zhǒng 各种	zhǒnglèi 种类	zhǒngzi 种子	zhōngbiǎo 钟表
biǎomiàn 表面	zhōngshí 忠实	chōngtū 冲突	wénxué 文学
Zhōngwén 中文			

二、把下面的字按结构分类填空（Classify the Characters According to Their Structure Pattern）

钟 起 后 章 题 回 同 尼 每 厅 鲜 问 图 赶
画 庆 类 室 因 句 每 品 巨 肩 学 提 建 岛

1. 左右结构（left-right structure）⬚⬚ _____

2. 上下结构（top-bottom structure）⊟ _____

3. 左上包围（upper-left enclosure）⬚ _____

4. 左下包围（lower-left enclosure）⬚ _____

5. 右上包围（upper-right enclosure）⬚ _____

6. 三面包围（three-side enclosure）⬚ _____

7. 四面包围（complete enclosure）⬚ _____

三、请给下列汉字注音并组词 (Write Pinyin and Form Words with Each Character)

我 ( ) ___ ___   尼 ( ) ___ ___

是 ( ) ___ ___   母 ( ) ___ ___

中 ( ) ___ ___   学 ( ) ___ ___

四、形音义填写 (Fill in the Blanks with Character, Pronunciation or Meaning)

饿			印		文	
è	měi		xué			
hungry	bell	kind		carry	mud	sea

五、找英汉对应词语 (Match the English Words with Their Chinese Counterparts)

1. 文章	2. 钟表	3. 后悔	4. 海关	5. 印象
6. 海鲜	7. 忠诚	8. 每年	9. 种类	10. 饥饿

a. article   b. clocks & watches   c. custom   d. variety   e. faith

f. hunger   g. impression   h. regret   i. seafood   j. every year

六、填字,使左右成词 (Fill in the Blanks with Characters that Form Words with Characters on Either Side)

1. 提___题   2. 中___学   3. 海___系   4. 各___子

5. 大___生   6. 父___语   7. 话___目   8. 大___洋

七、给下面的汉字注音,把它们的声旁写在括号内 (Write Pinyin and Put the Sound-component into Parentheses)

1. 饿___( )   2. 题___提___( )   3. 海___悔___( )

4. 泥___呢___( )   5. 种___钟___忠___冲___( )

八、朗读下列形声字,并把它们的英译用线连起来 (Read the Idea-sound Characters and Match Them with the English Interpretation)

é	鹅	dike
méi	梅	girlie
huǐ	海	goose
tí	缇	instruct
dī	堤	key
shi	匙	orange silk fabrics
nī	妮	plum
zhǒng	肿	swell
chōng	忡	worried

九、 根据所给声旁写出若干个形声字,括号内的数字为要求所写的数量 (Form Idea-sound Characters (the number in the parentheses) with the Sound-components)

是(2): _____ _____ 　　　中(3): _____ _____ _____

尼(2): _____ _____ 　　　每(2): _____ _____

十、 根据拼音写汉字 (Write Characters According to Pinyin)

wèntí (　　　) 　　　yìnxiàng (　　　)

nítǔ (　　　) 　　　dàxué (　　　)

jǐ'è (　　　) 　　　hòuhuǐ (　　　)

měidāng (　　　) 　　　hǎiyáng (　　　)

zhǒnglèi (　　　) 　　　biǎomiàn (　　　)

chōngtū (　　　) 　　　wénzì (　　　)

十一、 汉字接龙,相邻的两个字应成为一个词 (As Instructed in the Example, Form a Series of Words, in Which the Last Character of Each Word Is the First Character of the Following Word)

例: 人名 → 名字 → 字母 → 母亲 → 亲爱 → 爱人

中文 →

提问 →

十二、 根据所给提示,把下列句子译成汉语 (Translate the Sentences into Chinese According to the Clues)

1. Are you hungry? (饿)

2. Her English improves quickly. (提高)

3. May I ask you a question? (问题)

4. Do you go to the seaside for fun every year? (海边)

5. What were you doing at 8 o'clock yesterday evening. (八点钟)

6. What's the name of this kind of flower? (种)

十三、在字典中查找以下汉字,把汉字的读音写在括号里 (Look up the Characters in the Dictionary, Then Write Pinyin in the Parentheses)

1. 刁( )　　2. 升( )　　　3. 亓( )　　4. 匆( )

5. 丧( )　　6. 凸( )　　　7. 韭( )　　8. 釜( )

十四、每课一谜 (Character Riddle)

我要食物。

(猜本课生字一)

第二十五课　哥哥弟弟

一、抄写（Copy）

1. 单字抄写（Copy the Single Characters）

歌	14	一	ノ	一	口	可	可	哥	哥	哥	哥	哥	歌
		歌											
何	7	ノ	イ	亻	仁	何	何	何					
河	8	丶	氵	氵	汀	沪	沪	河					
和	8	ノ	二	千	禾	禾	禾	和	和				
第	11	ノ	ゲ	从	竹	竹	竹	笋	笋	第	第		
递	10	丶	丷	当	当	弟	弟	弟	递	递			
梯	11	一	十	才	木	术	栏	栏	栏	梯	梯	梯	
喜	12	一	十	士	吉	吉	吉	吉	壴	壴	喜	喜	
欢	6	ㄱ	又	欢	欢	欢	欢						
科	9	ノ	二	千	禾	禾	禾	科	科	科			
而	6	一	厂	厂	丙	而	而						
且	5	丨	冂	日	日	且							

味 8 丨 口 口 口 旷 吁 咔 味

艺 4 一 十 艹 艺

2. 词语抄写 (Copy the Words)：

chàng gē 唱歌	gēsòng 歌颂	héshí 何时	hébì 何必
rúhé 如何	yì tiáo hé 一条河	hépíng 和平	dì-èr míng 第二名
dìjiāo 递交	lóutī 楼梯	diàntī 电梯	xǐhuan 喜欢
jīngxǐ 惊喜	xǐ'ài 喜爱	huānyíng 欢迎	huānlè 欢乐
kēxué 科学	érqiě 而且	wèidao 味道	qìwèi 气味
yìshù 艺术	wényì 文艺		

二、给下面的汉字注音并组词 (Write Pinyin and Form Words with Each Character)

歌 ＿＿ ＿＿＿ ＿＿＿

文 ＿＿ ＿＿＿ ＿＿＿

何 ＿＿ ＿＿＿ ＿＿＿

电 ＿＿ ＿＿＿ ＿＿＿

味 ＿＿ ＿＿＿ ＿＿＿

三、按数字要求写出下面各字的某一笔画 (Write the Stroke Designated of Each Character)

例：买(1)，写出它的第一笔 乛

女(1) ＿＿　　且(2) ＿＿　　马(2) ＿＿　　各(2) ＿＿　　请(2) ＿＿

母(2) ＿＿　　每(3) ＿＿　　艺(3) ＿＿　　扬(4) ＿＿　　呢(4) ＿＿

印(4) ＿＿　　弟(5) ＿＿　　号(5) ＿＿　　渴(12) ＿＿

四、根据所给拼音提示，为下列的偏旁字配上合适的部首并且组词 (Find the Right Radical for Each Component and Form Words According to Pinyin)

例：是：(扌) (提) 提高 (tígāo)

未：( ) ( ) ＿＿＿ (wèidao)

弟：( ) ( ) ＿＿＿ (dì-yī)

各：( ) ( ) ＿＿＿ (kèqi)

己：( ) ( ) ＿＿＿ (qǐlái)

不：( ) ( ) ＿＿＿ (bēizi)

尼：( ) ( ) ＿＿＿ (yìnní)

青：( ) ( ) ＿＿＿ (qíngkuàng)

每：( ) ( ) ＿＿＿ (hòuhuǐ)

五、形音义填写 (Fill in the Blanks with Character, Pronunciation or Meaning)

____	____	科	____	____	梯	____	艺
gē	xǐ	____	____	____	qiě	____	____
song	deliver	river	taste			like	

六、填上合适的字,使之左右的字能分别组词 (Fill in the Blanks with Characters That Form Words with Characters on Either Side)

1. 喜___迎　　2. 气___道　　3. 惊___欢　　4. 文___学
5. 电___子　　6. 文___术　　7. 何___方　　8. 科___习

七、把下列形声字的读音、英译用线连起来 (Match the Idea-sound Characters with Their Pinyin and English Interpretation)

dì	昧	axe-handle
hé	睨	the second among brothers
kēdǒu	柯	inclined; slanting
kē	蝌蚪	look askance
mèi	荷	lotus
qiè	忆	obscure
wén	趄	pattern of silk fabrics
yì	仲	recall
zhòng	纹	tadpole

八、请把以下形声字按组合规律分别归入以下各类 (Classify the Idea-sound Characters According to Their Structure Patterns)

姐	闻	邮	杯	栋	箱	园	湾	案	爸
站	忠	歌	围	华	骂	宪	斧	忿	闷

1. 左形右声:IS _____
2. 右形左声:SI _____
3. 上形下声:I/S _____
4. 下形上声:S/I _____
5. 内形外声:SI _____
6. 外形内声:IS _____

九、用汉语回答问题 (Answer the Questions in Chinese)

1. 你喜欢唱歌吗？

2. 你最喜欢哪种味道？（酸(suān)、甜(tián)、苦(kǔ)、辣(là)、咸(xián)）

3. 你住的地方附近有几条河？

4. 你住的楼有电梯吗？

5. 你喜欢科学还是艺术？

十、填字游戏 (Fill in the Square with Component That Forms Character with Components Around It)

十一、请你查一查字典，确定本课《汉字知识》里所举"口"部的字和"门"部的字中，有哪几个字是形声字？ (Consult the Dictionary to Make Sure Which of the Characters in the "口" and "门" Radical Section of This Lesson in Chinese Character Introduction Are Idea-sound Characters)

十二、按括号内规定的数量写出含有下列部首的汉字 (Write Characters (the number in the parentheses) Containing the following Radicals)

日（10）：___ ___ ___ ___ ___ ___ ___ ___ ___ ___

月（8）：___ ___ ___ ___ ___ ___ ___ ___

门（5）：___ ___ ___ ___ ___

口（5）：___ ___ ___ ___ ___

十三、每课一谜 (Character Riddle)

哥一半，你一半。

（猜本课生字一）

第二十六课　穿花衣服

一、抄写 (Copy)

1. 单字抄写（Copy the Single Characters）

穿9	丶	八	宀	宀	宊	空	空	穿	穿
变8	丶	亠	亣	亣	亦	亦	变	变	
化4	丿	亻	化	化					
花7	一	十	艹	艹	艻	花	花		
华6	丿	亻	亻	化	华	华			
货8	丿	亻	亻	化	化	代	货	货	
物8	丿	仁	牛	牛	牛	物	物	物	
服8	丿	刀	月	月	月	朋	服	服	
古5	一	十	古	古	古				
代5	丿	亻	亻	代	代				
故9	一	十	古	古	古	古	古	故	故
事8	一	一	亘	亘	亘	写	事	事	
姑8	乆	女	女	女	女	如	姑	姑	

Hànzì Tūpò

估 7	ノ	イ	仁	什	估	估	估			
计 4	丶	讠	订	计						
固 8	丨	冂	冈	円	冈	冈	固	固		
苦 8	一	十	艹	艹	芒	芒	苦	苦		
良 7	丶	亠	ヨ	ヨ	自	良	良			
娘 10	く	女	女	女	妒	妒	妒	娘	娘	娘
浪 10	丶	冫	氵	浐	浐	沪	浔	浪	浪	浪
狼 10	ノ	犭	犭	犭	犷	犷	狼	狼	狼	狼
朗 10	丶	亠	ヨ	ヨ	自	良	自	朗	朗	朗
郎 8	丶	亠	ヨ	ヨ	自	良	郎	郎		
堆 11	一	十	土	圵	圵	圵	圵	垍	堆	堆
推 11	一	十	扌	扩	扩	扩	扩	拊	推	推

2. 词语抄写 (Copy the Words)

huòwù 货物　　　　　yīfu 衣服　　　　　fúwùyuán 服务员

shūfu 舒服　　　　　chuān yīfu 穿衣服　　chuānguò 穿过

biànhuà 变化　　　　wénhuà 文化　　　　huār 花儿

Huárén 华人　　　　Huáyǔ 华语　　　　shòuhuòyuán 售货员

gǔdài 古代　　　　　gùshi 故事　　　　　gùyì 故意

shìqing 事情　　　　gūniang 姑娘　　　　gūjì 估计

gùdìng 固定　　　　juédìng 决定　　　　kǔ 苦

yōuliáng 优良　　　　　xīnniáng 新娘　　　　　làngfèi 浪费

làngmàn 浪漫　　　　　láng 狼　　　　　　　lǎngdú 朗读

kāilǎng 开朗　　　　　xīnláng 新郎

二、按要求写出下列各字的某一笔画 (As Instructed in the Example, write the Designated Stroke)

例：干 (3) 丨

穿 (7) ＿＿　　　良 (7) ＿＿　　　朗 (6) ＿＿　　　化 (3) ＿＿

狼 (1) ＿＿　　　服 (5) ＿＿　　　错 (5) ＿＿　　　高 (7) ＿＿

三、形音义填写 (Fill in the Blanks with Character, Pronunciation or Meaning)

花	＿＿＿	狼	＿＿＿	计	＿＿＿	故	＿＿＿
huā	kǔ	＿＿＿	＿＿＿	＿＿＿	＿＿＿	＿＿＿	＿＿＿
flower	＿＿＿	＿＿＿	goods	＿＿＿	wear	＿＿＿	push

四、根据所给拼音提示，为下列偏旁字配上合适的部首并且组词或词语 (Find the Right Tadicals for the Components and Form Words According to Pinyin)

例：平：（苹）苹果 (píngguǒ)

化：（ ） ＿＿＿ (huār)

古：（ ） ＿＿＿ (hěn kǔ)

良：（ ） ＿＿＿ (gūniang)

未：（ ） ＿＿＿ (mèimei)

可：（ ） ＿＿＿ (Huáng Hé)

十：（ ） ＿＿＿ (Huáyǔ)

五、连线成字，并把连成的字写在下面 (Match to Form Characters and Write Them Down)

穴　　　　　　　良

扌　　　　　　　化

氵　　　　　　　十

艹　　　　　　　佳

口　　　　　　　巴

讠　　　　　　　牙

月　　　　　　　古

＿＿＿＿＿＿＿＿＿＿＿＿＿＿＿＿

六、给下面的汉字注音,把共同的声旁写在括号内 (Write Pinyin and Put the Common Sound Component in the Parenthesest)

1. 花＿＿ 华＿＿ 货＿＿ ( )　　　　2. 娘＿＿ 狼＿＿ 浪＿＿ 郎＿＿ 朗＿＿ ( )

3. 姑＿＿ 故＿＿ 苦＿＿ 固＿＿ ( )　　　4. 堆＿＿ 推＿＿ 谁＿＿ 准＿＿ ( )

七、填上合适的字,使之左右的字能分别组词 (Fill in the Blanks with Characters That Form Words with Characters on Either Side)

1. 优＿好　　　2. 事＿事　　　3. 变＿学　　　4. 开＿读

5. 海＿费　　　6. 姑＿娘　　　7. 舒＿务　　　8. 毛＿服

八、找汉英对应词语 (Match the English Words with Their Chinese Counterparts)

| 1. 故事 | 2. 姑娘 | 3. 舒服 | 4. 服务 | 5. 新娘 |
| 6. 新郎 | 7. 浪费 | 8. 浪漫 | 9. 推迟 | 10. 狼 |

| a. bride | b. bridegroom | c. comfortable | d. girl | e. postpone |
| f. romantic | g. wolf | h. serve | i. story | j. waste |

九、按括号内规定的数量写出含有下列部首的汉字 (Write the Characters (the number in the parentheses) Containing the Following Radicals)

心 (10)：＿＿ ＿＿ ＿＿ ＿＿ ＿＿ ＿＿ ＿＿ ＿＿ ＿＿ ＿＿

忄 (8)：＿＿ ＿＿ ＿＿ ＿＿ ＿＿ ＿＿ ＿＿ ＿＿

火 (6)：＿＿ ＿＿ ＿＿ ＿＿ ＿＿ ＿＿

灬 (4)：＿＿ ＿＿ ＿＿ ＿＿

十、把下面形声字的读音、英译用线连起来 (Match the Idea-sound Characters with Their Pinyin and English Interpretation)

duì	酿	awl
gǔ	哗	birch
gǔ	桦	cow
huá	枯	clamor
huà	锥	cobalt
kū	钴	grain
liáng	碓	make wine
niàng	谁	pound with a pestle
shuí	牯	who
zhuī	粮	wither

98

十一、根据拼音写汉字 (Write Characters According to Pinyin)

gǔdài_____　　gùshi_____　　gūjì_____　　biànhuà_____

huā qián_____　　Huáyǔ_____　　lǎngdú_____　　kuàijì_____

tuīchí_____　　fúwù_____

十二、朗读下面的小故事 (Read the Short Story)

　　　　一位姑娘走进照相馆 (zhàoxiàngguǎn / photo studio)，问服务员："我的照片 (zhàopiàn / photo) 可以放大吗？"

　　　　服务员说："当然可以，你想要放多大？"

　　　　"别的地方不用放大，你把我的眼睛放大就行了。"

十三、每课一谜 (Character Riddle)

　　一半叶子一半花。

　　(猜本课生字一)

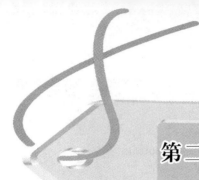

第二十七课　她叫高英

一、抄写 (Copy)

1. 单字抄写 (Copy the Single Characters)

叫 5	丶	丨	口	叭	叫							
收 6	丶	丩	丩'	收'	收	收						
纠 5	ㄥ	纟	纟	纠	纠							
搞 13	一	十	扌	扩	扩	扩	护	护	护	搞	搞	搞	搞
央 5	丶	冂	冂	央	央							
英 8	一	艹	艹	艹	苎	苹	英	英				
映 9	丨	冂	日	日	旸	旷	畔	映	映			
令 5	丿	人	亼	今	令							
邻 7	丿	亼	亼	今	令	邻	邻					
怜 8	丶	忄	忄	忄	忦	忩	怜	怜				
领 11	丿	亼	亼	今	令	令	领	领	领	领	领	
导 6	乛	彐	巴	旦	导	导						
铃 10	丿	仁	仨	钅	钅	钅	钅	铊	铃	铃		

声	7	一	十	士	吉	吉	吉	声			
龄	13	一	卜	止	止	步	步	齿	齿	齿	龄	龄	龄
零	13	一	厂	币	币	雨	雨	雫	雫	零	零	零	零
居	8	一	一	尸	尸	尸	尽	居	居			
据	11	一	寸	才	扩	护	护	护	护	挭	据	据
剧	10	一	一	尸	尸	尽	居	居	居	剧	剧

2. 词语抄写 (Copy the Words)

jiào 叫　　shōudào 收到　　shōuyīnjī 收音机　　shōurù 收入

jiūzhèng 纠正　　gǎohǎo 搞好　　gǎocuò 搞错　　zhōngyāng 中央

Yīngyǔ 英语　　Yīnguó 英国　　fǎnyìng 反映　　mìnglìng 命令

línjū 邻居　　kělián 可怜　　dàilǐng 带领　　lǐngdǎo 领导

ménlíng 门铃　　shēngyīn 声音　　niánlíng 年龄　　língqián 零钱

jūzhù 居住　　gēnjù 根据　　jùchǎng 剧场

二、把下列各字按照笔画多少排列，写在下面的横线上 (Arrange the Following Characters by the Number of Strokes from Small to Large)

居　反　映　央　收　邻　葡　龄　剧　领

_____

三、形音义填写 (Fill in the Blanks with Character, Pronunciation and Meaning According to the Given Clue)

叫	_____	声	_____	龄	_____	_____
jiào	shōu		lìng			
call		central		drama	England	

四、为下列偏旁字配上合适的部首，并且注拼音组词 (Find the Right Radical for Each Component and Form Words According to Pinyin)

央：( ) _____ (yīngyǔ)　　令：( ) _____ (língzi)

汉字突破

居：（　）＿＿＿＿（gēnjù）　　　令：（　）＿＿＿＿（niánlíng）

高：（　）＿＿＿＿（gǎohǎo）

五、给下面的汉字注音，把共同的声旁写在括号内 (Write Pinyin and put the Common Sound-component in the Parentheses)

1. 据＿＿＿剧＿＿＿（　）

2. 英＿＿＿映＿＿＿（　）

3. 纠＿＿＿叫＿＿＿收＿＿＿（　）

4. 邻＿＿＿领＿＿＿零＿＿＿铃＿＿＿龄＿＿＿（　）

六、连线成字，并把连成的字写在下面 (Match to form Characters and Write Them Down)

雨　　　　　　央

丩　　　　　　页

居　　　　　　丩

艹　　　　　　夂

令　　　　　　令

纟　　　　　　刂

＿＿＿＿＿＿＿＿＿＿＿＿＿＿＿＿＿

七、填上合适的字，使之左右的字能分别组词 (Fill in the Blanks with Characters That Form Words with Characters on Either Side)

1. 纠＿＿在　　2. 邻＿＿住　　3. 英＿＿言　　4. 话＿＿场

5. 收＿＿口　　6. 门＿＿声　　7. 带＿＿子　　8. 新＿＿龄

八、找汉英对应词语 (Match the English Words with Their Chinese Counterparts)

1.收入	2.根据	3.邻居	4.纠正	5.冷气
6.年龄	7.可怜	8.命令	9.中央	10. 剧场

a. according to	b. age	c. center	d. cold air	e. correct
f. income	g. neighbor	h. order	i. pity	j. theater

九、把下面形声字的读音、英译用线连起来 (Match the Idea-sound Characters with Their Pinyin and English Interpretation)

gāo	秧	barge pole
jiū	缨	colored ribbon
jù	岭	correct
huà	牯	bull
lĭng	纠	fry
yāng	锯	mountain range
yīng	篙	saw
liàng	桦	birch
gū	踉	stagger

十、下面每个字各加一笔成为什么字 (What New Characters Are Formed by Adding One Stroke to the Following Characters)

工( ) 日( ) 木( ) 口( ) 目( ) 了( )

今( ) 艮( ) 人( ) 白( ) 厂( ) 十( )

十一、根据拼音提示填空 (Write Characters According to Pinyin)

1. 你___(jiào)什么名字？

2. 最好不要问女人的_____(niánlíng)。

3. 我_____(shōudào)了妈妈的信。

4. 对不起，我没有_____(língqián)。

5. 她是我以前的_____(línjū)。

6. 她想去_____(Yīngguó)学习_____(Yīngyǔ)。

7. 今天晚上___(fàngyìng)什么电影？

8. 他的生日是一九九___(líng)年五月二十号。

十二、按括号内规定的数量写出含有下列部首的汉字 (Write Characters(the number in the parentheses) Containing the Following Radicals)

艹(10)： ___ ___ ___ ___ ___ ___ ___ ___ ___ ___

灬(6)： ___ ___ ___ ___ ___ ___

宀(8)： ___ ___ ___ ___ ___ ___ ___ ___

马(4)： ___ ___ ___ ___

十三、下列汉字中,哪些不是形声字,请你找出来 (Pick out Those That Are not Idea-sound Characters)

艺(yì)	芝(zhī)	芬(fēn)	花(huā)	芳(fāng)	芹(qín)
劳(láo)	苏(sū)	苗(miáo)	苦(kǔ)	英(yīng)	茉(mò)
荷(hé)	莫(mò)	菜(cài)	茶(chá)	草(cǎo)	竿(gān)
笑(xiào)	笔(bǐ)	等(děng)	筒(tǒng)	管(guǎn)	箭(jiàn)
箱(xiāng)	筷(kuài)				

十四、每课一谜 (Character Riddle)

一点一横长,口字在中央,大口不封口,小口里面藏。(One dot and one héng;one mouth lies in the middle; the big mouth is open; the small mouth hiding inside.)

(猜本课生字一)

第二十八课　会议大厅

一、抄写（Copy）

1. 单字抄写（Copy the Single Characters）

义	₃	丶	⺈	义										
仪	₅	丿	亻	亻	仪	仪								
议	₅	丶	讠	讠	议	议								
厅	₄	一	厂	厅	厅									
顶	₈	一	丁	丁	丆	顶	顶	顶	顶					
订	₄	丶	讠	讠	订									
灯	₆	丶	ⱽ	火	火	灯	灯							
在	₆	一	ナ	才	右	在	在							
箭	₁₅	ノ	⺮	⺮	竹	竺	竺	笞	笞	笞	箭	箭	箭	箭
		箭	箭											
剪	₁₁	丶	ⱽ	丷	前	前	前	前	前	剪	剪			
面	₉	一	厂	丆	丙	而	而	面	面	面				
方	₄	丶	二	方	方									

Hànzì Tūpò

房 8	`	⁻	⁼	户	户	户	房	房
访 6	`	⁻	讠	访	访	访
防 6	⁊	⻖	⻖	阝	防	防
纺 7	⺄	⼥	纟	纟	纩	纺	纺
织 8	⺄	⼥	纟	纟	纠	织	织	织
仿 6	⼃	亻	仁	仃	仿	仿
放 8	`	⁻	⁼	方	方	放	放	放
旁 10	`	⁻	⁼	⁻	产	产	产	旁	旁	旁
傍 12	⼃	亻	仁	仁	伫	伫	伫	倍	倍	傍	傍
榜 14	⁻	⼗	才	术	术	朾	枋	枋	栏	栏	榜	榜	榜	榜
膀 14	⼃	⼌	月	月	月	朐	朐	腔	腔	膀	膀	膀	膀	膀
边 5	⁊	力	边	边	边

2. 词语抄写 (Copy the Words)

yìyì 意义	zhèngyì 正义	yíshì 仪式	huìyì 会议
jiànyì 建议	kètīng 客厅	shāndǐng 山顶	yùdìng 预订
kāi dēng 开灯	diàndēng 电灯	xiànzài 现在	jiǎndāo 剪刀
jiàntóu 箭头	jiàn miàn 见面	miànbāo 面包	lǐmiàn 里面

dìfang 地方	fāngbiàn 方便	fāngfǎ 方法	fángjiān 房间
fángzū 房租	fǎngwèn 访问	mófǎng 模仿	fàng jià 放假
fàngxīn 放心	zǔzhī 组织	pángbiān 旁边	bàngwǎn 傍晚
bǎngyàng 榜样	jiānbǎng 肩膀	dōngbian 东边	

二、写出下列汉字的第二个笔画 (Write the Second Stroke of Each Character)

包　东　力　见　务　丁　车　母　九　被

_____

三、形音义填写 (Fill in the Blanks with Character, Pronunciation or Meaning)

义		旁		箭	
____ yí	fáng ____	____ miàn	____	____
hall	spin		top	weave

四、为下列偏旁字配上合适的部首,并且注拼音组词 (Find the Right Radicals for the Components and Form Words According to Pinyin)

义:(　)____ (huìyì)

前:(　)____ (jiǎndāo)

旁:(　)____ (bàngwǎn)

丁:(　)____ (diàndēng)

方:(　)____ (fǎngzhī)

五、给下面的汉字注音,把共同的声旁写在括号内 (Write Pinyin and Put the Common Sound-component in the Parentheses)

1.议____仪____(　)

2.箭____剪____(　)

3.膀____榜____傍____(　)

4.厅____顶____订____灯____(　)

5.放____纺____房____防____纺____仿____(　)

六、连线成字,并把连成的字写在下面 (Match to Form Characters and Write Them Down)

厂	刀
口	旁
化	方
户	贝
木	古
前	丁

_____

七、填上合适的字，使之左右的字能分别组词 (Fill in the Blanks with Characters That Form Words with Characters on Either Side)

1. 见___包   2. 地___便   3. 意___务   4. 访___题
5. 箭___发   6. 傍___上   7. 里___前   8. 正___家

八、填字游戏。请在？处填上适当的字，使它能与上下左右组合成新字 (Find Characters that Form New Characters with Components Around Them)

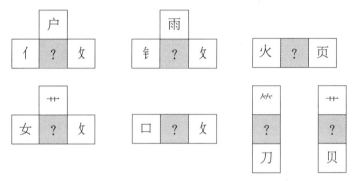

九、找汉英对应词语 (Match the English Words with Their Chinese Counterparts)

| 1. 现在 | 2. 预防 | 3. 放心 | 4. 旁边 | 5. 访问 |
| 6. 预订 | 7. 肩膀 | 8. 建议 | 9. 西边 | 10. 纺织 |

| a. be at ease | b. now | c. prevent | d. shoulder | e. side |
| f. spin | g. subscribe | h. suggest | i. visit | j. western |

十、把下面形声字的读音、英译用线连起来 (Match the Idea-sound Characters with Their Pinyin and English Interpretation)

bàng	芳	ant
bàng	镑	defame
dīng	蚁	fragrant
fāng	钉	fry
jiān	谤	nail
yǐ	煎	pound

十一、根据所给声旁写若干个形声字，括号内的数字为所要求的数量 (Form Idea-sound Characters(the number in the parentheses) with Each Sound-component)

义(2) ___ ___   化(2) ___ ___

交(3) ___ ___   丁(3) ___ ___ ___

方(5) ____ ____ ____ ____   令(4) ____ ____ ____ ____

十二、认读下面句子 (Read the Sentences)

1. 会议傍晚的时候才开完。

2. 爸爸、妈妈,我在这儿很好,你们放心吧。

3. 在什么地方见面比较方便呢?

4. 你找的地方就在前面那个房子的旁边。

5. 你看,他房间里面的灯开着,他现在可能在家。

6. 站在那个山顶上就能看见大海。

十三、按括号内规定的数量写出含有下列部首的汉字 (Write Characters(the number in the parentheses) Containing the Following Radicals)

辶(10): ____ ____ ____ ____ ____ ____ ____ ____ ____ ____

女(10): ____ ____ ____ ____ ____ ____ ____ ____ ____ ____

又(10): ____ ____ ____ ____ ____ ____ ____ ____ ____ ____

王(5): ____ ____ ____ ____ ____

十四、每课一谜 (Character Riddle)

前线后方,结合起来。

(猜本课生字一)

第二十九课　下星期

一、抄写 (Copy)

    1. 单字抄写 (Copy the Single Characters)

吓 6	丶	口	口	叮	叮	吓							
其 8	一	十	廿	甘	甘	甚	其	其					
欺 12	一	十	廿	甘	甘	甚	其	其	其	欺	欺	欺	
负 6	丿	勹	勺	负	负	负							
旗 14	丶	二	亏	方	方	扩	扩	扩	旆	旆	旌	旗	
	旗												
门 3	丶	门	门										
们 5	丿	亻	亻	价	们								
闷 6	丶	门	门	闪	闷	闷							
闻 9	丶	门	门	门	门	闩	闻	闻	闻				
组 8	乙	纟	纟	纠	细	细	组	组					
祖 9	丶	丆	礻	礻	礻	初	祖	祖	祖				
国 8	丨	冂	冂	月	用	国	国	国					

都 10 一 十 土 耂 耂 者 者 者 都 都

相 9 一 十 才 木 朾 机 相 相 相

箱 15 ′ ⺮ ⺮ ⺮ ⺮ ⺮ 竻 竺 竻 笨 笧 箱 箱

箱 箱

交 6 丶 一 亠 六 亣 交

郊 8 丶 一 亠 六 亣 交 交 郊

旅 10 丶 一 亠 方 方 方 斿 斿 旅 旅

游 12 丶 一 氵 氵 氵 汸 汸 泸 斿 斿 游 游

较 10 一 ㄅ 车 车 车 轩 轩 轺 较 较

饺 9 ′ 𠂇 饣 饣 饣 饣 饣 饺 饺

校 10 一 十 才 木 术 朾 栌 栌 栌 校

效 10 丶 一 亠 六 亣 交 刻 効 効 效

咬 9 丨 冂 口 口 吖 吣 咛 咛 咬

2. 词语抄写 (Copy the Words)

xià rén 吓人	qízhōng 其中	qíshí 其实	qítā 其他
qīfù 欺负	qízi 旗子	ménkǒu 门口	bùmén 部门
rénmen 人们	wèntí 问题	mēnrè 闷热	fánmèn 烦闷
xīnwén 新闻	jiànwén 见闻	zǔzhī 组织	cízǔ 词组
zǔguó 祖国	zǔfù 祖父	xiāngxìn 相信	hùxiāng 互相
zhào xiàng 照相	xiāngzi 箱子	jiāogěi 交给	wàijiāo 外交

jiāotōng 交通　　　jiāowài 郊外　　　lǚyóu 旅游　　　　yóuyǒng 游泳
yóuxì 游戏　　　　bǐjiào 比较　　　jiǎozi 饺子　　　　xiàoguǒ 效果
yǎo yá 咬牙

二、请给下列汉字注音并组词 (Write Pinyin and Form Words with Each Character)

门 (　　　) ＿＿＿ ＿＿＿　　　　　其 (　　　) ＿＿＿ ＿＿＿
目 (　　　) ＿＿＿ ＿＿＿　　　　　交 (　　　) ＿＿＿ ＿＿＿
相 (　　　) ＿＿＿ ＿＿＿　　　　　祖 (　　　) ＿＿＿ ＿＿＿

三、形音义填写 (Fill in the Blanks with Character, Pronunciation or Meaning)

问			游			效
wèn	zū		yǎo	jiào		
ask	smell	school			flag	hire

四、为下列偏旁字配上合适的部首,并按所给注音组词 (Find the Right Radical for Each Component and form Words According to Pinyin)

下：(　　　) ＿＿＿ (xiàrén)　　　交：(　　　) ＿＿＿ (jiǎozi)
门：(　　　) ＿＿＿ (tāmen)　　　其：(　　　) ＿＿＿ (qífu)
相：(　　　) ＿＿＿ (xiāngzi)　　　且：(　　　) ＿＿＿ (cízǔ)

五、给下面的汉字注音,把它们的声旁写在括号内 (Write Pinyin and Put the Common Sound-Component in the Parentheses)

1. 欺＿＿＿＿ 旗＿＿＿＿ (　　　)
2. 想＿＿＿＿ 箱＿＿＿＿ (　　　)
3. 们＿＿＿ 闷＿＿＿ 闻＿＿＿ 问＿＿＿ (　　　)
4. 粗＿＿＿ 祖＿＿＿ 租＿＿＿ 组＿＿＿ (　　　)
5. 较＿＿＿ 郊＿＿＿ 饺＿＿＿ 校＿＿＿ 效＿＿＿ 咬＿＿＿ (　　　)

六、连线成字,并把连成的字写在下面 (Match to Form Characters and Write Them Down)

其　　　　　　　　生
日　　　　　　　　心
相　　　　　　　　耳
门　　　　　　　　交
木　　　　　　　　下
口　　　　　　　　月

＿＿＿＿＿＿＿＿＿＿＿＿＿＿＿

七、填上合适的字,使之左右的字能分别组词 (Fill in the Blanks with Characters That Form Words with Characters on Either Side)

1. 互___信   2. 祖___家   3. 外___通   4. 对___口
5. 旅___泳   6. 其___间   7. 看___闻   8. 小___织

八、找英汉对应词语 (Match the English Words with their Chinese Counterparts)

1. 其实   2. 照相   3. 郊游   4. 新闻   5. 部门
6. 交通   7. 粗心   8. 相信   9. 效果   10. 游戏

a. believe   b. careless   c. department   d. effect   e. game
f. in fact   g. news   h. outing   i. take pictures   j. traffic

九、把下面形声字的读音、英译用线连起来 (Match the Idea-sound Characters with Their Pinyin and English Interpretation)

mēn	湘	beautiful
jiāo	棋	chess
qí	闷	hinder; block
xiā	阻	shrimp
xiāng	姣	stuffy
zǔ	虾	xiang

十、根据所给声旁写若干个形声字,括号内的数字为所要求的数量 (Form Idea-sound Characters(the number in the parenthese) with Each Sound-component)

可(2) ___ ___   未(2) ___ ___
相(2) ___ ___   弟(3) ___ ___ ___
交(4) ___ ___ ___ ___

十一、根据拼音写汉字并翻译成英文 (Write Characters According to Pinyin and Translate Them into English)

例: _房_ (fáng)子 house

_____ (ér)子   _____ (xiāng)子
_____ (běn)子   _____ (bēi)子
_____ (fáng)子   _____ (dāo)子
_____ (dīng)子   _____ (nǔ)子
_____ (rìzi)子   _____ (pàngzi)子

十二、认读下面下面句子 (Read the Sentences)

1. 下星期学校组织我们去郊游。

2. 看到国旗，他就会想起祖国。

3. 王老师的汉语课比较沉闷。

4. 你相信这个新闻吗？

5. 出租汽车多了，交通问题也多了。

6. 他在大门口等 (děng / wait for) 你。

十三、按括号内规定的数量写出含有下列部首的汉字 (Write Characters (the number in the parentheses) Containing the Following Radicals)

礻：(6) ＿＿＿ ＿＿＿ ＿＿＿ ＿＿＿ ＿＿＿

衤：(6) ＿＿＿ ＿＿＿ ＿＿＿ ＿＿＿ ＿＿＿

目：(6) ＿＿＿ ＿＿＿ ＿＿＿ ＿＿＿ ＿＿＿

攵：(8) ＿＿＿ ＿＿＿ ＿＿＿ ＿＿＿ ＿＿＿ ＿＿＿

十四、每课一谜 (Character Riddle)

粗细各一半。

(猜本课生字一)

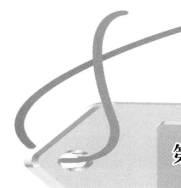

第三十课　饭已吃饱

一、抄写（Copy）

1. 单字抄写（Copy the Single Characters）

饭 7	ノ	亇	饣	饣	饤	饭	饭						
板 8	一	十	才	木	朾	朽	板	板					
版 8	ノ	广	广	片	片	历	版	版					
已 3	一	己	已										
包 5	ノ	勹	勹	匂	包								
饱 8	ノ	亇	饣	饣	饣	饣	饷	饱					
抱 8	一	十	才	扌	扚	扚	抐	抱					
步 7	｜	├	止	止	半	牛	步						
睡 13	｜	冂	冃	月	目	盰	盰	盱	盺	睈	睡	睡	睡
觉 9	丶	丷	丷	丱	兴	兴	尚	觉	觉				
应 7	丶	亠	广	广	应	应	应						
该 8	丶	讠	讠	讦	讠	诤	该	该					
孩 9	｀	了	孑	孑	孖	孩	孩	孩	孩				

汉字突破

羽 ₆ 　㇆　㇆　习　羽　羽　羽

2. 词语抄写（Copy the Words）

chī fàn 吃饭　　　　zǎofàn 早饭　　　　fàndiàn 饭店

yǐjing 已经　　　　hēibǎn 黑板　　　　chūbǎn 出版

qiánbāo 钱包　　　bàoqiàn 抱歉　　　yōngbào 拥抱

pǎobù 跑步　　　　shuìjiào 睡觉　　　juéde 觉得

gǎnjué 感觉　　　　yīnggāi 应该　　　háizi 孩子

二、请给下列汉字注音并组词（Write Pinyin and Form Words with Each Character）

已：（　　　　）_____

习：（　　　　）_____ _____

反：（　　　　）_____ _____

包：（　　　　）_____ _____

三、形音义填写（Fill in the Blanks with Character, Pronunciation or Meaning）

饭_____　　饱_____　　　　睡_____ _____　　　　抱_____

　fàn　　　　　　　　　gāi　　　hái　　pǎo　　　　　　_____

meal　run　　　　　fell　　　　　　　　　　board

四、给下面的汉字注音，把共同的声旁写在括号内（Write Pinyin and put the Common Idea-sound Component in the Parentheses）

1. 该_____ 孩_____ （　　　　）

2. 抱_____ 饱_____ 跑_____ （　　　　）

3. 饭_____ 版_____ 板_____ （　　　　）

五、找汉英对应词语（Match the English Words with Chinese Counterparts）

1. 饭馆　　2. 拥抱　　3. 男孩　　4. 午睡　　5. 出版

6. 感觉　　7. 已经　　8. 应该　　9. 钱包　　10. 跑步

a. already　　b. afternoon nap　　c. boy　　d. embrace　　e. publish

f. purse　　g. restaurant　　h. run　　i. sense　　j. should

六、填上合适的字,使之与左右的字能分别组词 (Fill in the Blanks with Characters That Form Words with Characters on Either Side)

1. 小___子   2. 早___店   3. 感___得   4. 下___睡

5. 钱___括   6. 吃___满   7. 学___惯   8. 羽___笔

七、读下面形声字,并把它们与对应的英译用线连起来 (Read the Idea-sound Characters and Match them with their English Interpretation)

fǎn	返	bubble
bān	扳	bud (of a flower)
bāo	苞	return
pào	泡	cough
hāi	咳	stone of a fruit
hé	核	pull; turn

八、根据所给声旁写若干个形声字,括号内的数字为所要求的数量 (Form Idea-sound Characters (the number in the parentheses) with Each Component)

反 (2) ___ ___   并 (2) ___ ___

亥 (2) ___ ___   包 (3) ___ ___ ___

九、写出下列各字的不同读音,并组词 (Write the Different Pronunciations and Form Words)

会 (   ) _____   相 (   ) _____
  (   ) _____   (   ) _____

觉 (   ) _____   种 (   ) _____
  (   ) _____   (   ) _____

十、认读下面下面句子 (Read the Sentences)

1. 这么点儿饭你能吃饱吗?

2. 这件事你同意还是反对?

3. 睡觉太多也会觉得累。

4. 黑板上的字我看不见。

5. 太晚了,我们该走了。

6. 这孩子就是爱玩儿，不爱学习。

十一、找字中字 (Look for Characters Contained in Other Characters)

1. 藏在"田"中的字有十多个，看你能找出多少个。(There are over ten characters in "田". See how many you can find.)

2. 藏在"睡"中的字有十多个，看你能找出多少个。(There are over ten words in "睡". See how many you can find.)

十二、按括号内规定的数量写出含有下列部首的汉字 (Write Characters (the number in the Parentheses))

钅(6)：_____

亻(5)：_____

足(6)：_____

走(4)：_____

十三、阅读下面的笑话 (Read the Joke)

孩子："妈妈，我什么时候过生日？"

妈妈："6 月 15 日。"

孩子："那你呢？"

妈妈："6 月 10 日。"

孩子："怎么，你只用了 5 天就把我生下来啦？"

十四、每课一谜 (Character Riddle)

学子远去见归来(guīlái / return)。

(猜本课生字一)

第三十一课　打乒乓球

一、抄写 (Copy)

1. 单字抄写（Copy the Characters）

齐	6	丶	亠	产	文	齐	齐				
挤	9	一	十	扌	扩	扩	护	拄	挤	挤	
济	9	丶	冫	氵	汙	汇	沪	泞	济	济	
刚	6	丨	冂	冈	冈	刚	刚				
钢	9	丿	𠂆	𠂢	钅	钅	钊	钉	钢	钢	
扶	7	一	十	扌	扌	扶	扶	扶			
肤	8	丿	刀	月	月	肝	肝	肤	肤		
兵	6	一	丆	斤	斤	丘	兵				
乓	6	一	丆	斤	斤	丘	乓				
乒	7	一	丆	斤	斤	丘	乒	乒			
宾	10	丶	八	宀	宁	宀	宫	宇	宾	宾	
馆	11	丿	夕	钅	钅	钅	馆	馆	馆	馆	馆
求	7	一	丁	寸	才	求	求	求			

球 11
救 11
段 9
锻 14
炼 9
练 8
拣 8
身 7

Hànzì Tūpò

2. 词语抄写（Copy the Words）

zhěngqí 整齐 yōngjǐ 拥挤 jǐ shíjiān 挤时间 jīngjì 经济

jiùjì 救济 gāngcái 刚才 gānghǎo 刚好 gāngbǐ 钢笔

gāngqín 钢琴 pífū 皮肤 pīngpāngqiú 乒乓球 bīnguǎn 宾馆

yāoqiú 要求 qǐngqiú 请求 zúqiú 足球 dìqiú 地球

jiù mìng 救命 duànliàn 锻炼 liànxí 练习 shēntǐ 身体

二、写出下列各字的第五和第六笔（Write the Fifth and Sixth Stroke of Each Character）

练 _____   炼 _____   拣 _____

三、找汉英对应词语（Match the English Words with Chinese Counterparts）

1. 钢琴 2. 经济 3. 拥挤 4. 救命 5. 刚刚

6. 皮肤 7. 整齐 8. 练习 9. 宾馆 10. 锻炼

a. crowded b. economy c. exercise d. guesthouse e. help

f. just now g. piano h. skin i. work out j. tidy

四、请给下列汉字注音并组词 (Write Pinyin and Form Words with Each Character)

段:(　　　)＿＿＿＿　＿＿＿＿　　　　齐:(　　　)＿＿＿＿　＿＿＿＿

夫:(　　　)＿＿＿＿　＿＿＿＿　　　　兵:(　　　)＿＿＿＿　＿＿＿＿

求:(　　　)＿＿＿＿　＿＿＿＿

五、形音义填写 (Fill in the Blanks with Character, Pinyin or Meaning)

＿齐＿	＿救＿	＿锻＿	＿练＿
qí	shēn	bīn	jì
neat　just		ball	smelt

六、填字,使之与左右的字形成另外一个词 (Fill in the Parentheses with a Character, Which Forms a Word with the Character on the Left or Right)

1.动身(体)　　2.(　　)球(　　)　　3.刚刚(　　)　　4.训练(　　)

5.(　　)求(　　)　　6.宾语(　　)　　7.(　　)齐(　　)　　8.炼钢(　　)

七、给下面的汉字注音,把它们的声旁写在括号内 (Write Pinyin and Put the Sound-component in the Parentheses)

1.锻＿＿＿(　　)　　　　2.挤＿＿＿济＿＿＿(　　)

3.刚＿＿＿钢＿＿＿(　　)　　4.球＿＿＿救＿＿＿(　　)

5.肤＿＿＿扶＿＿＿(　　)　　6.练＿＿＿拣＿＿＿炼＿＿＿(　　)

八、朗读下列形声字,并把它们与对应的英(汉)译用线连起来 (Read the Following Idea-sound Characters, Then Match Them with Their English and Chinese Interpretation)

duàn	缎	ridge; hillock
qí	脐	choose
dá	达	fur coat
gǎng	岗	lotus
qiú	裘	navel
mèn	闷	refine
fú	芙	bored; depressed
liàn	炼	arrive
jiǎn	拣	satin

九、根据所给声旁写出若干个形声字，括号内的数字为要求所写的数量 (Form Idea-sound Characters (the Number in the Parentheses) with Each Sound-component)

冈（2）＿＿ ＿＿　　　　　东（右边）（3）＿＿ ＿＿ ＿＿

齐（2）＿＿ ＿＿　　　　　求（2）＿＿ ＿＿

十、根据拼音写汉字 (Write Chinese Characters According to Pinyin)

jīngjì　　（　　）　　liànxí　　（　　）

yāoqiú　　（　　）　　shēntǐ　　（　　）

duànliàn　（　　）　　bīnguǎn　（　　）

dìqiú　　（　　）　　pífū　　（　　）

gāngqín　（　　）　　gāngcái　（　　）

yōngjǐ　　（　　）　　jiù mìng　（　　）

十一、用汉字写出下面各种"球"的名称 (Translate the Following Words into Chinese)

1. badminton ＿＿＿＿　　2. balloon ＿＿＿＿　　3. basketball ＿＿＿＿

4. earth ＿＿＿＿　　5. football ＿＿＿＿　　6. eyeball ＿＿＿＿

7. ping pong ＿＿＿＿　　8. tennis ball ＿＿＿＿　　9. volleyball ＿＿＿＿

十二、根据提示把下列句子翻译成汉语 (Translate the Following Sentences into Chinese According to the Clues)

1. Do you like to play ping-pong? (乒乓球)

2. When do you do physical exercises every day? (锻炼)

3. Buses are crowded on Saturday and Sunday. (挤)

4. I bought a book about economics just now. (经济)

5. May I use your pen for a moment? (钢笔)

6. I will go to that hotel to see him tomorrow. (宾馆)

十三、阅读 (Read)

"救火！救火！"有人打电话来求救。

"在哪里？"消防员(xiāofángyuán / fireman)问。

"在我家！"

"我是说着火的地点在哪里？"

"在厨房(chúfáng / kitchen)！"

"我知道，可是我们该怎么去你家？"

"你们不是有救火车(jiùhuǒchē / fire truck)吗？"

十四、按括号内规定的数量写出含有下列部首的汉字 (Write Characters (The Number in the Parentheses) Containing the Following Radicals)

广：(4) _____ _____ _____ _____

雨：(4) _____ _____ _____ _____

贝：(8) _____ _____ _____ _____ _____ _____ _____ _____

页：(6) _____ _____ _____ _____ _____ _____

十五、每课一谜 (CharacterRiddle)

乒乓合一 (A character is composed of "乒"和"乓".)

(猜本课生字一)

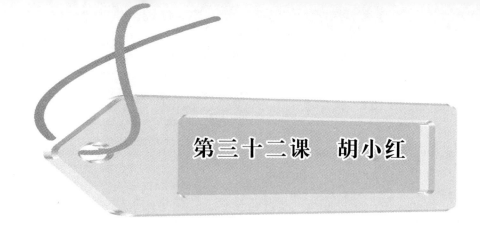

第三十二课　胡小红

一、抄写 (Copy)

1. 单字抄写 (Copy the Following Characters)

胡 9	一	十	古	古	古	刮	胡	胡	胡
湖 12	丶	丶	氵	汇	汁	沽	活	湖	湖	湖	湖
糊 15	丶	丷	丷	半	米	米	米	料	料	粘	粘	糊	糊
糊	糊
功 5	一	丁	工	巧	功
攻 7	一	丁	工	工	工	攻	攻
扛 6	一	十	扌	扩	打	扛
江 6	丶	氵	氵	汇	江	江
空 8	丶	宀	宀	宀	穴	空	空	空
仔 5	丿	亻	亻	仔	仔
非 8	丨	刂	刲	韭	非	非	非	非
常 11	丶	丷	丷	丷	尚	尚	常	常	常	常	常
咖 8	丨	口	口	叨	叻	咖	咖	咖

啡 11	丨	口	口	叮	叮	叮	吓	唏	啡	啡	啡
悲 12	丨	丬	扌	扌	非	非	非	非	非	悲	悲	悲
努 7	乀	夂	女	奵	奴	努	努				
怒 9	乀	夂	女	奵	奴	奴	怒	怒	怒		
力 2	フ	力									
历 4	丿	厂	历	历							
史 5	丶	口	口	史	史						
励 7	一	厂	厇	厈	厉	厉	励				

2. 词语抄写 (Copy the Following Words)

húshuō 胡说	húshuǐ 湖水	hútu 糊涂	yònggōng 用功
chénggōng 成功	jìngōng 进攻	Cháng Jiāng 长江	kōngqì 空气
kōngtiáo 空调	zǐxì 仔细	fēicháng 非常	chúfēi 除非
kāfēi 咖啡	bēishāng 悲伤	jīngcháng 经常	píngcháng 平常
nǔlì 努力	fā nù 发怒	lìqi 力气	nénglì 能力
lìshǐ 历史	jīnglì 经历	gǔlì 鼓励	

二、给下面各字注音并组词 (Write Pinyin and Form Words with Each Character)

胡:( ) ＿＿＿＿ ＿＿＿＿

非:( ) ＿＿＿＿ ＿＿＿＿ ＿＿＿＿

工:( ) ＿＿＿＿ ＿＿＿＿

力:( ) ＿＿＿＿ ＿＿＿＿

子:( ) ＿＿＿＿ ＿＿＿＿

Hànzì Tūpò

三、形音义填写 (Fill in the Blanks with Character, Pinyin or Meaning)

湖	_____	_____	怒	_____	励	_____	悲
hú	shǐ	kōng		zǐ			
lake	_____	often		_____	exert	attack	

四、为下列偏旁字配上合适的部首,并按所给拼音组词 (Find the Right Radical for Each Component and Form Words According to Pinyin)

力:( )_____ (lìshǐ)　　　　加:( )_____ (kāfēi)

胡:( )_____ (hútu)　　　　子:( )_____ (zǐxì)

工:( )_____ (gōngkè)　　　　非:( )_____ (bēishāng)

五、给下面的汉字注音,把共同的声旁写在括号内 (Write Pinyin and Put the Common Sound-component in the Parentheses)

1. 励_____ 历_____ ( )　　　　2. 悲_____ 啡_____ ( )

3. 努_____ 怒_____ ( )　　　　4. 字_____ 仔_____ ( )

5. 红_____ 攻_____ 功_____ 江_____ 扛_____ 空_____ ( )

六、从下面的字中拆分出部件字 (Separate the Characters into Single-part Characters)

例:球:王 / 求

怒:　　　　糊:　　　　励:　　　　努:

悲:　　　　咖:　　　　啡:　　　　闻:

七、填上合适的字,使之与左右的字能分别组词 (Fill in the Blank with Character That Forms Words with Characters on Either Side)

1. 非_____识　　2. 仔_____心　　3. 努_____气　　4. 悲_____心

5. 天_____气　　6. 胡_____话　　7. 经_____史　　8. 湖_____果

八、找汉英对应词语 (Match the English Words with Their Chinese Counterparts)

1. 经常　　2. 压力　　3. 鼓励　　4. 简历　　5. 努力

6. 经历　　7. 成功　　8. 悲观　　9. 能力　　10. 空调

a. ability　　b. air conditions　　c. encourage　　d. frequently

e. experience　　f. make great efforts　　g. press　　h. pessimism

i. resume　　j. succeed

九、把下面各词的读音、英译用线连起来 (Match Each Word with Pinyin and English Interpretation)

càizǐ	菜籽	butterfly
fěibàng	荔枝	contribute
gòngxiàn	贡献	litchi
húdié	诽谤	rapeseed
lìzhī	蝴蝶	slander

十、同音字组词辨析 (Making Words with Characters Sharing the Same or Similar Sounds)

〔努——　　〔功——　　〔力——　　〔湖——　　〔字——
〔怒——　　〔攻——　　〔历——　　〔糊——　　〔仔——

十一、根据所给声旁写若干个形声字,括号内的数字为所要求的数量 (Form Idea-sound Characters (The Number in the Parentheses) with Each Sound-component)

子(2) ____ ____

力(2) ____ ____

胡(2) ____ ____

非(2) ____ ____

工(5) ____ ____ ____ ____ ____

十二、根据提示把下面句子翻译成汉语 (With the Help of Hints, Translate the Following Sentences into Chinese)

1. He studies Chinese characters very hard. (努力)

2. He likes drinking tea instead of coffee. (咖啡)

3. Do you know anything about Chinese history? (历史)

4. Looking carefully, he found he made a mistake in writing. (仔细)

5. My home is near the sea, where the air is nice and fresh. (空气/新鲜)

十三、阅读 (Read)

　　比尔(Bǐ'ěr / Bill)考美国历史得了 4 分,他非常高兴。一到家,他就告诉正在喝咖啡的爷爷,希望得到爷爷的奖励。爷爷喝了一口咖啡,才说:"你还得继续(jìxù / continue)努力,我上学的时候(shíhou / time),历史可总是(zǒng / always)考 5 分!"

　　比尔很不高兴。他想了想,说:"您上学的时候历史短!"

十四、按括号内规定的数量写出含有下列部首的汉字 (Write Characters (the Number in the Parentheses) Containing the Following Radicals)

犭:(3) ____ ____ ____

鱼:(3) ____ ____ ____

鸟:(5) ____ ____ ____ ____ ____

虫:(6) ____ ____ ____ ____ ____ ____

十五、每课一谜 (Character Riddle)

　　"古"代"月"亮"水"边看。

　　(猜本课生字一)

第三十三课　我跟你们

一、抄写 (Copy)

　　1. 单字抄写 (Copy the Characters)

很	9	ノ	ノ	イ	彳	彳	彳	彳	很	很			
跟	13	ヽ	口	口	甲	足	足	趴	趴	趴	跟	跟	跟
根	10	一	十	才	木	朾	朾	根	根	根			
银	11	ノ	ト	乍	乍	钅	钌	钌	钌	铟	铟	银	
元	4	一	二	テ	元								
园	7	｜	冂	冂	冃	冃	园	园					
完	7	ヽ	宀	宀	宀	宇	宇	完					
医	7	一	丁	匚	至	至	妄	医					
院	9	阝	阝	阝	阝	阵	阵	院	陀	院			
处	5	ノ	ク	夂	处	处							
怎	9	ノ	广	仁	乍	乍	作	怎	怎	怎			
作	7	ノ	イ	亻	仁	作	作	作					
求	10	ヽ	丷	宀	宀	宊	宊	突	窄	窄	窄		

样 10	一	十	才	木	术	术	栏	栏	栏	样
洋 9	丶	丶	氵	汫	浐	泸	洋	洋	洋	
养 9	丶	丷	兰	兰	兰	羊	关	养	养	
详 8	丶	讠	讠	讠	详	详	详	详		

2. 词语抄写 (Copy the Words)

gēnzhe 跟着   gēnjù 根据   gēnběn 根本   yínháng 银行

yuándàn 元旦   měiyuán 美元   gōngyuán 公园   wánchéng 完成

chǔlǐ 处理   yīyuàn 医院   zěnmeyàng 怎么样   zuòyè 作业

zuòyòng 作用   yàngzi 样子   yàngshì 样式   hǎiyáng 海洋

péiyǎng 培养   xiángxì 详细

二、给下面各字注音并组词 (Write Pinyin and Form Words with Each Character)

羊：(   ) _____ _____   完：(   ) _____ _____

元：(   ) _____ _____   作：(   ) _____ _____

很：(   ) _____ _____

三、形音义填写 (Fill in the Blanks with Character, Pinyin or Meaning)

银 _____   窄 _____   养 _____   院

_____yín_____ _____zěn_____ _____yàng_____ _____xiáng_____

silver   park _____ root _____ detailed   ocean _____

四、给下面的汉字注音，把共同的声旁写在括号内 (Write Pinyin and Put the Common Sound-component in the Parentheses)

1. 昨____ 怎____ 窄____ 作____ (   )

2. 玩____ 园____ 远____ 完____ (   )

3. 养____ 样____ 洋____ 详____ (   )

4. 很____ 跟____ 恨____ 根____ 银____ (   )

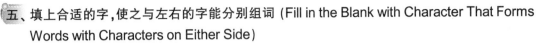

五、填上合适的字,使之与左右的字能分别组词 (Fill in the Blank with Character That Forms Words with Characters on Either Side)

1. 金___行   2. 详___心   3. 树___本   4. 昨___空
5. 怎___子   6. 医___子   7. 美___旦   8. 工___业

六、利用下面所给的部件拼出五个以上汉字来,部件可重复使用 (Form More Than Five Characters with the Following Components Which Can Be Used Repeatedly)

艮 羊 讠 木 穴 工 乍 亻

_____

七、找汉英对应词语 (Match the English Words with Their Chinese Counterparts)

1. 根本   2. 样品   3. 营养   4. 作用   5. 怎么
6. 作家   7. 样式   8. 完成   9. 培养   10. 银行

a. accomplish   b. at all   d. bank   d. effect   e. how
f. nutrition   g. sample   h. style   i. to train j. writer

八、把下面各词的读音 (可参考提示字)、英译用线连起来 (Match each Word with Pinyin and English Interpretation)

gān   痕 (很)   lotus
hén   莲 (连)   pole
yǎng   氧 (羊)   oxygen
tí   柞 (作)   oak
lián   提 (题)   scar
zuò   竿 (干)   carry

九、你知道下面这些金属的读音和意义吗 (Do You Know How to Read These Metals and What They Mean)

金 jīn   gold
银 yín   silver
铜 tóng   copper
铁 tiě   iron
锡 xī   tin
钢 gāng   steel
铅 qiān   lead

汉字突破

十、写出和下面的每种动物有关的词 (Write Words Related to the Following Animals)

例：牛→牛皮、牛毛、牛奶、牛肉、牛仔……

羊→

马→

鸡→

鱼→

十一、写出有下列声旁的字,括号内为要求写出的字数 (Form Idea-sound Characters (The Number in the Parentheses) with Each Sound-component)

艮：(5) ____ ____ ____ ____ ____　　乍：(4) ____ ____ ____ ____

元：(3) ____ ____ ____　　羊：(4) ____ ____ ____ ____

十二、根据提示把下列句子翻译成汉语 (Translate the Sentences into Chinese According to the Clues)

1. How about going together with you? (跟)

2. How is the movie yesterday? Is it interesting? (怎么样)

3. That piece of clothes is good in style, but it's too expensive. (样子)

4. I'm not clear about it in detail... (详细)

5. I do not know who he is at all. (根本)

十三、阅读 (Read)

误会(wùhuì / misunderstanding)

爸爸：儿子,如果(rúguǒ / if)你跟我说实话(shuō shíhuà / tell the truth),明天我
们跟你一起公园或者(huòzhě / or)海边玩儿,怎么样?

儿子：很好。

爸爸：你们班(bān / class)里谁最(zuì / most)懒(lǎn / lazy)?

儿子：我根本不知道(zhīdào / know),爸爸。

爸爸：我想你是知道的。你想想,昨天别的同学们都在用功做作业的时候,谁
什么也不做,在旁边玩儿?

儿子：老师。

十四、每课一谜（Character Riddle）

银行两边。

（猜本课生字一）

第三十四课　我带的钱

一、抄写（Copy）

1. 单字抄写（Copy the Characters）

带 9	一	十	卅	丗	芦	带	带	带	带	
钱 10	丿	𠂉	上	乇	车	钅	钅	钱	钱	钱
线 8	乙	丝	乡	纟	纟	线	线	线		
践 12	丶	丷	口	甲	早	昻	武	趵	趵	践 践 践
路 13	丶	丷	口	甲	早	昻	趵	趵	政	政 路 路 路
句 5	丿	勹	勺	句	句					
够 11	丿	勹	勺	句	句	勾	够	够	够	够
狗 8	丿	犭	犭	犭	犲	狗	狗	狗		
构 8	一	十	才	木	朾	杓	构	构		
购 8	丨	冂	贝	贝	贝	财	购	购		
能 10	厶	厶	台	台	台	肯	能	能	能	
熊 14	厶	厶	台	台	台	肯	肯	能	能	能 能 能
	熊									

措 11	一	十	扌	扌	扩	措	措	措	措	措

醋 15	一	厂	厂	両	西	西	酉	酉	酌	酌	酌	酢	醋

醋 醋

给 9	乚	纟	纟	纟	纠	纠	给	给	给

乐 5	一	仁	尸	牙	乐

块 7	一	十	土	扫	扣	坭	块

筷 13	丿	尸	竺	竺	竺	竺	竺	筌	笚	笐	笐	筷	筷

2. 词语抄写（Copy the Words）

dài lù 带路　　jīnqián 金钱　　huàn qián 换钱　　shíjiàn 实践
mǎlù 马路　　lùguò 路过　　jùzi 句子　　　nénggòu 能够
zúgòu 足够　　yǎng gǒu 养狗　jiégòu 结构　　gòumǎi 购买
nénglì 能力　　nénggàn 能干　　xióngmāo 熊猫　cuòshī 措施
jiāogěi 交给　　lèguān 乐观　　yīnyuè 音乐　　yíkuàir 一块儿
kuàizi 筷子

二、把下列字按笔画数由少到多排列 (Arrange the Characters by the Number of Strokes From Small to Large)

能　狗　块　领　会　践　带　乐　路

_____

三、形音义填写 (Fill in the Blanks with Character, Pinyin or Meaning)

狗	_____	_____	践	_____	带	_____	筷
gǒu	_____	cù	xiàn	_____	_____	néng	_____
dog	money	_____	wrong	purchase			

135

四、填上合适的字,使之左右的字能分别组词 (Fill in the Blank with Character That Forms Words with Characters on Either Side)

1. 快____观　　2. 结____成　　3. 才____力　　4. 金____包

5. 走____过　　6. 占____路　　7. 实____踏　　8. 可____干

五、解释下列正反词的含义 (Tell the Meaning of Each Pair of Words Containing the Same Characters but in Opposite Sequence)

例：带领 (lead)→领带 (tie)

1. 儿女(　　)→ 女儿(　　　　)　　2. 故事(　　)→ 事故(　　　　)

3. 前面(　　)→ 面前(　　　　)　　4. 子女(　　)→ 女子(　　　　)

5. 子孙(　　)→ 孙子(　　　　)　　6. 年青(　　)→ 青年(　　　　)

六、找汉英对应词语 (Match the English Words with Their Chinese Counterparts)

1. 熊猫　　2. 零钱　　3. 足够　　4. 能源　　5. 马路

6. 购买　　7. 措施　　8. 吃醋　　9. 乐观　　10. 音乐

a. energy sources　　b. enough　　c. jealousness　　d. measure　　e. music

f. optimistic　　g. panda　　h. purchase　　i. small change　　j. street

七、给下面的汉字注音,把把共同的声旁写在括号内 (Write Pinyin and Put the Common Sound-component in the Parentheses)

1. 够_____ 狗_____ (　　)

2. 购_____ 构_____ (　　)

3. 块_____ 快_____ (　　)

4. 践_____ 线_____ 浅_____ 钱_____ (　　)

5. 借_____ 错_____ 措_____ 醋_____ (　　)

八、把下面各形声字的读音、英译用线连起来 (Match Each Word with Pinyin and English Interpretation)

dá	贱	burst
fēng	沟	cheap
gān	决	ditch
gōu	疯	mad
jiàn	惜	pity
jué	竿	pole
xī	认	reach
rèn	达	recognize

Hànzì Tūpò

九、写出反义词 (Write the Antonym of Each Character)

对—   借—   悲观—

深—   爱—   粗心—

远—   快—   担心—

十、同音字注音、组词 (Write Pinyin and Form Words with Each Pair of Homophones)

购( )   快( )   错( )   快( )

构( )   筷( )   措( )   块( )

十一、根据拼音用汉字填空 (Write Characters According to Pinyin)

1. 那种____(qiǎnsè)的,____(jiàqian)比较便宜。

2. ___(gǒu)可以在前边___(gěi)我们___(dài lù)。

3. 他是一个____(lèguān)的人,你跟他在一起也会____(kuàilè)的。

4. "___"(xióng)字比"___"(néng)字下边多四点。

5. 他们____(yíkuàir)来中国____(gòumǎi)木____(kuàizi)。

十二、续写下列未完成的句子 (Complete the Following Sentences)

1. 他一句话_____。

2. 这个工作我能_____。

3. 这本书是从_____。

4. 我忘了带钱,你能_____吗?

5. 你喜欢一边看书,_____吗?

十三、阅读 (Read)

A：如果(rúguǒ / if)你有十万块钱,能给我一万吗?

B：没问题!

A：如果你有两辆(liàng / measure word for vehicles)车,能送给我一辆吗?

B：当然(dāngrán / of course)可以!

A：如果你有三件(jiàn / measure word)衬衣(chènyī / shirt),能借给我一件吗?

B：那不行!

A：为什么?

B：我正好有三件衬衣。

十四、每课一谜 (Character Riddle)

云下有月，残（cán / remnant）花两片。(There is the moon under a cloud with two petals beside.)

（猜本课生字一）

第三十五课　瓶子里

一、抄写（Copy）
1. 单字抄写（Copy the Characters）

并₆	丶	⸌	兰	兰	羊	并				
瓶₁₀	丶	⸌	兰	兰	羊	并	并	瓶	瓶	瓶
饼₉	丿	⺈	乍	钅	饣	铲	铲	饫	饼	
拼₉	一	十	扌	才	扩	护	拌	拌	拼	
理₁₁	一	二	三	王	玨	珇	珇	珇	理	理
厘₉	一	厂	厂	斤	斥	厔	厙	厙	厘	
米₆	丶	⸌	兰	半	米	米				
乘₁₀	一	二	千	千	千	禾	乖	乖	乘	乘
剩₁₂	一	二	千	千	千	禾	乖	乖	乘	乘	剩
点₉	丨	卜	占	占	占	点	点	点		
汽₇	丶	氵	氵	氵	汇	泸	汽			
商₁₁	丶	一	亠	产	产	商	商	商	商	商
店₈	丶	一	广	广	庐	庐	店	店		

139

站 10	丶 亠 亠 亠 立 立 갺 갻 站 站
钻 10	丿 丿 仁 仨 钅 钅 钊 钻 钻 钻
巴 4	𠃌 𠃌 𡆥 巴
吧 7	丨 口 口 叮 吗 吗 吧
把 7	一 寸 扌 扫 扣 扣 把
它 5	丶 丷 宀 宁 它
全 6	丿 人 亼 仐 全 全
部 10	丶 亠 亠 亠 立 产 辛 音 部 部
歇 13	丨 口 日 日 旦 昌 易 易 曷 曷 歇 歇 歇

2. 词语抄写 (Copy the Words)

bìngqiě 并且	píngzi 瓶子	bǐnggān 饼干	pīnyīn 拼音
lǐxiǎng 理想	lǐjiě 理解	mǐfàn 米饭	chéngkè 乘客
shèngxià 剩下	diǎn cài 点菜	shāngdiàn 商店	shāngliang 商量
fàndiàn 饭店	chēzhàn 车站	zuànshí 钻石	qìchē 汽车
wěiba 尾巴	bǎwò 把握	tāmen 它们	qítā 其他
quánbù 全部	bùmén 部门		

二、给下面的字注音并组词 (Write Pinyin and Form Words with Each Character)

并：（　　　）＿＿＿＿　　　　里：（　　　）＿＿＿＿　＿＿＿＿

占：（　　　）＿＿＿＿　＿＿＿＿　巴：（　　　）＿＿＿＿　＿＿＿＿

三、把下面的汉字拆分成几个部件字 (Separate Each Character into Single-part Characters)

例：爸→父, 巴

理→　　　　店→　　　　厘→　　　　站→

想→　　　　音→　　　　解→　　　　乘→

四、形音义填写 (Fill in the Blanks with Character, Pinyin or Meaning)

瓶	钻		部		剩
píng		diǎn		bǐng	
bottle	shop		station	it	steam

五、填上合适的字, 使之与左右的字能分别组词 (Fill in the Blank with Character That Forms Words with Characters on Either Side)

1. 汽___站　2. 钻___头　3. 厘___饭　4. 其___们

5. 安___部　6. 点___里　7. 拼___乐　8. 道___解

六、找汉英对应词语 (Match the English Words with Their Chinese Counterparts)

1. 并且　2. 理解　3. 把握　4. 部门　5. 乘客
6. 商量　7. 酒店　8. 点菜　9. 尾巴　10. 安全

a. besides　b. comprehend　c. consult　d. department　e. grasp
f. hotel　g. order dishes　h. passenger　i. safety　j. tail

七、给下面的汉字注音, 把共同的声旁写在括号内 (Write Pinyin and Put the Common Sound-component in the Parentheses)

1. 理_____ 厘_____ (　　)

2. 瓶_____ 饼_____ 拼_____ (　　)

3. 把_____ 吧_____ 爸_____ (　　)

4. 店_____ 站_____ 点_____ 钻_____ (　　)

八、把下面各词的读音、英译用线连起来 (Match Each Word with Pinyin and English Interpretation)

bā	鲤	basketry
chàng	毡	carp
huǒ	笆	camel
lǐ	驼	companion
tuó	怅	felt
zhān	伙	upset

九、根据所给声旁字写汉字,括号内的数字为要求所写的数量 (Form Idea-sound Characters (the Number in the Parentheses) with Each Sound-component)

里 (2) ___ ___　　　　占 (4) ___ ___ ___ ___

巴 (4) ___ ___ ___ ___　　　　并 (3) ___ ___ ___

十、汉字填空 (Fill in Each Blank with a Character)

____店　shāngdiàn　　shop

____店　shūdiàn　　bookstore

____店　xǐyīdiàn　　laundry

____店　miànbāodiàn　　breads shop

____店　lǚdiàn　　hotel

____店　fàndiàn　　restaurant; hotel

____店　lǐfàdiàn　　barber's shop

____店　huādiàn　　florist

____店　jiùhuòdiàn　　second-hand shop

____车　qìchē　　automobile

____车　huǒchē　　train

____车　chūzūchē　　taxi

____车　zìxíngchē　　bicycle

十一、根据提示把下列句子译成汉语 (Translate the Sentences into Chinese Accordind to the Clues)

1. He drank a bottle of ale just now. (瓶)

2. He had 200 yuan. He spent 180. How much is left? (剩)

3. I went to the railway station to pick up my friend. (火车站)

4. I can understand his present mood. (理解)

5. You may take the whole stuff away. (把)

十二、阅读（Read）

执著（zhízhuó / persistive）

爸爸把小男孩抱上床,让(ràng / let)他睡觉,过(guò / pass)了五分钟,小男孩说:"爸爸……"

"什么事?"

"我很渴,很想喝汽水,你可以不可以给我一杯?"

"不行,桌子(zhuōzi / table)上有一瓶汽水,自己去拿。"

又过了五分钟,小男孩又说:"爸爸……"

"怎么了?"

"我真的好渴,真的很想喝汽水,你可以不可以给我一杯?"

"我跟你说过不行,再(zài / once more)说我打你!"

又过了五分钟:"爸爸……"

"又怎么了?"

"……你来打我的时候(shíhou / time),可以不可以顺便(shùnbiàn / by the way)给我一杯汽水?"

十三、每课一谜（Character Riddle）

口小肚子(dùzi / stomach)大,有瓷(cí / porcelain)也有瓦(wǎ / baked clay),用来盛(chéng / ladle, fill)东西,也可插(chā / stick in)鲜花。(A small mouth but a big stomach, made of porcelain or baked clay, used as a container or a vase.)

(猜本课生字一)

第三十六课　　有话好好说

一、抄写（Copy）

1. 单字抄写（Copy the Characters）

话 8	`　讠　订　讦　话　话　话
刮 8	ノ　二　千　千　舌　舌　刮　刮
括 9	一　十　扌　扩　扩　括　括　括　括
阔 12	`　丨　门　门　门　门　闩　闩　闱　阔　阔　阔
另 5	`　丨　口　号　另
别 7	`　丨　口　号　另　别　别
拐 8	一　十　扌　扌　护　护　拐　拐
吵 7	`　丨　口　叫　叫　吵　吵
抄 7	一　十　扌　扫　扚　扚　抄
妙 7	〈　女　女　妙　妙　妙　妙
沙 7	`　氵　氵　汅　沙　沙　沙
加 5	フ　力　加　加　加
架 9	フ　力　加　加　加　加　架　架　架

劳 7	一	十	艹	艹	芦	劳	劳	
驾 8	乛	力	加	加	加	架	驾	驾

2. 词语抄写（Copy the Words）

diànhuà 电话	xiàohua 笑话	guā fēng 刮风	bāokuò 包括
lìngwài 另外	tèbié 特别	qūbié 区别	guǎi wān 拐弯
chǎo jià 吵架	chāoxiě 抄写	měimiào 美妙	shāfā 沙发
cānjiā 参加	zēngjiā 增加	shūjià 书架	láodòng 劳动
jiàshǐ 驾驶			

二、把下列的汉字按结构分类填空 (Classify the Characters According to Structure Patterns)

同 气 风 阔 活 弯 架 绝 厘
包 鲍 麻 别 有 美 妙 尾 左

左右结构（left-right structure）□ _____

上下结构（top-bottom structure）□ _____

左上包围（upper-left enclosure）□ _____

三面包围（three-side enclosure）□ _____

右上包围（upper-right enclosure）□ _____

三、给下面各字注音并组词 (Write Pinyin and Form Words with Each Character)

例：舌（shé）：舌头（tongue）

另：（　　　）_____

吵：（　　　）_____

加：（　　　）_____

四、把下面的汉字拆分成几个部件字 (Separate Each Character into Single-part Characters)

例：爸→父，巴

阔→　　　　架→　　　　驾→　　　　妙→

秒→　　　　吵→　　　　驶→　　　　美→

五、形音义填写 (Fill in the Blanks with Character, Pinyin or Meaning)

话	_____	阔	_____	妙	_____	驾	_____
huà	_____		jiā		_____	shā	_____
saying	scrape			copy	frame		turn

六、 填上合适的字,使之与左右的字能分别组词 (Fill in the Blank with Character That Forms Words with Characters on Either Side)

1. 书＿＿括　　2. 劳＿＿驶　　3. 另＿＿边　　4. 增＿＿人

5. 多＿＿数　　6. 特＿＿人　　7. 点＿＿单　　8. 很＿＿架

七、 找汉英对应词语 (Match the English Words with Their Chinese Counterparts)

| 1. 参加 | 2. 减少 | 3. 刮风 | 4. 笑话 | 5. 沙发 |
| 6. 巧妙 | 7. 拐弯 | 8. 抄写 | 9. 区别 | 10. 开阔 |

| a. attend | b. blow | c. distinguish | d. ingenious | e. joke |
| f. reduce | g. sofa | h. transcribe | i. turn a corner | j. wide |

八、 给下面的汉字注音,把共同的部分写在括号内 (Write Pinyin and Put the Common Part in the Parentheses)

1. 别＿＿＿　　拐＿＿＿　　（　　　）

2. 架＿＿＿　　驾＿＿＿　　（　　　）

3. 喝＿＿＿　　渴＿＿＿　　歇＿＿＿　　（　　　）

4. 点＿＿＿　　店＿＿＿　　站＿＿＿　　钻＿＿＿　　（　　　）

5. 吵＿＿＿　　抄＿＿＿　　秒＿＿＿　　妙＿＿＿　　沙＿＿＿　　（　　　）

6. 话＿＿＿　　刮＿＿＿　　括＿＿＿　　活＿＿＿　　阔＿＿＿　　（　　　）

九、 把以下形声字按照组合规律分别归类 (Classify the Following Idea-sound Characters According to their Combination Patterns)

沾 zhān　　裹 guǒ　　攻 gōng　　痂 jiā　　苦 kǔ　　炒 chǎo

邮 yóu　　茵 yīn　　阔 kuò　　怒 nù　　园 yuán　　苹 píng

完 wán　　梅 méi　　整、郊 jiāo　　宾 bīn　　悲 bēi　　空、闷 mèn

朗、窄 zhǎi　　愁 chōu　　俄 é　　鹅 é　　驾、故、贡 gòng

1. 左形右声：吓、请＿＿＿＿＿＿＿

2. 左声右形：功、期＿＿＿＿＿＿＿

3. 上形下声：花、零＿＿＿＿＿＿＿

4. 下形上声：想、忠＿＿＿＿＿＿＿

5. 内形外声：问、闻＿＿＿＿＿＿＿

6. 外形内声：衷、固＿＿＿＿＿＿＿

十、为多音字注音并组词、造句 (Write Pinyin, Form Words and Make Sentences with the Following Multi-sound Characters)

乐〔　　少〔　　处〔　　仔〔

十一、理解下列句子的意思 (Reading Comprehension)

1. 请等一下,我有话要对你说。

2. 昨天刮大风了,很多树都刮倒了。

3. 你参加他的生日晚会了吗?

4. 这儿很吵,我听不见你说什么。

5. 我为这事儿跟他们吵了一架。

6. 一直往前走,在第二个十字路口往左拐。

十二、阅读 (Read)

花园的门

曹操(Cáo Cāo)当上了魏(Wèi)国的丞相(chéngxiàng / prime minister),叫人为他建造(jiànzào / build)一个花园。花园建好以后,大家请曹操来看一看。曹操看了每一个角落(jiǎoluò / corner),都满意(mǎnyì / satisfy)地点点头。最后走(zǒu / walk)出大门的时候,在门上写了一个"活"字,一句话也没说就走了。

大家都不明白曹操的意思,只有杨修(Yáng Xiū)猜出了曹操的心思。他说:"在'门'字中加上一个'活'字,这不是'阔'字吗?丞相的意思是嫌(xián / dislike)门太宽了。"

听了他的解释(jiěshì),大家觉得很有道理,就把大门改小一些。后来曹操知道了,觉得杨修太聪明了。

十三、每课一谜 (Character Riddle)

"省"一半,"扔"一半。

(猜本课生字一)

第三十七课 麻烦你

一、抄写 (Copy)

1. 单字抄写 (Copy the Characters)

麻 11　丶　亠　广　广　庁　庁　庇　庇　麻　麻　麻

嘛 14　丶　口　口　口　口　吖　吗　听　呀　呀　嘛　嘛　嘛
嘛

烦 10　丶　丷　少　火　灯　灯　灯　灯　烦　烦

帮 9　一　二　三　丰　丰　邦　邦　帮　帮

稼 15　丿　二　千　禾　禾　禾　禾　秆　秆　秆　稼　稼　稼
稼　稼

嫁 13　乙　乂　女　女　女　妒　妒　妒　嫁　嫁　嫁　嫁

召 5　乛　刀　刀　召　召

招 8　一　十　扌　扣　扣　扣　招　招

超 12　一　十　土　圭　走　走　起　起　起　超　超

绍 8　乚　乚　纟　纟　纫　纫　绍　绍

照 13　丨　冂　冂　日　日　日　昭　昭　昭　照　照　照　照

张 7　㇇ 　㇇ 　弓 　弓' 　弘 　张 　张

涨 10　丶 　冫 　氵 　氵' 　氵' 　汃 　汃' 　沪' 　涨 　涨

法 8　丶 　冫 　氵 　汇 　汁 　沣 　法 　法

2. 词语抄写（Copy the Words）

máfan 麻烦	bāngzhù 帮助	bāng máng 帮忙	chū jià 出嫁
zhàokāi 召开	zhāohu 招呼	chāoguò 超过	jièshào 介绍
zhàogù 照顾	zhàopiàn 照片	jǐnzhāng 紧张	zhǔzhāng 主张
zhǎng jià 涨价	fǎlǜ 法律	xiǎngfǎ 想法	

二、把下面的字拆成几个部件字（Separate Each Character into Single-part Characters）

召→　　麻→　　烦→　　超→　　嫁→

稼→　　张→　　想→　　助→　　庄→

三、给下面各字注音并组词（Write Pinyin and Form Words with Each Character）

麻（　　）＿＿＿　＿＿＿　　　召（　　）＿＿＿　＿＿＿

家（　　）＿＿＿　＿＿＿　　　长（　　）＿＿＿　＿＿＿

张（　　）＿＿＿　＿＿＿

四、形音义填写（Fill in the Blanks with Character, Pinyin or Meaning）

＿＿ 帮	＿＿ 嫁	＿＿ 照	＿＿ 涨
bāng ＿＿	shào ＿＿	fán ＿＿	má ＿＿
help　open	＿＿ exceed	surpass ＿＿	＿＿

五、给下面的汉字注音，把共同的部分写在括号内（Write Pinyin and Put the Common Sound-component in the Parentheses）

1. 嫁＿＿＿　稼＿＿＿（　　　　）

2. 张＿＿＿　涨＿＿＿（　　　　）

3. 招＿＿＿　绍＿＿＿　超＿＿＿　照＿＿＿（　　　　）

六、填上合适的字,使之与左右的字能分别组词 (Fill in the Blank with Character That Forms Words with Characters on Either Side)

1. 照＿＿机　　2. 紧＿＿开　　3. 想＿＿律　　4. 号＿＿开

5. 涨＿＿钱　　6. 麻＿＿恼　　7. 超＿＿去　　8. 方＿＿国

七、利用下面所给的部件拼字,括号内的数字为要求拼出的数目 (Form Characters (the Number in the Parentheses) with the Components Given)

土、木、广(3)：＿＿＿ ＿＿＿ ＿＿＿　　　日、口、刀(2)：＿＿＿ ＿＿＿

口、少、女(3)：＿＿＿ ＿＿＿ ＿＿＿　　　火、页、丁(2)：＿＿＿ ＿＿＿

八、找汉英对应词语 (Match the English Words with Their Chinese Counterparts)

1. 帮助　　2. 介绍　　3. 超级　　4. 庄稼　　5. 涨价
6. 照相　　7. 招手　　8. 照顾　　9. 法律　　10. 紧张

a. beckon　　b. crops　　c. help　　d. introduce　　e. law
f. nervous　　g. rise in price　　h. super　　i. take care of　　j. take pictures

九、把下面各词的读音、英译用线连起来 (Match Each Word with Pinyin and English Interpretation)

bǎng	枫	assist
chāo	超	account
lài	账	bind
fēng	沼	discard
wén	睐	exceedi
tài	汰	mosquito
zhǎo	绑	natural pond
zhàng	纹	maple
zuǒ	佐	squint

十、写出有下列声旁的字,括号内为要求写出的字数 (Form Idea-sound Characters (the Number in the Parentheses) with Each Sound-component)

少(5)：＿＿ ＿＿ ＿＿ ＿＿ ＿＿　　　召(3)：＿＿ ＿＿ ＿＿

舌(4)：＿＿ ＿＿ ＿＿ ＿＿　　　加(2)：＿＿ ＿＿

家(2)：＿＿ ＿＿　　　长(1)：＿＿

Hànzì Tūpò

十一、根据提示把下列句子翻译成汉语 (Translate the Sentences into Chinese According to the Clues)

1. Let me introduce you to each other. (介绍)

2. These pictures were taken when we were in Beijing. (照片)

3. He helped me a lot in my studies. (帮助)

4. May I trouble you to give him the books? (麻烦)

5. How much is it to develop a picture? (张)

十二、阅读 (Read)

不能久等(jiǔ děng / wait for a long time)

妈妈走进房间,叫两个女儿帮她准备(zhǔnbèi / arrange)午饭。这时候,姐姐正在看一本介绍非洲(Fēizhōu / Africa)的书,妹妹正在玩。妹妹听见妈妈叫(jiào / call),就走进了厨房(chúfáng / kitchen)。过了几分钟,她来叫姐姐去帮忙。姐姐回答说:"我不在家!现在我在非洲。这里的风景(fēngjǐng / scenery)很好,我正准备照几张相呢。"妹妹听了这话,回(huí / return)厨房去了。过了一会,她又回房间里来玩。姐姐见妹妹吃着东西,问她:"你在吃什么?""我在吃冰淇淋(bīngqílín / ice cream),这已是第二块了。刚才我吃的是我自己的一块,现在吃的是你那一块。"姐姐一听,生气地说:"为什么要吃我的冰淇淋?"妹妹说:"妈妈说不知道你什么时候才能从非洲回来,时间长了,冰淇淋是会化(huà / melt)的。"

十三、每课一谜 (Character Riddle)

女儿去了别人家。

(猜本课生字一)

第三十八课 去市场

1. 单字抄写 (Copy the Characters)

却 7	一	十	土	去	去	去卩	却					
市 5	丶	亠	宀	市	市							
柿 9	一	十	才	木	朾	柿	栌	栫	柿			
场 6	一	十	土	坊	坊	场						
肠 7	丿	刀	月	月	朋	肠	肠					
扬 6	一	寸	扌	扣	扬	扬						
汤 6	丶	冫	氵	汚	汤	汤						
烫 10	丶	冫	氵	汚	汤	汤	汤	汤	烫	烫		
书 4	乛	乛	书	书								
继 10	乚	乡	纟	纟	纠	纠	纠	继	继	继		
续 11	乚	乡	纟	纟	纠	结	结	结	结	续	续	
牺 9	丿	丶	牛	牛	牛	牜	牺	牺	牺			
腰 13	丿	刀	月	月	肜	胪	胪	脬	脬	脬	腰	腰	腰

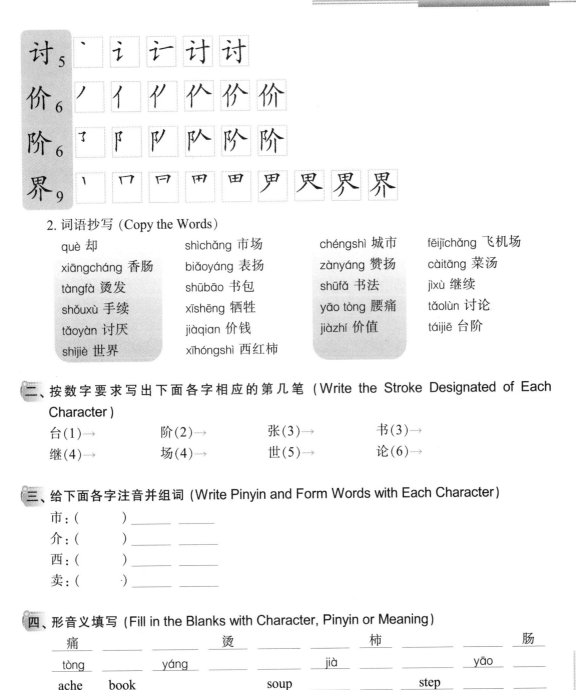

讨₅ `丶 讠 计 讨 讨

价₆ ノ 亻 仁 价 价 价

阶₆ 阝 阝 阶 阶 阶

界₉ 丶 冂 日 田 甲 界 界 界

2. 词语抄写 (Copy the Words)

què 却   shìchǎng 市场   chéngshì 城市   fēijīchǎng 飞机场

xiāngcháng 香肠   biǎoyáng 表扬   zànyáng 赞扬   càitāng 菜汤

tàngfà 烫发   shūbāo 书包   shūfǎ 书法   jìxù 继续

shǒuxù 手续   xīshēng 牺牲   yāo tòng 腰痛   tǎolùn 讨论

tǎoyàn 讨厌   jiàqian 价钱   jiàzhí 价值   táijiē 台阶

shìjiè 世界   xīhóngshì 西红柿

二、按数字要求写出下面各字相应的第几笔 (Write the Stroke Designated of Each Character)

台(1)→   阶(2)→   张(3)→   书(3)→

继(4)→   场(4)→   世(5)→   论(6)→

三、给下面各字注音并组词 (Write Pinyin and Form Words with Each Character)

市:(   ) _____ _____

介:(   ) _____ _____

西:(   ) _____ _____

卖:(   ) _____ _____

四、形音义填写 (Fill in the Blanks with Character, Pinyin or Meaning)

痛	烫	柿	肠
tòng	yáng	jià	yāo
ache	book	soup	step

五、填上合适的字,使之与左右的字能分别组词 (Fill in the Blank with Character That Forms Words with Characters on Either Side)

1. 讨___文   2. 台___段   3. 世___线   4. 烫___机

5. 讨___钱   6. 手___扬   7. 城___场   8. 菜___圆

六、找汉英对应词语 (Match the English Words with Their Chinese Counterparts)

1. 继续　　2. 世界　　3. 表扬　　4. 讨厌　　5. 价值
6. 台阶　　7. 城市　　8. 冷冻　　9. 读书　　10. 心肠

a. attend school　　b. city　　　c. continue　　d. disagreeable　　e. freeze
f. heart　　　　　g. praise　　h. step　　　i. value　　　　　j. world

七、给下面的汉字注音,把它们的声旁写在括号内 (Write Pinyin and Put the Common Sound-component in the Parentheses)

1. 腰＿＿＿＿（　　）
2. 却＿＿＿＿（　　）
3. 烫＿＿＿＿（　　）
4. 冻＿＿＿＿（　　）
5. 牺＿＿＿＿（　　）
6. 牲＿＿＿＿（　　）
7. 读＿＿＿续＿＿＿（　　）
8. 价＿＿＿界＿＿＿阶＿＿＿（　　）
9. 场＿＿＿肠＿＿＿扬＿＿＿汤＿＿＿（　　）

八、把下面各词的读音、英译用线连起来 (Match Each Word with Pinyin and English Interpretation)

cháng	狮	big tablet of jade
dòng	肝	bless
dú	肠	calf
jià	冻	carry by two or more persons
jiè	抬	lion
shī	玠	intestines
tái	价	key
gān	犊	price
yào	钥	freeze
yòu	佑	liver

九、 填字游戏。请在？处填上适当的字，使它能与上下左右组合成新字 (Write Character That Forms New Characters with What Are Around It)

1.
	田
亻	？

2.
木	？
	口

3.
讠	千
	？

4.
	？
纟	口

5.
彳	？	瓦

6.
讠	？	刂

7.
口	？	欠

十、 写出有下列偏旁的字，括号内为要求写出的字数 (Write Characters (the Number in the Parentheses) Containing the Following Components)

纟(6)：___ ___ ___   月(4)：___ ___ ___

冫(4)：___ ___ ___   火(3)：___ ___ ___

牛(2)：___ ___   阝(2)：___ ___

十一、 根据提示用汉语翻译下列句子 (Translate the Sentences into Chinese According to the Clues)

1. Tokyo is the largest city in Japan.（城市）

2. Let's have a rest first. Then we go on with it.（继续）

3. He took soup while he was eating.（喝汤）

4. You should make a bargain when buying things in the market.（讨价还价）

5. How many countries are there altogether in this world?（世界）

十二、阅读（Read）

买 鹦 鹉(yīngwǔ / parrot)

一个人去市场买鹦鹉。店主(diànzhǔ / shopkeeper)介绍说："这只500元，那只1000元，另一只2000元。"这人问："你的鹦鹉怎么这么贵？这只500元的会做些什么呢？"店主说："这只会用电脑(diànnǎo / computer)。"又问："那这只价值1000元的呢？"店主说："它不只会用电脑，而且还会说几种外语。""那么这只2000元的呢？""老实说(lǎoshi shuō / be frank with you)，我还真没见过它做过什么，不过(búguò / but)，另外两只叫它'老板'(lǎobǎn / boss)！"

十三、每课一谜（Character Riddle）

头上有十顶帽子。(There are ten caps on the head.)

（猜本课生字一）

第三十九课　这篇课文

一、抄写（Copy）
　1. 单字抄写（Copy the Characters）

扁 9 ｀ ｀ ⼾ ⼾ ⼾ 启 启 扁 扁

篇 15 ｀ ⺈ ⺈ ⺈ ⺉ ⺉ ⺉ 笁 竺 筥 筥 篙 篇
篇 篇

偏 11 丿 亻 亻 亻 价 价 价 侚 侚 偏 偏

遍 12 ｀ ｀ ⼾ ⼾ ⼾ 启 启 扁 扁 扁 谝 遍

编 12 乚 纟 纟 纟 纟 纱 纱 纱 绢 绢 编 编

果 8 丨 冂 冂 日 旦 甲 果 果

课 10 ｀ 讠 讠 讠 评 评 评 评 课 课

棵 12 一 十 才 木 术 杶 杶 杸 栍 椤 椤 棵

难 10 コ 又 双 刈 对 欢 难 难 难

但 7 丿 亻 亻 伃 但 但 但

担 8 一 十 扌 扌 扣 扣 担 担

胆 9 丿 刀 月 月 肝 肝 旪 胆 胆

汉字突破

吩	7	ノ	冂	口	叭	叺	吩	吩		
纷	7	ノ	纟	纟	纟	纠	纷	纷		
盼	9	丨	冂	冃	目	目	盯	盼	盼	盼
望	11	`	亠	亡	亣	切	胡	玥	狙	望 望 望
析	8	一	十	才	木	朾	杧	析	析	

2. 词语抄写 (Copy the Words)

piānfú 篇幅　　piānjiàn 偏见　　pǔbiàn 普遍　　biānjí 编辑

shuǐguǒ 水果　　rúguǒ 如果　　shàng kè 上课　　kùnnan 困难

zāinàn 灾难　　dànshì 但是　　búdàn 不但　　dān xīn 担心

dàdǎn 大胆　　pàngwàng 盼望　　xīwàng 希望　　fēnxī 分析

二、把下列字按照笔画从少到多排列 (Arrange the Characters by the Number of Strokes From Small to Large)

愿　目　分　但　微　析　扁　望　难　篇　棵

_____

三、给下面各声旁字注音并组成形声字 (Write Pinyin for Each Component-character and Form Words with Them)

旦：(　　　)　_____　　　扁：(　　　)　_____

果：(　　　)　_____　　　分：(　　　)　_____

斤：(　　　)　_____

四、形音义填写 (Fill in the Blanks with Character, Pinyin or Meaning)

果		胆		编		盼
guǒ		xī		kè		wàng
friut	but		lesson		partial	

五、填上合适的字，使之与左右的字能分别组词 (Fill in the Blank with Character That Forms Words with Characters on Either Side)

1. 扁___心　2. 成___析　3. 困___过　4. 上___程

5. 如___然　6. 偏___解　7. 丢___望　8. 难___去

六、找汉英对应词语 (Match the English Words with Their Chinese Counterparts)

1. 灾难　　2. 担心　　3. 盼望　　4. 编者　　5. 纠纷
6. 胆量　　7. 普遍　　8. 偏见　　9. 困难　　10. 分析

a. analyze　　b. courage　　c. disaster　　d. dispute　　e. difficult
f. editor　　g. feel anxious　　h. long for　　i. prejudice　　j. universal

七、给下面的汉字注音,把它们的声旁写在括号内 (Write Pinyin and Put the Common Sound-component in the Parentheses)

1. 棵_____课_____ (　　)
2. 胆_____但_____担_____ (　　)
3. 粉_____纷_____吩_____盼_____ (　　)
4. 篇_____偏_____遍_____编_____ (　　)

八、把下面各形声字的读音、英译用线连起来 (Match Each Word with Pinyin and English Interpretation)

bèi	吾	atmosphere I; we
cái	背	bird's nest in cave
dǎn	喃	dawn
fēn	昕	I; we (classical language)
kē	吐	jaundice
xīn	汁	juice
nán	窠	murmur
tǔ	财	spit
wǔ	氛	vomit
zhī	疸	wealth

九、利用形声字的知识,把下列水果和它们的正确读音连起来 (Think of What You've Learned About Idea-sound Characters and Match the Words About Fruits with Their Pinyin)

lí	桃 (peach)
táo	梨 (pear)
cǎoméi	香蕉 (banana)
mángguǒ	荔枝 (lychee)
lìzhī	柿子 (persimmon)
píngguǒ	草莓 (strawberry)
shìzi	苹果 (apple)
xiāngjiāo	芒果 (mango)

汉字突破

十、同音字组词辨义（Form Words with Homophones）

偏——　　　　吩——　　　　棵——
篇——　　　　纷——　　　　颗——

望——　　　　忠——　　　　介——
忘——　　　　钟——　　　　界——

十一、根据提示把下列句子译成汉语（Translate the Sentences into Chinese According to the Clues）

1. Is this article difficult?（篇）

2. He can speak not only English but also French.（不但）

3. He hopes he can learn Chinese well.（希望）

4. Some characters are easy to write but some are difficult.（难）

十二、阅读（Read）

　　上课时老师(lǎoshī / teacher)解释(jiěshì / explain)"我"字说："我，就是我。"小文记在心里。

　　下午，放学回家。小文的爸爸打开课本指(zhǐ / point)着"我"字问他："这是什么意思(yìsi / meaning)？"

　　小文说："这不难，我就是老师。"

　　爸爸大声说："我就是我，怎么说是老师呢？"

　　小文点了点头说："我明白了！我明白了！"

　　晚上他进房间睡觉，他妈也问他今天教(jiāo / teach)的生字是什么，什么意思？他就说："今天教的是'我'字，我就是爸爸。"妈妈说道(dào / say)："胡说！我就是我，你错了。"小文说："我就是妈妈，不是爸爸，也不是老师。"

十三、每课一谜（Character Riddle）

日月一齐来，不作"明"字猜。
（猜本课生字一）

160

第四十课　毕业以后

一、抄写 (Copy)

一、抄写 (Copy)

1. 单字抄写 (Copy the Characters）

毕6 　一　匕　比　比　毕

批7 　一　十　扌　扌　扪　扪　批

赛14 　丶　宀　宀　宀　宔　宔　宝　宲　实　寒　寒　赛
赛

业5 　｜　｜｜　｜｜｜　业　业

以4 　乚　以　以　以

似6 　丿　亻　仏　仏　似　似

背9 　｜　十　彐　北　北　背　背　背

京8 　丶　一　六　亢　京　京　京

惊11 　丶　丷　忄　忙　忙　忙　怡　怡　惊　惊

景12 　丶　口　日　日　早　旦　早　昙　昙　景　景　景

色6 　丿　丂　夕　名　名　色

影15 　丶　口　日　日　早　旦　早　昙　昙　景　景　景　影

161

Hànzì Tūpò

按⁹
案¹⁰
矿⁸
扩⁶
州⁶
洲⁹
参⁸
观⁶
现⁸
览⁹

2. 词语抄写 (Copy the Words)

bìyè 毕业	pīpíng 批评	pīzhǔn 批准	zhíyè 职业
gōngyè 工业	yǐwéi 以为	suǒyǐ 所以	sìhū 似乎
bèisòng 背诵	Běijīng 北京	chījīng 吃惊	fēngjǐng 风景
yǐngxiǎng 影响	ànshí 按时	ànzhào 按照	dá'àn 答案
kuòdà 扩大	Guǎngzhōu 广州	Yàzhōu 亚洲	cānjiā 参加
cānguān 参观	guānzhòng 观众	guāndiǎn 观点	xiànzài 现在
xiànshí 现实	yóulǎn 游览	zhǎnlǎn 展览	

二、拆分出下列汉字的部件字 (Separate Each Character into Single-part Characters)

毕→　　　　亚→　　　　矿→　　　　背→

景→　　　　案→　　　　观→　　　　望→

三、给下面各字注音并组词 (Write Pinyin and Form Words with Each Character)

比：(　　　) ＿＿＿＿　　　　北：(　　　) ＿＿＿＿

京：(　　　) ＿＿＿＿　　　　广：(　　　) ＿＿＿＿

州：(　　　) ＿＿＿＿　　　　安：(　　　) ＿＿＿＿

以：(　　　) ＿＿＿＿

四、形音义填写 (Fill in the Blanks with Character, Pinyin or Meaning)

洲	览	影	赛
zhōu	sì	sè	cān
continent　join	surprise	swim	

五、填上合适的字,使之与左右的字能分别组词 (Fill in the Blank with Character That Forms Words with Characters on Either Side)

1. 相＿＿乎　　2. 出＿＿代　　3. 吃＿＿喜　　4. 风＿＿色

5. 参＿＿看　　6. 电＿＿子　　7. 可＿＿后　　8. 批＿＿备

六、找汉英对应词语 (Match the English Words with Their Chinese Counterparts)

1. 游泳　　2. 参加　　3. 批评　　4. 按照　　5. 展览

6. 似乎　　7. 亚洲　　8. 旅游　　9. 影响　　10. 背诵

a. according to　　b. Asia　　c. attend　　d. criticize　　e. exhibit

f. influence　　g. recite　　h. seem　　i. swim　　j. tour

七、给下面的汉字注音,把它们的声旁写在括号内 (Write Pinyin and Put the Common Sound-component in the Parentheses)

1. 背＿＿＿＿＿ (　　　)

2. 现＿＿＿＿＿ (　　　)

3. 洲＿＿＿＿＿ (　　　)

4. 批＿＿＿　毕＿＿＿ (　　　)

5. 景＿＿＿　惊＿＿＿ (　　　)

6. 案＿＿＿　按＿＿＿ (　　　)

7. 矿＿＿＿　扩＿＿＿ (　　　)

八、把下面各形声字的读音、英译用线连起来 (Match Each Word with Pinyin and English Interpretation)

ān	鲸	ammonia
bì	氨	back
bèi	轮	breathe out
chān	背	wheel
hū	洲	continent
jīng	似	mix into
lún	毙	similar
sì	泳	kill
yǒng	掺	swim
zhōu	呼	whale

九、同音字组词辨义 (Form Words with Homophones)

州——广州
洲——亚洲

按——
案——

永——永远 (yǒngyuǎn / for ever)
泳——

京——
惊——

题——
提——

乎——
呼——呼吸 (hūxī / breathe)

十、为多音字注音、组词、造句 (Write Pinyin, Form Words and Make Sentences with Each Multi-sound Character)

例：乐
　　lè　快乐——希望你在北京生活快乐。
　　yuè　音乐——我喜欢听古典 (gǔdiǎn / classic) 音乐。

难

参

背

十一、根据提示把下列句子译成汉语 (Translate the Sentences into Chinese According to the Clues)

1. What do you want to do after graduation? (毕业)

2. Did you watch the football match? (比赛)

3. I thought you would be surprised to hear the news. (吃惊)

4. He didn't attend the class on time, for which the teacher criticized him. (批评)

5. It is said that Bali (巴厘) boasts of attractive scenery. He wants to go there for traveling.

(景色 / 游览)

十二、阅读 (Read)

小安的作文

小安是一个人人都喜欢(xǐhuan / like)的小学一年级(niánjí / grade)学生,但是很调皮(tiáopí / naughty)。

有一天,上作文课,老师出了一个题目:三十年以后的我。

下面是小安作文中的一段:今天天气很好,我跟我的小孩在西京公园里玩儿,公园里风景真好,我们都很高兴。走着走着,遇到(yùdào / happen to meet)一个又脏(zāng / dirty)又难看的老太太……天啦(tiān la / my gode!)!! 她怎么是我小学时的作文老师?……

十三、每课一谜 (Character Riddle)

家有女人不慌乱(huāngluàn / panic)(You won't panic when there is a woman at home.)

(猜本课生字一)

第四十一课 准备结婚

一、抄写 (Copy)

1. 单字抄写 (Copy the Characters)

准 10	丶	冫	丬	汁	疒	疒	准	准	准	准
备 8	丿	夂	夂	冬	各	各	备	备		
结 9	乚	纟	纟	纟	纤	结	结	结	结	
洁 9	丶	氵	氵	汇	汁	泔	洁	洁	洁	
桔 10	一	十	才	木	木	杜	杜	桔	桔	桔
昏 8	乀	乚	乄	氏	氏	昏	昏	昏		
婚 11	乚	乚	女	女	妁	妁	娇	娇	婚	婚
倒 10	丿	亻	亻	仁	仴	伭	侄	侄	倒	倒
数 13	丶	丷	丷	米	米	米	娄	娄	数	数
亲 9	丶	二	亠	立	立	辛	辛	亲		
新 13	丶	亠	二	立	辛	辛	亲	亲	新	新
皮 5	一	厂	广	皮	皮					
坡 8	一	十	土	圢	圹	圹	坡	坡		

166

玻 9 一 二 干 王 玗 玭 玻 玻 玻

璃 14 一 二 干 王 王` 玗 玡 玡 玲 琦 琦 璃 璃 璃

破 10 一 厂 厂 石 石 石 矿 砂 破 破

披 8 一 扌 扌 扩 扩 护 披 披

疲 10 ` 亠 广 广 疒 疒 疒 疒 疲 疲

被 10 ` 礻 礻 礻 礻 礻 衤 初 衬 被 被

动 6 一 二 云 云 云 动

度 9 ` 亠 广 广 庐 庐 庹 度 度

渡 12 ` 氵 氵 氵 沪 沪 沪 沪 沪 渡 渡 渡

船 11 ′ 厂 丿 丹 舟 舟 舟 船 船 船 船

必 5 ` 心 心 必 必

须 9 ′ 彡 彡 彡 彡 沴 须 须 须

蜜 14 ` 宀 宀 宓 宓 宓 宓 宓 窜 審 蜜 蜜

密 11 ` 宀 宀 宓 宓 宓 宓 宓 密 密 密

秘 10 ′ 二 千 千 禾 禾 利 利 秘 秘

2. 词语抄写 (Copy the Words)

zhǔnbèi 准备	zhǔnshí 准时	biāozhǔn 标准	zébèi 责备
jiéshù 结束	zhěngjié 整洁	júzi 桔子	huánghūn 黄昏
jié hūn 结婚	hūnlǐ 婚礼	dǎo chē 倒车	dàoshǔ 倒数
shùzì 数字	qīn'ài 亲爱	qīnzì 亲自	píxié 皮鞋
bōli 玻璃	pòhuài 破坏	dǎpò 打破	bèidòng 被动
dòng shēn 动身	dòngzuò 动作	chéngdù 程度	wēndù 温度
bìxū 必须	bìyào 必要	mìmì 秘密	qīnmì 亲密
mìyuè 蜜月			

二、按数字要求写出下面各字相应的第几笔 (Write the Stroke Designated of Each Character)

皮(2) ＿＿　　必(2) ＿＿　　安(3) ＿＿

礼(5) ＿＿　　被(2) ＿＿　　安(7) ＿＿

三、拆分下列汉字的部件字 (Separate the Characters into Single-part Characters)

亲→　　新→　　桔→　　船→　　坡→

玻→　　璃→　　秘→　　婚→　　坏→

四、形音义填写 (Fill in the Blanks with Character, Pinyin or Meaning)

蜜	数	疲	婚
mì	jú	zhǔn	dòng
honey　new		quilt	boat

五、填上合适的字, 使之左右的字能分别组词 (Fill in the Blank with Character That Forms Words with Characters on Either Side)

1. 结＿礼　　2. 蜂＿月　　3. 母＿爱　　4. 团＿婚

5. 温＿假　　6. 运＿作　　7. 亲＿己　　8. 准＿间

六、找汉英对应词语 (Match the English Words with Their Chinese Counterparts)

1. 标准	2. 破产	3. 结账	4. 皮鞋	5. 新闻
6. 亲切	7. 疲倦	8. 动物	9. 划船	10. 设备

a. animal	b. bankruptcy	c. cordial	d. equipment	e. fatigue
f. news	g. row a boat	h. settle accounts	i. leather shoe	j. standard

Hànzì Tūpò

七、给下面汉字注音,把它们的声旁写在括号内 (Write Pinyin and Put the Sound-component in the Parentheses)

1. 渡＿＿＿＿（　　）

2. 婚＿＿＿＿（　　）

3. 倒＿＿＿＿（　　）

4. 新＿＿＿＿（　　）

5. 秘＿＿＿密＿＿＿蜜＿＿＿（　　）

6. 结＿＿＿洁＿＿＿桔＿＿＿（　　）

7. 准＿＿＿谁＿＿＿堆＿＿＿推＿＿＿难＿＿＿（　　）

8. 坡＿＿＿玻＿＿＿破＿＿＿疲＿＿＿披＿＿＿被＿＿＿（　　）

八、把下面各形声字的读音、英译用线连起来 (Match Each Word with Pinyin and English Interpretation)

bō	镀	closely question
dù	阍	gatekeeper
hūn	宓	happy
jié	欣	mallet
mì	诘	peaceful
xīn	波	plating
zhuī	椎	wave

九、同音字组词辨义 (Form Words with the Homophones)

例：{ 介——介绍
　　 界——世界

{ 度——＿＿＿
　 渡——＿＿＿

{ 蜜——＿＿＿
　 秘——＿＿＿

{ 昏——＿＿＿
　 婚——＿＿＿

{ 结——＿＿＿
　 洁——＿＿＿

{ 皮——＿＿＿
　 疲——＿＿＿

{ 青——＿＿＿
　 清——＿＿＿

十、为多音字或形近字注音、组词、造句 (Write Pinyin, Form Words and Make Sentences for the Multi-sound Characters or Characters Having the Similar Form)

例：倒 { (dào)倒水:请给我倒杯水。
　　　 (　　)

{ (shǔ)
　 (　　)

汉字突破

顺(shùn)顺便(shùnbiàn / by the way):明天我去书店,顺便给你买那本书。
须( )

十一、根据提示翻译下列句子 (Translate the Sentences into Chinese According to the Clues)

1. What are you going to do this evening? (准备)

2. My Chinese friend is going to marry soon. (结婚)

3. Who broke the glass? (玻璃杯)

4. You made a mistake in counting. You must count again. (数,必须)

5. Mother is preparing food at home. (准备)

十二、阅读 (Read)

蜜月旅行

一个五岁的男孩问母亲:"妈妈,什么是蜜月旅行?"

"就是刚结婚的男人和女人一起去旅行度蜜月。"

"那你和爸爸也去蜜月旅行了吗?"

"当然(dāngrán / of course)去了,我们去了新加坡、马来西亚(Mǎláixīyà / Malaysia),还有很多很多漂亮的地方,我们过得非常愉快。"

"我也去了吗?"

"你?去了,去的时候你和爸爸在一起,回来的时候你和妈妈在一起。"

十三、每课一谜 (Character Riddle)

山上必有人家。(A character is composed of mounfain, must, and home.)
(猜本课生字一)

第四十二课 小彩

一、抄写（Copy）

1. 单字抄写（Copy the Characters）

采 8	ノ	ノ	ハ	ハ	亚	平	采	采			
彩 11	ノ	ノ	ハ	ハ	亚	平	采	采	彩	彩	彩
踩 15	丶	口	口	尸	尸	足	足	趴	趴	趴	踩
	踩	踩									
菜 11	一	十	艹	艹	芍	苧	苧	芚	苹	苹	菜
建 8	フ	극	극	극	클	聿	建	建			
健 10	ノ	イ	广	伊	伊	律	律	健	健		
康 11	丶	广	广	庐	庐	庐	庐	庐	康	康	
键 13	ノ	广	长	长	钅	钅	钉	钌	钼	键	键	键
之 2	丶	之									
又 2	フ	又									
票 11	一	一	戸	西	西	西	西	覀	票	票	票
漂 14	丶	丶	氵	氵	汇	沪	沪	沪	沪	漂	漂	漂
	漂										

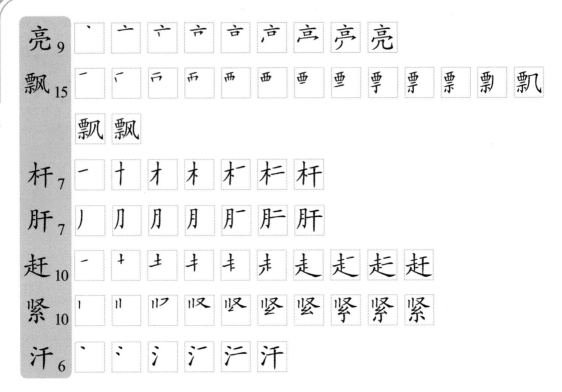

2. 词语抄写（Copy the Words）

cǎifǎng 采访	cǎisè 彩色	càidān 菜单	shūcài 蔬菜
qīngcài 青菜	jiànyì 建议	jiànzhù 建筑	jiànkāng 健康
kāngfù 康复	guānjiàn 关键	chēpiào 车票	ménpiào 门票
fāpiào 发票	piàoliang 漂亮	míngliàng 明亮	piāoyáng 飘扬
lángān 栏杆	gānyán 肝炎	gǎnkuài 赶快	gǎnshàng 赶上
jǐnzhāng 紧张	gǎnjǐn 赶紧	chū hàn 出汗	hànshān 汗衫

二、把下列各字按照笔画多少排列，写在下面的横线上（Arrange the Characters by the Number of Stroke From Small to Large）

肝 漂 亮 汗 采 紧 康 键 愉 飘

_____

三、拆分下列汉字的部件字（Separate Each Character into Single-part Characters）

票→   飘→   赶→   肝→

踩→   脏→   杆→

四、形音义填写 (Fill in the Blanks with Character, Pinyin or Meaning)

紧	_____	亮	_____	_____	漂	_____	_____	飘
jǐn	_____	_cài_	_____	_gǎn_	_____	_____	_kāng_	_____
tight	healthy	_____	_____	colored	_____	_____	key	_____

五、填上合适的字,使之与左右的字能分别组词 (Fill in the Blank with Character That Forms Words with Characters on Either Side)

1. 疏____单   2. 采____问   3. 赶____张   4. 出____衫
5. 健____复   6. 心____炎   7. 关____盘   8. 色____色

六、根据拼音写汉字并翻译成英文 (Write Characters According to Pinyin and Translate Them into English)

例: __邮__ (yóu) 票 : stamp

_____ (mén) 票 : _____   _____ (jǐ) 票 : _____

_____ (fàn) 票 : _____   _____ (fā) 票 : _____

_____ (huǒchē) 票 : _____   _____ (qìchē) 票 : _____

_____ (fēijī) 票 : _____   _____ (láihuí) 票 : _____

七、给下面的汉字注音,把它们的声旁写在括号内 (Write Pinyin and Put the Common Sound-component in the Parentheses)

1. 漂_____ 飘_____ (   )
2. 键_____ 健_____ (   )
3. 彩_____ 踩_____ 菜_____ (   )
4. 杆_____ 肝_____ 赶_____ 汗_____ (   )

八、根据所给部首写若干汉字,括号内为要求所写的数量 (Form Characters (the Number in the Parentheses) with Each Radical)

1. 彡 (3) ___ ___ ___
2. 冖 (2) ___ ___
3. 覀 (3) ___ ___ ___
4. 又 (5) ___ ___ ___ ___ ___

九、同音字组词辨义 (Form Words with Homophones)

[飘——   [肝——
[漂——   [杆——

汉字突破

采——　　　　　建——
彩——　　　　　健——
踩——　　　　　键——

十、为多音字或形近字注音、组词、造句 (Write Pinyin for Multi-sound Characters or Characters Similar in Form)

例：脏 { zāng　脏：白色的衣服很容易脏。
{ zàng　心脏：妈妈的心脏不太好。

干 {

漂 {

十一、根据提示把下列句子译成汉语 (Translate the Sentences into Chinese According to the Clues)

1. I like color photos as well as black and white photos. (彩色)

2. Sir, here is the menu. Please order. (菜单)

3. Let's drink a toast to the health of Mr. and Mrs. Zhang. (健康)

4. He is too nervous to speak. (紧张)

5. Every parent hopes that his child is both smart and good-looking. (聪明,漂亮)

十二、阅读 (Read)

世界上最(zuì / most)好的东西

世界上最好的东西是什么？对这个问题有各种各样的回答(huídá / answer)：

孩子说："是好多好多的玩具(wánjù / toy)。"

乞丐(qǐgài / beggar)说："是最好吃的菜。"

画家说："色彩是世界上最好的东西。"

商人说："钱是最好的东西。"

小伙子 (xiǎohuǒzi / young fellow) 说："我爱的姑娘的笑脸 (xiàoliǎn / smiling face)，这是世界上最好的东西。"

老人说："年轻(niánqīng / young)是世界上最好的东西。"

母亲说："我的宝贝(bǎobèi / darling)孩子是世界上最好的东西。"

病人(bìngrén / patient)说："那还用说？当然是健康。"

你说,什么才是世界上最好的东西？

十三、每课一谜 (Character Riddle)

票落(luò / fall)水面。(A ticket floats on the water.)

(猜本课生字一)

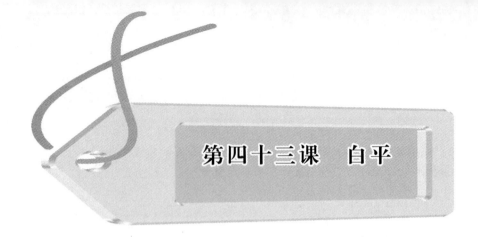

第四十三课　白平

一、抄写 (Copy)

1. 单字抄写 (Copy the Characters)

拍₈	一	亅	扌	扗	扚	拍	拍	拍			
迫₈	丶	亻	白	白	白	白	迫	迫			
怕₈	丶	丷	忄	忄	忙	怕	怕	怕			
平₅	一	二	平	平	平						
苹₈	一	十	艹	艹	芒	芢	苤	苹			
评₇	丶	讠	讠	讠	评	评	评				
论₆	丶	讠	讠	讠	讼	论					
勇₉	一	冖	戸	冎	甬	甬	甬	勇	勇		
敢₁₁	一	工	丁	开	舟	耳	耵	耴	敢	敢	
通₁₀	丶	冖	刁	予	甬	甬	甬	涌	通	通	
桶₁₁	一	十	才	木	朾	柄	柄	柄	桷	桶	
痛₁₂	丶	亠	广	广	疒	疒	疒	疒	痛	痛	痛
直₈	一	十	广	古	古	百	百	直			

值 10 ノ イ 仁 佑 佑 估 佶 值 值
植 12 一 十 才 木 朾 柿 柿 枯 枯 植 植
置 13 丨 ⅂ 冂 罒 罒 罒 罪 罟 胃 胃 胃 置
证 7 ` 讠 订 订 证 证 证
政 9 一 丁 下 正 正 政 政 政
征 8 ノ ク イ 行 行 征 征 征
整 16 一 ⅂ 二 束 束 束 束 敕 敕 敕 敕 敕
整 整 整
勇 9 一 �␣ 厂 甬 甬 甬 甬 勇 勇
成 6 一 厂 厉 成 成 成
城 9 一 十 土 圵 圹 坊 城 城 城
诚 8 ` 讠 订 订 诉 诚 诚 诚
实 8 ` � �广 宀 宀 宀 实 实
责 8 一 二 丰 圭 丰 青 责 责
认 4 ` 讠 认 认
识 7 ` 讠 认 识 识 识 识

2. 词语抄写（Copy the Words）

pāizhào 拍照	qiúpāi 球拍	bèipò 被迫	hàipà 害怕
kěpà 可怕	kǒngpà 恐怕	píng'ān 平安	píngshí 平时
píngděng 平等	píngguǒ 苹果	pīpíng 批评	píngjià 评价
wúlùn 无论	tǎolùn 讨论	yǒnggǎn 勇敢	gǎnyú 敢于
tōngzhī 通知	jiāotōng 交通	tōngguò 通过	tòngkuai 痛快
tòngkǔ 痛苦	yìzhí 一直	zhíjiē 直接	jiàzhí 价值
zhídé 值得	zhíwù 植物	wèizhi 位置	zhèngmíng 证明
zhèngzhì 政治	zhèngfǔ 政府	zhēngqiú 征求	zhěngqí 整齐
zhěnglǐ 整理	zhěnggè 整个	chéngjì 成绩	chénggōng 成功
chéngwéi 成为	chéngshì 城市	chéngshí 诚实	shíxiàn 实现
shíjì 实际	rènshi 认识	rènzhēn 认真	rènwéi 认为
chángshí 常识	zhīshi 知识		

二、给下面各字注音并组词（Write Pinyin and Form Words with Each Character）

白:（　）____ ____　　平:（　）____ ____

直:（　）____ ____　　成:（　）____ ____

正:（　）____ ____　　人:（　）____ ____

三、形音义填写（Fill in the Blanks with Character, Pinyin or Meaning）

怕		痛		整		敢	
pà		zhēng		yǒng		shí	
dread	clap		tub		value		

四、填上合适的字，使之与左右的字能分别组词（Fill in the Blank with Character That Forms Words with Characters on Either Side）

1. 球___手　2. 伤___怕　3. 勇___于　4. 长___市
5. 价___班　6. 悲___苦　7. 批___论　8. 诚___现

五、给下面的词注音，并想想他们有什么不同（Write Pinyin for Each Word and Think of the Difference）

城市　　　东西(thing)　　　老师
诚实　　　东西(east and west)　　老实

六、找汉英对应词语 (Match the English Words with Their Chinese Counterpart)

1. 植物	2. 征服	3. 政府	4. 设置	5. 成绩
6. 诚恳	7. 证明	8. 整洁	9. 识破	10. 通知

a. achievement	b. conquer	c. government	d. notice	e. neat
f. plant	g. prove	h. see through	i. set up	j. true-hearted

七、给下面的汉字注音,把它们的声旁写在括号内 (Write Pinyin and Put the Common Sound-component in the Parentheses)

1. 认_____ (   )

2. 城_____ 诚_____ (   )

3. 苹_____ 评_____ (   )

4. 植_____ 值_____ 置_____ (   )

5. 拍_____ 迫_____ 怕_____ (   )

6. 勇_____ 通_____ 痛_____ 桶_____ (   )

7. 证_____ 政_____ 征_____ 整_____ (   )

八、把下面各形声字的读音、英译用线连起来 (Match Each Word with Pinyin and English Interpretation)

bó	盛	ache
chéng	枰	checkerboard
píng	填	disease
pò	伯	emerge
tòng	涌	fill
yǒng	症	force
zhèng	痛	uncle
zhí	迫	yellow clay

九、同音字组词 (Form Words with Homophones)

苹—— 　　植—— 　　城—— 　　政——
评—— 　　值—— 　　诚—— 　　证——

十、根据拼音提示填空 (Fill in the Blanks with Words According to Pinyin)

1. _____(kǒngpà)没有你说的那么_____(kěpà)吧?

2. 我_____(rènwéi)这件事_____(zhídé)我们_____(rènzhēn)_____(tǎolùn)。

3. _____(jiāotōng)问题已经成为不少大_____(chéngshì)最让人_____(tóutòng)的问题。

4. 大家都很关心＿＿＿＿＿(zhèngfǔ)今年的＿＿＿＿＿(cáizhèng)＿＿＿＿＿(zhèngcè)。

5. ＿＿＿＿＿(zhídào)现在他也＿＿＿＿＿(bùgǎn)说出＿＿＿＿＿(zhěnggè)事实。

十一、用英语翻译下列句子 (Translate the Sentences into English)

1. 你最怕什么？

2. 学生们不敢批评他们的老师。

3. 不论能不能成功,我都觉得这样做值得。

4. 认识他的人都说他是一个诚实的人。

5. 上海是中国人口最多的城市。

十二、阅读（Read）

都卖完了

　　法国作家杜(Dù)马在俄国(Éguó / Russia)旅游(lǚyóu / to tour)时,来到一个城市,他决定去参观那个城市最大的书店。书店老板听说了,非常高兴,就想办法做出让名作家高兴的事,于是他在门口所有的书架上全摆(bǎi / to put, arrange)上杜马的书。

　　杜马走进书店一看,见书架上全是自己的书,大吃一惊,就问老板:"其他作家的书呢？"

　　"其他作家的书……"书店老板想了一下,说:"都卖完了。"

十三、每课一谜 (Character Riddle)

缺一不成百。(It will be one hundred if add one.)

(猜本课生字一)

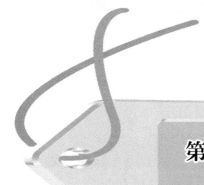

第四十四课　小静

一、抄写（Copy）

1. 单字抄写（Copy the Characters）

争 6	丿	⺈	⺈	乌	乌	争					
取 8	一	厂	⺮	开	耳	耳	取	取			
静 14	一	二	丰	主	青	青	青	青	青	靜	静	静	静
静											
净 8	丶	冫	冫	冴	冴	净	净	净			
睁 11	丨	冂	冂	月	目	目	目⺈	眇	睁	睁	睁
眼 11	丨	冂	冂	月	目	目⺈	目⺈	目	眼	眼	眼
主 5	丶	二	二	丯	主						
住 7	丿	亻	亻	亻	住	住	住				
注 7	丶	冫	氵	汁	汴	泞	注				
邮 7	丨	冂	日	由	由	邮⻏	邮				
局 7	⺆	冖	尸	尽	局	局	局				
油 8	丶	冫	氵	氵	汩	汩	油	油			

左侧竖排：抽 袖 付 附 咐 府 符 腐 师 傅 竟 然 环 境 竞

Hànzì Tūpò

字	笔画	笔顺
抽	8	一 十 扌 扎 扣 扣 抽 抽
袖	10	丶 冫 衤 衤 衤 衤 初 初 袖 袖
付	5	丿 亻 仁 付 付
附	7	阝 阝 阝 阡 阼 附 附
咐	8	丨 口 口 叮 吁 吋 咐 咐
府	8	丶 宀 广 广 疒 府 府 府
符	11	丿 𠂉 𠂉 竹 竹 竹 笁 符 符 符 符
腐	14	丶 亠 广 广 疒 府 府 府 府 府 腐 腐 腐
师	6	丨 丨 丨 师 师 师
傅	12	丿 亻 仁 仁 佢 伊 俥 傅 傅 傅 傅 傅
竟	11	丶 亠 亠 立 产 音 音 音 竟 竟
然	12	丿 夕 夕 夕 外 外 然 然 然 然 然
环	8	一 二 三 王 王 玗 玚 环
境	14	一 十 土 圹 圹 圹 圻 垃 培 培 培 堷 境
竞	10	丶 亠 亠 立 产 音 音 声 竞

182

镜16	ノ	ノ	ト	ヒ	乍	钅	钅	钅	铲	铲	铲	镜
	镜	镜	镜									
挺9	一	十	扌	扩	扩	扞	扞	挺	挺			
庭9	丶	广	广	广	庐	庐	庭	庭				

2. 词语抄写（Copy the Words）

zhēnglùn 争论	qǔdé 取得	qǔxiāo 取消	ānjìng 安静
píngjìng 平静	lěngjìng 冷静	gānjìng 干净	zhǔyi 主意
zhǔyào 主要	mínzhǔ 民主	jì zhù 记住	zhùyì 注意
yóujú 邮局	yóupiào 邮票	qìyóu 汽油	chōu yān 抽烟
chōu kòng 抽空	xiùzi 袖子	fù kuǎn 付款	fùjìn 附近
fēnfù 吩咐	zhèngfǔ 政府	fúhé 符合	dòufu 豆腐
shīfu 师傅	lǎoshī 老师	lǜshī 律师	huánjìng 环境
jiūjìng 究竟	jìngrán 竟然	ránhòu 然后	suīrán 虽然
tūrán 突然	jìngzhēng 竞争	tǐng hǎo 挺好	jiātíng 家庭

二、给下面各字注音并组词 (Write Pinyin and Form Words with Each Character)

主：( ) ＿＿＿＿ ＿＿＿＿ 　　 争：( ) ＿＿＿＿ ＿＿＿＿

由：( ) ＿＿＿＿ ＿＿＿＿ 　　 付：( ) ＿＿＿＿ ＿＿＿＿

竟：( ) ＿＿＿＿ ＿＿＿＿

三、拆分出下列各字的部件字 (Separate Each Character into Single-part Characters)

睁→ 　　　烟→ 　　　腐→ 　　　静→

环→ 　　　境→ 　　　吩→ 　　　咐→

取→ 　　　款→ 　　　竞→ 　　　竟→

四、形音义填写 (Fill in the Blanks with Character, Pinyin or Meaning)

袖	局	庭	腐
xiù	fù	chōu	rán
sleeve	clean	near	mirror

五、填上合适的字,使之与左右的字能分别组词 (Fill in the Blank with Character That Forms Words with Characters on Either Side)

1. 律____傅　2. 邮____长　3. 民____人　4. 亲____睛

5. 平____静　6. 注____思　7. 争____得　8. 虽____后

六、找汉英对应词语 (Match the English Words with Their Chinese Counterpart)

1. 石油　　2. 眼镜　　3. 法庭　　4. 腐败　　5. 领袖

6. 符合　　7. 吩咐　　8. 付款　　9. 抽象　　10. 首府

a. abstract　　b. accord with　　c. capital　　d. corrupt　　e. courtroom

f. disburse　　g. glasses　　h. head　　i. oil　　j. tell

七、给下面的汉字注音,把它们的声旁写在括号内 (Write Pinyin and Put the Common S ound-component in the Parentheses)

1. 住_____注_____ (　　)

2. 挺_____庭_____ (　　)

3. 境_____镜_____ (　　)

4. 傅_____辅_____ (　　)

5. 静_____净_____挣_____ (　　)

6. 邮_____油_____抽_____袖_____ (　　)

7. 府_____符_____腐_____咐_____附_____ (　　)

八、把下面各形声字的读音、英译用线连起来 (Match Each Word with Pinyin and English Interpretation)

bó	柱	a light boat
fǔ	净	border
jìng	艇	clean
jìng	筝	column
tǐng	境	fight
yóu	搏	kite
zhēng	铀	mansion
zhù	府	uranium

九、同音字组词 (Form Words with Homophones)

竟——　　境——　　邮——　　住——
竞——　　镜——　　油——　　注——

府——　　争——　　净——
腐——　　睁——　　静——

十、下面各字增加一笔会变成什么字 (Write the Characters Formed by Adding One Stroke to the Following Characters)

竞→＿＿＿　　　业→＿＿＿　　　王→＿＿＿

坏→＿＿＿　　　白→＿＿＿　　　帅(shuài / handsome)→＿＿＿

十一、根据拼音提示填空 (Fill in the Blanks According to Pinyin)

1. 你怎么刚一＿＿＿＿(zhēngkāi)眼就想＿＿＿＿(chōu yān)?

2. 这儿＿＿＿＿(huánjìng)特别好,风景很漂亮,也很＿＿＿＿(ānjìng)。

3. 你＿＿＿＿(jìngrán)不知道自己就＿＿＿(zhù)在＿＿＿＿(shīfu)家＿＿＿＿(fùjìn)?

4. ＿＿＿＿(yóujú)、＿＿＿＿(gōng'ānjú)、＿＿＿＿(jiāyóuzhàn)都在那条街上。

5. ＿＿＿＿(zhǔyào)问题是这样做＿＿＿＿(fúhé)＿＿＿＿(zhèngfǔ)的政策。

十二、根据提示把下列句子翻译成汉语 (Translate the Sentences into Chinese According to the Clues)

1. I live near his home. (附近)

2. The surroundings here are nice and quiet. (环境)

3. I've brought back all the clothes. They are quite clean after washing. (干净)

4. Eat first, then go to the post office. (然后)

5. He wants to be a teacher rather than a lawyer. (律师)

十三、阅读 (Read)

不是狗的主人

有一天,王师傅回家经过(jīngguò / pass)邮局的时候,他想进去买几张邮票,他发现(fāxiàn / find)邮局门口站着一只十分凶猛(xiōngměng / ferocity)的狗,狗旁边站着一个人。王师傅很怕狗,他站住了,问那人:"你的狗会不会咬(yǎo / bite)人?"

那人说:"不会!"

王师傅刚走了几步,那只狗竟然跑过来咬了他一口。王师傅生气(shēngqì)地问那人:"你不是说你的狗不咬人吗?"

那人说:"这不是我的狗。"

十四、每课一谜 (Character Riddle)

哥哥爱站，事事争先。(The elder brother likes standing and seeks to be number one whatever he does.)

（猜本课生字一）

第四十五课　他经常骑

一、抄写（Copy）

    1. 单字抄写（Copy the Characters）

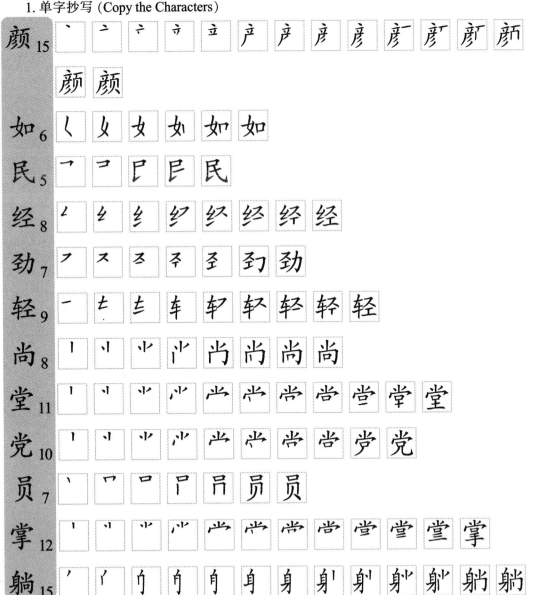

躺 躺

趟 15 一 十 土 キ キ 走 走 赵 赵 赵 赵 赵 趟 趟

趟 趟

奇 8 一 十 大 夵 夲 奋 奇 奇

寄 11 丶 丷 宀 宀 宇 安 宝 宝 宝 害 寄

椅 12 一 十 才 木 木 材 枦 柈 椅 椅 椅 椅

骑 11 フ 马 马 马 马 骈 骈 骑 骑 骑

咱 9 丨 冂 口 口 叮 叻 叻 咱 咱

班 10 一 二 千 王 王 玎 玧 玡 班 班

2. 词语抄写 (Copy the Words)

yánsè 颜色	rúguǒ 如果	rúhé 如何	mínzú 民族
nóngmín 农民	jīngcháng 经常	qīngsōng 轻松	niánqīng 年轻
gāoshàng 高尚	lǐtáng 礼堂	shítáng 食堂	zhèngdǎng 政党
zhǎngwò 掌握	gǔ zhǎng 鼓掌	tǎngxià 躺下	yí tàng 一趟
qíguài 奇怪	qí mǎ 骑马	yóujì 邮寄	yǐzi 椅子
zánmen 咱们	shàng bān 上班	jiā bān 加班	

二、给下面各字注音并组词 (Write Pinyin and Form Words with Each Character)

自：(   ) _____ _____
尚：(   ) _____ _____
奇：(   ) _____ _____

三、把下面各字拆分成部件字 (Separate Each Character into Single-part Characters)

咱→　　松→　　常→　　掌→
堂→　　躺→　　党→　　趟→
奇→　　椅→　　骑→　　员→

四、形音义填写 (Fill in the Blanks with Character, Pinyin or Meaning)

颜		趟		整			堂
yán	mín		jīng		qīng		
color	ride		lie			post	

五、填上合适的字,使之与左右的字能分别组词 (Fill in the Blank with Character That Forms Words with Characters on Either Side)

1. 例____果   2. 手____握   3. 好____怪   4. 政____员
5. 邮____信   6. 上____长   7. 上____堂   8. 年____松

六、写出下面各字的反义字 (词) (Write the Antonym of Each Character)

轻→   脏→   白→   开始→   痛苦→

七、找汉英对应词语 (Match the English Words with Their Chinese Counterparts)

1. 例如   2. 民族   3. 轻视   4. 鼓掌   5. 寄托
6. 加班   7. 颜料   8. 掌握   9. 轻松   10. 食堂

a. applause   b. canteen   c. despise   d. for example   e. grasp
f. leave with sb   g. nationality   h. pigment   i. relaxed   j. work overtime

八、给下面的汉字注音,把它们的声旁写在括号内 (Write Pinyin and Put the Common Sound-component in the Parentheses)

1. 咱_____ (   )
2. 轻_____ 经_____ 劲_____ (   )
3. 椅_____ 寄_____ 骑_____ (   )
4. 常_____ 党_____ 掌_____ 躺_____ 趟_____ 堂_____ (   )

九、把以下形声字按照组合规律分别填入以下各类中 (Classify the Characters According to Their Combination Patterns)

裳 茎 崎 盛 枰 埴 伯 涌 症 痛 迫 柱 净 艇 筝
境 博 铀 府 邮 颜 掌 党 腐 静 勇 政 功 飘 彩

1. 左形右声:吓 请_____
2. 左声右形:功 期_____
3. 上形下声:花 零_____
4. 下形上声:想 忠_____

汉字突破

十、写出有下列声旁的字,括号内为要求所写的数量 (Form Idea-sound Characters (the Number in the Parentheses) with Each Sound-component)

尚(6) ___ ___ ___ ___ ___ ___   奇(3) ___ ___ ___

付(3) ___ ___ ___   主(2) ___ ___

十一、根据拼音提示填空 (Fill in the Blanks According to Pinyin)

1. ____(zánmen)____(qí chē)去邮局____(jì xìn)吧 。

2. 他____(jīngcháng)____(tǎngzhe)听____(qīngyīnyuè)。

3. ____(lǐtáng)里响起一阵阵____(zhǎngshēng)。

4. ____(rúguǒ)你早点去,就能赶上 8 点那____(tàng)____(bānchē)。

5. 我觉得这种衣服的____(yánsè)一点儿也不____(qíguài)。

十二、根据提示把下列句子翻译成汉语 (Translate the Sentences into Chinese)

1. What color do you like most? (颜色)

2. You wouldn't have felt strange if you saw it. (奇怪)

3. He often lies in bed while reading. (躺着)

4. He has been to Beijing once. (趟)

5. He has gone to the post office by bike. (骑)

十三、阅读 (Read)

聪明的儿子

有一天,父亲让八岁的儿子去寄一封信,儿子已经(yǐjing / already)拿着信骑自行车走了,父亲才想起信封(xìnfēng / envelop)上没写地址(dìzhǐ / address)和收信人(shōuxìnrén / receiver)的名字。儿子回来后,父亲问他:"你把信放进邮筒(yóutǒng / mailbox)了吗?""当然。""你没看见信封上没有写地址和收信人名字吗?""我当然看见信封上什么也没写。""那你为什么不拿回来呢?""我还以为你不写地址和收信人是为了不想让我知道你把信寄给谁呢!"

十四、每课一谜（Character Riddle）

马大就可以。

（猜本课生字一）

第四十六课　愿意陪我

一、抄写 (Copy)

1. 单字抄写 (Copy the Characters)

原 10	一	厂	厂	厂	厉	厉	盾	原	原	原		
源 13	丶	冫	氵	汀	汇	沪	沪	沥	沥	湎	源	源
愿 14	一	厂	厂	厂	厉	厉	盾	原	原	原	原	愿
愿												
意 13	丶	二	立	立	立	产	音	音	音	意	意	
陪 10	了	阝	阝	阝	阝	阼	陷	陷	陪	陪		
倍 10	丿	亻	亻	亻	亻	位	位	倍	倍	倍		
赔 12	丨	冂	贝	贝	贝	贮	贮	贮	赔	赔	赔	
检 11	一	十	才	木	术	术	松	松	检	检	检	
查 9	一	十	才	木	木	杏	杏	杏	查			
脸 11	丿	刀	月	月	肜	肜	肸	脸	脸	脸		
危 6	丿	夕	厃	产	产	危						
险 9	了	阝	阝	阽	险	险	险	险				

验₁₀ 乛 马 马 马 驴 驴 驴 验 验 验

几₂ 丿 几

机₆ 一 十 才 木 材 机

份₆ 丿 亻 亻 份 份 份

式₆ 一 二 三 王 式 式

试₈ 丶 讠 讠 讠 讠 证 试 试

卷₈ 丶 丶 丷 丷 丷 半 关 卷 卷

2. 词语抄写（Copy the Word）

yuánliàng 原谅	yuánlái 原来	yuányīn 原因	néngyuán 能源
yuànyì 愿意	nìngyuàn 宁愿	yìsi 意思	yìjiàn 意见
mǎnyì 满意	péibàn 陪伴	bǎibèi 百倍	péicháng 赔偿
jiǎnchá 检查	tǐjiǎn 体检	diàochá 调查	diūliǎn 丢脸
liǎn hóng 脸红	wēixiǎn 危险	wēijī 危机	bǎoxiǎn 保险
mào xiǎn 冒险	jīngyàn 经验	shíyàn 实验	jīhū 几乎
jīhuì 机会	jīqì 机器	shēnfèn 身份	shìyàng 式样
kǎoshì 考试	shìyàn 试验	jiāojuǎn 胶卷	

二、给下面各字注音并组词 (Write Pinyin and Form Words with Each Character)

原：(　　　)　　　　　　　　　　几：(　　　)

式：(　　　)　　　　　　　　　　立：(　　　)

交：(　　　)　　　　　　　　　　分：(　　　)

三、拆分出下列汉字的部件字 (Separate Each Character into Single-part Characters)

愿→　　　　意→　　　　赔→　　　　差→

查→　　　　机→　　　　因→　　　　胶→

四、形音义填写 (Fill in the Blanks with Character, Pinyin or Meaning)

卷	____	____	陪	____	____	查	____	____	险	____
juǎn		yuàn			yì			wēi		
roll	times			face			chance			

五、填上合适的字,使之与左右的字能分别组词 (Fill in the Blank with Character That Forms Words with Characters on Either Side)

1. 丢____红　2. 检____字典　3. 原____为　4. 考____验

5. 满____思　6. 宁____意　7. 危____会　8. 体____查

六、找汉英对应词语 (Match the English Words with Their Chinese Counterparts)

1. 原谅　　2. 满意　　3. 胶卷　　4. 陪伴　　5. 几乎

6. 保险　　7. 调查　　8. 危害　　9. 倍增　　10. 赔偿

a. accompany　　b. almost　　c. compensate　　d. harm　　e. insurance

f. investigate　　g. multiply　　h. pardon　　i. roll film　　j. satisfied

七、给下面的汉字注音,把它们的声旁写在括号内 (Write Pinyin and Put the Sound-component in the Parentheses)

1. 试_____ (　　)

2. 机_____ (　　)

3. 愿_____ 源_____ (　　)

4. 陪_____ 赔_____ 倍_____ (　　)

5. 验_____ 险_____ 脸_____ 检_____ (　　)

八、把下面各形声字的读音、英译用线连起来 (Match Each Word with Pinyin and English Interpretation)

bàn	剑	accompany
bèi	焙	bake
hū	险	breath out
jī	陪	companion
jiàn	脸	danger
liǎn	塬	face
péi	肌	muscle
xiǎn	呼	plateau form
yuán	伴	sword

九、同音字组词 (Form Words with Homophones)

原——   赔——   几——
源——   陪——   机——

义——   分——   式——
意——   份——   试——

十、写出有下列部首的字,括号内为要求所写的数量 (Write Characters (the Number in the Parentheses) Containing the Following Radicals)

贝(3) ___ ___ ___

阝(7) ___ ___ ___ ___ ___ ___ ___

心(7) ___ ___ ___ ___ ___ ___ ___

月(8) ___ ___ ___ ___ ___ ___ ___ ___

十一、根据拼音提示填空 (Fill in the Blanks According to Pinyin)

1. 你不_____(yuànyì)坐_____(fēijī)的_____(yuányīn)是什么?

2. 他_____(péi)妈妈去医院_____(jiǎnchá)身体了。

3. 如果发生_____(wēixiǎn),_____(bǎoxiǎn)公司会_____(jiābèi)_____(péicháng)的。

4. _____(kǎoshì)一完马上就去买_____(jiāojuǎn)准备去旅行。

5. 这种_____(nǚshì)皮鞋的_____(shìyàng)真好看。

十二、根据提示翻译下列句子 (Translate the Sentences into Chinese According to the Clues)

1. Can you forgive him? (原谅)

2. He formerly worked in a bank. (原来)

3. Are you willing to go together with him? (愿意)

4. The number of vocabulary now is several times larger than before. (倍)

5. He is only in his forties. How can it be that his hair has turned white almost completely?

(几乎)

十三、阅读（Read）

一个漂亮的姑娘一个人坐在酒吧（jiǔbā / bar）里。

"对不起，我能为您买一份饮料（yǐnliào / beverage）吗？"一个小伙子（xiǎohuǒzi / young fellow）问。

"什么？你问我愿意陪你喝酒吗？"她叫道。

"不，不。您弄错（nòngcuò / make a mistake）了。我只是问一下能不能为您买一份饮料。"

"您说现在吗？"她又叫道。

小伙子完全糊涂了，红着脸走了。

一会儿，姑娘走到他桌（zhuō / take）边。

"很对不起，我是学心理学（xīnlǐxué / psychology）的学生，正在研究（yánjiū / research）人对意外情况的反应（fǎnyìng / reaction）。"

小伙子看着她，叫道："什么？两百美元，太贵了。"

这回，轮到（lúndào / in turn）姑娘的脸红了。

十四、每课一谜（Character Riddle）

"部"位相反。（Separate and reform the character of "部".）

（猜本课生字一）

第四十七课 小珠跳级

一、抄写（Copy）

1. 单字抄写（Copy the Characters）

珠 10	一	二	于	王	王	珍	珍	珠	珠	珠
株 10	一	十	才	木	术	朴	杵	株	株	株
挑 9	一	寸	扌	扎	打	扫	挑	挑	挑	
逃 9	丿	丿	丬	兆	兆	兆	兆	逃	逃	
及 3	丿	乃	及							
级 6	乡	乡	纟	级	级	级				
极 7	一	十	才	木	杉	极	极			
圾 6	一	十	土	圹	圳	圾				
考 6	一	十	土	夬	耂	考				
既 9	了	彐	彐	目	目	目	旣	既	既	
即 7	了	彐	彐	目	目	即	即			
获 10	一	艹	艹	艹	荗	荗	茾	荗	获	获
丰 4	一	二	三	丰						

197

汉字突破

富 12	丶	宀	宀	宀	宁	岂	宫	宫	宫	宫	富	富
蜂 13	丨	口	口	中	虫	虫	虫	蚁	蛂	蛵	蜂	蜂
逢 9	丿	夂	夂	冬	冬	条	峯	逢	逢			
将 9	丶	冫	丬	丬	护	护	护	将	将			
酱 13	丶	丬	丬	丬	护	护	酱	酱	酱	酱	酱	酱
奖 9	丶	丬	丬	丬	护	护	奖	奖	奖			
品 9	丶	口	口	口	品	品	品	品	品			

2. 词语抄写（Copy the Words）

zhēnzhū 珍珠	tiāoxuǎn 挑选	táopǎo 逃跑	jíshí 及时
yǐjí 以及	jígé 及格	gāojí 高级	niánjí 年级
jíqí 极其	jījí 积极	lājī 垃圾	kǎoshì 考试
kǎolǜ 考虑	sīkǎo 思考	jìrán 既然	lìjí 立即
jíshǐ 即使	huòdé 获得	shōuhuò 收获	fēngfù 丰富
cáifù 财富	mìfēng 蜜蜂	xiāngféng 相逢	

二、按数字要求写出下面各字相应的第几笔 (Write the Stroke Designated of Each Character)

小 (1)→　　　　及 (2)→　　　　即 (4)→　　　　考 (6)→

跑 (8)→　　　　既 (7)→　　　　挑 (7)→　　　　南 (4)→

三、形音义填写 (Fill in the Blanks with Character, Pinyin or Meaning)

珠		逃		获		富
zhū	jiāng		kǎo		tiāo	
pearl	bee		since		level	

四、填上合适的字,使之与左右的字能分别组词 (Fill in the Blank with Character That Forms Words with Characters on Either Side)

1. 收___得　　2. 思___虑　　3. 财___强　　4. 互___逢

5. 以____时　6. 积____其　7. 立____使　8. 蜜____蜜

五、找汉英对应词语(Match the English Words with Their Chinese Counterparts)

1. 珍珠　　2. 升级　　3. 垃圾　　4. 考虑　　5. 既然
6. 丰盛　　7. 蜂蜜　　8. 酱油　　9. 食品　　10. 财富

a. garbage　　b. foodstuff　　　　c. honey　　d. pearl　　e. since
f. soy sauce　　g. sumptuous feast　　h. think over　i. upgrade　j. wealth

六、给下面的汉字注音,把它们的声旁写在括号内(Write Pinyin and Put the Common Sound-component in the Parentheses)

1. 株_____　珠_____　(　　)　　2. 既_____　即_____　(　　)
3. 逢_____　蜂_____　(　　)　　4. 酱_____　奖_____　(　　)
5. 跳_____　挑_____　逃_____　(　　)
6. 极_____　级_____　坂_____　(　　)

七、利用所学的形声字知识,找出下面各词的正确读音写在后面的横线上(Write Pinyin of Each Word by Using What is Learned About Idea-sound Characters)

蚂蚁(ant)_____　　　　　　蝙蝠(bat)_____
蜜蜂(bee)_____　　　　　　蝴蝶(butterfly)_____
蟑螂(cockroach)_____　　　蜈蚣(centipede)_____
蜻蜓(dragonfly)_____　　　蚯蚓(earthworm)_____
蚜虫(aphid)_____　　　　　蛾(moth)_____
蛀(eat by moth)_____　　　蝗虫(grasshopper)_____
螳螂(mantis)_____　　　　　蚊子(mosquito)_____
蜘蛛(spider)_____　　　　　蜗牛(snail)_____

biānfú	húdié	huángchóng	mǎyǐ	mìfēng	qīngtíng
qiūyǐn	tángláng	yáchóng	wénzi	wúgōng	wōniú
zhāngláng	zhīzhū	é	zhù		

八、根据拼音写汉字(Write Characters According to Pinyin)

例：__奖__ (jiǎng)品

_____ (shāng)品　　　　goods
_____ (shí)品　　　　　foodstuff
_____ (rìyòng)品　　　articles of daily use
_____ (yìshù)品　　　　works of arts

_____ (fǎngzhī) 品   textile

_____ (gōngyì) 品   articles of handicraft art

_____ (zuò) 品   works (of literature and art)

_____ (yàng) 品   sample; specimen

九、用下面这些部件字自身重叠两次或三次组成新字 (Write the Characters Formed by Using Each Part Twice or Three Times)

1. 口→   2. 月→   3. 木→   4. 习→

5. 人→   6. 又→   7. 匕→   8. 可→

十、写出有下偏旁的字,括号内为要求写出的字数 (Form Idea-sound Characters (the Number in the Parentheses) with Each Sound-component)

阝(4)   __ __ __ __

王(4)   __ __ __ __

𧾷(5)   __ __ __ __ __

酉(3)   __ __ __

矛(2)   __ __

辶(10)   __ __ __ __ __ __ __ __ __ __

十一、根据提示把下列句子译成汉语 (Translate the Sentences into Chinese According to the Clues)

1. Go to see a doctor in time when you are sick. (及时)

2. Which grade are you in at school? (年级)

3. His family were extremely happy that he was admitted by a famous university. (极了)

4. Since he doesn't want to say, you'd better not ask him. (既然)

5. It's enough to be able to attend the contest. It does not matter even if no prize will be won. (即使)

十二、阅读（Read）

> **考 验**
>
> 太太："亲爱的，你能去把我们家的垃圾倒了吗？"
>
> 丈夫："不，我还没有睡好呢！"
>
> 太太："我只不过是考验你一下，其实垃圾我已经倒了。"
>
> 丈夫："我只不过和你开玩笑，我其实非常愿意帮你干活！"
>
> 太太："那好，我刚才是和你开玩笑，既然你愿意帮我干活，那就立即去吧！"

十三、每课一谜（Character Riddle）

一边打，一边跳。

（猜本课生字一）

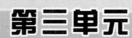

第三单元

第四十八课　词调谅设

一、抄写（Copy）

1. 单字抄写（Copy the Characters）

词₇	` 讠 讠 讠 讠 词 词
调₁₀	` 讠 讠 讠 讠 讠 调 调 调
谅₁₀	` 讠 讠 讠 讠 讠 谅 谅 谅
设₆	` 讠 讠 讠 设 设
让₅	` 讠 让 让 让
诉₇	` 讠 讠 讠 诉 诉 诉
谈₁₀	` 讠 讠 讠 讠 谈 谈 谈 谈
误₉	` 讠 讠 讠 误 误 误 误
许₆	` 讠 讠 许 许 许
谊₁₀	` 讠 讠 讠 讠 讠 谊 谊 谊
译₇	` 讠 讠 译 译 译 译
诗₈	` 讠 讠 讠 诗 诗 诗 诗
训₅	` 讠 讠 训 训

谓 11 ` 讠 讠 订 诃 诃 诃 诃 谓 谓 谓

2. 词语抄写（Copy the Words）

cídiǎn 词典	shēngcí 生词	diàochá 调查	dāndiào 单调
kōngtiáo 空调	yuánliàng 原谅	liàngjiě 谅解	shèjì 设计
jiànshè 建设	shèbèi 设备	ràng zuò 让座	gàosu 告诉
tánhuà 谈话	tánpàn 谈判	wùhuì 误会	xǔduō 许多
yěxǔ 也许	yǒuyì 友谊	fānyì 翻译	shīrén 诗人
xùnliàn 训练	jiàoxùn 教训	suǒwèi 所谓	

二、从下面字中找出笔画数相同的字,写在后面相应的横线上（Classify the Characters by the Number of Strokes）

词 调 谈 误 许 谓 谊 设 诉 诗 译 训

6 画 _____ 　　　　7 画 _____

8 画 _____ 　　　　10 画 _____

三、用下面的字组词, 并为所组的词注音释义（Form Words with the Characters and Write Pinyin and English Interpretation for Each Word Formed）

例：　司：司机（sījī）driver
　　　词：词典（cídiǎn）dictionary

　　炎：炎热（yánrè）torridity
　　谈：_____（　　　）_____

　　胃：胃口（wèikǒu）appetite
　　谓：_____（　　　）_____

　　川：四川（Sìchuān）Sichuan province
　　训：_____（　　　）_____

　　寺：寺庙（sìmiào）temple
　　诗：_____（　　　）_____

　　宜：_____（　　　）_____
　　谊：_____（　　　）_____

　　周：周末（zhōumò）weekend
　　调：_____（　　　）_____

四、形音义填写 (Fill in the Blanks with Character, Pinyin or Meaning)

诗	_____	谓	_____		误	_____	
shī	sù		tán			yì
poetry			tell		permit	

五、填字，使左右成词 (Fill in the Blank with Character that Forms Words with Characters on Either Side)

1. 生____典　2. 单____查　3. 原____解　4. 错____会　5. 建____计
6. 允____多　7. 翻____文　8. 教____练　9. 交____话　10. 告____说

六、为形近字注音、组词 (Write Pinyin and Form Words for Characters Similar in Form)

┌ 设　　┌ 凉　　┌ 诉　　┌ 午
└ 没　　└ 谅　　└ 近　　└ 牛

七、将下列形声字的读音、英译用线连起来 (Match Each Word with Pinyin and English Interpretation)

chóu	饲	damp
dàn	绸	domesticate
sì	淡	feed
shì	误	mistake
xún	侍	serve
wèi	驯	silk
wù	泽	tell; say
zé	谓	tasteless; weak

八、找汉英对应词语 (Match the English Words with Their Chinese Counterparts)

1. 空调　　2. 建设　　3. 投诉　　4. 谈判　　5. 错误
6. 允许　　7. 词典　　8. 谅解　　9. 所谓　　10. 教训

a. air-condition　　b. allow　　c. construct　　d. dictionary
e. mistake　　f. negotiate　　g. teach sb. a lesson　　h. understanding
i. what is called　　j. charge

九、请写出十个以上"言字旁"的字 (Write More Than Ten Characters with the Radical "言")

十、根据所给的声旁写汉字,括号内的数字为要求所写的数量 (Form Idea-sound Characters (the Number in the Parentheses)with Each Sound-component)

殳(3) ___ ___ ___　　　　井(2) ___ ___

亥(2) ___ ___　　　　厶(3) ___ ___ ___

隹(5) ___ ___ ___ ___ ___　　反(2) ___ ___

十一、根据括号里的拼音用汉字填空 (Fill in the Blanks According to Pinyin)

1. 你能____(gàosu)我____(shèjì)者是____(shéi)吗?

2. 爸爸不____(yǔnxǔ)我们吃饭的时候____(shuōhuà)。

3. 今天____(tǎolùn)第几____(kè)的问题?

4. 我____(rènshi)你____(jiǎng)的那位____(jì)者。

5. 这是一个不能让人____(yuánliàng)的____(cuòwù)。

十二、根据提示,把下面的句子译成汉语 (Translate the Sentences into Chinese According to the Clues)

1. I'm sorry. I mistook what you mean. (误会)

2. I want to tell you something. (告诉)

3. That poem has been translated into Chinese. (翻译成)

4. Let's drink to our friendship. (友谊)

5. Perhaps they have not talked about it yet. (谈)

十三、阅读 (Read)

谈论哥伦布(Gēlúnbù / Christopher Columbus)

丈夫:"哥伦布肯定(kěndìng / be sure)没老婆(lǎopó / wife)。要不,他什么大陆(dàlù / continent)也发现(fāxiàn / discover)不了。"

妻子(qīzi / wife):"那是为什么?"

丈夫:"哥伦布如果有老婆的话,在出海前,她一定会问他许多问题:'你上哪儿去?为什么去?有什么事吗?和谁一起去?去多少时间?为什么不早告诉我……'"

妻子:"哥伦布当然应该把这些事情说清楚。"

十四、每课一谜（Character Riddle）

说是一斤多一点儿。

（猜本课生字一）

第四十九课　啊告哈喊

一、抄写（Copy）

  1. 单字抄写（Copy the Characters）

字	笔画	笔顺
啊	10	丨 丨 口 叩 叩 呵 呵 啊 啊 啊
告	7	丿 丶 牛 生 告 告 告
哈	9	丨 丨 口 叭 叺 哈 哈 哈 哈
喊	12	丨 丨 口 口 叮 听 听 听 喊 喊 喊
号	5	丨 口 口 号 号
咳	9	丨 口 口 口 咳 咳 咳 咳 咳
嗽	14	丨 口 口 口 听 听 咁 呷 嗽 嗽 嗽 嗽 嗽
嗯	13	丨 丨 口 叮 叩 呷 咽 咽 咽 嗯 嗯 嗯
喂	12	丨 口 口 叮 呷 呷 呷 喂 喂 喂 喂 喂
响	9	丨 丨 口 叫 叫 响 响 响 响
呀	7	丨 口 口 口 吘 呀 呀
啦	11	丨 口 口 口 吋 吋 呀 呀 啪 啦 啦

| 吹 7 | 丶 | 丨 | 口 | 口 | 叽 | 吩 | 吹 |
| 器 16 | 丨 | 口 | 口 | 叫 | 叫 | 吅 | 巴 | 罗 | 哭 | 哭 | 哭 | 哭 | 器 |

| 器 | 器 | 器 |

2. 词语抄写 (Copy the Words)

bàogào 报告　　guǎnggào 广告　　hāhā 哈哈　　hàomǎ 号码

késou 咳嗽　　yǐngxiǎng 影响　　xiǎngliàng 响亮　　chuīle 吹了

chuī niú 吹牛　　jīqì 机器　　diànqì 电器　　yuèqì 乐器

二、从下面字中找出笔画相同的字，写在后面相应的横线上 (Classify the Characters by the Number of Strokes)

啊　哈　喊　咳　嗯　呐　喂　响　呀　啦　吹　器

7 画：_____

9 画：_____

12 画：_____

三、写出符合下列条件的汉字 (Write Characters As Demanded)

1. 含有两个口的字 (4)：_____

2. 含有三个口的字 (1)：_____

3. 含有四个口的字 (1)：_____

4. 口在上边的字 (2)：_____

5. 口在右边的字 (2)：_____

6. 口在下边的字 (2)：_____

7. 口在中间的字 (3)：_____

四、形音义填写 (Fill in the Blanks with Character, Pinyin or Meaning)

喂		喊		器	
wèi		ké			
feed	noise		tell	number	blow

五、填字，使左右成词 (Fill in the Blank with Character that Forms Words with Characters on Either Side)

1. 广____诉　　2. 口____码　　3. 止____嗽　　4. 影____亮

5. 音____器　　6. 吹____肉　　7. 叫____声　　8. 哈____欠

Hànzì Tūpò

六、用下面的字组词,并为所组的词注音,释义 (Form Words with the Characters, then Write Pinyin and English Interpretation for Each Word Formed)

例:
- 阿:阿爸 (ā bà) father
- 啊:好啊 (hǎo a) that's ok

- 欠:哈欠 (hāqian) yawn
- 吹:_____ ( ) _____

- 刻:_____ ( ) _____
- 咳:_____ ( ) _____

- 合:_____ ( ) _____
- 拿:_____ ( ) _____

- 牙:_____ ( ) _____
- 呀:_____ ( ) _____

- 咸:很咸 (hěn xián) very salty
- 喊:_____ ( ) _____

七、请写十个以上"口字旁"的字 (Write More Than Ten Characters Containing the Radical "口")

_____

八、根据所给的部件写汉字,括号内的数字为要求所写的数量 (Form Characters (the Number in the Parentheses) with Each Part)

万(2) _____ _____   牛(3) _____ _____ _____

犬(2) _____ _____   牙(2) _____ _____

九、根据括号里的拼音用汉字填空 (Fill in the Blanks According to Pinyin)

1. 你能_____(gàosu)我今天是几_____(hào)吗?

2. 爸爸对他_____(yǐngxiǎng)很大。

3. ___(ńg),你怎么又_____(késou)了?

4. ___(wéi),你怎么不说话___(ya)?

5. 别_____(chuī niú)了,谁见过那样的_____(jīqì)人___(a)?

十、根据提示把下面的句子翻译成汉语 (Translate the Sentences into Chinese According to the Clues)

1. It's so beautiful here. (漂亮)

2. Hearing what I said, he laughed heartily. (哈哈)

3. Do you know his telephone number? (号码)

4. He brags whenever he talks about himself. (吹牛)

5. Why you didn't call me when you left. (喊)

十一、阅读 (Read)

小女儿："爸爸,我给您挣钱(zhèngqián / make money)啦！"

爸爸："好女儿,等长大了再挣钱。"

小女儿："不,我现在就挣钱了。您看,我已经挣来了。"

爸爸："三分钱？哪来的？"

小女儿："是我卖牙膏(yágāo / toothpaste)皮挣来的。"

爸爸："里边的牙膏呢？"

小女儿："挤(jǐ / squeeze)到垃圾箱(lājīxiāng / garbage can)里去了。"

爸爸："啊……"

十二、每课一谜 (Character Riddle)

一只狗,四张口。

(猜本课生字一)

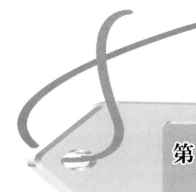

第五十课　摆搬报播

一、抄写（Copy）

　　1. 单字抄写（Copy the Characters）

找 7	一	十	才	扌	找	找	找					
摆 13	一	十	才	扌	扩	扣	押	押	押	押	摆	摆	摆
搬 13	一	十	才	扩	扩	扮	拐	捐	搁	搬	搬	搬	
报 7	一	十	才	扌	护	报	报					
播 15	一	十	才	扩	扩	扩	护	拦	採	採	播	播
	播	播										
擦 17	一	十	才	扌	扩	扩	扩	护	护	护	按	按
	控	擦	擦	擦								
操 16	一	十	才	扩	扩	护	护	护	押	操	操	操
	操	操	操									
持 9	一	十	才	扌	扩	扩	拌	持	持			
掉 11	一	十	才	扩	扩	扩	护	拊	掉	掉	掉	
挂 9	一	十	才	扌	扩	挂	挂	挂	挂			

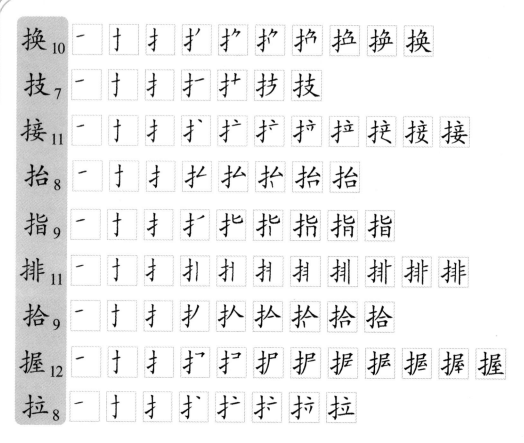

換 10

技 7

接 11

抬 8

指 9

排 11

拾 9

握 12

拉 8

2. 词语抄写（Copy the Words）

zhǎo qián 找钱　　zhǎo rén 找人　　xúnzhǎo 寻找　　bǎi shǒu 摆手

bān jiā 搬家　　bān zǒu 搬走　　bào míng 报名　　bàozhǐ 报纸

guǎngbō 广播　　chuánbō 传播　　bōsòng 播送　　cā hàn 擦汗

cā diào 擦掉　　cāochǎng 操场　　cāoxīn 操心　　jiānchí 坚持

bǎochí 保持　　zhīchí 支持　　rēngdiào 扔掉　　guà hào 挂号

huàn qián 换钱　　jiāohuàn 交换　　zájì 杂技　　kējì 科技

jiēshòu 接受　　tái tóu 抬头　　shǒuzhǐ 手指　　pái duì 排队

shōushi 收拾　　wò shǒu 握手　　zhǎngwò 掌握　　lākāi 拉开

二、把下面的字按笔画多少排列，写在下面的线上 (Arrange the Character by the Number of Stroke from Small to Large)

摆　摘　报　播　擦　操　持　掉　换　抬　握

三、下面各字的右边可以拆分出哪些部件字（Separate the Right Component of Each Character into Single-part Characters）

摆→　　　操→　　　持→　　　挂→

技→　　　接→　　　指→　　　握→

四、形音义填写（Fill in the Blanks with Character, Pinyin or Meaning）

摆	播		握		报
bān	zhǎo	diào		cāo	
put		change	drop		

五、填字，使左右成词（Fill in the Blank with Character That Forms Words with Characters on Either Side）

1. 体＿＿场　　2. 广＿＿送　　3. 画＿＿纸　　4. 交＿＿钱

5. 杂＿＿巧　　6. 手＿＿出　　7. 迎＿＿人　　8. 掌＿＿手

六、用下面的字组词并为所组的词注音释义（Form Words with the Characters, Then Write Pinyin and English Interpretation for the Words Formed）

般：一般（yìbān）commonly
搬：＿＿＿（　　　）＿＿＿＿＿

察：警察（jǐngchá）policeman
谈：＿＿＿（　　　）＿＿＿＿＿

支：支持（zhīchí）support
技：＿＿＿（　　　）＿＿＿＿＿

台：台子（táizi）stage
抬：＿＿＿（　　　）＿＿＿＿＿

非：＿＿＿（　　　）＿＿＿＿＿
排：＿＿＿（　　　）＿＿＿＿＿

立：＿＿＿（　　　）＿＿＿＿＿
拉：＿＿＿（　　　）＿＿＿＿＿

合：＿＿＿（　　　）＿＿＿＿＿
拾：＿＿＿（　　　）＿＿＿＿＿

七、把下面的形声字的读音和英译连起来（Match Each Word with Pinyin and English Interpretation）

cā	桌	call out
guì	脂	desk
huàn	喔	grease
jì	擦	hang about
pái	唤	laurel
tái	苔	moss
wō	妓	of [cock] crow
zhǐ	徘	prostitute
zhuō	桂	wipe

八、找汉英对应词语（Match the English Words with Their Chinese Counterparts）

1. 寻找　　2. 转播　　3. 保持　　4. 扔掉　　5. 交换

6. 杂技　　7. 接受　　8. 指导　　9. 抬头　　10. 收拾

a. acrobatics　　b. exchange　　c. instruct　　d. raise one head　　e. rebroadcast

f. receive　　g. remain　　h. search　　i. tidy up　　j. throw away

九、请写出十个以上"提手旁"的字（Write More Than Ten Characters with the Radical "扌"）

_____

十、根据所给的部件写汉字，括号内的数字为要求所写的数量（Form Characters (the Number in the Parentheses) with Each Part）

立（6）____ ____ ____ ____ ____ ____

寺（2）____ ____

合（4）____ ____ ____ ____

土（4）____ ____ ____ ____

十一、根据括号里的拼音用汉字填空（Write Characters According to Pinyin）

1. 他 _____（zhǐzhe）着我问："你 _____（zhǎo）他吗？"

2. 大家都 _____（zhīchí）我参加 _____（tǐcāo）训练。

3. 他已经 _____（zhǎngwò）了这种 _____（jìshù）。

4. 那时一美元能 _____（huàn）_____（shí）元人民币。

5. 不要在 _____（guàlǐ）下面 _____（bǎifàng）别的东西。

十二、根据提示把下面的句子翻译成汉语 (Translate the Sentences into Chinese According to the Clues)

1. You give me 100 yuan. Here is the change, 33 yuan. (找)

2. Do you know where he has moved to? (搬)

3. He is going to pick up his friend in the airport. (接)

4. It's broken. Get rid of it. (扔掉)

5. Why some people do not queue when getting on the bus. (排队)

十三、阅读 (Read)

你不是我的男朋友

当我从电话指南(zhǐnán / guide)里查到我男朋友白平的新号码后,我拨(bō / dial)通了电话。接电话的是一位女士,"白平在吗?"我问道。

"他在洗澡(xǐzǎo / take a shower)。"她回答。

"请告诉他,他的女朋友打过电话。"我说完挂了电话。

可他并没有给我回电话。我又拨了一次,这次是个陌生(mòshēng / stranger)男人接的电话。"我是白平。"他说。

"你不是我的男朋友?!"我惊叫起来。

"我知道,"他答道,"我已这样向我太太解释(jiěshì / explain)了半个钟头了。"

十四、每课一谜 (Character Riddle)

一人一口一只手。

(猜本课生字一)

一、抄写 (Copy)

　　1. 单字抄写 (Copy the Characters)

流 10	`	﹀	氵	汇	氵	泸	泸	浐	済	流		
满 13	`	﹀	氵	汇	汴	汫	洴	泩	浩	满	满	满
派 9	`	﹀	氵	汀	汇	泸	派	派	派			
漱 14	`	﹀	氵	汇	汽	泸	泸	沛	沛	涑	涑	漱
漱	漱											
泳 8	`	﹀	氵	汇	汀	冯	泳	泳				
澡 16	`	﹀	氵	氵	汃	沪	沪	浬	浬	澡	澡	温
澡	澡	澡										
治 8	`	﹀	氵	汇	汩	治	治	治				
酒 10	`	﹀	氵	汇	汀	沥	沥	洒	洒	酒		
消 10	`	﹀	氵	氵	氵	沪	泸	消	消	消		
演 14	`	﹀	氵	氵	氵	浐	泸	泸	浐	泻	演	演
演												

沿 8	`	`	氵	氵	氵冖	氵几	沿	沿			
洞 9	`	`	氵	氵	汩	洞	洞	洞	洞		
温 12	`	`	氵	氵	沪	沪	沪	汨	温	温	温
测 9	`	`	氵	氵	氵几	氵贝	测	测			
渐 11	`	`	氵	氵	汢	沪	浐	渐	渐	渐	
池 6	`	`	氵	汩	池	池					

2. 词语抄写（Copy the Words）

liúlì 流利	liúxíng 流行	liú lèi 流泪	mǎn yì 满意
mǎnzú 满足	qìpài 气派	shù kǒu 漱口	yóuyǒng 游泳
xǐ zǎo 洗澡	zhì bìng 治病	zhìlǐ 治理	tǒngzhì 统治
píjiǔ 啤酒	jiǔdiàn 酒店	xiāoxi 消息	xiāofèi 消费
qǔxiāo 取消	yǎnchū 演出	yǎnyuán 演员	biǎoyǎn 表演
yánzhe 沿着	yánhǎi 沿海	shāndòng 山洞	wēndù 温度
wēnnuǎn 温暖	diànchí 电池		

二、把下面的字按笔画数多少排列，写在下面的线上（Arrange the Characters by the Number of Strokes from Small to Large）

流 满 派 漱 泳 澳 澡 温 渐 池 汪

_____

三、下面的字右边可以拆出哪些部件字（Separate the Right Ccomponent of Each Character into Single-part Characters）

渐→_____ 漱→_____ 消→_____ 沿→_____ 澡→_____

四、形音义填写（Fill in the Blanks with Character, Pinyin or Meaning）

满	_____	渐	_____		测	_____		_____
mǎn	wēn		dòng				jiǔ	
full				along		flow		appoint

五、填字,使左右成词 (Fill in the Blank with Character That Forms Words with Characters on Either Side)

1. 啤____吧   2. 统____病   3. 游____池   4. 不____意   5. 生____派
6. 取____息   7. 逐____渐   8. 电____塘   9. 表____出   10. 气____度

六、用下面的字组词并为所组的词注音释义 (Form Words with each Character, then Write Pinyin and English Interpretation for the Words Formed)

治:_____ (   ) _____   澡:_____ (   ) _____
冶:冶金 (yějīn) smelt metal   操:_____ (   ) _____

旅:_____ (   ) _____   酒:_____ (   ) _____
派:_____ (   ) _____   洒:洒水 (sǎ shuǐ) _____

池:_____ (   ) _____   演:_____ (   ) _____
地:_____ (   ) _____   黄:_____ (   ) _____

七、把下面的形声字的读音和英译连起来 (Match Each Word with Pinyin and English Interpretation)

cán	硫	boat
cè	驰	conceal secret from
chí	瞒	dry
chuán	咏	copper
liú	燥	feel ashamed
mán	船	gallop
tóng	铜	intone
wēn	瘟	peel with a knife
xiāo	厕	plague
yǒng	惭	sulfur
zào	削	toilet

八、找汉英对应词语 (Match the English Words with Their Chinese Counterparts)

1. 消费   2. 沿海   3. 洞房   4. 温暖   5. 漱口
6. 逐渐   7. 池塘   8. 推测   9. 满足   10. 流传

a. along the coast   b. bridal chamber   c. infer   d. consume   e. content
f. gargle   g. gradually   h. pond   i. spread   j. warm

Hànzì Tūpò

九、请写十个以上"三点水旁"的字 (Write More Than Ten Characters with the Radical "氵")

_____

十、根据所给的声旁部件写汉字,括号内的数字为要求所写的数量 (Form Idea-sound Characters (the Number in the Parentheses) with Each Sound-component)

也 (4) ___ ___ ___ ___   铅 (右边) (3) ___ ___ ___   澡 (右边) (2) ___ ___

酉 (3) ___ ___ ___   台 (2) ___ ___

十一、根据括号里的拼音用汉字填空 (Write Characters According to Pinyin)

1. 明天有一个小_____(cèyàn)。

2. 他汉语说得非常_____(liúlì)。

3. 这种_____(jiǔ)一般的人_____(xiāofèi)不起。

4. 现在_____(yóuyǒngchí)水的_____(wēndù)很低。

5. _____(yánzhe)这条小路一直往前走,就可以看到一个_____(shāndòng)。

十二、根据提示把下面的句子翻译成汉语 (Translate the Sentences into Chinese According to the Clues)

1. When do you usually take shower? (洗澡)

2. Who did he send for the doctor? (派)

3. What program are they going to perform? (表演)

4. His illness has been cured. (治)

5. Is there any news about him recently? (消息)

十三、阅读 (Read)

也该付账 (fùzhàng / pay bill)

"我喝酒的时候,每个人都可以喝酒!"酒吧里有个人在招呼大家进去。他喝干了杯子里的酒,又喊道:"要再来一杯!每个人也可以再来一杯!"于是大家怀着感激 (gǎnjī / feel grateful) 的心情又干了一杯,那人喝下第二杯酒后,从口袋里掏出两美元放到柜台 (guìtái / cashier table) 上。"我付钱的时候,"他喊到,"每个人也该付账了!"

十四、每课一谜（Character Riddle）

"没"字"又"用"口"代替。

（猜本课生字一）

第五十二课 传候例俩

一、抄写（Copy）

1. 单字抄写（Copy the Characters）

传 6	ノ	イ	仁	仁	传	传						
候 10	ノ	イ	亻	伫	伫	伫	伫	伫	候	候		
例 8	ノ	イ	亻	仴	伤	伤	伢	例				
俩 9	ノ	イ	亻	仁	行	俩	俩	俩	俩			
任 6	ノ	イ	亻	仁	任	任						
使 8	ノ	イ	亻	仃	佀	佀	伊	使				
停 11	ノ	イ	亻	亻	广	伫	伫	伫	停	停	停	
伟 6	ノ	イ	亻	仁	乍	伟						
像 13	ノ	イ	亻	伫	伫	伊	伊	伊	像	像	像	像
做 11	ノ	イ	亻	什	什	估	估	做	做	做	做	
便 9	ノ	イ	亻	亻	佰	佰	佰	便	便			
偷 11	ノ	イ	亻	亻	价	价	价	偷	偷	偷	偷	
修 9	ノ	イ	亻	亻	佟	佟	修	修	修			

仍₄　ノ　亻　仍　仍

2. 词语抄写（Copy the Words）

chuántǒng 传统	zhuànjì 传记	shíhou 时候	qìhòu 气候
wènhòu 问候	lìzi 例子	jǔ lì 举例	zánliǎ 咱俩
rènhé 任何	xìnrèn 信任	shǐyòng 使用	tíng chē 停车
tíngzhǐ 停止	wěidà 伟大	wěirén 伟人	hǎoxiàng 好像
huàxiàng 画像	zuò kè 做客	zuòfǎ 做法	piányi 便宜
fāngbiàn 方便	shùnbiàn 顺便	xiǎotōu 小偷	xiūlǐ 修理
réngrán 仍然			

二、把下面的字按笔画数多少排列，写在下面的线上（Arrange the Characters by the Number of Strokes from Small to Large）

候　例　任　停　伟　像　令　修　仍　湾　传

_____

三、形音义填写（Fill in the Blanks with Characters, Pinyin or Meaning）

偷	传		修		
tōu	réng	lì		wěi	réng
steal		stop	do		

四、填字，使左右成词（Fill in the Blank with Character That Forms Words with Characters on Either Side）

1. 天____用　　2. 举____如　　3. 信____务　　4. 雄____大

6. 顺____宜　　7. 叫____法　　8. 地____便　　9. 画____话

五、用下面的同音字或形近字组词并为所组的词注音释义（Form Words with the Homophones or Characters with Similar Form, Then Write Pinyin and English Interpretation for the Words Formed）

象：大象（dàxiàng）elephant
像：_____（　）_____

更：更加（gèng jiā）even more
便：_____（　）_____

作：_____（　）_____
做：_____（　）_____

仍：_____（　）_____
奶：_____（　）_____

偷：_____（　）_____
愉：_____（　）_____

Hànzì Tūpò

六、把下面形声字的读音和英译连起来（Match Each Word with Pinyin and English Interpretation）

dǐ	底	bottom
hóu	辆	cheerful
liàng	硬	graceful
liè	婷	hard
tíng	喉	measure word for vehicle
wéi	围	oak
xiàng	橡	raging
yìng	愉	surround
yú	烈	throat

七、找汉英对应词语（Match the English Words with Their Chinese Counterparts）

1. 停止　　2. 举例　　3. 责任　　4. 天使　　5. 暂停
6. 雄伟　　7. 录像　　8. 做梦　　9. 修改　　10. 大使

a. ambassador　　b. angel　　c. give an example　　d. grand　　e. have a dream
f. responsibility　　g. revise　　h. stop　　i. suspend　　j. videotape

八、根据所给的拼音写汉字,括号内的数字为要求所写的数量（Write Characters (the Number in the Parenthese) According to Pinyin）

xiū (2) ___ ___　　　　shǐ (2) ___ ___　　　　zuò (2) ___ ___

lì (2) ___ ___　　　　xiàng (2) ___ ___　　　　rén (2) ___ ___

九、请写十个以上单人旁的字（Write More Than Ten Characters Containing the Radical "亻"）

_____

十、根据所给的声旁或部件写汉字,括号内的数字为要求所写的数量（Form Characters (the Number in the Parentheses) with the Sound-components or the Parts）

乃 (2) ___ ___　　　　俞 (2) ___ ___　　　　更 (2) ___ ___

壬 (3) ___ ___ ___　　　　两 (2) ___ ___　　　　修 (左边)(2) ___ ___

十一、根据括号里的拼音用汉字填空（Write Characters According to Pinyin）

1. 他们_____(liǎ)小_____(shíhou)关系很好。

2. 他打算_____(xiūlǐ)好车以后_____(shùnbiàn)买点东西。

3. 他这样_____(zuò)太不_____(xiànghuà)了!

4. _____(dàshǐ)先生很_____(xìnrèn)他。

5. 教练及时地叫了_____(zàntíng)。

十二、根据提示把下面的句子译成汉语 (Translate the Sentences into Chinese According to the Clues)

1. That piece of news spreads very quickly at school. (传)

2. He is one of the great people in the history of our country. (伟大)

3. Who do you look like, mum or dad? (像)

4. He invites us to visit his home. (做客)

5. Give this to him when you see him. (时候)

十三、阅读 (Read)

　　有一个人到市场上去买鱼,他拿起一条鱼低头闻了闻,卖鱼的人怕他闻出自己的鱼不新鲜,便生气地说:"先生,你不买鱼没关系,你闻什么?"

　　"我没闻,"那人停了一下又说,"我是跟鱼谈谈话。"

　　"你们俩谈些什么?"

　　"我问鱼,海里最近(zuìjìn / recently)有什么新闻没有?"

　　"鱼怎么回答你呢?"

　　"鱼说,它无法(wúfǎ / unable)告诉我任何新闻,因为它从海里出来时间很久了!"

十四、每课一谜 (Character Riddle)

左边一千少一,右边一千多一。

(猜本课生字一)

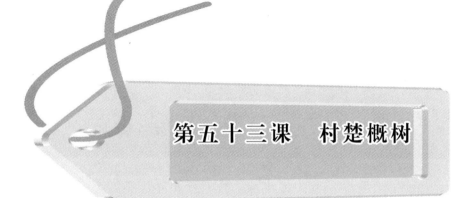

第五十三课　村楚概树

一、抄写（Copy）

1. 单字抄写（Copy the Characters）

村 7　一 十 才 木 杧 村 村

楚 13　一 十 才 木 杧 杙 材 林 梦 梦 梦 梦 楚

概 13　一 十 才 木 杧 杧 枦 根 根 椇 概 概

树 9　一 十 才 木 杧 权 权 树 树

橘 16　一 十 才 木 杧 杧 杍 杍 桥 橘 橘 橘
　　　橘 橘 橘

桥 10　一 十 才 木 杧 杧 杧 杯 桥 桥

桌 10　丨 卜 片 占 占 卣 卓 卓 卓 桌

集 12　丿 亻 亻 亻 亻 亻 佳 佳 隹 隼 集 集

楼 13　一 十 才 木 术 杧 杧 柈 柈 栟 楼 楼 楼

困 7　丨 冂 冂 用 用 困 困

杀 6　丿 乂 二 弃 杀 杀

李 7　一 十 才 木 本 李 李

汉字突破

梨 11　丶　二　千　禾　禾　利　利　利　梨　梨　梨

束 7　一　丆　丏　束　束　束　束

2. 词语抄写（Copy the Words）

cūnzi 村子　　　nóngcūn 农村　　　qīngchu 清楚　　　shùlì 树立

shùmù 树木　　　dàgài 大概　　　gàikuò 概括　　　gàiniàn 概念

júzhī 橘汁　　　zhuōzi 桌子　　　fànzhuō 饭桌　　　shūzhuō 书桌

jíhé 集合　　　jítǐ 集体　　　jízhōng 集中　　　kùnnan 困难

hěn kùn 很困　　　zìshā 自杀　　　líshù 梨树

二、从下面的字中找出笔画相同的字，写在下面相应的线上 (Find the Characters That Have the Following Number of Strokes)

村　楚　概　桥　桌　集　楼　困　杀　李　梨　束　树

7 画 _____　　　13 画 _____

三、下面的字可以拆成什么字 (Write the Characters that the Following Characters are Separated into)

村→　　　概→　　　楼→　　　困→

李→　　　梨→　　　树→

四、形音义填写 (Fill in the Blanks with Characters, Pinyin or Meaning)

橘 _____　　　集 _____　　　楚 _____　　　_____

_____ jú　　　qiáo _____　　　diào _____　　　_____　　　lóu _____

orange　　　_____　　　kill　　　desk　　　sleepy

五、填字，使左右成词 (Fill in the Blank with Character that Forms Words with Characters on Either Side)

1. 农___子　　2. 大___括　　3. 饭___子　　4. 贫___难

5. 自___人　　6. 上___梯　　7. 行___子　　8. 果___木

六、填字游戏,请在？处填上适当的字,使它能与上下左右分别组合成新字（Write Characters That Can Form New Characters with Components Around Them）

讠	？
木	

	木	
亻	？	

木	？
	子

木	？	夂

七、根据所给的拼音写汉字,括号内的数字为要求所写的数量（Write Characters (the Number in the Parentheses) According to Pinyin）

shù (2) ___ ___   lǐ (3) ___ ___ ___   yǐ (3) ___ ___ ___

jí (2) ___ ___   jú (2) ___ ___   chǔ (2) ___ ___

八、找汉英对应词语（Match the English Words with Their Chinese Counterparts）

1. 贫困   2. 光束   3. 橘汁   4. 概况   5. 过桥
6. 下楼   7. 楼下   8. 收集   9. 谋杀   10. 梨树

a. across a bridge   b. beam of light   c. collect   d. downstairs   e. go downstairs
f. general situation g. murder   h. orange juice   i. pear   j. poverty

九、请写十个以上木字旁的字（Write More Than Ten Characters With the Radical "木"）

_____

十、利用所给的部件拼十个字来,每个字的每个部件可以重复使用（Form More Than Ten Characters with the Parts Given. Each Part May be Repeatedly Used in One Character）

口　木　寸　又

_____

十一、根据括号里的拼音用汉字填空（Fill in the Blanks with Characters According to Pinyin）

1. 他住的_____(lóu)前边有一棵大_____(shù)。

2. _____(qiáo)那边有一大片_____(líshù)。

3. 因为注意力不_____(jízhōng),他常不_____(qīngchu)老师正在说什么。

4. 那张_____(zhuōzi)是_____(júhuángsè)的。

5. 请把这些_____(xíngli)搬到_____(lóuxià)去。

十二、根据提示把下面的句子译成汉语 (Translate the Sentences into Chinese According to the Clues)

1. Are you clear about it? (清楚)

2. Probably he has gone. (大概)

3. Where are we going to gather tomorrow? (集合)

4. Where are you going after the party? (结束)

5. I'm sleepy. I want to have rest. (困)

十三、阅读 (Read)

母亲与银行

　　一位电影演员向人说起他年幼 (niányòu / at very young age) 时,每次向母亲要钱,母亲总是说:"你以为我像什么,像银行?""其实,"这位演员说,"对一个十多岁的孩子来说,父母本来就是银行。要是真的自己去银行向人家要钱,出纳 (chūnà / cashier; teller) 准 (zhǔn / definitely) 会说:'你以为我像什么,像你妈?'"

十四、每课一谜 (Character Riddle)

　　"又"进"村"中。

　　(猜本课汉字一)

第五十四课　懂感惯念

一、抄写（Copy）

1. 单字抄写（Copy the Characters）

懂	15	丶	丷	忄	忄	忄	忄	忄	忄	惜	懂	懂	懂
		懂	懂										
感	13	一	厂	厂	斤	咸	咸	咸	咸	咸	感	感	感
惯	11	丶	丷	忄	忄	忄	忄	忄	惯	惯	惯		
念	8	丿	人	人	今	今	念	念	念				
思	9	丶	口	曰	田	田	田	思	思	思			
态	8	一	ナ	大	太	太	态	态	态				
愉	12	丶	丷	忄	忄	忄	忄	愉	愉	愉	愉	愉	
慌	12	丶	丷	忄	忄	忄	忄	忄	忄	忙	慌	慌	
志	7	一	十	士	士	志	志	志					
总	9	丶	丷	丷	总	总	总	总	总	总			
忽	8	丿	勹	勺	勿	勿	忽	忽	忽				
急	9	丿	勹	勹	乌	刍	刍	急	急	急			

息 10 ＇ ＇ ′ 自 自 自 自 息 息 息

愁 13 ＇ ′ 千 禾 禾 禾 利 秒 秋 秋 愁 愁 愁

2. 词语抄写（Copy the Words）

kàndǒng 看懂	dǒngshì 懂事	gǎnmào 感冒	gǎnxiè 感谢
gǎndào 感到	xíguàn 习惯	jìniàn 纪念	xiǎngniàn 想念
sīxiǎng 思想	sīniàn 思念	tàidu 态度	yúkuài 愉快
huāngmáng 慌忙	zázhì 杂志	zǒnggòng 总共	zǒngshì 总是
zǒngtǒng 总统	hūrán 忽然	hūshì 忽视	zháojí 着急
jímáng 急忙	jíshì 急事	xiūxi 休息	xiāoxi 消息
xìnxī 信息	fāchóu 发愁		

二、找出笔画数相同的字，写在下面的线上（Find the Characters That Have the Following Number of Strokes）

懂　惯　愉　慌　感　念　思　态　志　总　忽　急　息

8 画 ＿＿＿＿＿＿＿＿

9 画 ＿＿＿＿＿＿＿＿

12 画 ＿＿＿＿＿＿＿＿

三、下面的字可以拆成什么字（Write Characters That the Following Characters can be Separated Into）

例：感→咸（xián, salty），心

念→　　　　思→　　　　态→　　　　志→　　　　总→　　　　息→

四、形音义填写（Fill in the Blanks with Characters, Pinyin or Meaning）

思	＿＿	惯	＿＿	＿＿	忽	＿＿
sī	jí		yú			dǒng
think			miss		state	

五、填字，使左右成词（Fill in the Blank with Character That Forms Words with Characters on Either Side）

1. 纪＿＿书　　2. 意＿＿想　　3. 形＿＿度　　4. 惊＿＿忙

5. 着＿＿忙　　6. 忽＿＿后　　7. 感＿＿得　　8. 愉＿＿乐

六、把下面形声字的读音、英译用线连起来（Match Each Word with Pinyin and English Interpretation）

cōng	媳	(of hearing) acute
huǎng	聪	be an official
jiǎn	减	daughter-in-law
niǎn	仕	decrease
shì	喻	lie
tài	钛	object
wù	谎	explain; analogy
xí	物	titanium
yú	捻	twist with the fingers

七、写近义字（Write Characters That Have Similar Meanings with the Given Ones）

念→　　　　思→　　　　总→　　　　　　息→

愉→　　　　志→　　　　慌→

八、找汉英对应词语（Match the English Words with Their Chinese Counterpart）

1. 惯例　　2. 纪念　　3. 思考　　4. 状态　　5. 惊慌

6. 意志　　7. 总统　　8. 忽视　　9. 紧急　　10. 叹息

a. alarmed　　b. commemorate　　c. ignore　　d. president　　e. sigh

f. state　　g. think deeply　　h. usual practice　　i. urgent　　j. will

九、请写十个以上心旁字（Write More Than Ten Characters with the Radical "心"）

十、根据所给的部件写汉字，括号内的数字为要求所写的数量（Form Characters (the Number in the Parentheses) with Each Part）

俞 (2) ___ ___　　　　咸 (2) ___ ___　　　　亡 (3) ___ ___ ___

勿 (2) ___ ___　　　　见 (3) ___ ___ ___　　　　士 (4) ___ ___ ___ ___

田 (4) ___ ___ ___ ___

十一、根据括号里的拼音用汉字填空（Fill in the Blanks with Characters According to Pinyin）

1. 这孩子_____（dǒngshì）又_____（dǒng lǐmào），真让人喜欢。

2. 他在那本_____（zázhì）上看到了一篇非常有_____（yìsi）的文章。

3. 有的事情我们_____（kànbúguàn）是因为我们还没有_____（xíguàn）它。

4. 父母让他好好_____（niàn shū）不要_____（xiǎngniàn）他们。

5. 最近天气_____（hū）冷_____（hū）热，很容易_____（gǎnmào）。

十二、根据提示把下面的句子译成汉语（Translate the Sentences into Chinese According to the Clues）

1. Have you understood what he said? （听懂）

2. We had a very good time in this summer. （愉快）

3. Recently he always couldn't have a good rest. （休息）

4. The child was sick. The mother hurried to the hospital with him. （急忙）

5. There are classes from Monday to Friday. Saturday and Sunday are for rest. （休息）

十三、阅读（Read）

老师的眼睛

小王："刚才考汉字你为什么老是盯（dīng / gaze at）着老师的眼睛（yǎnjing / mata）？"

李平："因为我有一道题不会回答！"

小王："可老师的眼睛上也没有答案（dá'àn / answer）呀！"

李平："只要他的眼睛朝窗外（chuāngwài / outside of the window）看一看，我马上就能找到答案。"

十四、每课一谜（Character Riddle）

"心""大"一"点"。

（猜本课生字一）

第五十五课　祝福视神

一、抄写（Copy）

1. 单字抄写（Copy the Characters）

祝₉	丶	㇇	礻	礻	礻	礻	祀	祀	祝				
福₁₃	丶	㇇	礻	礻	礻	祁	祁	祁	祁	祸	福	福	福
视₈	丶	㇇	礻	礻	礼	初	视	视					
神₉	丶	㇇	礻	礻	礼	礻	神	和	神				
社₇	丶	㇇	礻	礻	礻	社	社						
礼₅	丶	㇇	礻	礻	礼								
运₇	一	二	云	云	运	运	运						
迟₇	㇆	尸	尸	尺	尺	迟	迟						
适₉	丿	二	千	千	舌	舌	舌	话	适				
连₇	一	车	车	车	车	诓	连						
送₉	丶	丷	丷	兰	关	关	关	送	送				
退₉	㇆	㇆	㇕	㇕	艮	艮	艮	艮	退	退			
迎₇	丶	㇀	白	白	印	诇	迎						

遇 12 丶 丨 冂 冂 日 日 日 禺 禺 禺 遇 遇 遇

2. 词语抄写（Copy the Words）

zhùhè 祝贺	qìngzhù 庆祝	zhòngshì 重视	jìnshì 近视
diànshì 电视	xìngfú 幸福	zhùfú 祝福	jīngshén 精神
shénhuà 神话	shèhuì 社会	lǐwù 礼物	hūnlǐ 婚礼
xìngyùn 幸运	yùnqi 运气	yùndòng 运动	chídào 迟到
shìhé 适合	shìyìng 适应	tuīchí 推迟	liánxù 连续
liánmáng 连忙	sòngxíng 送行	sòng lǐ 送礼	dàotuì 倒退
zǎotuì 早退	yíngjiē 迎接	huānyíng 欢迎	yùdào 遇到
jīyù 机遇			

二、找出笔画相同的字写在下面的线上（Find the Characters That Have the Following Number of Strokes）

祝 视 福 神 社 礼 运 迟 连 送 退 迎 遇 适

7画 _____

9画 _____

三、下面的字去掉"礻"或者"辶"后是什么字？并为其注音、组词（What Characters Turn out after Removing "礻" or "辶"? Write Pinyin and Form Words with the New Characters）

例：神→ 申 (shēn)： 申请 (apply)　　　　迟→ 尺 (chǐ)： 尺子 (ruler)

祝 视 社 运 迟 近 过 连 送 适

视→ ___ ( )： _____　　　　社→ ___ ( )： _____

运→ ___ ( )： _____　　　　迟→ ___ ( )： _____

过→ ___ ( )： _____　　　　连→ ___ ( )： _____

送→ ___ ( )： _____　　　　祝→ ___ ( )： _____

四、形音义填写（Fill in the Blanks with Characters, Pinyin or Meaning）

迎		遇		福		退	
yíng		yùn				lǐ	
meet	link			late	god		

五、填字,使之左右成词 (Fill in the Blank with Character That Forms Words with Characters on Either Side)

1. 精＿＿话　2. 幸＿＿利　3. 合＿＿合　4. 庆＿＿贺　5. 旅行＿＿会

6. 送＿＿物　7. 幸＿＿动　8. 推＿＿到　9. 欢＿＿接　10. 机＿＿到

六、写同音字,括号内的数字是要求写的同音字数量 (Write Homophones (the Number in the Parentheses))

shì (6) →　　　　　　　　　　　lǐ (3) →

yíng (2) →　　　　　　　　　　yù (3) →

shè (2) →　　　　　　　　　　zhù (4) →

七、给下面汉字注音组词 (Write Pinyin and Form Words with Each Character)

适 (　　)　＿＿＿　＿＿＿　＿＿＿

送 (　　)　＿＿＿　＿＿＿　＿＿＿

祝 (　　)　＿＿＿　＿＿＿　＿＿＿

运 (　　)　＿＿＿　＿＿＿　＿＿＿

八、找汉英对应词语 (Match the English Words with Their Chinese Counterparts)

1. 待遇	2. 退步	3. 连续	4. 运输	5. 礼貌
6. 神圣	7. 福利	8. 祝愿	9. 迟缓	10. 送别

a. continuous　　　b. holy　　　c. politeness　　　d. retrogress　　　e. slow

f. see sb. off　　　g. transport　　h. treatment　　　i. welfare　　　j. wish

九、写出下面各词的反义词 (Write Antonyms of Each Word)

送→　　　　　近→　　　　　退→　　　　　迟→

十、根据所给的部件写汉字,括号内的数字为要求所写的数量 (Form Characters (the Number in the Parentheses) with Each Part)

土 (6) ＿＿ ＿＿ ＿＿ ＿＿ ＿＿ ＿＿　　　兄 (2) ＿＿ ＿＿　　　畐 (2) ＿＿ ＿＿

艮 (3) ＿＿ ＿＿ ＿＿　　　车 (3) ＿＿ ＿＿ ＿＿

十一、根据括号里的拼音用汉字填空 (Fill in the Blanks with Characters According to Pinyin)

1. 他的＿＿＿＿＿(shìlì)只有 0.3,＿＿＿＿＿(jìnshì)得很厉害。

2. 大家都来＿＿＿＿＿(yíngjiē)他,向他表示＿＿＿＿＿(zhùhè)。

3. 能_____(yùdào)这么好的机会,他觉得自己很_____(xìngyùn)。

4. 在你们国家参加朋友_____(hūnlǐ)的时候一般送什么礼物_____(lǐwù)?

5. 这个国家的_____(shèhuì)_____(fúlì)很好。

十二、根据提示把句子翻译成汉语 (Translate the Sentences into Chinese According to the Clues)

1. He went to the airport to see his friend off. (送)

2. She was so lucky that she won big prize when shopping. (幸运,大奖 jiǎng / big prize)

3. His father has retired. (退休)

4. What Chinese people value most is the children's education. (重视)

5. I met two old friends of mine today. (遇到)

十三、阅读 (Read)

送 别

一个小城里,有个教师(jiàoshī / teacher)要离开(líkāi / leave)他的学校,到一个大城市去,他的朋友为他举行了一个送别宴会。

饭桌上一位年纪很大的老人站起来,举起酒杯:"来,为了即将离开我们的朋友的健康干杯。他出生在这儿,在这里上学、成了家,又当(dāng / work as)了教师,我们原来希望他能在这儿跟我们一起度过他的整个一生,让我们看着他死在这里。但遗憾(yíhàn / regret)的是,我们这个愿望不能实现了……"

十四、每课一谜 (Character Riddle)

衣旁少一点,十字多一横。

(猜本课汉字一)

第五十六课　半斤两双

一、抄写 (Copy)

1. 单字抄写（Copy the Characters）

半 5	、	丷	丷	半	半
斤 4	丿	厂	斤	斤
两 7	一	厂	冂	丙	丙	两	两
双 4	又	双	双
件 6	丿	亻	仁	仵	件
位 7	丿	亻	亻	仁	位	位
次 6	、	冫	冫	次	次	次
户 4	、	冖	冖	户
角 7	丿	勺	角	角	角	角
节 5	一	艹	艹	节	节
页 6	一	丆	页	页	页	页
刻 8	、	亠	亥	亥	亥	刻
克 7	一	十	古	古	克	克

Hànzì Tūpò

毛	4	ノ	二	三	毛			
条	7	ノ	ク	久	冬	条	条	条
封	9	一	十	土	圭	丰	圭	圭	封	封
首	9	`	`	ソ	丷	产	首	肖	首	首
支	4	一	十	步	支			

2. 词语抄写（Copy the Words）

bàntiān 半天　　　bànyè 半夜　　　shìjīn 市斤　　　gōngjīn 公斤

liǎngbiān 两边　　shuāngshǒu 双手　shuāngfāng 双方　yóujiàn 邮件

zuòwèi 坐位　　　dìwèi 地位　　　xiàcì 下次　　　měi cì 每次

chuānghu 窗户　　yònghù 用户　　　qiángjiǎo 墙角　niújiǎo 牛角

jiérì 节日　　　guò jié 过节　　　jiémù 节目　　　yèmǎ 页码

lìkè 立刻　　　kèkǔ 刻苦　　　shēnkè 深刻　　　qiānkè 千克

kèfú 克服　　　máobing 毛病　　máobǐ 毛笔　　　miàntiáo 面条

tiáojiàn 条件　　xìnfēng 信封　　shǒudū 首都　　shǒuxiān 首先

zhīchí 支持　　zhīpiào 支票

二、找出笔画相同的字，写在下面的线上 (Find the Characters That Have the Following Number of Strokes)

半　斤　两　双　件　位　次　户　角
节　页　刻　克　毛　条　封　首　支

4 画＿＿＿＿＿＿＿＿＿＿　　　6 画＿＿＿＿＿＿＿＿＿＿

7 画＿＿＿＿＿＿＿＿＿＿　　　9 画＿＿＿＿＿＿＿＿＿＿

三、下面的字加上偏旁或部件字会变成什么字 (What Characters will Turn out When the Following Characters Are Added a Component or a Part)

例：半→胖　　户→护

斤→　　　　　两→　　　　　角→　　　　　页→

首→　　　　　支→　　　　　毛→

四、给下面的字注音,并把它们相同的部件写在前面的括号里 (Write Pinyin and Put the Common Part in the Parentheses)

( )
双_____ 叹_____ 汉_____ 支_____ 友_____
反_____ 叔_____ 欢_____ 难_____ 对_____
树_____ 发_____ 取_____ 变_____ 度_____
段_____ 设_____ 努_____ 假_____

( )
领_____ 顺_____ 须_____ 顶_____ 顾_____
顿_____ 烦_____ 预_____ 颜_____ 题_____

( ) 特_____ 牺_____ 牲_____ 件_____ 物_____

( ) 站_____ 亲_____ 竞_____ 境_____ 章_____

( ) 次_____ 欢_____ 吹_____

五、填字,使左右成词 (Fill in the Blank with Character That Forms Words with Characters on Either Side)

1.千_____服 2.立_____苦 3.春_____日 4.信_____锁

5.每_____品 6.座_____置 7.开_____票 8.面_____件

六、根据所给拼音填空,并想一想它们的意思 (Write Characters According to Pinyin, Then Think About What They Mean)

一双
xié ( )
shǒu ( )
jiǎo ( )
wàzi ( )
yǎnjing ( )
kuàizi ( )

两条
máojīn ( )
lù ( )
yú ( )
hé ( )
kùzi ( )
qúnzi ( )

三件
shì ( )
yīfu ( )
dàyī ( )
wàiyī ( )
xíngli ( )

四位
lǎoshī ( )
kèren ( )
tóngxué ( )
péngyou ( )
xiānsheng ( )

五 fēng( )信   六 yè( )纸   七 shǒu( )诗

八 shǒu( )歌   九 jié( )课   十 hù( )人家

七、用汉字写出下列时间、重量或者钱数 (Write the Following Time, Weight or Amount of Money in Chinese Characters)

例：1:15 → 一点一刻　　　　　￥1.75 → 一块七毛五角

2:15 → 　　　　　　　　　　￥0.5 →

8:15 → 　　　　　　　　　　￥8.90 →

12:45 → 　　　　　　　　　￥35.77 →

15kg →十五克　　　　　　　￥45.09 →

50g → 　　　　　　　　　　￥108.55

350g → 　　　　　　　　　￥508.30 →

800g →

八、找汉英对应词语 (Match the English Words with Their Chinese Counterpart)

1. 支持　　2. 首都　　3. 信封　　4. 毛病　　5. 克服
6. 面条　　7. 深刻　　8. 插页　　9. 窗户　　10. 墙角

a. capital　　b. corner of a wall　　c. envelope　　d. illness　　e. inset
f. noodle　　g. overcome　　h. profound　　i. support　　j. window

九、写十个学过的表示数量的字 (Write Ten Characters We've Learned about Number)

十、根据所给拼音写汉字，括号内的数字为要求所写的数量 (Write Characters(the Number in the Parentheses) According to Pinyin)

jiàn (4) ＿＿ ＿＿ ＿＿　　　　fēng (3) ＿＿ ＿＿ ＿＿　　　　wèi (5) ＿＿ ＿＿ ＿＿ ＿＿

kè (4) ＿＿ ＿＿ ＿＿ ＿＿　　　jiǎo (3) ＿＿ ＿＿ ＿＿　　　yè (3) ＿＿ ＿＿ ＿＿

十一、根据括号里的拼音用汉字填空 (Fill in the Blanks with Characters According to Pinyin)

1. 已经＿＿＿＿＿(liǎng diǎn yíkè)了，你怎么才来？大家等你＿＿＿＿＿(bàntiān)了。

2. 这台机器已经出过好＿＿＿＿＿(jǐcì)＿＿＿＿＿(máobing)了。

3. 最近家里＿＿＿＿＿(kāizhī)很大，父母不＿＿＿＿＿(zhīchí)他买电脑。

4. 今天的电视＿＿＿＿＿(jiémù)预告在＿＿＿＿＿(dì-wǔ yè)上。

5. 桌子＿＿＿＿＿(jiǎo)儿上放着一＿＿＿＿＿(zhī)铅笔。

十二、根据提示把下面的句子翻译成汉语 (Translate the Sentences into Chinese According to the Clues)

1. How many letters have you received? (封)

2. Beijing is the capital of China. （首都）

3. This kind of apple is three and half yuan each jin. （斤）

4. They have overcome a lot of difficulties. （克服）

5. He bought a pair of shoes, a pair of pants and two sweaters. （双、条、件）

十三、阅读（Read）

一百万美元（měiyuán / US dollar）和一秒钟

有一次，一个男人问上帝（Shàngdì / God）：

"万能（wànnéng / omnipotent）的上帝，请问一百年对您来说是多久？"

上帝回答道："一秒钟。"

那个男人又问："万能的上帝，请问一百万美元对您来说值多少？"

上帝回答道："值一毛钱。"

那个男人又一次问上帝："万能的上帝，既然一百万美元对您来说只值一毛钱，那请您借给我一毛钱吧！"

上帝回答道："没问题，一秒钟后再借给你。"

十四、每课一谜（Character Riddle）

又在左边，又在右边。

（猜本课生字一）

一、抄写（Copy）

　　1. 单字抄写（Copy the Characters）

晨	11	丶	口	曰	日	旦	尸	尸	屉	晨	晨	晨
宿	11	丶	宀	宀	宀	宀	宀	宿	宿	宿	宿	
舍	9	丿	人	人	今	全	令	舍	舍			
窗	12	丶	宀	宀	宀	宀	宀	窗	窗	窗	窗	窗
光	6	丨	丨	丬	业	光	光					
爬	8	丶	厂	爪	爪	爪	爬	爬	爬			
始	8	乚	女	女	如	如	始	始	始			
复	9	丿	亻	午	午	白	复	复	复			
录	8	彐	彐	彐	寻	寻	录	录	录			
音	9	丶	亠	六	立	产	音	音	音			
典	8	丨	口	曰	曲	曲	典	典				
翻	18	丶	丶	厂	亚	平	采	采	采	番	番	番	番
		翻	翻	翻	翻	翻						

雪	11	一	ㄏ	雨	雨	雨	雪	雪	雪	雪	雪	
糖	16	丶	丷	丷	屮	半	米	米	粎	粎	粎	粎	糖

糖 糖 糖

鸡	7	フ	又	又	邓	邓	鸡	鸡			
蛋	11	一	ㄋ	下	严	疋	疋	吞	吞	番	蛋	蛋
都	10	一	十	土	耂	者	者	者	者	都	都	
尤	4	一	ナ	尤	尤							
碗	13	ー	ノ	石	石	石	石	矽	矽	矽	碗	碗
烧	10	丶	丷	少	火	灯	灯	炖	烊	烧		
猪	11	丿	犭	犭	犭	犷	狆	狇	狏	猪	猪	猪
肉	6	丨	冂	内	内	肉	肉					
头	5	丶	丷	三	头	头						
疼	10	丶	亠	广	广	疒	疒	疚	疼	疼	疼	
发	5	ㄥ	少	发	发	发						
病	10	丶	亠	广	广	疒	疒	疒	病	病	病	
些	8	丨	卜	止	止	此	此	些	些			
药	9	一	十	艹	艹	芍	药	药	药	药		

片 4 ノ ノ゙ 广 片

2. 词语抄写 (Copy the Words)

zǎochen 早晨	sùshè 宿舍	chuānghu 窗户	guāngxiàn 光线
yángguāng 阳光	guāngróng 光荣	pá shān 爬山	pá shù 爬树
kāishǐ 开始	fùyìn 复印	lù yīn 录音	jìlù 记录
yīnyuè 音乐	shēngyīn 声音	fāyīn 发音	zìdiǎn 字典
diǎnxíng 典型	cídiǎn 词典	fānyì 翻译	tángguǒ 糖果
báitáng 白糖	jīdàn 鸡蛋	jīròu 鸡肉	gōngjī 公鸡
yóuqí 尤其	fànwǎn 饭碗	shāokǎo 烧烤	zhūròu 猪肉
niúròu 牛肉	yángròu 羊肉	tóufa 头发	tóunǎo 头脑
tóur 头儿	xīnténg 心疼	téngtòng 疼痛	tóuténg 头疼
chūfā 出发	fāxiàn 发现	fāzhǎn 发展	bìngrén 病人
kàn bìng 看病	bìngjià 病假	yìxiē 一些	yǒuxiē 有些
zhèxiē 这些	yàodiàn 药店	yàopiàn 药片	zhōngyào 中药
míngpiàn 名片	yǐngpiàn 影片		

二、找出笔画相同的字，写在下面的线上 (Find the Characters That Have the Following Number of Strokes)

晨 宿 舍 窗 光 爬 复 录 音 典 雪 糖
鸡 蛋 碗 烧 猪 肉 头 疼 发 病 些 药

8 画 _____ 9 画 _____

10 画 _____ 11 画 _____

三、形音义填写 (Fill in the Blanks with Characters, Pinyin or Meaning)

些	雪		窗		翻
xiē	táng	piàn		yào	
some		ache	meat	morning	

四、填字，使左右成词 (Fill in the Blank with Character That Forms Words with Characters on Either Side)

1. 住___舍   2. 阳___线   3. 头___痛   4. 重___杂   5. 中___店

6. 声___乐   7. 首___市   8. 词___型   9. 生___假   10. 头___现

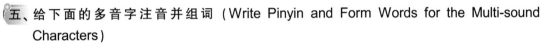

五、给下面的多音字注音并组词（Write Pinyin and Form Words for the Multi-sound Characters）

发 { (fā) 发烧
       (fà) _____ }

宿 { (_____) _____
       (_____) _____ }

舍 { (_____) _____
       (_____) _____ }

片 { (_____) _____
       (_____) _____ }

便 { (_____) _____
       (_____) _____ }

咳 { (_____) _____
       (_____) _____ }

六、用下面的字组词并为所组的词注音释义（Form Words with the Characters, Then Write Pinyin and English Interpretation for the Words Formed）

此：此时（cǐshí）temporality
些：_____（ _____ ）_____

舌：舌头（shétou）tongue
舍：_____（ _____ ）_____

录：_____（ _____ ）_____
绿：_____（ _____ ）_____

约：约会（yuēhuì）appointment/date
药：_____（ _____ ）_____

内：_____（ _____ ）_____
肉：_____（ _____ ）_____

头：_____（ _____ ）_____
买：_____（ _____ ）_____

龙：龙（lóng）dragon
尤：_____（ _____ ）_____

七、找汉英对应词语（Match the English Words with Their Chinese Counterparts）

1. 光滑   2. 复印   3. 某些   4. 发财   5. 头等
6. 肉麻   7. 猪排   8. 烧烤   9. 母鸡   10. 典型

a. barbecue   b. first-class   c. get rich   d. hen   e. nauseating
f. pork chop   g. smooth   h. some   i. typical   j. xerox; duplcate

八、填字游戏,请在"?"处填上适当的字,使它能与上下左右分别组合成新字 (Write Characters That Can Form New Characters with Components Around Them)

	日	
氵	?	尤

	父	
爪	?	

	林	
	?	
	虫	

犭	?	阝

扌	?	羽

又	?	鸟

九、根据所给的部件写汉字,括号内的数字为要求所写的数量 (Form Characters (the Number in the Parentheses) with Each Part)

鸟 (2) ___ ___　　　　穴 (3) ___ ___ ___　　　　米 (3) ___ ___ ___

广 (3) ___ ___ ___　　　犭 (3) ___ ___ ___　　　尤 (2) ___ ___

虫 (2) ___ ___　　　　头 (2) ___ ___

十、根据所给的拼音写汉字,括号内的数字为要求所写的数量 (Write Characters (the Number in the Parentheses) According to Pinyin)

wǎn (2) ___ ___　　　　dàn (2) ___ ___　　　　táng (2) ___ ___

yào (2) ___ ___　　　　bìng (2) ___ ___　　　　lù (2) ___ ___

十一、根据括号里的拼音用汉字填空 (Fill in the Blanks with Characters According to Pinyin)

1. 这种_____(zhōngyào)能治什么_____(bìng)?

2. 这个_____(chuānghu)大,_____(guāngxiàn)很好。

3. 他喜欢吃_____(jīdàn),不喜欢吃_____(jīròu)。

4. 每天_____(qīngchén)都有人在_____(sùshè)旁边的操场上锻炼身体。

5. 他们明天8点_____(chūfā)去_____(pá shān),然后在山上_____(shāokǎo)。

6. 他特别喜欢吃肉,尤其是_____(hóngshāoròu),今天又做了一大_____(wǎn)。

十二、根据提示把下面的句子翻译成汉语 (Translate the Sentences into Chinese According to the Clues)

1. Are there dormitories in your school? (宿舍)

2. It's snowing. Shut the window please. (雪,窗户)

3. Is the plot of that movie complicated? (复杂)

4. It's not good to read in poor light. (光线)

5. He started to learn Chinese last spring. (开始)

6. She loves listening to both pop music and classical music. (音乐)

十三、阅读 (Read)

饭桌上,儿子高高兴兴地吃着鸡蛋。

"好吃吗,宝贝?"妈妈问。

"好吃。"

"你就知道吃,知道什么东西生蛋?"爸爸想考考儿子。

"鸡下蛋,鸭(yā / duck)下蛋,鹅(é / goose)下蛋。"

"还有什么生蛋?"爸爸又问。

"……"儿子被问住了,过了一会儿才说:"妈妈也生蛋!"

爸爸生气地打了儿子一个耳光 (ěrguāng / a slap on the face)。儿子不服气 (fúqì / be convinced)哭着说:"你们常常骂我笨蛋(bèndàn / idiot),我不是妈妈生的吗?"

十四、每课一谜 (Character Riddle)

有"意"无"心"。

(猜本课生字一)

第五十八课　日记之二

一、抄写（Copy）

　1. 单字抄写（Copy the Characters）

阴 6	阝 阝 阴 阴 阴 阴
街 12	丿 彳 彳 彳 往 往 往 往 街 街 街
篮 16	丿 ⺮ 栏 笱 笱 笱 笱 笱 笱 笱 笱 笱
	笱 篮 篮
香 9	一 二 千 禾 禾 禾 香 香 香
蕉 15	一 一 艹 艹 疒 莎 莎 莎 萑 萑 萑 蕉
	蕉 蕉
鞋 15	一 十 廿 廿 芹 芦 苴 苴 革 革 鞋 鞋 鞋
	鞋 鞋
袜 10	丶 亠 衤 衤 衤 衤 衤 衤 袜 袜
脏 10	丿 几 月 月 月 旷 旷 胪 脏 脏
舒 12	丿 亼 亽 亼 牟 牟 舍 舍 舍 舒 舒 舒
屋 9	フ コ 尸 尸 屋 屋 屋 屋 屋

248

杂 6 乀 九 九 朵 杂 杂

乱 7 丿 二 千 千 舌 舌 乱

助 7 丨 冂 冃 月 且 助 助

画 8 一 厂 冋 币 而 面 画 画

展 10 一 尸 尸 尸 屏 屏 屏 展 展

举 9 丶 丷 丷 兴 兴 兴 举 举

腿 13 丿 几 月 月 月ヿ 月ヿ 朖 朖 腿 腿 腿 腿

脚 11 丿 几 月 月 月 肚 肚 肽 肽 脚 脚

最 12 丨 冂 冃 旦 旦 昌 冔 冔 昌 最 最 最

嘴 16 丨 冂 口 叮 叶 咁 咁 咄 咔 啀 嘴 嘴

嘴 嘴 嘴

图 8 丨 冂 门 冈 冈 冈 图 图

冒 9 丶 冂 冃 日 目 冒 冒 冒 冒

决 6 丶 冫 冫 泱 决 决

室 9 丶 宀 宀 宀 宓 宓 室 室 室

散 12 一 十 卄 卄 丼 荓 荓 青 青 散 散 散

磁 14　一 ノ ノ 不 石 石 石 矿 矿 硋 硋 硋 磁

磁

纸 7　ㄥ ㄠ ㄠ ㄠ ㄠ ㄠ 纤 纤 纸

2. 词语抄写 (Copy the Words)

yīnlì 阴历	yīntiān 阴天	jiēdào 街道	shàng jiē 上街
lánqiú 篮球	lánzi 篮子	xiāngshuǐ 香水	xiāngwèi 香味
xiāngjiāo 香蕉	píxié 皮鞋	liángxié 凉鞋	jiǎoyìn 脚印
wàzi 袜子	nòngzāng 弄脏	xīnzàng 心脏	shūfu 舒服
tóngwū 同屋	wūzi 屋子	fùzá 复杂	zázhì 杂志
luàn shuō 乱说	mángluàn 忙乱	bāngzhù 帮助	huàjiā 画家
jǔxíng 举行	jǔ shǒu 举手	huǒtuǐ 火腿	dàtuǐ 大腿
zuìjìn 最近	zuìhòu 最后	qīn zuǐ 亲嘴	túpiàn 图片
gǎn mào 感冒	mào xiǎn 冒险	juédìng 决定	juéxīn 决心
jiějué 解决	sànbù 散步	sǎnwén 散文	cídài 磁带
bàozhǐ 报纸	zhǐjīn 纸巾		

二、 找出笔画相同的字,写在下面的线上 (Find the Characters That Have the Following Number of Strokes)

举 屋 乱 冒 阴 纸 欢 助 嘴 篮 散 最 喜 舒 决 街 香

6画 _____　　　7画 _____

9画 _____　　　16画 _____

三、 拆分下列汉字的部件字 (Write Characters That the Following Characters Can be Separated Into)

街→　　脏→　　杂→　　助→　　腿→　　脚→

最→　　图→　　鞋→　　嘴→　　香→

四、 填字游戏,请在"?"处填上适当的字,使它能与上下左右分别组合成新字 (Write Characters That Can Form New Characters with What Are Around Them)

女 ? 力　　口 ? 欠　　阝 ? 庄　　讠 ? 乚

Hànzì Tūpò

五、形音义填写 (Fill in the Blanks with Characters, Pinyin or Meaning)

举 _____	篮 _____	_____	磁 _____	_____	喜 _____
_____ jǔ	tuǐ _____	zuǐ _____	_____	zhǐ _____	_____
raise _____		best _____		shoe _____	

六、填字,使左右成词 (Fill in the Blank with Character That Forms Words with Characters on Either Side)

1. 上 ____ 道   2. 花 ____ 蕉   3. 坚 ____ 定   4. 弄 ____ 话   5. 同 ____ 子

6. 复 ____ 志   7. 地 ____ 片   8. 帮 ____ 理   9. 选 ____ 手   10. 亲 ____ 唇

七、用下面的字组词并为所组的词注音释义 (Form Words with the Characters, Then Write Pinyin and English Interpretation for the Words Formed)

户: 窗户 (chuānghu) window
尸: _____ (_____) _____

篮: _____ (_____) _____
蓝: _____ (_____) _____

决: _____ (_____) _____
快: _____ (_____) _____

屋: _____ (_____) _____
握: _____ (_____) _____

低: _____ (_____) _____
纸: _____ (_____) _____

兴: _____ (_____) _____
举: _____ (_____) _____

末: _____ (_____) _____
袜: _____ (_____) _____

八、找汉英对应词语 (Match the English Words with Their Chinese Counterparts)

1. 纸币   2. 摇篮   3. 冒烟   4. 图画   5. 磁铁

6. 嘴唇   7. 喜事   8. 最初   9. 火腿   10. 舒适

a. comfortable   b. cradle   c. drawing   d. fume   e. ham

f. happy event   g. initial   h. lip   i. magnet   j. paper money

九、根据所给的拼音写汉字,括号内的数字为要求所写的数量 (Write Characters (the Number in the Parentheses) According to Pinyin)

jiāo (3) ___ ___ ___　　　　cí (2) ___ ___　　　　xiāng (3) ___ ___ ___

shū (4) ___ ___ ___ ___　　huà (3) ___ ___ ___　　zhù (3) ___ ___ ___

十、根据所给的部件写汉字,括号内的数字为要求所写的数量 (Form Characters (the Number in the Parentheses) with each Part)

圭 (3) ___ ___ ___　　　　至 (3) ___ ___ ___　　　　冬 (2) ___ ___

乚 (2) ___ ___　　　　　　此 (2) ___ ___　　　　　　至 (3) ___ ___ ___

十一、根据括号里的拼音用汉字填空 (Fill in the Blanks with Characters According to Pinyin)

1. 这本_____(zázhì)是从_____(túshūguǎn)借的。

2. 那个孩子_____(xǐhuan)在墙上_____(luàn huà)。

3. 穿运动鞋爬山,_____(tuǐjiǎo)会觉得_____(shūfu)一些。

4. 这种_____(cídài)质量_____(zuìhǎo)。

5. 请你_____(jǔlì)说明这个_____(zhùcí)的用法。

6. 你看,_____(shānjiǎo)下那个_____(wū)顶上还_____(mào)着烟呢,那儿一定有人!

十二、根据提示把句子翻译成汉语 (Translate the Sentences into Chinese According to the Clues)

1. I've caught cold. I feel quite unwell. (感冒,舒服)

2. She went shopping and bought a basket of bananas. (篮子,香蕉)

3. His room is dirty and messy. (脏,乱)

4. It's easy to draw a person's mouth and legs but difficult to draw hands and feet.

(嘴,腿,脚)

5. Let's go for a walk after you finish reading the paper. (报纸,散步)

十三、阅读（Read）

香　蕉

在火车上，有人看见两个小女孩冰冰和小雪很好玩，就给她们每人一只香蕉。

她们长这么大以来第一次见到香蕉，冰冰好奇地咬了一口。正在这时，火车开始过山洞。她突然觉得眼前一黑，大吃一惊。

"喂，小雪！"她叫了起来："你吃了香蕉没有？"

"还没有吃呢？"小雪说。

"那快别吃！"冰冰说，"吃了香蕉会什么都看不见的！"

十四、每课一谜（Character Riddle）

空"山"之中一块田。（There is a patch of field in the hollow mountain.）

（猜本课生字一）

第五十九课　日记之三

一、抄写（Copy）

1. 单字抄写（Copy the Characters）

突 9

碰 13

熟 15

周 8

戴 17

族 11

帽 12

留 10

辆 11

卡 5

差 9

单 8	丶	⺌	⺌	凸	凷	白	単	单					
办 4	フ	力	办	办									
往 7	丿	彳	彳	行	往	往	往						
输 13	一	七	车	车	轮	轮	轮	轮	输	输	输	输	输
省 9	丨	丷	小	少	少	省	省	省	省				
农 6	丶	一	少	农	农	农							
产 6	丶	亠	六	立	立	产							
再 6	一	厂	再	再	再	再							
啤 11	丶	口	口	叮	叮	咱	咱	咱	啤	啤	啤		
酸 14	一	厂	币	丙	西	西	酉	酌	酌	酌	酚	酚	酸
	酸												
布 5	一	ナ	才	右	布								
等 12	丿	𥫗	𥫗	𥫗	𥫗	等	等	等	竺	竺	等	等	
需 14	一	⻗	雨	雨	雨	雷	雷	雷	雷	雫	雫	需	需
	需												
章 11	丶	亠	立	立	立	音	音	音	音	章	章		

云 4	一 二 云 云
顾 10	一 厂 厂 厄 厄 厄 厄 顾 顾 顾
兴 6	丶 丷 丷 兴 兴 兴

2. 词语抄写 (Copy the Words)

tūrán 突然	chōngtū 冲突	shúxi 熟悉	chéngshú 成熟
zhōuwéi 周围	zhōumò 周末	shěngqián 省钱	jiéshěng 节省
mínzú 民族	màozi 帽子	liú yán 留言	chēliàng 车辆
kǎchē 卡车	kǎpiàn 卡片	chābié 差别	chū chāi 出差
dāndú 单独	jiǎndān 简单	bànfǎ 办法	bàn shì 办事
wǎngwǎng 往往	láiwǎng 来往	yùnshū 运输	nóngyè 农业
nóngcūn 农村	nóngmín 农民	zàijiàn 再见	suānnǎi 酸奶
píjiǔ 啤酒	xuānbù 宣布	děngyú 等于	xūyào 需要
bìxū 必需	guīzhāng 规章	wénzhāng 文章	duōyún 多云
gùkè 顾客	zhàogù 照顾	xìngqù 兴趣	gāoxìng 高兴
xīngfèn 兴奋			

二、变字游戏 (Character Games)

1. 下面的字移动一笔会变成什么字 (What New Characters will be Formed When Moving One Stroke to Other Place)

犬→　　　干→　　　未→　　　旧→

2. 下面各字加一笔会变成什么字 (What New Characters Will Be Formed When One Stroke is Added to the Following Characters)

小→　　　上→　　　白→　　　工→

三、下面的字可以拆成什么字 (Write Characters That the Following Characters Can be Separated into)

例：戴→共，田，土，戈 (gē / an ancient weapon)

帽→　　　　差→　　　　辆→

省→　　　　需→　　　　章→

四、形音义填写 (Fill in the Blanks with Characters, Pinyin or Meaning)

戴	____	____	熟	____	____	酸	____	____	顾
dài	____	_pèng_	____	____	_gù_	____	_liú_	____	____
wear	cloth	____	____	touch	____	week	____	____	hat

五、填字,使左右成词 (Fill in the Blank with Character That Forms Words with Characters on Either Side)

1. 成____悉　　2. 节____钱　　3. 冲____然　　4. 草____子　　5. 四____围

6. 简____独　　7. 来____前　　8. 运____血　　9. 急____要　　10. 照____客

六、给下面的多音字注音并组词 (Write Pinyin and Form Words with Each Character)

卡 ⎰ (kǎ) _____ ⎱ (qiǎ) _____

差 ⎰ ( ) _____ ( ) _____ ( ) _____ ⎱

兴 ⎰ ( ) _____ ( ) _____ ⎱

七、用下面的字组词并为所组的词注音释义 (Form Characters with the Words, then Write Pinyin and English Interpretation for the Words Formed)

巾：毛巾 (máojīn) towl
斤：_____ ( ) _____

在：_____ ( ) _____
再：_____ ( ) _____

戴：_____ ( ) _____
带：_____ ( ) _____

须：_____ ( ) _____
需：_____ ( ) _____

住：_____ ( ) _____
往：_____ ( ) _____

衣：_____ ( ) _____
农：_____ ( ) _____

办：_____ ( ) _____
为：_____ ( ) _____

八、找汉英对应词语 (Match the English Words with Their Chinese Counterparts)

1. 显然　　2. 碰巧　　3. 种族　　4. 草帽　　5. 卡通

6. 穿戴　　7. 照顾　　8. 办理　　9. 平等　　10. 辛酸

a. by chance　　b. cartoon　　c. dress　　d. equal　　e. handle

f. miserable　　g. obvious　　h. race　　i. straw hat　　j. take care of

九、根据所给的部件写汉字,括号内的数字为要求所写的数量 (Form Characters (the Number in the Parentheses) with Each Part)

zhōu (3) ___ ___ ___　　xǐng (3) ___ ___ ___　　bù (4) ___ ___ ___ ___

汉字突破

bàn (2) ___ ___   zhāng (2) ___ ___   liú (2) ___ ___

十、根据所给的部件写汉字,括号内的数字为要求所写的数量 (Form Characters (the Number in the Parentheses) with Each Part)

巾 (5) ___ ___ ___ ___ ___   矢 (4) ___ ___ ___ ___   雨 (3) ___ ___ ___

彐 (3) ___ ___ ___   戈 (4) ___ ___ ___ ___   灬 (3) ___ ___ ___

十一、根据括号里的拼音用汉字填空 (Fill in the Blanks with Characters According to Pinyin)

1. 他对_____(nóngcūn)的情况不_____(shúxi)。

2. _____(děng)你长大了,_____(zìrán)就会对它_____(gǎn xìngqù)了。

3. 吃的东西放得时间长了_____(wǎngwǎng)容易_____(fā suān)。

4. 这两支球队又_____(pèng)在一起了,你猜谁赢谁_____(shū)。

5. 母亲_____(tūrán)病了,我得回去_____(zhàogù)她。

6. 男女_____(píngděng)说起来_____(róngyì)做起来难。

7. 中国有些少数_____(mínzú)很喜欢_____(dài màozi)。

十二、把下面的句子翻译成英语 (Translate the Sentences into English According to the Clues)

1. 牛奶已经发酸了,还能喝吗?

2. 我们还需要等多长时间?

3. 那位戴眼镜的男青年是谁?

4. 周先生正在宣布公司的规定。

5. 我在回家的路上碰见了一个熟人。

6. 这几个月,他差不多出了十次差。

7. 这种卡车很省油,再说价钱也便宜一点儿。

十三、阅读（Read）

服务态度

一位顾客对女服务员的态度很不满意，他就打电话给该公司的总经理（zǒngjīnglǐ / general manager）

顾客："总经理先生，你们的服务员态度很差啊！"

总经理："应该不会吧。"

顾客："你自己假装（jiǎzhuāng / pretend）是顾客，打电话过去就知道了。"

总经理觉得这样也好。果然，那位女服务员态度真的很差，总经理生气了。

总经理："你知不知道我是谁啊？你敢这样讲话？"

服务员："我怎么会知道啊？"

总经理："我是公司的总经理！"

服务员："啊！原来你是总经理！那你知不知道我是谁？"

总经理："不知道！"

服务员："不知道，那太好了！"

于是服务员赶紧把电话挂上了。

十四、每课一谜（Character Riddle）

一上一下，不上不下。

（猜本课生字一）

第六十课 日记之四

一、抄写（Copy）

1. 单字抄写（Copy the Characters）

所 8	´	厂	尸	戸	戸	所	所	所			
层 7	¬	尸	尸	尸	戻	层	层				
围 7	l	冂	冂	闬	闬	围	围				
墙 14	一	十	土	圹	圹	圹	圹	坫	垆	培	墙	墙
	墙										
划 6	一	七	戈	戈	戈	划					
踢 15	ˋ	丷	口	甲	甲	昂	足	趴	趴	趴	趴	踢
	踢	踢									
除 9	´	阝	阝	队	险	除	除	除			
特 10	`	广	牛	牛	牜	牜	牪	牪	特	特	
宜 8	ˋ	ˋ	宀	宁	宁	宜	宜	宜			
虽 9	ˋ	口	口	吕	吕	吕	虽	虽	虽		

算14	丿	ゲ	ゲ	ゲ	竹	竹	竹	筲	筲	笪	筸	算
	算											
丢6	一	二	千	壬	丢	丢						
铅10	丿	ヒ	上	乍	钅	钅	钐	钋	铅	铅		
确12	一	丆	石	石	石	矿	矿	矿	矿	确	确	确
切4	一	七	切	切								
只5	丶	口	口	尸	只							
团6	丨	冂	冃	用	团	团						
圆10	丨	冂	冂	冂	冋	冋	冋	圆	圆	圆		
知8	丿	ヒ	上	乒	矢	矢	知	知				
辛7	丶	二	亠	立	立	辛						
务5	丿	夂	夂	务	务							
教11	一	十	土	少	耂	考	孝	孝	耖	教	教	
育8	丶	二	云	云	产	育	育	育				
辅11	一	七	车	车	车	轩	轩	轫	辆	辅	辅	
幸8	一	十	土	圭	击	击	击	幸				

2. 词语抄写（Copy the Words）

suǒyǐ 所以	suǒyǒu 所有	shuāngcéng 双层	qiángshang 墙上
jìhuà 计划	huàfēn 划分	tīkāi 踢开	bùyí 不宜
suīrán 虽然	suànle 算了	jìsuàn 计算	dǎsuan 打算
diūshī 丢失	diūrén 丢人	qiānbǐ 铅笔	yíqiè 一切
qīnqiè 亲切	quèshí 确实	zhǐhǎo 只好	tuánjié 团结
tuányuán 团圆	yuánmǎn 圆满	zhīdào 知道	zhīshi 知识
tōngzhī 通知	xīnkǔ 辛苦	xīnqín 辛勤	fúwù 服务
rènwù 任务	jiāwù 家务	jiàoshī 教师	jiàoshì 教室
jiàotáng 教堂	jiàoyù 教育	tǐyù 体育	fǔdǎo 辅导
fǔzhù 辅助	xìngfú 幸福	xìnghǎo 幸好	xìngyùn 幸运
zhōuwéi 周围	fànwéi 范围	chúle 除了	chúfēi 除非
tèbié 特别	tèdiǎn 特点	tèshū 特殊	

二、填字游戏，请在？处填上适当的字，使它能与上下左右分别组合成新字（Write Characters That can form New Characters with Components Around Them）

三、下面的字可以拆出哪些部件字（Separate Each Character into Single-part Characters）

所→　　　层→　　　踢→　　　虽→　　　确→　　　墙→

切→　　　团→　　　圆→　　　幸→　　　辛→　　　特→

四、形音义填写（Fill in the Blanks with Characters, Pinyin or Meaning）

算		熟			除		辅
suàn		céng		què		xìng	
count	lead		wall	kick		lose	

五、给下面的多音字注音并组词（Write Pinyin and Form Words with Each Character）

教 { (jiào) 教育
　　( ) ＿＿＿

划 { ( ) ＿＿＿
　　( ) ＿＿＿

切 { ( ) ＿＿＿
　　( ) ＿＿＿

六、用下面的字组词、并为所组的词注音释义 (Form Words with the Characters, Then Write Pinyin and English Interpretation for the Words Formed)

船：<u>坐船</u> (zuò chuán) <u>by boat</u>

铅：＿＿＿（　　　）＿＿＿

去：＿＿＿（　　）＿＿＿　　　　辛：＿＿＿（　　　）＿＿＿

丢：＿＿＿（　　）＿＿＿　　　　亲：＿＿＿（　　）＿＿＿

原：＿＿＿（　　）＿＿＿　　　　宜：＿＿＿（　　）＿＿＿

愿：＿＿＿（　　）＿＿＿　　　　谊：＿＿＿（　　）＿＿＿

孩：＿＿＿（　　）＿＿＿　　　　园：＿＿＿（　　）＿＿＿

该：＿＿＿（　　）＿＿＿　　　　圆：＿＿＿（　　）＿＿＿

七、找汉英对应词语 (Match the English Words with Their Chinese Counterparts)

1. 围墙　　2. 厕所　　3. 划船　　4. 适宜　　5. 团圆

6. 圆满　　7. 知觉　　8. 教训　　9. 辅助　　10. 财务

a. assist　　b. appropriate　　c. consciousness　　d. enclosure　　e. financial affairs

f. lesson　　g. reunion　　h. row a boat　　i. satisfactory　　j. water closet

八、根据所给的拼音写汉字,括号内的数字为要求所写的数量 (Write Characters (the Number in the Parentheses) According to Pinyin)

què (2) ＿＿ ＿＿　　　　yù (2) ＿＿ ＿＿　　　　xīn (3) ＿＿ ＿＿ ＿＿

yuán (4) ＿＿ ＿＿ ＿＿ ＿＿　　　　huà (3) ＿＿ ＿＿ ＿＿

九、根据所给的部件写汉字,括号内的数字为要求所写的数量 (Form Characters (the Number in the Parentheses) with Each Part)

⺮ (3) ＿＿ ＿＿ ＿＿　　　　韦 (2) ＿＿ ＿＿

宀 (6) ＿＿ ＿＿ ＿＿　　　　力 (6) ＿＿ ＿＿ ＿＿

夂 (3) ＿＿ ＿＿ ＿＿　　　　囗 (8, 如：国) ＿＿ ＿＿ ＿＿ ＿＿

十、根据括号里的拼音用汉字填空 (Fill in the Blanks with Characters According to Pinyin)

1. 西安的＿＿＿＿＿＿(chéngqiáng)有两三＿＿＿＿＿＿(céng)楼那么高。

2. 买很多没有用的＿＿＿＿＿＿(piányi)东西其实并不＿＿＿＿＿＿(huásuàn)。

3. 请把＿＿＿＿＿＿(fǔdào)的时间＿＿＿＿＿＿(tōngzhī)大家。

4. ＿＿＿＿＿＿(suǒwèi)特快就是＿＿＿＿＿＿(tèbiékuàichē)。

5. ＿＿＿＿＿＿(chúle)你以外,还有谁也去＿＿＿＿＿＿(jiàotáng)?

6. 只有大家＿＿＿＿＿＿(tuánjié)起来,才能很好地完成＿＿＿＿＿＿(rènwù)。

十一、根据提示把下面的句子翻译成汉语 (Translate the Sentences into Chinese According to the Clues)

1. Tell me all you know about it. (知道)

2. How many stories are there in the building you live? (层)

3. Do you know who teach them Chinese? (教)

4. He plan to go boating instead of playing football tomorrow. (划，踢)

5. She is very busy every day except weekends. (特别)

十二、阅读 (Read)

充足的理由

　　有位老师刚到一所小学上课时，校长告诉他任何学生在上课时间不能离开教室。但不久却发生了这样一件事：他正要开始上课时，只见一位女生站起来说："老师，我得去告诉弟弟今天中午吃面包、花生酱(huāshēngjiàng / peanut butter)。"

　　"可是我觉得这事好像不是特别重要。"

　　"不，老师！"女学生说，"如果我不告诉弟弟，他就会把妈妈留给爸爸晚上吃的牛肉吃掉。那样，等爸爸回来，就会不让妈妈工作，让她回家做家务，因为她不能使他吃上好饭。然后，妈妈就会骂爸爸，爸爸就去外边吃饭，很晚很晚才回家，最后妈妈就要叫着离婚……"

　　老师终于(zhōngyú / finally)让她去了。

十三、每课一谜 (Character Riddle)

站在十字架上。

(猜本课生字一)

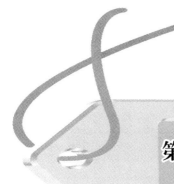

第六十一课　日记之五

一、抄写 (Copy)

1. 单字抄写 (Copy the Characters)

预 10	フ	マ	ヌ	予	予	予	予	预	预	预
顿 10	一	匚	匚	屯	屯	顿	顿	顿	顿	顿
宴 10	丶	丷	宀	宀	宀	宴	宴	宴	宴	
当 6	丨	丬	丷	当	当	当				
初 7	丶	衤	衤	衤	衤	初	初			
绩 11	乚	幺	纟	纟	纟	纟	结	结	绩	绩
基 11	一	十	廿	甘	甘	其	其	其	基	基
础 10	一	丆	石	石	石	础	础	础	础	础
研 9	一	丆	石	石	石	石	研	研	研	
希 7	丿	メ	兰	产	希	希	希			
究 7	丶	宀	宀	宀	穷	究	究			
舞 14	丿	仁	仁	仁	無	無	舞	舞	舞	舞
	舞									

装 12　丶　丷　彐　굣　壮　壮　壮　壯　壯　裝　裝　装

或 8　一　一　囗　冋　戸　或　或　或

世 5　一　十　廿　世　世

坚 7　丨　刂　刂　収　臤　臤　坚

朝 12　一　十　十　市　吉　吉　直　卓　卓　朝　朝　朝

者 8　一　十　土　耂　耂　者　者　者

解 13　ノ　ク　ク　角　角　角　角　甬　甬　甬　解　解　解

脱 11　丿　刀　月　月　月　肝　肝　肝　肥　肸　脱

增 15　一　十　土　圹　圹　圹　圹　坤　垍　塇　塇　增
增　增

赢 17　丶　一　亠　亡　云　言　亯　亯　亯　亯　赢　赢
赢　赢　赢　赢

离 10　丶　一　亠　文　玄　卤　离　离　离

互 4　一　工　互　互

道 12　丶　丷　兰　芏　产　芦　首　首　首　道　道　道

重 9　一　二　三　亩　亩　車　重　重

永 5　丶　丁　永　永　永

联 12 一 丆 丌 开 月 耳 耳 耳 耴 联 联 联

飞 3 乁 飞 飞

2. 词语抄写（Copy the Words）

yùdìng 预订	yùfáng 预防	yùxí 预习	tíngdùn 停顿
yànhuì 宴会	dāngshí 当时	yīngdāng 应当	dāngrán 当然
zuìchū 最初	chūjí 初级	chéngjì 成绩	jīběn 基本
jīchǔ 基础	yánjiū 研究	jiūjìng 究竟	jiǎngjiu 讲究
tiào wǔ 跳舞	wǔhuì 舞会	jiǎzhuāng 假装	fúzhuāng 服装
huòzhě 或者	huòxǔ 或许	shìjì 世纪	shìjiè 世界
qù shì 去世	jiānjué 坚决	jiānchí 坚持	cháodài 朝代
jìzhě 记者	zuòzhě 作者	jiějué 解决	jiěshì 解释
jiědá 解答	tuō xié 脱鞋	tuōlí 脱离	zēngjiā 增加
shūyíng 输赢	líkāi 离开	lí hūn 离婚	jùlí 距离
hùxiāng 互相	zhòngyào 重要	zhòngshì 重视	yǒngyuǎn 永远
yǒngjiǔ 永久	liánxì 联系	liánhuān 联欢	liánhé 联合
fēijī 飞机	qǐfēi 起飞	fēikuài 飞快	dào qiàn 道歉
dàolù 道路	dàoli 道理		

二、按要求从下面的字中找出笔画相同的字，写在下面相应的横线上 (Find the Characters That Have the Following Number of Strokes)

预 顿 宴 当 初 绩 基 础 研 究 装 或 世 坚 朝 者 解 脱 增
离 重 永 联 道

5 画＿＿＿＿＿＿ 10 画＿＿＿＿＿＿

11 画＿＿＿＿＿＿ 12 画＿＿＿＿＿＿

三、下面的字可以拆成什么字 (What Characters Can Each Character Be Separated into)

基→ 装→ 朝→ 重→ 联→

础→ 研→ 赢→ 解→ 脱→

四、形音义填写 (Fill in the Blanks with Characters, Pinyin or Meaning)

赢＿＿＿＿ 离＿＿＿＿ 增＿＿＿＿ 顿＿＿＿＿

yíng yǒng ＿＿ tuō ＿＿ jiān ＿＿

win heavy banquet toward

五、填字,使左右成词 (Fill in the Blank with Character That Forms Words with Characters on Either Side)

1. 停＿＿辆　　2. 照＿＿客　　3. 应＿＿然　　4. 当＿＿间　　5. 研＿＿竟

6. 跳＿＿台　　7. 辛＿＿奶　　8. 去＿＿界　　9. 了＿＿决　　10. 起＿＿机

11. 距＿＿婚　　12. 高＿＿奋

六、根据拼音写汉字并翻译成英文 (Write Characters According to Pinyin and Translate Them into English)

例：记(jì)者：

＿＿(zuò)者：　　　　　　　　　　＿＿(qián)者：

＿＿(hòu)者：　　　　　　　　　　＿＿(xuéxí)者：

＿＿(biǎoyǎn)者：　　　　　　　　＿＿(xiāofèi)者：

＿＿(àihào)者：

七、根据所给的拼音写汉字,括号内的数字为要求所写的数量 (Write Characters (the Number in the Parentheses) According to Pinyin)

dào(2)＿＿ ＿＿　　　　jù(2)＿＿ ＿＿　　　　wǔ(2)＿＿ ＿＿　　　　jiě(2)＿＿ ＿＿

jī(4)＿＿ ＿＿ ＿＿ ＿＿　　jiān(2)＿＿ ＿＿　　fēi(3)＿＿ ＿＿ ＿＿　　lián(2)＿＿ ＿＿

八、找汉英对应词语 (Match the English Words with Their Chinese Counterparts)

1. 距离　　2. 增强　　3. 解释　　4. 道德　　5. 朝夕

6. 坚信　　7. 或许　　8. 输赢　　9. 安装　　10. 重复

a. day and night　　b. distance　　c. explain　　d. firmly believe　　e. install

f. morals　　　　　g. perhaps　　 h. repeat　　i. strengthen　　　j. win or loss

九、给下面的多音字注意并组词 (Write Pinyin and Form Words for the Multi-sound Characters)

当 ｛ (dāng)当然 ｛ (　　)　　　重 ｛ (　　　)｛ (　　　)　　　朝 ｛ (　　　)｛ (　　　)

十、根据所给的部件写汉字,括号内的数字为要求所写的数量 (Form Characters (the Number in the Parentheses) with Each Part)

关(2)＿＿ ＿＿　　　　　　　　兑(2)＿＿ ＿＿

石(3)＿＿ ＿＿ ＿＿　　　　　　刀 / 勹(6)＿＿ ＿＿ ＿＿ ＿＿ ＿＿ ＿＿

礻 / 衣(6)＿＿ ＿＿ ＿＿ ＿＿ ＿＿ ＿＿

十一、根据括号里的拼音用汉字填空 (Fill in the Blanks with Characters According to Pinyin)

1. 他穿_____(yīfu)非常_____(jiǎngjiu)。

2. _____(yànhuì)的_____(cānjiāzhě)_____(jīběnshàng)都到了。

3. 现在_____(jùlí)_____(fēijīchǎng)还有多远？

4. 她_____(chūcì)走上_____(wǔtái)就_____(yíngdé)了观众的喜爱。

5. 经济_____(yánjiū)往往因为_____(tuōlí)实际不能解答现实问题。

6. _____(chūbù)成功_____(zēngqiáng)了他们的信心。

十二、根据提示把下面的句子翻译成汉语 (Translate the Sentences into Chinese According to the Clues)

1. His academic performance is so good. Surely he is able to go to a famous university. (成绩)

2. Fundamental research is very important for our country. (基础)

3. I strongly object to hold such a party. (举办)

4. You can never give a clear explanation about this sort of thing. (永远，解释)

5. What on earth do you want to do? (究竟)

十三、阅读 (Read)

针锋相对(zhēnfēngxiāngduì / tit for tat)

有一个人在街上对别人吹牛说，他能从商店里拿走任何商品而不会有人干涉他。

一位过路者跟他打了 500 元的赌(dǔ / bet)，并说他连一盒(hé / box)铅笔也不能从商店拿出来。他同意了。于是他们俩朝商店走去。

"请在门口等我。"他说完便走进去，拿了一盒铅笔出来。

"给您，"他得意地说，"现在您已很清楚了吧？我赢了。"

过路人笑了起来。"您的确干得很好。但是我还得告诉您，我是警察(jǐngchá / policeman)，我打算……"

"等等，"他说，"既然这样，请允许(yǔnxǔ / permit)我向您说明，我是这个商店的主人。"

十四、每课一谜（Character Riddle）

十月十日。

（猜本课生字一）

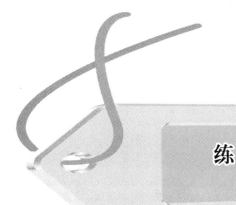

练习参考答案

第一课	六、1. 我一定要学好汉字。 2. 他看了看四周。 3. 我家有六口人。
	4. 中国有13亿人口。
	每课一谜谜底:千

第二课 每课一谜谜底:1. 一 2. 人

第三课 十、1. 他每天六点起床。 2. 我们休息一下吧。 3. 我的未来不是梦。
4. 你是从艺术大学来的吗? 5. 这位是张大夫。

每课一谜谜底:体

第四课 每课一谜谜底:言

第五课 八、1. 农田,田径 2. 小时,时代 3. 白天,天空 4. 不是,是非
5. 迟早,早餐 6. 新旧,旧货 7. 星期日,日常 8. 理由,由于

每课一谜谜底:田,间,早

第六课 九、1. 国王,王国 2. 女儿,儿女 3. 小孩,孩子 4. 江山,山河
5. 没有,有用 6. 汉字,字母

每课一谜谜底:有

第七课 六、1. 人 2. 我 3. 自 4. 少 5. 子 6. 但 7. 山 8. 儿

每课一谜谜底:她

第八课 八、1. 身 2. 上 3. 西 4. 北 5. 正
九、1. 印尼 2. 东边 3. 东(北) 4.(西瓜) 5. 反对

每课一谜谜底:南

第九课 七、1. 年 2. 月 3. 今 4. 晚 5. 后 6. 白
十、1. 一年有12个月。 2. 昨天下雨了。 3. 我不明白你的意思。
4. 后天是他的生日。 5. 他每天上午上班,下午学汉语。

每课一谜谜底:星

第十课 五、1. 曾祖父 2. 姑姑 3. 姑父(姑丈) 4. 舅舅 5. 堂哥(堂兄) 6. 堂妹
7. 表弟 8. 表哥 9. 嫂嫂(嫂子) 10. 姐夫 11. 表哥 12. 表弟
13. 表姐 14. 表妹

每课一谜谜底:1. 奶 2. 朋

第十一课 八、1. 火 2. 儿 3. 地 4. 水 5. 目 6. 手 7. 心 8. 友

每课一谜谜底:耳

第十二课　每课一谜谜底：雨

第十三课　十、1.天安门　2.空气　3.成立　4.母语　5.父亲　6.母亲

　　　　　每课一谜谜底：行

第十四课　八、1.方　2.心　3.分　4.安　5.坐　6.泪　7.看　8.笔

　　　　　每课一谜谜底：尖,拿,男

第十五课　九、1.说　2.看　3.面　4.误　5.读　6.话　7.字　8.忘　9.有　10.哭

　　　　　每课一谜谜底：记

第十六课　每课一谜谜底：去

第十七课　八、1.她的爱好很广泛。　2.这双鞋太瘦了。　3.长江是中国最长的河。

　　　　　4.她今天非常高兴。　5.王先生是我的老师,也是我的老板。

　　　　　每课一谜谜底：胖

第十八课　每课一谜谜底：热

第十九课　每课一谜谜底：春

第二十课　每课一谜谜底：着

第二十一课　七、1.名　2.语　3.星　4.别　5.上　6.女　7.生　8.重

　　　　　十、1.马　2.口　3.又　4.月　5.生

　　　　　每课一谜谜底：姓

第二十二课　三、进　请　座　喝　理　客

　　　　　五、1.茶　2.座　3.进　4.天　5.神　6.情　7.客　8.春

　　　　　每课一谜谜底：名

第二十三课　四、1.客　2.谢　3.纪　4.系　5.早　6.正　7.外　8.杯

　　　　　每课一谜谜底：改

第二十四课　六、1.问　2.文　3.关　4.种　5.学　6.母　7.题　8.海

　　　　　十二、1.你饿不饿?　2.她汉语水平提高得很快。　3.我可以问您一个问题吗?

　　　　　4.你每年都去海边玩吗?　5.昨天晚上八点钟你干什么呢?

　　　　　6.这种花叫什么名字?

　　　　　每课一谜谜底：饿

第二十五课　六、1.欢　2.味　3.喜　4.化　5.梯　6.艺　7.地　8.学

　　　　　十、中,又,字

　　　　　每课一谜谜底：何

第二十六课　七、1.良　2.故　3.化　4.朗　5.浪　6.姑　7.服　8.衣

　　　　　每课一谜谜底：华

第二十七课　七、1.正　2.居　3.语　4.剧　5.入　6.铃　7.领　8.年

　　　　　每课一谜谜底：高

第二十八课　七、1.面　2.方　3.义　4.问　5.头　6.晚　7.面　8.在

　　　　　每课一谜谜底：纺

第二十九课 七、1.相 2.国 3.交 4.门 5.游 6.中 7.见 8.组

每课一谜谜底：组

第三十课 六、1.孩 2.饭 3.觉 4.午 5.包 6.饱 7.习 8.毛

十二、1.一,二,三,十,口,日,干,土,土,王,工,山,旧

　　　 2.一,二,三,十,目,日,口,千,干,王,壬,丰,土,土,平,工

每课一谜谜底：觉

第三十一课 六、2.足,赛 3.才 4.习 5.请,婚 6.法 7.整,全 8.铁

十一、1.羽毛球 2.气球 3.篮球 4.地球 5.足球 6.眼球 7.乒乓球

　　　 8.网球 9.排球

十二、1.你喜欢打乒乓球吗? 2.你每天什么时候锻炼身体?

　　　 3.星期六、星期天公共汽车上很挤。 4.我刚才买了一本经济方面的书。

　　　 5.可以用一下你的钢笔吗? 6.我明天去那个宾馆看他。

每课一谜谜底：兵

第三十二课 七、1.常 2.细 3.力 4.伤 5.空 6.说 7.历 8.水

十二、1.他学汉字非常努力。 2.他不喜欢喝咖啡,喜欢喝茶。

　　　 3.你了解中国历史吗? 4.他仔细一看,才发现自己写错了。

　　　 5.我家住在海边,空气特别新鲜。

每课一谜谜底：湖

第三十三课 五、1.银 2.细 3.根 4.天 5.样 6.院 7.元 8.作

六、跟 详 样 空 窄 作 休 伴 诈 讧

十二、1.跟你们一起去怎么样? 2.昨天的电影怎么样,好看吗?

　　　 3.那件衣服的样子不错,就是太贵了。 4.详细情况我还不太清楚。

　　　 5.我根本不知道他是谁。

每课一谜谜底：很

第三十四课 四、1.乐 2.合 3.能 4.钱 5.路 6.领 7.践 8.能

九、错,还,乐观,浅,恨,细心,近,慢,放心

每课一谜谜底：能

第三十五课 五、1.车 2.石 3.米 4.他 5.全 6.心 7.音 8.理

十一、1.他刚才喝了一瓶汽水。 2.他有两百块钱,花了一百八十,还剩多少钱?

　　　 3.我下午去火车站接(jiē / pick up)朋友。 4.我能理解他现在的心情。

　　　 5.你把这些东西全部拿走吧。

每课一谜谜底：瓶

第三十六课 六、1.包 2.驾 3.外 4.加 5.少 6.别 7.菜 8.吵

九、1.沾,炒,梅,俄;2.攻,郊,故,朗,鹅,邮;3.苦,茵,苹,整,宾,空,窄,完;

　　　 4.怒,悲,驾,贡,愁;5.闷;6.狮,阔,园,裹

每课一谜谜底：抄

第三十七课 六、1. 相 2. 张 3. 法 4. 召 5. 价 6. 烦 7. 过 8. 法

十一、1. 我来介绍你们认识一下。 2. 这些照片是去北京的时候照的。

　　　3. 他对我的学习帮助很大。 4. 麻烦你把这几本书交给他。

　　　5. 洗一张照片多少钱？

　　　每课一谜谜底：嫁

第三十八课 五、1. 论 2. 阶 3. 界 4. 手 5. 价 6. 表 7. 市 8. 汤

九、1. 木 2. 不 3. 口 4. 刀 5. 并 6. 亥(舌) 7. 又

十一、1. 东京是日本最大的城市。 2. 先休息一会儿再继续做吧。

　　　3. 他一边吃饭一边喝汤。 4. 在市场买东西应该讨价还价。

　　　5. 全世界一共有多少个国家？

　　　每课一谜谜底：卖

第三十九课 五、1. 担 2. 分 3. 难 4. 课 5. 果 6. 误 7. 失 8. 过

十一、1. 这篇课文难不难？ 2. 大家叫他不要这样说了，他偏偏要说。

　　　3. 他不但会说英语，也会说法语。 4. 他希望自己学好汉语。

　　　5. 有的汉字很好写，有的很难写。

　　　每课一谜谜底：胆

第四十课 五、1. 似 2. 现 3. 惊 4. 景 5. 观 6. 影 7. 以 8. 准

十一、1. 毕业以后你想做什么？ 2. 昨天的足球比赛你看了吗。

　　　3. 我以为你听到这个消息会很吃惊。

　　　4. 他没有按时来上课，老师批评了他。

　　　5. 听说巴厘(bālí / Bali)的景色很美，他想去那儿游览。

　　　每课一谜谜底：安

第四十一课 五、1. 婚 2. 蜜 3. 亲 4. 结 5. 度 6. 动 7. 自 8. 时

十一、1. 今天晚上你准备做什么？ 2. 我的中国朋友快要结婚了。

　　　3. 那个玻璃杯是谁打破的？ 4. 你数错了，必须再数一遍。

　　　5. 妈妈正在家里准备吃的东西。

　　　每课一谜谜底：密

第四十二课 五、1. 菜 2. 访 3. 紧 4. 汗 5. 康 6. 肝 7. 键 8. 彩

十二、1. 我喜欢彩色照片，也喜欢黑白照片。 2. 先生，这是菜单，请您点菜。

　　　3. 让我们为张先生和夫人的健康干杯。 4. 他紧张得说不出来话。

　　　5. 每个父母都希望自己的孩子又聪明又漂亮。

　　　每课一谜谜底：漂

第四十三课 四、1. 拍 2. 害 3. 敢 4. 城 5. 值 6. 痛 7. 评 8. 实

　　　每课一谜谜底：白

第四十四课 五、1. 师 2. 局 3. 主 4. 眼 5. 安 6. 意 7. 取 8. 然

十二、1. 我就住在他家附近。 2. 这儿环境挺好，很安静。

3. 衣服都取回来了,洗得很干净。 4 先吃饭,然后再去邮局。

5. 他想当律师,不想当老师。

每课一谜谜底:竞

第四十五课 五、1.如 2.掌 3.奇 4.党 5.寄 6.班 7.课 8.轻

九、1.崎,枰,植,伯,涌,柱,净,艇,境,博,铀,静 2.彩,功,邮,颜,政,飘

3.茎,症,痛,府,筝 4.裳,盛,迫,掌,党,腐,勇

十二、1.你最喜欢什么颜色? 2.如果你看见,就不会觉得奇怪了。

3. 他经常躺着看书。 4. 他去过一趟北京。 5. 他骑自行车去邮局了。

每课一谜谜底:骑

第四十六课 五、1.脸 2.查 3.因 4.试 5.意 6.愿 7.机 8.检

十二、1.你能原谅他吗? 2.他原来在一家银行工作。

3. 你愿意跟他一起去吗? 4. 现在的生词比原来多了几倍。

5. 他才四十几岁,怎么头发几乎全白了。

每课一谜谜底:陪

第四十七课 四、1.获 2.考 3.富 4.相 5.及 6.极 7.即 8.蜂

九、1.吕,品 2.朋 3.林,森 4.羽 5.从,众 6.双 7.比 8.哥

十一、1.有病就及时去医院看。 2.他今年上几年级?

3. 他考上了一个有名的大学,他家人都高兴极了。

4. 既然他不想说,你就别再问他了。

5. 能参加比赛就够了,即使不能获奖也没关系。

每课一谜谜底:挑

第四十八课 五、1.词 2.调 3.谅 4.误 5.设 6.许 7.译 8.训 9.谈 10.诉

十二、1.请原谅,我误会了你的意思。 2.我想告诉你一件事情。

3. 那首诗已经翻译成汉语了。 4. 让我们为友谊干杯。

5. 他们也许还没有谈过这件事。

每课一谜谜底:诉

第四十九课 五、1.告 2.号 3.咳 4.响 5.乐 6.牛 7.喊 8.哈

十、1.这个地方真漂亮啊! 2.听了我的话,他哈哈大笑起来了。

3. 你知道他的电话号码吗? 4. 他一讲自己的事情就喜欢吹牛。

5. 你离开的时候为什么不喊我一声呢?

每课一谜谜底:器

第五十课 五、1.操 2.播 3.图 4.换 5.技 6.指 7.接 8.握

十二、1.你给我100块,我找你33块。 2.你知道他搬到哪儿去了吗?

3. 他今天要去机场接朋友。 4. 这个东西已经坏了,扔掉吧。

5. 为什么有的人上车不排队呢?

每课一谜谜底:拾(拿)

第五十一课　五、1.酒　2.治　3.泳　4.满　5.气　6.消　7.渐　8.池　9.演　10.温

十二、1.你常常什么时候洗澡？　2.他派谁去请医生了？

3.他们准备表演什么节目呢？　4.他的病已经治好了。

5.最近你有他的消息吗？

每课一谜谜底：沿

第五十二课　四、1.使　2.例　3.任　4.伟　5.便　6.做　7.方　8.像

十二、1.那个消息在学校里传得很快。　2.他是我国历史上伟大的人之一。

3.你长得像爸爸还是像妈妈？　4.他请我们去他家做客。

5.你见到他的时候顺便把这个交给他。

每课一谜谜底：任

第五十三课　五、1.村　2.概　3.桌　4.困　5.杀　6.楼　7.李　8.树

六、1.佳　2.旦　3.木　4.娄

十二、1.那件事情你清楚吗？　2.他大概已经走了。　3.我们明天在哪儿集合？

4.会结束以后你去哪儿？　5.我困了，想去休息。

每课一谜谜底：树

第五十四课　五、1.念　2.思　3.态　4.慌　5.急　6.然　7.觉　8.快

十二、1.他说的话你听懂了吗？　2.今年夏天我们过得很愉快。

3.最近他总是没有休息好。　4.孩子病了，妈妈急忙带他去医院了。

5.星期一到星期五上课，星期六和星期天休息。

每课一谜谜底：态

第五十五课　五、1.神　2.福　3.适　4.祝　5.社　6.礼　7.运　8.迟　9.迎　10.遇

十二、1.他去飞机场送朋友了。　2.她真幸运，买东西中了大奖。

3.他父亲已经退休了。　4.中国人最重视的是子女的教育。

5.今天我遇到了两个老朋友。

每课一谜谜底：社

第五十六课　五、1.克　2.刻　3.节　4.封　5.次　6.位　7.支　8.条

十二、你收到了几封信？北京是中国的首都。这种苹果三元五角一斤。

他们克服了许多困难。他今天买了一双皮鞋、一条裤子和两件毛衣。

每课一谜谜底：双

第五十七课　四、1.宿　2.光　3.疼　4.复　5.药　6.音　7.都　8.典　9.病　10.发

八、1.京　2.巴　3.疋　4.者　5.番　6.又

十二、1.你们学校有学生宿舍吗？　2.下雪了，把窗户关上吧。

3.那个电影的故事复杂吗？　4.在光线不好的地方看书不好。

5.他去年春天开始学习汉语。

6.她喜欢听流行音乐、也喜欢听古典音乐。

每课一谜谜底：音

第五十八课　四、1. 且(又)　2. 又　3. 月　4. 舌

六、1. 街　2. 香　3. 决　4. 脏　5. 桌　6. 杂　7. 图　8. 助　9. 举　10. 嘴

十二、1. 我感冒了,觉得很不舒服。　2. 她今天上街买了一篮子香蕉。

3. 他的屋子又脏又乱。　4. 画人的嘴和腿容易,画手和脚最难。

5. 你看完报纸咱们出去散步吧。

每课一谜谜底:画

第五十九课　二、1. 犬→太　干→士　未→本　旧→因　2. 小→少　上→止　白→百　工→王

五、1. 熟　2. 省　3. 突　4. 帽　5. 周　6. 单　7. 往　8. 输　9. 需　10. 顾

十二、1. The milk has gone sour. Is it drinkable?

2. How long do we need to wait?

3. Who is the young man with a pair of glasses.

4. Mr. Zhou is declaring the regulations of the company.

5. I meet an acquaintance on my way home.

6. He have had almost ten business trips during the recent months.

7. This kind of truck saves oil. Moreover, it is a little cheaper.

每课一谜谜底:卡

第六十课　二、1. 寺　2. 斤　3. 戈　4. 云　5. 且

十一、1. 你把所知道的一切都告诉我。　2. 你住的楼一共有多少层?

3. 你知道谁教他们汉语?　4. 他打算明天去划船,不去踢足球了。

5. 除了周末以外,她每天都特别忙。

每课一谜谜底:辛

第六十一课　五、1. 车　2. 顾　3. 当　4. 时　5. 究　6. 舞　7. 酸　8. 世　9. 解　10. 飞

11. 离　12. 兴

十二、1. 他的成绩那么好,当然能考上好大学。

2. 基础研究对我们国家来说非常重要。

3. 我坚决反对举办这样的舞会。

4. 这种事永远也解释不清楚。　5. 你究竟想干什么?

每课一谜谜底:朝